CASES OF TAX AFFAIRS

浙江大学专业学位研究生校企共建教材建设项目
浙江大学经济学院研究生系列优秀教材编著与出版计划
浙江大学财税大数据与政策研究中心资助教材

税务案例

方红生　周夏飞　徐志　钱正平　◎主编

前言

FOREWORD

加强税务案例教学，是强化财税专业本科生和研究生分析问题及解决问题能力培养、推进教学改革、促进理论教学与实践有机融合的重要途径，是推动财税专业本科生和研究生培养模式改革的重要手段。在财税专业本科生和研究生人才培养中加强税务案例教学，迫切需要一本符合全国税务专业学位教育指导委员会要求的高质量税务案例教材。虽然目前市场上有比较多的税务相关案例教材，但都并未按照教指委的规范性要求进行编写。另外，理论性强的教材，往往强调理论知识体系的搭建，书中大多数是“举例”，但“举例”不等同于“真实案例”，容易与实务脱节，实用性不够；税收筹划案例教材，往往强调“税收筹划”的方案搭建，而缺少对于税法体制的思考；有关税企争议的法庭判例类教材，往往质量良莠不齐。部分教材直接生硬搬运判决书的文字；部分教材描述案例时带有情感导向，给学生的阅读理解造成障碍；部分教材仅专注于单个税种，限制了课堂教学的广度；部分教材由法学系教师编写，更重视法庭审判中法条的应用，不适合财税专业本科生和研究生的培养。

我们按照全国税务教指委的要求，精选了近些年的税务案例，编写了这本高质量的《税务案例》教材。本教材有如下特色。

1. 典型性

本教材选取的 20 个案例是有深度、有争议性的代表性真实案例。教材中给出的判决结果、“启发思考题”答案也非绝对正确的答案，需要学生运用税务知识，从不同视角去分析案例，教师和学生都具有较大的自由发挥空间。

2. 规范性

本教材每个案例都包括正文和使用说明两部分，其中，案例正文前包含标题、中英文摘要和关键词。案例正文包含引言、内容、结论等，层次分明。案例使用说明包含教学目的与用途、涉及知识点、配套教材、启发思考题、分析思路、理论依据、关键要点、建议课堂计划等部分；案例使用说明给予使用者充分的案例使用指导，能够引导课堂教学，合理安排课堂时间节奏和知识点节奏，其解决方案具备实用性、可操作性、创新性，可充分调动学生学习的主动性和积极性。

3. 实用性

本教材案例并非对真实案例的生硬搬运，而是经过设计加工，在保证真实、可信的前提下，更加具有针对性，更加符合教学要求。本教材的税务案例包括虚开与代开发票税务案例、税收筹划与盈余管理案例、税收原理与税收政策案例和跨境业务与国际税收案例四大类，对于高校师生、企业、税务机关等均具有重要的实用参考价值。

4. 高质量

本教材四篇 20 个案例都严格按照全国税务教指委的要求撰写，共有 13 个案例获奖，得到同行的高度认可。其中案例 13 和案例 18 获得全国税务案例大赛三等奖，案例 2、案例 3、案例 11 被评为浙江省优秀研究生教学案例，案例 4、案例 5、案例 7、案例 8、案例 12、案例 15、案例 19 等 7 个案例被评为浙江大学专业学位研究生教育优秀教学案例，案例 9 获得 2016 年第一届大学“百校百题”应用型创新课题大赛优胜奖。特别值得一提的是，获奖数在四篇中分布相对均衡，除第二篇 4 个外，其他三篇各 3 个，这表明本书每一篇都有高质量案例的保证。

本教材得到浙江大学专业学位研究生校企共建教材建设项目、浙江大学经济学院研究生系列优秀教材编著与出版计划和浙江大学财税大数据与政策研究中心的资助，同时也得到陈想想、傅楠、何程琳、洪圆双、李洁萌、潘冬慧、钱婷、盛博一、施如画、唐抒韵、涂皓翔、王佳瑶、王俊、汪明洁、翁滢超、吴宵、徐玲燕、许铭雪、杨蓉洁、杨雯茜、应欣璇、张丽梅、张云箫、郑朝鹏、周萍、周依琳、朱翰池等浙江大学经济学院众多优秀研究生的大力支持，在此，我们表示衷心感谢。同时，我们也由衷感谢浙江大学出版社陈丽勋编辑为本书出版所做的卓有成效的工作。本教材不仅适合有税法基础的财政税务专业本科生和研究生学习，还适合从事财税、财务及跨境业务工作的实务界人士阅读借鉴。虽然本教材中的案例都经过认真编写，但疏漏仍在所难免，不当之处恳请读者不吝批评指正。

编者

2022 年 2 月 1 日

目 录
CONTENTS

第一篇 虚开与代开发票税务案例

第二篇 税收筹划与盈余管理案例

第三篇　税收原理与税收政策案例

第四篇　跨境业务与国际税收案例

PART 1

第一篇

虚开与代开发票税务案例

案例 1 如何判断虚开案件中的“交易真实性”

——废旧物资回收企业涉嫌虚开专票案[①]

徐　志　杨蓉洁

摘　要：为应对进项抵扣不足，生产制造企业（以废旧物资为原材料）经常将收购的废旧物资转请废旧物资回收企业代开增值税专用发票，利用其可享受增值税税收优惠的政策，达到抵扣增值税税款的目的。2015 年 12 月至 2016 年 8 月，C 公司（生产制造企业）借此获取 A 公司（废旧物资回收企业）开具的增值税专用发票数十张，价税合计总金额为 9,914,065.6 元，税款合计 1,440,505.26 元。2017 年，国家税务总局县税务局稽查局（原县国家税务局稽查局）以废旧物资回收企业涉嫌虚开发票将案件移送至该县公安局。立案侦查后，2018 年 7 月 29 日，该县公安局以废旧物资回收企业及相关负责人涉嫌虚开增值税发票罪将案件移送该县人民检察院审查起诉。经审查并二次退回补充侦查，2019 年 1 月 30 日，检察院认定虚开证据不足，以不起诉结案。本文将通过了解废旧物资行业的经营模式，明确“虚开增值税专用发票”“是否存在真实交易”的认定标准，并对该案件中存在的争议点展开具体分析，最后从废旧物资回收企业和税务机关两个角度提出相应的举措。

关键词：废旧物资行业、虚开增值税专用发票、资金回流、真实交易

Abstract: In response to the insufficient input tax deduction, the production and manufacturing enterprises (with waste materials as raw materials) often transfer the purchased waste materials to the waste materials recycling enterprises to issue VAT special invoices on behalf of them, and use their preferential policies of enjoying VAT tax to achieve the purpose of VAT deduction. From December 2015 to August 2016, production and manufacturing enterprise C obtained dozens of VAT special invoices issued by waste

① 本案例源自《安徽省泾县人民检察院不起诉决定书》（泾检刑不诉〔2019〕1号）。出于案例教学的需要，在本案例中对有关企业单位名称、数据、情节和内容等做了必要的改动与掩饰性处理。本案例只供课堂讨论之用，并无意暗示或说明某种管理或实践行为是否有效。

material recycling enterprise A through the above methods. The total amount of invoice including tax is 9,914,065.6 yuan, and the total amount of tax is 1,440,505.26 yuan. In 2017, the county Tax Inspection Department of State Taxation Administration transferred the case to the Public Security Bureau of the county with the suspicion that the waste material recycling enterprise issued invoices falsely. After investigation, on July 29, 2018, the Public Security Bureau of the county transferred the case to the People's Procuratorate of the county for examination and prosecution for the crime of the waste material recycling enterprise and related principals suspected of false issuance of VAT invoices. After reviewing and returning to supplementary investigation twice, on January 30, 2019, the procuratorate determined that the evidence of falsely issuing VAT invoices was insufficient to close the case without prosecution.Based on the understanding of the business model of waste materials industry, this paper will clarify the identification standards of "false issuance of VAT special invoice" and "whether there is a real transaction," and carry out a specific analysis of the controversial points in the case, and finally put forward corresponding measures from the perspectives of enterprises and tax authorities.

Key words: waste material industry, false issuance of VAT special invoices, return of funds, real transaction

案例正文

一、引言

再生物资回收与批发（即废旧物资行业，国民经济行业代码 5191，属于其他批发业类别）是指将可再生的废旧物资回收，并批发给制造企业作初级原料的活动。《资源综合利用产品和劳务增值税优惠目录》（财税〔2015〕78 号）中明确了废旧物资行业享受增值税优惠政策的范围，按不同品种实行不同比例的增值税即征即退，其中废钢铁生产炼钢炉料可以享受即征即退 30% 的增值税优惠。[①] 这使得废旧物资回收企业涉嫌虚开增值税专用发票现象频发，其中常见的一种便是为他人虚开发票，即生产制造企业考虑到直接从散户处购进废旧物资，会导致进项税额抵扣不足，便将自行收购的废旧物资转请废旧物资回收企业代开增值税专用发票抵

① 以报废汽车、报废摩托车、报废船舶、废旧电器电子产品、废旧农机具、报废机器设备、废旧生活用品、工业边角余料、建筑拆解物等产生或拆解出来的废钢铁生产炼钢炉料可享受增值税即征即退30%的税收优惠。

扣税款，利用废旧物资回收企业享受即征即退税收优惠，达到生产企业抵扣税款的目的。

本案例中，2015 年 12 月至 2016 年 8 月，生产制造企业通过上述方式取得废旧物资回收企业开具的增值税专用发票数十张，发票价税合计总金额为 9,914,065.6 元，税款合计 1,440,505.26 元，且生产制造企业已全部向国家税务总局县税务局（以下简称县税务局）申报进项税抵扣，并完成抵扣。2017 年，国家税务总局县税务局稽查局（以下简称县税务局稽查局）以废旧物资回收企业涉嫌虚开增值税专用发票将案件移送至该县公安局。立案侦查后，2018 年 7 月 29 日，该县公安局以废旧物资回收企业及相关负责人涉嫌虚开增值税发票罪移送该县人民检察院审查起诉。经审查并二次退回补充侦查，2019 年 1 月 30 日，该县检察院最终以虚开发票证据不足为由，决定不起诉。废旧物资回收企业一直是虚开发票的频发区，本案例将通过了解废旧物资行业的经营模式，明确“虚开增值税专用发票”“是否存在真实交易”的认定标准，并对该案件中存在的争议点展开具体分析，以期完善加强废旧物资回收企业增值税发票管理。

二、基本案情

（一）案件源起

A 公司是一家位于某省某县的废旧物资回收企业，注册时间为 2014 年 3 月，公司的主要经营范围为再生物资回收与批发，即回收可再生的废旧物资，然后将其批发给制造企业作为原料的活动。B 公司专营再生物资回收，是 A 公司的母公司。

金属制造企业 C 公司，需要大量的废旧钢材，作为用于生产加工制造设备零部件的原材料。考虑到废旧钢材遍布在散户手中，散户不愿意为回收企业到税务机关代开增值税专用发票，即使代开，3% 的进项税额抵扣也不足以弥补公司成本。而在 A 公司成立之后，利用废旧物资回收企业的增值税优惠政策，A 公司负责人甲采用上门宣传的方式，向需要大量废旧钢材的制造企业表示，可以代开专用发票。2015 年下半年，C 公司负责人乙与甲达成协议，由 A 公司为其开具增值税专用发票。

交易具体情况如下：

（1）业务流程方面：C 公司自行联系拥有废旧钢材的散户，并谈妥价格。随后 A 公司先从 C 公司指定的散户处收购废旧钢材，再将收购的废旧钢材销售给 C 公司。其中，A 公司从散户收购废旧钢材采取大户收集模式，即 A 公司只从一个特定大户处收购废旧钢材，而该特定大户直接与众多小散户对接。经商量，A 公司与 C

公司决定将C公司的业务经理丙作为大户，进行对接。

（2）资金流方面：C公司将货款（废旧钢材收购价格的110%，其中收购价格的10%为A公司“开票费”）支付给A公司，A公司将货款中的“收购价格”部分支付给大户丙，大户丙再将该部分价款支付给众多散户。

（3）物流方面：散户将废旧钢材直接运送到C公司厂房，由C公司制作过磅、收货单据，再将该单据传递给A公司进行出入库的入账。

（4）票流方面：A公司按照C公司支付的货款金额向C公司开具增值税专用发票。

（二）案件发展

C公司负责人乙每月底安排C公司工作人员在实际收购废旧钢铁过磅单的基础上，再伪造部分过磅单，增加废旧钢铁的购进数量，并将上述过磅单吨位及需要开具发票的金额报给A公司。A公司收到数据后，把加上“开票费”金额的增值税专用发票开具给C公司，C公司再根据开票金额汇款给A公司。A公司开票完成后，根据所开发票的吨位、金额伪造相对应的购销合同，邮寄给乙，由乙加盖C公司公章后留存一份，另一份寄回给A公司，用于完善开票所需的附件材料。

2015年12月至2016年8月，C公司以此获取A公司开具的专用发票多张，总金额为9,914,065.6元（含税），税款合计1,440,505.26元，上述税款C公司已全部向该县税务局申报进项税抵扣，并完成抵扣。

2017年，废旧行业开展税务专项整治，该县税务稽查局调查A公司发现：①该公司和C公司之间的交易，存在“实际货价和废旧钢材吨数小于发票数”的情况；②该公司和C公司之间的交易，存在“资金回流”的可能。因此，国税稽查局以A、C公司涉嫌虚开增值税专用发票将案件移送至该县公安局，随后展开立案侦查。

（三）案件结果

2018年7月29日，该县公安局以A公司及其负责人甲涉嫌虚开增值税发票罪移送该县人民检察院审查起诉。2018年9月13日，本案第一次退回补充侦查。该县公安局坚决认定A公司与C公司的购销交易中，采购和销售环节均存在虚假交易：①A公司从C公司收到货款后，将“收购价格”部分支付给C公司的业务经理丙属于资金回流，证明A公司和C公司之间没有真实货物购销交易；②A公司没有从大户丙和其他散户中收到废旧钢材的货物，证明A公司与大户丙和其他散户之间没有真实货物购销交易。

2018年10月10日，侦查机关重新移送，考虑到A公司成立之初不具有犯罪能力，变更指控B公司涉嫌虚开增值税专用发票罪，并将B公司涉嫌虚开增值税专用发票罪相关人员补充移送审查起诉。2018年11月22日，本案第二次退回补充侦查；2018年12月19日，侦查机关重新移送。2018年8月28日、2018年11月8日、2019年1月14日，本案依法先后三次延长审查起诉期限。

经审查并二次退回补充侦查，2019年1月30日，该县人民检察院仍然认为该县公安局认定B公司涉嫌虚开增值税专用发票罪的证据不足，不符合起诉条件。依照《中华人民共和国刑事诉讼法》第一百七十五条第四款的规定，决定不起诉，公安局扣押的A公司人民币939,466.2元予以返还。

三、案件小结

废旧物资回收行业由于其独特的经营模式、适用的增值税优惠，虚开增值税发票风险突出。其中，很常见的便是废旧物资回收企业涉嫌虚开发票给生产制造企业（以废旧物资为原材料）抵扣税款。如生产制造企业将自行收购的废旧物资转请废旧物资回收企业代开增值税专用发票抵扣税款，利用废旧物资回收企业可享受增值税税收优惠的政策，达到抵扣增值税税款的目的。

上述关于废旧物资回收企业涉嫌虚开增值税专用发票，便是废旧物资行业很常见的涉嫌虚开发票案例之一。案例中，不论单位犯罪主体是A公司，还是其母公司B公司，公安局和被告人的争议点始终没变：①“散户—大户—废旧物资回收企业—生产制造企业”的交易中，A公司是否涉嫌虚开增值税专用发票？②A公司收到货款后，将“收购价格”部分支付给C公司的业务经理丙是否属于“资金回流”？具体分析这两个争议点，有助于应对和化解虚开风险，加强废旧物资回收企业增值税发票管理。

四、参考文献

安徽省泾县人民检察院不起诉决定书（泾检刑不诉〔2019〕1号）[EB/OL].（2019-01-30）[2021-03-16]. https://www.12309.gov.cn/12309/gj/ah/xcs/jx/zjxflws/201904/t20190416_6449036.shtml.

案例使用说明

一、教学目的与用途

（1）**适用课程：** 中国税制专题、税收稽查专题、税收征管专题等。

（2）**适用对象：** 本案例适合财政税务专业高年级本科生、财政学及税务专业硕士研究生学习，还适合税法相关律师从业者、税务机关相关制度制定者和执行者及企业财务、税务管理人员学习。

（3）**教学目的：** 本案例通过了解废旧物资回收企业的经营模式特点和增值税相关税收优惠政策，明确"虚开增值税专用发票"的认定标准、"资金回流"的定义、"是否存在真实交易"的判断标准，详细分析废旧物资回收企业涉嫌虚开增值税专用发票一案，以应对和化解虚开风险，加强废旧物资行业增值税专用发票管理。

二、涉及知识点

（1）中国税制专题：增值税专用发票管理。

（2）税收稽查专题：对虚开增值税专用发票的稽查。

（3）税收征管专题：增值税征收管理。

三、配套教材

（1）胡怡建：《税收学》，上海财经大学出版社 2018 年版。

（2）刘佐：《中国税制概览（2019 年）》，经济科学出版社 2019 年版。

（3）中国注册会计师协会编：《税法——2022 年注册会计师全国统一考试辅导教材》，中国财政经济出版社 2022 年版。

四、启发思考题

（1）本案例中"散户—大户—废旧物资回收企业—生产制造企业"的交易，是否符合税法相关规定？该交易模式中废旧物资回收企业 A 公司的购销交易，能否被视为真实交易？

（2）"散户—大户—废旧物资回收企业—生产制造企业"交易模式中，A 公司没有从大户丙和其他散户处收到废旧钢材，直接按照 C 公司支付的货款金额向 C 公司开具增值税专用发票，能否以虚开增值税专用发票罪论处？

（3）A 公司及其母公司 B 公司疏于对废旧物资出入库的管理，仅以 C 公司制作的过磅单、收货单据进行出入库登记、开票，使得C公司有机可乘，伪造过磅单、虚增废旧钢铁的购进数量，导致A公司的开票金额大于实际货物交易，这一行为是否属于虚开增值税专用发票？A公司或其母公司B公司是否需要对该行为承担法律责任？

（4）A公司从C公司收到货款后，将“收购价格”部分支付给C公司的业务经理丙，这一行为是否属于“资金回流”？起诉书中，公安局仅以有无“资金回流”来判断A公司与C公司之间有无真实交易是否恰当？

五、分析思路

（1）了解废旧物资回收企业的经营模式特点和增值税相关税收优惠政策。

（2）明确“虚开增值税专用发票”的认定标准。

（3）明确“资金回流”的定义，进一步分析本案例中A公司从C公司收到货款后，将“收购价格”部分支付给C公司的业务经理丙，这一行为是否属于“资金回流”。

（4）明确废旧物资回收企业“是否存在真实交易”的判断标准。

（5）对废旧物资回收企业涉嫌虚开发票的典型案例进行分析，总结从中得出的启示，有助于加强废旧物资回收企业增值税发票管理。

六、理论依据与分析

（一）税案存在的争议点及分析

1.“散户—大户—废旧物资回收企业—生产制造企业”的交易，是否符合税法相关规定？该交易模式中废旧物资回收企业的购销交易，能否被视为真实交易？

为了进一步加强废旧物资回收行业增值税管理，《国家税务总局关于废旧物资回收经营业务有关税收问题的批复》（国税函〔2002〕893号）对“关于开具增值税专用发票的定性问题”做出了明确规定。[①] 从国税函〔2002〕893号文可以看出，“散户—废旧物资回收企业—生产制造企业”的交易不违背税法有关规定，不被定性为

① 废旧物资收购人员（非本单位人员）在社会上收购废旧物资，直接运送到购货方（生产厂家），废旧物资经营单位根据上述双方实际发生的业务，向废旧物资收购人员开具废旧物资收购凭证，在财务上作购进处理，同时向购货方开具增值税专用发票或普通发票，在财务上作销售处理，将购货方支付的购货款以现金方式转付给废旧物资收购人员。鉴于此种经营方式是由目前废旧物资行业的经营特点决定的，且废旧物资经营单位在开具增值税专用发票时确实收取了同等金额的货款，并确有同等数量的货物销售，因此，废旧物资经营单位开具增值税专用发票的行为不违背有关税收规定，不应定性为虚开。

虚开。进一步地，本案中“散户—大户—废旧物资回收企业—生产制造企业”的交易是否能得到认可？《财政部、国家税务总局关于再生资源增值税政策的通知》（财税〔2008〕157号）规定单位和个人销售再生资源，应当依照《中华人民共和国增值税暂行条例》、《中华人民共和国增值税暂行条例实施细则》及财政部、国家税务总局的相关规定缴纳增值税。但个人（不含个体工商户）销售自己使用过的废旧物品免征增值税。增值税一般纳税人购进再生资源，应当凭取得的增值税条例及其细则规定的扣税凭证抵扣进项税额。这在一定程度上承认了“散户—大户—废旧物资回收企业—生产制造企业”的交易。

本案例中，废旧物资回收企业从散户处收购废旧钢材采取大户收集方式，即A公司只从一个特定大户处收购废旧钢材，而该特定大户直接与众多散户对接。这主要是考虑到C公司需要的废旧物资数量大、收购对象众多，A公司直接与散户对接，需逐笔填写收购凭证，手续复杂、交易费时。C公司自行与散户联系，并谈妥收购价格，然后指定C公司业务经理丙作为大户，与A公司直接对接。“散户—大户—废旧物资回收企业—生产制造企业”这一模式，实质上就是国税函〔2002〕893号文中的交易模式。不能因该交易模式而直接否定A公司和C公司之间购销废旧钢材的真实性。

2. A公司未从大户丙和众多散户处收到废旧物资，直接按照C公司支付的货款金额向C公司开具增值税专用发票，能否以虚开增值税专用发票罪论处？

虚开增值税专用发票应当考察主观目的和客观结果。《最高人民法院研究室〈关于如何认定以“挂靠”有关公司名义实施经营活动并让有关公司为自己虚开增值税专用发票行为的性质〉征求意见的复函》（法研〔2015〕58号）指出：“虚开增值税发票罪的危害实质在于通过虚开行为骗取抵扣税款，对于有实际交易存在的代开行为，如行为人主观上并无骗取的扣税款的故意，客观上未造成国家增值税款损失的，不宜以虚开增值税专用发票罪论处。”

主观来看，A公司与大户直接对接，未从大户丙和众多散户中收到废旧物资，而是将收购的废旧钢材销售给C公司，散户将废旧钢材直接运送到C公司厂房。这是废旧物资回收行业的经营特点，属于真实交易。根据交易，A公司给C公司开具增值税专用发票。同时，A公司根据开具的增值税专用发票，按期足额地缴纳增值税，不存在少缴、未缴增值税税款的情况。A公司主观上不具备骗抵税款目的，客观上未带来国家税款损失，缺少构成虚开增值税专用发票罪的必要条件。

3. A公司及其母公司B公司疏于对废旧物资出入库的管理，导致A公司的开票金额大于实际货物交易，这一行为是否属于虚开增值税专用发票？A公司或其母公司B公司是否需要对该行为承担法律责任？

2018年5月，在税务司法协作座谈会上，最高人民法院刑事审判第四庭法官姚龙兵再次强调："虚开专用发票罪是目的犯，而不是要求有税收被骗取实害结果发生的结果犯，也不是不需要任何特定目的的纯粹行为犯。……虚开的目的，从罪责刑相适应原则分析，宜限于骗税目的，不包括逃避缴纳税款。不以骗取税款为目的的虚开增值税专用发票行为，不应构成虚开增值税专用发票罪。"

可以看出，骗税目的是构成虚开增值税专用发票的必要条件。在A公司与C公司的交易中，C公司在实际收购废旧钢铁过磅单的基础上，再伪造部分过磅单，虚增废旧钢铁的购进数量。A公司未核实C公司传递的过磅单，直接按照过磅单的相关数据开具增值税专用发票，导致开票金额大于实际货物交易。这属于A公司及其母公司B公司的过失，不能印证其有骗税目的。真正具有骗税目的的是C公司，C公司骗抵税款，造成了国家税款损失，应当承担相应的税收责任及刑事责任。A公司及其母公司B公司的管理不善为C公司提供了舞弊的机会，不构成虚开增值税专用发票罪，即不应追究刑事责任。但是在税收征管层面，为他人开具与实际经营业务情况不符的发票，根据《国务院关于修改〈中华人民共和国发票管理办法〉的决定》（国务院令2010年第587号）相关规定，A公司及其母公司B公司应当承担相应的税收行政责任。

4. A公司从C公司收到货款后，将“收购价格”部分支付给C公司的业务经理丙，这一行为是否属于“资金回流”？起诉书中，公安局仅以有无“资金回流”来判断A公司与C公司之间有无真实交易是否恰当？

在“散户—大户丙—废旧物资回收企业—生产制造企业”的交易中，若忽略掉散户，直接看成“大户丙—废旧物资回收企业—生产制造企业”且大户丙为生产制造企业的业务经理，很容易误认为存在“资金回流”，即交易资金从C公司流出，通过废旧物资回收企业，最后又回到了C公司。本案例中，若是交易模式为“散户—废旧物资回收企业—生产制造企业”，A公司直接与散户对接，则C公司不存在“资金回流”的嫌疑。但是，考虑到C公司需要的废旧物资数量多、收购对象多，A公司直接与散户对接，手续复杂、交易费时，才指定C公司业务经理丙为大户，与A公司直接对接。从整个交易来看，丙除了是C公司的业务经理，还是指定大户。A公司支付给大户丙的“收购价格”，分为两部分：第一部分由丙按照散户真实销售废旧钢材的情况支付给散户，资金流向为“C公司—A公司—大户丙—散户”；第二部分，即C公司虚增废旧钢材购进数量对应的价款，最终回到C公司，资金流向为“C公司—A公司—C公司”。从第二部分的资金流向可以看出,C公司的购买行为存在“资金回流”。

何为“真实交易”？《国家税务总局关于纳税人对外开具增值税专用发票有关问题的公告》（国家税务总局公告2014年第39号）[①] 规定，同时符合以下三种情形的，不属于对外虚开增值税专用发票，即销售了货物，取得了相关款项，开具的发票与所销售货物、所提供应税劳务或者应税服务相符。

税务机关在判断“是否存在真实交易”时，主要依据“三流一致”，即资金流、发票流、货物流。从资金流来看，C公司购进废旧钢材，资金从C公司流入A公司，再经过大户丙流入散户。从发票流来看，发票由A公司开给C公司。从货物流来看，废旧钢材由散户直接运送到C公司，似乎不符合货物从卖方流入买方（即从A公司流入C公司）。但从经济实质来看，废旧钢材直接从散户流入C公司，更有利于交易便利。货款归供货人，交易链条完整，货物和资金的最终归宿无误。起诉书中，公安局仅以存在“资金回流”来断定A公司与C公司之间无真实货物购销交易，这是不恰当的。

（二）从税案中得出的启示

回收再利用废旧物资，符合我国当前节能减排、保护环境的发展战略。国家扶持废旧物资回收行业，给予税收优惠政策。作为废旧物资回收企业，应当加强自身管理建设，合法合理享受增值税即征即退等优惠政策。本案中，检察院虽然对废旧物资回收企业涉嫌虚开以不起诉结案，但是可以看出，废旧物资回收行业虚开涉税风险高，为了加强废旧物资行业增值税发票管理，废旧物资回收企业和税务机关还有许多地方需要改进。

1. 废旧物资回收企业方面

若选择与本案类似的交易模式，在日常经营活动中，废旧物资回收企业应规范企业账务处理、留存好交易材料备查。在与生产制造企业交易前，废旧物资回收企业应合理考察其规范性等。交易时，废旧物资回收企业开票应谨慎，加强对散户和大户（或生产制造企业）之间交易的监管，核实销售废旧物资的数量与金额，保证

① 纳税人通过虚增增值税进项税额偷逃税款，但对外开具增值税专用发票同时符合以下情形的，不属于对外虚开增值税专用发票：一、纳税人向受票方纳税人销售了货物，或者提供了增值税应税劳务、应税服务；二、纳税人向受票方纳税人收取了所销售货物、所提供应税劳务或者应税服务的款项，或者取得了索取销售款项的凭据；三、纳税人按规定向受票方纳税人开具的增值税专用发票相关内容，与所销售货物、所提供应税劳务或者应税服务相符，且该增值税专用发票是纳税人合法取得，并以自己名义开具的。

交易的真实性，进而保证增值税发票开具的正确性。

此外，为了避免“散户—废旧物资回收企业—生产制造企业”等类似交易模式中，废旧物资回收企业虚开增值税专用发票的风险，废旧物资回收企业可以转变交易模式，充分利用挂靠经营，即让更多的散户选择挂靠。挂靠经营有助于规范废旧物资行业，一方面解决了散户开票难的问题，根据国家税务总局公告2014年第39号、《关于〈国家税务总局关于纳税人对外开具增值税专用发票有关问题的公告〉的解读》，[①] 如果散户选择挂靠废旧物资回收企业开展废旧物资销售业务，则废旧物资回收企业作为被挂靠方，可以向受票方开具增值税专用发票，且不构成虚开增值税专用发票罪，这一点也得到了司法机关的认可。[②] 另一方面，挂靠经营提高了废旧物资回收企业与散户之间的信息对称程度。废旧物资回收企业通过信息共享平台加强对散户的管理，清楚了解每笔交易数量、金额等信息，再以此为依据开票，很大程度上减少了本案例中“废旧物资回收企业开票金额大于实际交易金额”这一现象的出现。

2. 税务机关方面

首先，税务机关应当明确“虚开增值税专用发票”的认定标准。废旧物资回收企业因其独特的经营模式，与生产制造企业之间的交易经常被定性为虚开增值税交易发票罪。本案例进一步为判定废旧物资回收企业虚开发票指明方向，税务机关和司法机关在判断是否虚开时，应当调整侦查方向，不是流于代开增值税的形式，而是考察行为人主观上是否有骗抵国家税款的目的，且客观上有无造成国家税款损失。只有这样才能从根本上加强增值税专用发票管理，保障国家税收。

其次，税务机关应加强对废旧物资回收企业的管理。当废旧物资回收企业从大户或散户处收购废旧物资时，税务机关应当监控回收过程中的资金流、货物流，核实废旧物资的购销情况，检查其收购凭证、销售发票的真实性。同时，当生产制造企业从废旧物资回收企业处购买废旧物资时，税务机关应严格审查交易的真实性，以防出现“资金回流”。

最后，明确真实交易判断标准。当前，“真实交易”的判断标准尚未明确，税务机关主要以国家税务总局公告2014年第39号为判断是否存在真实交易的标准，

---

① 如果挂靠方以被挂靠方名义，向受票方纳税人销售货物、提供增值税应税劳务或者应税服务，应以被挂靠方为纳税人。被挂靠方作为货物的销售方或者应税劳务、应税服务的提供方，按照相关规定向受票方开具增值税专用发票，属于本公告规定的情形。

② 《最高人民法院研究室〈关于如何认定以“挂靠”有关公司名义实施经营活动并让有关公司为自己虚开增值税专用发票行为的性质〉征求意见的复函》（法研〔2015〕58号）。

即“三流一致”。但是交易是一个民事法律行为，“三流一致”将货物流、资金流局限于买卖双方之间，使得大量符合民法要求的交易被排除在真实交易之外，而且符合“三流一致”表象的交易并不一定都是真实交易。而司法机关对“是否存在真实交易”的判断标准更不确定，从大量实例来看，当司法机关想要肯定一项交易的真实性时，会从交易形式进行判断；当司法机关想要否定一项交易的真实性时，会从交易实质进行判断。这样不明确的判断标准，使得废旧物资行业有机可乘，涉税风险居高不下。

七、参考文献

华税．废旧物资回收企业税务风险爆发点及应对策略（一）[EB/OL].（2020-02-03）[2021-06-01]. http://www.liutianyong.com/post/4278.html.

廖仕梅，屈震．论虚开增值税专用发票罪与真实交易 [J]. 税务研究，2018（1）: 76-80.

卢敬俊．论再生资源回收企业的税收困境 [J]. 中国商论，2019（9）: 20-21.

乔亮国．论废旧物资回收利用税收政策的完善 [J]. 经济纵横，2007（20）: 63-65.

八、关键要点

（1）**关键点：**本文对废旧物资回收企业涉嫌虚开增值税专用发票一案进行了介绍，从中提炼出存在争议的几个问题，包括“虚开增值税专用发票”的认定标准、“资金回流”的定义、“是否存在真实交易”的判断标准等。

（2）**关键知识点：**废旧物资回收企业的经营模式特点、《资源综合利用产品和劳务增值税优惠目录》（财税〔2015〕78 号）、《国家税务总局关于废旧物资回收经营业务有关税收问题的批复》（国税函〔2002〕893 号）、《国家税务总局关于纳税人对外开具增值税专用发票有关问题的公告》（国家税务总局公告 2014 年第 39 号）等。

（3）**能力点：**培养学生阅读案例、分析案例和解决现实问题的能力。具体来说，要求学生通过阅读案例精准抓住案件争议点，并运用课程相应知识点对争议点做出自己的分析与判断，进而提高批判性思维能力及解决问题的实际能力。

九、建议课堂计划

本案例可以作为专门的案例讨论课来进行，如下是按照时间进度提供的课堂计划建议，仅供参考。

整个案例课的课堂时间控制在 90 分钟，即 2 节课。

（1）课前计划： 提出启发思考题，请学生完成资料阅读及初步思考。

（2）课中计划：

课堂前言（7～10分钟）：简明扼要，明确主题。

分组讨论（25分钟）：准备发言提纲。

小组发言（每组6分钟）：分5个组。

讨论与思考（20～25分钟）：引导全班进一步讨论及思考，讲解案件所折射的关键问题所在及对税务机关和纳税人的启示等。

（3）课后计划： 请学生利用网络及文献搜索增值税发票案的相关资料信息，尤其是最新信息，采用报告形式给出更加具体的解决方案，或写出案例分析报告（1500～2000字）。

案例 2 善意取得虚开专票，企业“无辜受害”

——以 C 钢铁企业为例①

徐 志 潘冬慧 钱 婷

摘 要：C 钢铁公司善意取得 A 贸易公司和 B 矿业公司虚开的增值税专用发票，按照国家税务总局辖区税务局（原辖区国家税务局）下达的《税务处理决定书》的要求，补缴税款合计 46,044,695.41 元，导致预期年度利润总额减少 45,117,223.65 元。其在和 A 贸易公司的业务中，货物流、资金流、发票流相互一致，交易确实，开具的增值税专用发票真实，仅仅因为 A 贸易公司从上游业务中非善意取得增值税专用发票用于进项税抵扣，国家税务总局辖区税务局便将其下游业务中真实开具的增值税专用发票也认定为虚开，导致 C 钢铁公司被认定为善意取得增值税专用发票。本文针对该税务行政复议中存在的争议点展开具体分析，为该类善意接受虚开增值税专用发票案的处理提出合理建议。

关键词：虚开增值税专用发票、善意取得、进项税抵扣、税务行政复议

Abstract: C Steel Company acquired in good faith the VAT special invoices issued by A Trading Company and B Mining Company. According to the taxation treatment decision issued by the local State Taxation Administration, the total amount of the supplementary tax is 46,044,695.41 yuan, resulting in the expected annual profit reduction of 45,117,223.65 yuan. In its business with A Trading Company, the goods flow, capital flow and invoice flow are consistent with each other, the transaction is true, and the VAT special invoices issued is true. Just because A Trading Company obtains the VAT special invoices in false faith from upstream business for input tax deduction, the actual VAT special invoices obtained from downstream business were also deemed to be false by the

① 本案例源自《福建三钢闽光股份有限公司关于收到三明市国家税务局〈税务行政复议决定书〉的公告》。出于案例教学的需要，在本案例中对有关企业单位名称、数据、情节和内容等做了必要的改动与掩饰性处理。本案例只供课堂讨论之用，并无意暗示或鼓励纳税人善意取得的虚开增值税专用发票可用于进项税额抵扣。

local State Taxation Administration, which led C Steel Company to be deemed to have obtained the VAT special invoices in good faith. This paper carries out a specific analysis of the disputes in this case, and puts forward reasonable suggestions for the handling of such cases of bona fide acceptance of false VAT invoices.

Key words: false issuance of VAT special invoices, bona fide acquisition, input tax deduction

案例正文

一、引言

2015年8月19日，C钢铁公司董事会发布了一份关于收到国家税务总局市（属省辖市）税务局（以下简称市税务局）《税务行政复议决定书》的公告，该《税务行政复议决定书》就C钢铁公司对国家税务总局区税务局（以下简称区税务局）下达的《税务处理决定书》提出的行政复议做出决定，维持区税务局对C钢铁公司从A贸易公司和B矿业公司善意取得虚开增值税专用发票和货物运输业增值税专用发票情况的处理。C钢铁公司已补缴税款合计46,044,695.41元，其中已抵扣的306份虚开增值税专用发票对应的46,010,279.59元补缴税款，仅通过尾款追偿893,055.94元，进一步追回损失的可能性较小。该税案预计将减少C钢铁公司2015年度利润总额45,117,223.65元，严重影响该公司当年业绩，董事会表示“在该事件中本公司为无辜受害、无端蒙受巨额损失”。本案例将针对该案件中存在的争议点展开具体分析，为该类善意接受虚开增值税专用发票案的处理提出合理建议。

二、案件背景

C钢铁公司自2011年7月起向A贸易公司购买废钢，根据合同约定，由A公司将废钢运输至C钢铁公司料场，C钢铁公司质计部在对废钢进行质检、评级和定价后，将验收单和结算单价传递给A贸易公司。A贸易公司根据相关单据，按照17%的税率分批次向C钢铁公司开具增值税专用发票。通过这种方式，C钢铁公司在2011年7月至2013年5月共计取得A贸易公司开具的309份增值税专用发票。

与此同时，2013年1月，C钢铁公司从B矿业公司购买了4,515.49吨白云石炼钢料，双方签订了相应的供货合同。根据合同约定，矿价和运费分别结算。2013年8月至2014年1月，C钢铁公司分别取得了3家物流公司开具的货物运输业增值税专用发票6份，发票联、抵扣联票面内容与开票企业涉案发票内容一致，双方有真实货物交易。

三、案件内容

（一）案件源起

C钢铁公司在和A贸易公司交易的过程中，总共取得了A贸易公司开具的309份增值税专用发票，发票金额总计273,044,244.76元，税额总计46,417,521.64元，其中306份发票对应的进项税额46,010,279.59元已经陆续在2011年8月至2013年6月认证抵扣；剩下的3份由于被认证为失控票，已于2013年10月做进项税额转出。由于A贸易公司在上游业务中存在非善意取得虚假进项的行为，因此，A贸易公司开具的309份增值税专用发票被辖区税务局稽查局认定为虚开的增值税专用发票。A贸易公司虚开增值税专用发票的违法犯罪行为案发后，经税务机关稽查、公安机关侦查及C钢铁公司自查，C钢铁公司与A贸易公司之间存在真实的交易关系。A贸易公司按照合同约定负责将废钢运输至C钢铁公司料场，在取得相关单据后，以A贸易公司的名义向C钢铁公司开具与真实交易情况相符的增值税专用发票，C钢铁公司向A贸易公司支付相应的货款。合同签订前，C钢铁公司按照规定要求A贸易公司提供营业执照、税务登记证及组织机构代码等复印件，审查无误后认可了A贸易公司的供应商资质，并与之发生了近两年的废钢铁贸易。

与此同时，C钢铁公司从B矿业公司取得的3家物流公司开具的6份货物运输业增值税发票也被国税稽查局认定为虚开的增值税专用发票，其中5份已抵扣、税额34,415.82元，1份未申报抵扣、税额4,164.41元。

（二）案件发展

随着A贸易公司和B矿业公司的开票行为分别被辖区税务局稽查局确认为虚开增值税专用发票，根据《中华人民共和国增值税暂行条例》（以下简称《增值税暂行条例》）第九条、国家税务总局《关于纳税人善意取得虚开的增值税专用发票处理问题的通知》（国税发〔2000〕187号）之规定，辖区税务局稽查局判定C钢铁公司从A贸易公司和B矿业公司处取得的315份增值税专用发票不得用于抵扣进项，对已抵扣进项的311份发票对应的税额予以追缴，金额合计为46,044,695.41元。同时，根据国家税务总局《关于纳税人善意取得虚开增值税专用发票已抵扣税款加收滞纳金问题的批复》（税务局〔2007〕1240号）之规定，辖区税务局局决定不对上述税款加收滞纳金。

收到《税务处理决定书》后，C 钢铁公司表示不服，于是在法律规定的期限内向上级国税局提起了行政复议申请。具体理由如下：① C 钢铁公司与 A 贸易公司、B 矿业公司之间确实存在真实的货物交易关系，且公司相关职能部门和人员，按照规定履行了相应的职责，不存在工作上的故意、过失或者失职；②虽然 C 钢铁公司有义务保证其和 A 贸易公司、B 矿业公司之间的货物交易活动真实、合法、有效，但 C 钢铁公司无力也无权核实甚至监督 A 贸易公司、B 矿业公司与其他企业进行的贸易活动；③在涉案的增值税专用发票已经主管税务机关认证，并得以正常抵扣的情况下，C 钢铁公司无力也无权对交易对方开具的增值税专用发票是否为虚开进行进一步的核实和监管，辖区税务局也未及时发现和查处。

（三）案件结果

2015 年 8 月中旬，C 钢铁公司收到市税务局下达的《税务行政复议决定书》，该决定书对 C 钢铁公司提起的行政复议做出最终决定，维持区税务局对 C 钢铁公司从 A 贸易公司和 B 矿业公司处善意取得虚开增值税专用发票和货物运输业增值税专用发票情况的处理。

按照区税务局下达的《税务处理决定书》的要求，C 钢铁公司已补缴税款合计 46,044,695.41 元。其中：对从 A 贸易公司处取得并已抵扣的 306 份虚开增值税专用发票对应的 46,010,279.59 元补缴税款，C 钢铁公司已从 A 贸易公司预留的尾款获得 893,055.94 元追偿，不足部分将进一步追偿，但追回损失的可能性较小；对从 B 矿业公司处取得并已抵扣的 5 份虚开货物运输业增值税专用发票对应的 34,415.82 元补缴税款，C 钢铁公司已全额向 B 矿业公司追偿。

四、案件小结

尽管 C 钢铁公司和 A 贸易公司、B 矿业公司之间确实存在着真实的交易关系，并且货物流、资金流、发票流相互一致，但是由于 A 贸易公司和 B 矿业公司被国税稽查局确认为虚开增值税专用发票，C 钢铁公司最终被认定为善意取得增值税专用发票，这一事件导致 C 钢铁公司补缴税款合计 46,044,695.41 元，严重影响了公司当年的经营业绩。

仅仅因为 A 贸易公司在上游业务中存在非善意取得增值税专用发票用于进项税抵扣的行为，便将其下游真实业务开具的增值税专用发票也认定为虚开，这样的做法是否合理？“善意受票人”的概念来源于民法物权中的“善意取得”，这一制度体现了民法对于善意受让人的保护。而在善意取得虚开增值税专用发票案中，除非善意受票人能重新从销售方处取得合法有效的增值税专用发票，否则不得抵扣进项税额并追缴已抵扣的进项税额，这样的处理结果是否违背了“善意取得”的制度初衷？这些问题有待进一步思考。

五、参考文献

福建三钢闽光股份有限公司关于收到三明市国家税务局《税务行政复议决定书》的公告[EB/OL].（2015-08-19）[2021-03-18]. http://www.cfi.net.cn/p20150819003184.html.

案例使用说明

一、教学目的与用途

（1）适用课程： 中国税制专题、税收稽查专题、税收征管专题等。

（2）适用对象： 本案例适合财政税务专业高年级本科生、财政学及税务专业硕士研究生学习，还适合税法相关律师从业者、税务机关相关制度制定者和执行者及企业财务、税务管理人员学习。

（3）教学目的： 本案例详细分析了 C 钢铁公司善意取得虚开增值税专用发票一案，通过对善意受票人的认定和处理原则的分析，指出区税务局相关处理结果的争议之处，同时对该类善意取得增值税专用发票案的产生根源、相关责任方和处理案件的着力点展开分析，从而为加强增值税征收、管理和稽查提供启示与借鉴。

二、涉及知识点

（1）中国税制专题：税务行政复议、增值税专用发票管理。

（2）税收稽查专题：对虚开增值税专用发票的稽查。

（3）税收征管专题：对纳税人善意取得虚开的增值税专用发票的处理。

三、配套教材

（1）胡怡建：《税收学》，上海财经大学出版社 2018 年版。

（2）刘佐：《中国税制概览（2019 年）》，经济科学出版社 2019 年版。

（3）中国注册会计师协会编：《税法——2022 年注册会计师全国统一考试辅导教

材》，中国财政经济出版社 2022 年版。

四、启发思考题

（1）构成“善意受票人”需要符合哪些条件，其认定的标准是什么？将 C 钢铁公司认定为“善意受票人”，证据是否充足，对善意受票人应当遵循怎样的处理原则？

（2）因为 A 贸易公司在上游业务中非善意取得虚假进项，便将其下游真实业务开具的增值税专用发票也认定为虚开，这样的处理逻辑是否合理？

（3）“善意受票人”的概念来源于民法物权中的“善意取得”，属于票据善意取得的一种。[①] 在该起税案中，辖区税务局要求 C 钢铁公司不得抵扣相关进项并对已抵扣部分进行补缴，这样的处理结果是否遵循了“善意取得”制度？

（4）在上游虚开发票方缴纳相关增值税销项税，同时其非善意取得的增值税进项税也不得用于抵扣并进行补缴的情况下，如果允许下游善意受票人抵扣进项税款或不追缴已抵扣的税款，会造成国家税款的流失吗？

（5）在该起善意取得虚开增值税专用发票案中，虚开发票方必然为责任方，但辖区税务局作为管理者和监督者，是否需要作为相关责任人，为纳税人虚开增值税专用发票这样的非合法经营行为担责？

五、分析思路

（1）在 C 钢铁公司善意取得增值税专用发票的案件中，上游企业 A 贸易公司和 B 矿业公司的行为分别被辖区税务局稽查局认定为虚开增值税专用发票，进而 C 钢铁公司被辖区税务局判定为善意取得虚开的增值税专用发票。一方面，将 C 钢铁公司认定为“善意受票人”，证据是否充足，构成“善意受票人”需要符合哪些条件，其认定的标准是什么，应当遵循怎样的处理原则？另一方面，因为上游销售方（A 贸易公司）取得虚假进项，便将其下游真实业务开具的增值税专用发票也认定为虚开，这样的处理是否存在争议？

（2）善意取得制度是均衡所有权人和善意受让人利益的一项制度，当所有权人与善意受让人发生权利冲突时，侧重保护善意受让人的利益，而对原所有权进行合法、合理的限制。[②] 但是国家税务总局对善意受票人的处理完全是站在保护国家税

① 王佩芬：《如何认定虚开增值税专用发票罪中的善意受票人》，《政治与法律》2008年第1期，第35-40页。

② 王佩芬：《如何认定虚开增值税专用发票罪中的善意受票人》，《政治与法律》2008年第1期，第35-40页。

款不流失的立场上，对C钢铁公司的处理与善意取得制度相悖，该如何理解和处理这种矛盾？

（3）善意接受虚开的增值税专用发票，根源在于增值税专用发票的虚开，A贸易公司作为责任方，其本应为虚开的增值税专用发票正常缴纳增值税，同时其非善意取得的增值税进项税也不得用于抵扣。这样处理已经弥补了国家税款的流失，可以保证增值税抵扣链条的继续运转，此时允许善意受票人（C钢铁公司）抵扣与该项业务相关的进项税款或不追缴已抵扣的税款，是否仍会造成国家税款的流失？此时，仍要求无责任的善意受票方将进项税转出和补缴已抵扣的进项税款，俨然再次破坏了增值税的抵扣链条。

（4）善意取得增值税专用发票的根源在于虚开增值税专用发票，强化和加大对增值税专用发票的虚开及非善意取得的管理和惩治力度，才是治本之策；为了避免国家税款的流失而要求无责任的善意受票人承担损失只能是权宜之计。另外，和善意受票人相比，在对增值税专用发票虚开的审查方面，税务机关作为管理者，拥有相对信息优势和更多的资源，理应承担管理疏漏责任，为虚开发票方的非合法经营担责，而不是将相关审核监督责任推卸给善意受票方。

六、理论依据与分析

（一）税案存在的争议点及分析

1. A贸易公司和C钢铁公司之间的业务是否构成虚开增值税专用发票，业务相关的进项税额是否不得抵扣？

根据国家税务总局公告2014年第39号《国家税务总局关于纳税人对外开具增值税专用发票有关问题的公告》，纳税人对外开具增值税专用发票同时符合以下情形的，不属于虚开增值税专用发票：

> 一、纳税人向受票方纳税人销售了货物，或者提供了增值税应税劳务、应税服务；
>
> 二、纳税人向受票方纳税人收取了所销售货物、所提供应税劳务或者应税服务的款项，或者取得了索取销售款项的凭据；
>
> 三、纳税人按规定向受票方纳税人开具的增值税专用发票相关内容，与所销售货物、所提供应税劳务或者应税服务相符，且该增值税专用发票是纳税人合法取得，并以自己名义开具的。

根据案情可知，C钢铁公司和A贸易公司、B矿业公司之间确实存在着真实的货物交易关系。A 贸易公司按照合同约定向 C 钢铁公司销售废钢，并以自己的名义开具与所售货物相符的增值税专用发票，C 钢铁公司向 A 贸易公司支付相应的货款。尽管 A 贸易公司和 C 钢铁公司之间的业务发生在 2011 年 7 月至 2013 年 5 月，早于《国家税务总局关于纳税人对外开具增值税专用发票有关问题的公告》（国税发〔2014〕39 号）发布时间，但是公告中提到“此前未处理的事项，按照本公告规定执行”。

由此，虽然 A 贸易公司在上游业务中非善意取得了虚开的增值税专用发票并用于进项税额的抵扣，但是其和 C 钢铁公司的下游业务完全符合国税发〔2014〕39 号文件所述情况，即 A 贸易公司和 C 钢铁公司的业务中货物流、资金流、发票流相互一致，C 钢铁公司从 A 贸易公司取得的增值税专用发票不属于虚开的增值税专用发票。不能因为 A 贸易公司在上游业务中取得了虚假的进项，便将下游真实的业务也认定为虚开。

2. C 钢铁公司作为无责任的善意受票方，辖区税务局根据相关规定要求其补缴已抵扣的进项税额，是否和善意取得制度相悖？

《国家税务总局关于纳税人善意取得虚开的增值税专用发票处理问题的通知》（国税发〔2000〕187 号）规定：“购货方能够重新从销售方取得防伪税控系统开出的合法、有效专用发票的，或者取得手工开出的合法、有效专用发票且取得了销售方所在地税务机关或者正在依法对销售方虚开专用发票行为进行查处证明的，购货方所在地税务机关应依法准予抵扣进项税款或者出口退税。”该规定意味着如果善意受票人不能重新取得合法、有效的专用发票便不能抵扣进项税额。而事实上，虚开企业承担其虚开的民事责任或刑事责任后，很难再有能力重新开具增值税专用发票，并重复缴税。所以，对于善意受票方 C 钢铁公司而言，这样的条款只是画饼充饥，虚开增值税专用发票的不利后果最终由 C 钢铁公司来承担。

税法中的善意取得虚开的增值税专用发票和民法中的善意取得制度最大的共同点在于两者均强调受让人主观上的善意，但是两者在处理结果上存在着较大的差异。[①] 民法中的善意取得制度强调当所有权人与善意受让人发生权利冲突时，侧重保护善意受让人的利益，而对原所有权进行合法、合理的限制。[②]《中华人民共和国民法典》及国际的通行惯例都是以保护善意受让人为根本出发点的，其根本目的在于保护善意的交易相对人，保护正常的市场交易关系。而税法中，由于虚开企业往往

① 汪成红：《浅议“善意取得”虚开增值税专用发票的定性》，《税务研究》2018年第9期，第66–69页。
② 王佩芬：《如何认定虚开增值税专用发票罪中的善意受票人》，《政治与法律》2008年第1期，第35–40页。

难以重新开具合法、有效的增值税专用发票，因此善意受票人需要承担虚开增值税专用发票带来的不利后果。这意味着善意受票人的权利没有通过法律得到直接保护，其只能期望通过向不法转让人追偿来弥补亏损，这和善意取得制度相悖。即使存在这一矛盾，但有些观点仍解释为由于案情涉及国家税收安全，如果允许善意受票人抵扣进项税款或不追缴已抵扣的税款，则会造成国家税款的流失。

3. 允许善意受票人抵扣进项税款或不追缴已抵扣的税款，是否必然会导致国家税款的流失？

根据《增值税暂行条例》，企业缴纳的增值税实质是企业就增值额征收的流转税。企业进项税额的实质是企业实际负担的上游所有环节的增值税，这个成本可以用于抵扣，从而使企业仅需负担该增值环节的税负。在开票方已就虚开的增值税专用发票申报纳税的情况下，要求善意受票方将真实的进项税转出，有重复征税的嫌疑，[①]不符合增值税缴税原理。

善意接受虚开的增值税专用发票，根源在于增值税专用发票的虚开。A贸易公司虚开增值税专用发票，作为责任方，根据国税函〔2004〕536号《国家税务总局关于严厉打击虚开增值税专用发票等涉税违法行为的紧急通知》、国家税务总局公告2012年第33号《国家税务总局关于纳税人虚开增值税专用发票征补税款问题的公告》，以及国务院令2010年第587号《国务院关于修改〈中华人民共和国发票管理办法〉的决定》之规定，其承担了其应负的民事责任或刑事责任，即要为虚开的增值税专用发票缴纳应交增值税款，非善意取得的增值税发票也不能用于抵扣，并被处以罚款并承担可能的刑事责任，这体现了责罚一致的原则。

其实以上处理已经弥补了国家税款的流失，可以保证增值税抵扣链条的继续运转，此时仍不允许善意受票人C钢铁公司进行相关进项税额的抵扣，并要求其补缴已抵扣的税款，俨然在修复增值税的抵扣链条的同时又再次破坏了该链条。

（二）从税案中得出的启示

1. 源头治理，根治虚开增值税专用发票是关键

当前繁杂的增值税优惠政策、纳税意识薄弱及地方政府越权行为，破坏了增值税内在稽核机制。根据增值税的计税原理，如果上一个环节的纳税人未缴税或未足额缴税，发票上未注明或少注明应纳税款，则下一个环节的纳税人就不能抵扣其本

① 苏亚峰：《善意取得虚开的增值税专用发票的政策、法理依据和现实思考》，《法制与社会》2009年第2期，第129–130页。

来可以抵扣的税款，这就意味着他们要负担上一个环节未缴或少缴的税款，因而下一个环节的纳税人出于自身利益的考虑必然会要求上一个环节的纳税人如实缴纳并注明税款；同理，如果下一个环节的纳税人想要通过虚增进项税额的方式多抵扣税款，必然会加重上一个环节纳税人的税收负担，因此，他们会拒绝虚开增值税专用发票。通过这一方式将上下游纳税人的利益有机联系在一起，从而形成增值税特有的防范增值税违法行为的内在稽核机制。① 增值税内在稽核机制的失效使虚开增值税发票失去制度约束，成为导致增值税专用发票虚开行为的主要原因，进而造成了一系列善意取得增值税专用发票事件。

此外，2016年5月1日起，建筑业、房地产业、金融业和生活服务业开始实施“营改增”。自此，我国彻底告别营业税时代，全面步入增值税时代。“营改增”在解决重复征税问题的同时，也给增值税专用发票的管理带来了新的挑战。建筑业和房地产业纳税人经营方式较为粗放，金融业纳税人交易金额大且机构分布广泛，生活服务业纳税人众多但规模普遍较小。② 这些行业特征增加了企业虚开增值税专用发票的机会。

因此，为了从根源上杜绝虚开增值税专用发票行为的发生，首先应逐步缩减即征即退、先征后返、减半征收、财政返还等优惠政策的规模和数量，从制度上逐步消除虚开增值税专用发票的可能；其次，强化对纳税人开票行为的监控，巩固增值税内在稽核机制可能；最后，全面“营改增”后，税务机关应对新增纳税人增值税专用发票的取得、开具和保管给予高度的重视，强化风险意识，并做好税收政策的宣传辅导工作。

2. *严格“善意受票人”的认定标准，保护善意受票人的合法权益*

善意取得发票的采购方，履行了其全部责任，即交易真实、货款支付，发票与合同、业务实质一致，发票认证无误并报税务机关审批。但因为上游环节的过错，本环节缴纳的进项税却要转出，造成多缴税款，使企业面临难以承受的风险，这完全和善意取得制度相悖。

在界定善意取得虚开增值税发票行为时，既要考虑法律上的实质要件，也要兼顾实践中的各种因素；对善意取得虚开发票纳税人的处理，既要符合国际通用的法理精神和道德标准，同时更要关注由此带来的社会效果。无论从法律的立意，还是从实践的需要来讲，都应该明确一点，即善意受票方不应继续承担税款的缴纳义务，而应由税务机关向虚开发票方去追偿，这既符合《中华人民共和国宪法》所规

① 黄海：《论虚开增值税专用发票行为的原因与治理》，《莆田学院学报》2006年第13卷第3期，第13–17页。
② 黄鑫：《虚开增值税专用发票的风险应对》，《税务研究》2016年第9期，第108–110页。

定的公民合法私有财产不受侵犯的立法精神，也能够确保私法理念下诚信的市场经济体系有效、合理的良性循环。[①] 但需要注意的是，在保护善意受票人利益的同时，也要防止不法分子滥用善意取得制度侵蚀国家税款。

3. 明确税务机关的责任，扮演好管理者和监督者的角色

虽然虚开增值税专用发票方为责任方，但是税务机关作为管理者和监督者，其在整个过程中也存在一定程度上的失职：一是没有制定合理的流程或采取必要的技术手段防止虚开发票的产生，因为企业即使按规定履行了全部流程仍取得了虚开的增值税专用发票，说明税务机关作为监管者有着不可推卸的责任。二是主管税务机关对所属纳税主体的合法经营要担责，而不是只负责纳税登记、只管发售发票并为其合法性背书，甚至审核达 3 年之久才发现问题。税务机关应扮演好管理者和监督者的角色，不应让善意受票人为税务机关的缺位买单。金税工程的开展加强了税务机关对于增值税专用发票的监控。2016 年 7 月，正式上线的金税三期工程建立了完善的网络发票系统，制定了发票开具标准和赋码规则等相关制度。[②] 税务机关可以通过金税三期强大的数据库及时获取纳税人开具的增值税专用发票的相关信息并对之进行分析，以发现虚开增值税专用发票的行为。这有助于提升税款征收、税务稽查等工作的效果。

除了利用管理系统提升监管水平，税务机关还应强化与企业的沟通，与合法纳税的企业建立良好的合作关系。税务机关可以通过讲座等形式向企业宣传稽查虚开发票企业的经验，使企业了解虚开发票风险比较高的企业的特征，帮助企业降低其在生产经营过程中取得虚开发票的可能性。[③]

4. 梳理既有相关法规并进行完善

《国家税务总局关于纳税人善意取得虚开的增值税专用发票处理问题的通知》（国税发〔2000〕187 号）之所以规定善意受票人只有在重新获取合法、有效的凭证后才能抵扣进项，是考虑到当时金税工程还未在全国范围内实施。那时，利用虚开增值税专用发票偷逃税款还仅限于骗购手工版的增值税专用发票虚开后走逃。[④] 一旦虚开发票方走逃，税务机关便难以收取虚开发票对应的应纳税额。为了保持增值

① 迟书梅：《对善意取得虚开增值税发票行为的界定及处理问题的探讨》，《辽宁法治研究》，2008年第2期，第77–79、65页。

② 苏永玲：《浅谈后营改增时代增值税专用发票的风险防控》，《辽宁行政学院学报》2016年第12期，第37–39页。

③ 刘婷婷、郑洲、黄燕：《企业取得虚开增值税专用发票的风险及其应对》，《企业改革与管理》2019年第1期，第125–126页。

④ 苏亚峰：《善意取得虚开的增值税专用发票的政策、法理依据和现实思考》，《法制与社会》2009年第2期，第129–130页。

税抵扣链条的完整，国家只能规定善意受票人不得抵扣虚开发票对应的进项税额。

随着金税工程的不断完善，从虚开发票方处追缴税款不再是不可能的事。在虚开发票方承担了其应负的民事责任或刑事责任后，继续让无责任方担责的法规条文无疑是不合理的，应当予以完善，对此，立法部门应进一步完善虚开增值税专用发票罪的修订；国家税务总局应进一步完善对于取得虚开增值税专用发票的处理规定。首先，应明确在开票方就虚开的增值税专用发票已申报的基础上，对受票方不应做补税处理，以避免重复征税。其次，在严格区分善意取得和非善意取得的基础之上，对恶意受票方进行处罚，善意接受方不做处理。最后，对于善意取得和非善意的取得的定性问题上，应规定企业有一定的举证责任，以减少税务机关的执法风险。①

七、参考文献

迟书梅．对善意取得虚开增值税发票行为的界定及处理问题的探讨 [J]. 辽宁法治研究，2008（2）：77–79，65.

樊其国．不属于虚开增值税专用发票的十种情形 [J]. 税收征纳，2019（7）：15–17.

黄海．论虚开增值税专用发票行为的原因与治理 [J]. 莆田学院学报，2006，13（3）：13–17.

黄鑫．虚开增值税专用发票的风险应对 [J]. 税务研究，2016（9）：108–110.

刘婷婷，郑洲，黄燕．企业取得虚开增值税专用发票的风险及其应对 [J]. 企业改革与管理，2019（1）：125–126.

毛杰．虚开和取得虚开增值税专用发票行为定性论处的若干法律问题探析 [J]. 税法理论与实务，2008（10）：62–64.

苏亚峰．善意取得虚开的增值税专用发票的政策、法理依据和现实思考 [J]. 法制与社会，2009（2）：129–130.

苏永玲．浅谈后营改增时代增值税专用发票的风险防控 [J]. 辽宁行政学院学报，2016（12）：37–39.

汪成红．浅议“善意取得”虚开增值税专用发票的定性 [J]. 税务研究，2018（9）：66–69.

王佩芬．如何认定虚开增值税专用发票罪中的善意受票人 [J]. 政治与法律，2008（1）：35–40.

① 苏亚峰：《善意取得虚开的增值税专用发票的政策、法理依据和现实思考》，《法制与社会》2009年第2期，第129–130页。

八、关键要点

（1）关键点：探讨上游企业非善意取得虚开的增值税专用发票用于进项税抵扣，其基于真实交易向下游企业开具的增值税专用发票是否构成虚开，下游企业是否应被认定为善意受票方；善意受票方的相关进项税额不得抵扣、已抵扣税款须予以补缴，这样的处理原则是否合理。

（2）关键知识点：善意取得虚开的增值税专用发票，即善意受票方的认定是关键，A 贸易公司承担虚开增值税专用发票的相关民事责任及刑事责任后，税务机关仍继续要求善意受票人补缴已抵扣的进项税款实际上已经造成税款的多缴，导致增值税抵扣链条的中断。

（3）能力点：培养学生阅读案例、分析案例和解决现实问题的能力。具体来说，要求学生通过阅读案例精准抓住案件争议点，并能运用课程相应知识点对争议点做出自己的分析与判断，进而提高学生批判性思维能力及解决问题的实际能力。

九、建议课堂计划

本案例可以作为专门的案例讨论课来进行，如下是按照时间进度提供的课堂计划建议，仅供参考。

整个案例课的课堂时间控制在 90 分钟左右，即 2 节课。

（1）课前计划：将案例和启发思考题发给学生，请学生自行阅读案例并进行初步的思考。

（2）课中计划：

课堂前言（7 ～ 10 分钟）：由教师简明扼要地讲解案例内容及存在的争议点。

分组讨论（25 分钟）：请学生自由组合并围绕案例争议点进行讨论。讨论时需要有学生记录讨论情况，发言人准备发言提纲。

小组发言（每组 6 分钟）：各组发言人就本组讨论情况和结果做一个简单的汇报，其他同学可以提问。

讨论与思考（20 ～ 25 分钟）：引导全班进一步讨论及思考，讲解增值税进项税额抵扣销项税额，以及虚开增值税专用发票导致抵扣链条中断的机理及主要理论依据。

（3）课后计划：请学生利用网络及文献搜索增值税发票案的相关资料信息，尤其是最新信息，采用报告形式给出更加具体的解决方案，或写出案例分析报告（1500 ～ 2000 字）。

案例 3 什么是“合理的工资薪金”

——中国二十二冶集团“虚开发票”发工资案①

徐 志 王佳瑶 杨蓉洁

摘 要：2008—2013 年，中国二十二冶集团以接受虚开发票方式为本公司员工发放工资 145,422,763.12 元，并在企业所得税前扣除。国家税务总局唐山市税务局稽查局（原唐山市国家税务局稽查局）检查发现后，认为中国二十二冶集团的行为构成偷税，认定应调增该公司 2008—2013 年应纳税所得额 149,701,046.49 元，并追缴企业所得税 37,425,261.63 元。中国二十二冶集团不服，向国家税务总局河北省税务局（原河北省国家税务局）提起复议，行政复议结果维持了国家税务总局唐山市税务局稽查局的处理决定。中国二十二冶集团向唐山市路北区人民法院提起行政诉讼，区法院判决税务局败诉。国家税务总局唐山市税务局稽查局与国家税务总局河北省税务局不服一审法院的判决，向唐山市中级人民法院提起上诉，唐山市中级人民法院判决驳回上诉，维持原判。本文首先介绍了案件的基本情况，并对各方就案件焦点展开的陈述进行了介绍，对其反映的问题进行了分析，以求对案件本身及相关法律、规章、文件有较为全面和深入的理解，并从纳税人、税务机关和国家立法角度得出具有现实意义的启示。

关键词：虚开发票、工资薪金制度、企业所得税、税前扣除、偷税

Abstract: From 2008 to 2013, China MCC22 Group Corporation Ltd paid 145,422,763.12 yuan to its employees by accepting false invoices and deducted them before corporate income tax. By checking false invoices of China MCC22 Group Corporation Ltd, Tangshan Tax Inspection Department of State Taxation Administration found that the behavior of China MCC22 Group Corporation Ltd constituted tax evasion. It recognized that the taxable income of the company from 2008 to 2013 should be

① 本案例源自《河北省唐山市中级人民法院行政判决书》［（2018）冀02行终474号］。本案例只供课堂讨论之用，并无意暗示或说明虚开劳务发票为职工发放工资薪金在企业所得税税前列支扣除是否有效。

increased by 149,701,046.49 yuan, and the corporate income tax should be recovered by 37,425,261.63 yuan. China MCC22 Group Corporation Ltd refused to accept the decision and submitted a reconsideration to Hebei Provincial Tax Service of the State Taxation Administration. The result of the administrative reconsideration maintained the decision of Tangshan Tax Inspection Department of the State Taxation Administration. China MCC22 Group Corporation Ltd filed an administrative lawsuit with the People's Court of Lubei District of Tangshan City. The District Court ruled that the Tax Bureau lost the lawsuit. Tangshan Tax Inspection Department of the State Taxation Administration and Hebei Provincial Tax Service of the State Taxation Administration refused the judgment of the court of first instance and appealed to Tangshan Intermediate People's Court. The Intermediate People's Court rejected the appeal and upheld the original judgment. This paper first introduces the basic situation of the case, and then introduces the statements made by the parties on the focus of the case, and analyzes the problems reflected in the case, in order to have a more comprehensive and in-depth understanding of the case itself and the relevant laws, regulations and documents, and draw a conclusion from the perspectives of taxpayers, tax authorities and national legislation.

Key words: false invoices, wage and salary system, corporate income tax, pre-tax deduction, tax evasion

案例正文

一、基本案情

（一）案件源起

中国二十二冶集团有限公司（以下简称中国二十二冶集团），隶属于世界企业五百强的中国冶金科工集团有限公司，是以工程承包、房地产开发为主营业务的综合性大型企业集团。2008—2013 年，中国二十二冶集团将从承德中泰劳务派遣有限公司等 4 家公司取得的合计 146,226,770.12 元的虚开劳务费发票实际用于发放公司员工工资。虚开发票名目下支出情况包括：①以赶工费、施工补贴等名义为本公司员工发放并在企业所得税前扣除的工资性支出 145,422,763.12 元；②税前多列支业务招待费 46,320 元；③未取得合法凭证税前列支业务招待费 274,014 元；④以就餐补贴、话费补助等名义发放给非本公司员工的工资性支出 483,673 元。

国家税务总局唐山市税务局稽查局（以下简称唐山市税务局稽查局）检查发现后，认为中国二十二冶集团以接受虚开发票方式为本公司员工发放的145,422,763.12元工资不属于合理的工资、薪金支出，中国二十二冶集团的行为构成偷税，对其下达《税务处理决定书》（冀唐国税稽处〔2017〕101号），认定应调增该公司2008—2013年应纳税所得额149,701,046.49元，追缴企业所得税37,425,261.63元。同时，根据《中华人民共和国税收征收管理法》（以下简称《税收征收管理法》）第三十二条之规定，对上述税款从滞纳之日起按日加收滞纳税款万分之五的滞纳金。中国二十二冶集团不服，向国家税务总局河北省税务局（以下简称河北省税务局）提起复议，河北省税务局于2017年9月7日做出《行政复议决定书》（冀国税复决字〔2017〕3号），维持唐山市税务局稽查局的上述处理决定。

（二）案件发展

中国二十二冶集团对于唐山市税务局稽查局做出的《税务行政处理决定书》及河北省税务局做出的《行政复议决定书》表示不服，于是向唐山市路北区人民法院提起行政诉讼。区人民法院认为，尽管唐山市税务局稽查局和河北省税务局否认中国二十二冶集团支付的员工工资的合理性，但是未能提供充分的证据予以证明，且公司员工取得的工资是否合理与发放工资的资金来源是否合法并不存在必然的联系。因此区人民法院认定本案争议的145,422,763.12元工资为合理的支出，判决税务局败诉，并做出三项判决：一是撤销唐山市税务局稽查局做出的《行政处理决定书》；二是撤销河北省税务局做出的《行政复议决定书》；三是责令唐山市税务局稽查局在判决生效后60日内重新做出处理决定。

（三）案件结果

唐山市税务局稽查局与河北省税务局不服一审法院的判决，向唐山市中级人民法院提起上诉。中级人民法院指出，本案中，上诉人没有证据证明中国二十二冶集团以劳务派遣费的形式支付的工资薪金与企业经营活动无关或者金额超出正常商业目的，应当承担举证不能的法律责任。2018年9月20日，唐山市中级人民法院做出《行政判决书》[（2018）冀02行终474号]：一审法院认定事实清楚，适用法律正确，其撤销上诉人税务处罚决定以及行政复议决定的判决应予以维持。

二、案件小结

虚开劳务费发票套取资金用以支付工资的145,422,763.12元能否在企业所得税税前列支扣除，是中国二十二冶集团、唐山市税务局稽查局与河北省税务局的争议焦点。

为了在企业所得税税前扣除工资薪金的超过部分，中国二十二冶集团与劳务派遣公司签订虚假的劳务派遣协议，在取得派遣公司开具的劳务发票后，将其作为费用扣除凭证在企业所得税税前列支。税务机关认为企业存在利用虚开发票套取资金发放工资、减少应纳税所得额的偷税行为。而中国二十二冶集团认为虚假劳务派遣形式下的劳务费用（企业所得税前扣除工资薪金的超过部分）是企业真实的经营成本支出，可以在税前扣除。

采取虚开劳务发票套取资金的形式为职工发放工资，以规避企业的工资总额超过扣除限额，这种情况下，企业发生的实际薪金支出即超过扣除限额的工资薪金部分能否扣除，值得进一步思考。

值得注意的是，虽然中国二十二冶集团以接受虚开发票方式为本公司员工发放的 145,422,763.12 元工资最终被认定为合理，不需要被追缴企业所得税和税收滞纳金，但是根据《中华人民共和国发票管理办法》第三十七条之规定，无论是承德中泰劳务派遣有限公司等 4 家公司在没有真实业务发生的情形下虚开发票的行为，还是中国二十二冶集团接受虚开发票的行为，均为违法行为，均应接受相应的处罚。

三、参考文献

河北省唐山市中级人民法院行政判决书 [（2018）冀 02 行终 474 号][EB/OL].（2018-09-20）[2021-02-08]. http://www.shui5.cn/article/a9/123990.html.

刘金涛. 研习：中国二十二冶集团诉唐山市税务局稽查局税务处理行政诉讼胜诉判决书 [EB/OL].（2018-10-21）[2021-02-08].http://shuo.news.esnai.com/article/201810/181599.shtml.

王冬生. 税局被判败诉 是非值得分析 [EB/OL].（2018-11-08）[2021-02-08]. http://shuo.news.esnai.com/article/201811/182251.shtml.

案例使用说明

一、教学目的与用途

（1）适用课程： 中国税制专题、税收稽查专题、税收征管专题等。

（2）适用对象： 本案例适合财政税务专业高年级本科生、财政学及税务专业硕士研究生学习，还适合税法相关律师从业者、税务机关相关制度制定者和执行者及企业财务、税务管理人员学习。

（3）教学目的：本案例介绍了案件的基本情况，并对各方就案件焦点展开的陈述进行了介绍，对其反映的问题进行了分析，以求对案件本身及相关法律、规章、文件有较为全面和深入的理解，并从纳税人、税务机关和国家立法角度得出具有现实意义的启示。

二、涉及知识点

（1）中国税制专题：企业所得税税前扣除项目及其标准。

（2）税收稽查专题：检查企业所得税税前扣除的工资薪金支出。

（3）税收征管专题：企业所得税征收管理。

三、配套教材

（1）胡怡建：《税收学》，上海财经大学出版社 2018 年版。

（2）刘佐：《中国税制概览（2019 年）》，经济科学出版社 2019 年版。

（3）中国注册会计师协会编：《税法——2022 年注册会计师全国统一考试辅导教材》，中国财政经济出版社 2022 年版。

四、启发思考题

（1）本案例中税务机关与纳税人关于虚开发票发放工资是否属于偷税的争论，具体存在哪些分歧？产生这些分歧的原因是什么？

（2）“合理的工资薪金”的认定标准究竟是什么？是如本案中纳税人和法院所称，属于企业真实经营成本支出且金额未超出正常商业目的，还是如税务机关所坚持的，依据《国家税务总局关于企业工资薪金及职工福利费扣除问题的通知》（国税函〔2009〕3 号）的解释？该相关解释合理吗？

（3）法院为什么认为税务机关“证据不足”？（附唐山市税务局稽查局在举证期限内向一审法庭提交证据：河北省地方税务局稽查局出具的关于承德中泰等 4 家劳务派遣公司虚开发票案件情况报告、河北省地方税务局稽查局出具的调查笔录、2008—2013 年中国二十二冶集团预算、2008—2013 年应付职工酬金计提支付表、2008—2013 年职工薪酬明细表、各种明细账等 150 份事实方面的证据，并提供了 9 份法律依据方面的证据）

（4）本案中企业是否遵守了自己制定的工资制度？使用通过虚开发票套取的资金发放工资，资金来源的不合法是否会影响到对工资制度的遵守，还是会致使企业发放工资的行为也蒙上违规的嫌疑？

（5）偷税的认定是否要考虑主观故意的成分？

（6）两审法院对国税函〔2009〕3号文均不做提及，这种做法是否合适？税收规范性文件在行政诉讼中的效力该如何保证？

五、分析思路

（1）了解案件的基本情况和各方观点，并总结各方陈述中的要点。

（2）税务机关对中国二十二冶集团的行为实际做出了两个认定：一是其虚开发票发放工资的行为违反了本身的工资制度，争议部分工资不属于合理工资薪金，不允许在税前扣除；二是其为了该支出能在税前扣除，虚构业务、虚开发票、虚假记账、虚假申报，造成少缴企业所得税，因此属于偷税。可以考虑分别进行分析。对于第一个认定，需要讨论企业是否违背了自己的工资制度、违背工资制度是否导致工资薪金不具有合理性即对合理工资薪金的认定是否应遵循国税函〔2009〕3号文。对于第二个认定，需要在明确企业是否少缴了企业所得税的基础上，讨论企业是否具有偷税的主观故意、对偷税罪的认定是否需要考虑"主观故意"要件。

（3）分析企业是否可以避免补缴企业所得税。可以从税前扣除凭证管理、争议性工资获得考核追认时间点、税务机关追缴期限等角度讨论。

（4）本案中纳税人、税务机关、法院的做法均存在不妥之处，请分析并总结从中得出的启示。

六、理论依据与分析

（一）税案中的各方观点

1. 税务机关观点

税务机关认为企业存在利用虚开发票套取资金发放工资、增加成本的情况，减少了应纳税所得额，少缴企业所得税，属于偷税行为。

税法并不限制企业为职工发放工资薪金数额，但会依据税法规定对企业发放的工资予以评价，从而影响企业应纳税数额。换言之，该支出的"客观存在"并不意味着其具有税法上的"合法性"。劳动者享有取得劳动报酬的权利，企业为职工发放工资属于自主的市场行为，企业可以根据自身经营状况、管理战略等自行决定发放工资的具体数额。但在税法中，并非企业发放的所有"工资薪金"都能得到认可，尤其在企业所得税法中，会计处理与税务处理存在较大差异，根据《中华人民共和国企业所得税法实施条例》（以下简称《企业所得税法实施条例》）第三十四条规定，即使是企业生产经营中客观存在的工资薪金，只有被税法评价为"合理"时，才允许在税前扣除。对此，国税函〔2009〕3 号文中有具体规定。需要注意的是，《中华人民共和国企业所得税法》（以下简称《企业所得税法》）第八条仅是一种原则性规定，其第二十条又明确"本章规定的收入、扣除的具体范围、标准和资产的税务处理的具体办法，由国务院财政、税务主管部门规定"。本案涉及《企业所得税法实施条例》第三十四条、国税函〔2009〕3 号文的具体要求不应被忽略。

而基于上述规定，税法对本案中企业所支付的该部分工资的合理性予以否定评价。税务机关指出，集团制定了《中国二十二冶集团有限公司工资总额管理办法》（人力字〔2010〕22 号）等较为规范的工资薪金制度，却未按此制度执行，税务机关提交的证据资料及企业自述材料都已证明，作为争议焦点的 145,422,763.12 元"工资"是企业为规避自身工资制度而采取特殊手段发放的，当然属于违反工资制度的"不合理工资薪金"。该企业虚开发票套取资金进行工资发放的行为，说明了其明知该支出违反自身工资制度而故意为之，必然不被税法认可。但为了该支出能够在企业所得税税前扣除，虚构业务、虚开发票、虚假记账、虚假申报，造成少缴企业所得税，根据《税收征收管理法》第六十三条的规定，该行为属于偷税无疑，税务机关应当追缴少缴税款。

2. 中国二十二冶集团观点

中国二十二冶集团认为企业职工工资支出的合理性与合法性与其发放形式并无必然联系，而唐山市税务局稽查局提交的证据不足以证明其发放工资的不合理性，即不足以证明企业合理的工资成本不能在税前扣除。

首先，企业认为其并没有违反自己制定的工资管理制度。企业的主管单位中国冶金科工集团有限公司会对企业每年的工资总额于次年根据其上年度效益情况核定。为将工资总额控制在核定额度内，企业对下属各单位每月工资总额按其制定的管理办法进行考核、控制，即员工每月工资由当月本单位利润完成情况决定。但施工企业每月利润具有不确定性，若某单位某一时期利润水平低或发生亏损，则该单位员工虽然付出了艰苦的劳动，却只能拿到很少的工资，会挫伤其工作积极性，导致工程项目建设和生产经营秩序受到不利影响，即便之后完成了年度利润指标，想要补发，也需要在主管单位第二年清算结束后进行，间隔时间过长。为保证劳动者利益和正常生产经营活动，个别效益不好的单位采取两种渠道发放工资。每年的清算结果出来后，企业会根据有关单位的申请及其利润完成情况，按照工资制度中第六条特殊规定[①]对该单位工资超额部分进行考核追认。税务机关忽略了该项特殊规定，片面认为企业未遵守工资制度。且员工所获工资都是被主管单位肯定认可的，不存在税务机关所指称的“套取”国家利益的行为。根据工资总额管理办法第二条[②]，企业通过两个渠道支付的劳动报酬数额应加总计入“本企业全部员工的劳动报酬总额”。因此把通过劳务派遣支付的工资计入工资薪酬构成恰恰是对工资制度的遵守，并未违反国税函〔2009〕3号文的规定。

其次，即便公司违背了工资制度，也不意味着该工资不合理或不能在税前扣除，因为国税函〔2009〕3号文本身对“合理工资薪金”的认定违反了上位法。根据《企业所得税法》第八条、《企业所得税法实施条例》第二十七条和第三十四条之规定，工资薪金是本企业给任职或者受雇员工的劳动报酬，只要符合第二十七条“合理”支出的定义，就应准予在税前扣除。国税函〔2009〕3号文第一条关于“合理工资薪金”的解释，除了“实际发放给员工的工资薪金”尊重了《企业所得税法实施条例》第三十四条，其他增添的内容均缩小了上位法规定的纳税主体的权利范围，直接限制或者剥夺了企业的权利。而且根据《中华人民共和国行政诉讼法》（以下简称《行政诉讼法》）第六十三条规定，人民法院审理行政案件，以法律和行政法规、地方性行政法规为依据，参照规章。国税函〔2009〕3号文仅是其他一般规范性文件，人民法院审理案件无须依据或参照该文件的规定。

最后，企业认为其通过虚开发票支付的工资属于企业所得税法规定的“合理工资”，应允许税前扣除。理由是税务机关并未否定其职工取得该部分工资的合法性。企业和税务机关在庭审中均同意该费用实质是支付给员工的劳动报酬，根据实质优于形式的原则，该劳动报酬如无明显不合理的理由，应允许税前扣除。因为既然职工有权获得该部分工资，就表示其付出了与之相对应的劳动，该部分工资必然属于企业所应负担的与生产经营活动有关的成本。我国现行税收法律法规对于虚开发票行为和企业税前成本的扣除分别做出规定，只有虚开发票所载金额不属于企业真实经营成本支出的，才会导致其不能被税前扣除。企业通过劳务派遣发放工资并没

① 即“实行工效挂钩的单位，如按上述工效挂钩核算提取的工资总额不足，或有特殊原因需要增加工资总额的，须报公司人力资源部审核，经公司批准后可适当增加工资总额”。

② 即“工资总额是指企业直接支付给本企业全部员工的劳动报酬总额，应以直接支付给全体员工的全部劳动报酬为根据”。

有使其所雇佣的劳动者获得明显超出市场价格的报酬，也没有超过主管单位每年核定的工资总额。根据《企业所得税法实施条例》第二十七条，该笔工资属于合理的支出。

此外，国家税务总局公告2018年第28号[①]第七条[②]明确了企业税前扣除凭证不仅包括发票，还包括合同协议、支出依据、付款凭证等。虽然本案中企业取得的劳务派遣发票不符合规定，但根据该公告第十三条[③]，如能补充提供其他相关有效凭证，证明支出真实且已实际发生，仍可在税前扣除。该公告第十条[④]规定，如果一项支出不属于应税项目，且对方为个人的，以内部凭证作为税前扣除凭证。本案中，企业支付给职工的工资薪金不属于应税项目，且税务总局没有规定对发放工资的行为需要开具发票，可以以内部凭证作为税前扣除凭证。

如果因为发放工资的方式不规范，就不允许税前扣除，则对此违法行为的制裁手段和所造成的损害远远超出了法律保护的必要性，不符合税法的比例原则。且企业主观上不存在“进行虚假纳税申报”的故意，客观上也没有因此获取利益和造成少缴企业所得税、致使国家遭受损失的后果，属于违法阻却事由，应排除税务机关“虚开发票”违法的认定，进而排除认定虚假纳税申报的故意，该行为不应当被认定为偷税。

3. 法院观点

原审法院认为，企业职工取得必要的、适当的工资收入既合法又合理。企业认为给职工支付的145,422,763.12元工资未违反其工资制度，税务机关否认该部分工资的合理性，但未提供充分证据予以证明，应承担举证不能的法律责任，该工资应认定为合理支出。法院指出，企业职工工资的合理性与工资资金的来源方式是否合法没有必然联系，企业虚开发票套取资金，其行为违法并不必然导致其使用套取的资金发放工资违法。根据《企业所得税法》第八条[⑤]，本案争议的工资性支出是企业生产经营中客观存在的成本，税务机关根据该资金来源的违法性否定为职工支付工

---

① 《国家税务总局关于发布〈企业所得税税前扣除凭证管理办法〉的公告》。

② 即“企业应将与税前扣除凭证相关的资料，包括合同协议、支出依据、付款凭证等留存备查，以证实税前扣除凭证的真实性”。

③ 即“企业应当取得而未取得发票、其他外部凭证或者取得不合规发票、不合规其他外部凭证的，若支出真实且已实际发生，应当在当年度汇算清缴期结束前，要求对方补开、换开发票、其他外部凭证。补开、换开后的发票、其他外部凭证符合规定的，可以作为税前扣除凭证”。

④ 即“企业在境内发生的支出项目不属于应税项目的，对方为单位的，以对方开具的发票以外的其他外部凭证作为税前扣除凭证；对方为个人的，以内部凭证作为税前扣除凭证”。

⑤ 即“企业实际发生的与取得收入有关的、合理的支出，包括成本、费用、税金、损失和其他支出，准予在计算应纳税所得额时扣除”。

资的合理性既不符合《企业所得税法》第八条之规定，也存在主要证据不足的问题，其认定该部分工资性支出为应调增应纳税所得额依法不能成立。

二审法院认为本案中，税务机关没有证据证明企业支付的该部分工资与其经营活动无关或者金额超出正常商业目的，应当承担举证不能的法律责任。关于企业接受虚开发票方式发放工资的行为是否属于偷税，根据《税收征收管理法》第六十三条第一款规定①，造成不缴或少缴应纳税款后果的，是偷税，以及《企业所得税法》第八条规定、《企业所得税法实施条例》第二十七条②和第三十四条规定③，税务机关和企业对于该145,422,763.12元属于给职工支付的工资并无异议，且唐山市税务局稽查局上诉称“行政处理的是被上诉人违反税务行政法律法规的行为，并未否定其职工取得工资的合法行为”。145,422,763.12元工资性支出不准在税前扣除，为应调增应纳税所得额，不符合上述法律法规的规定。

（二）税案存在的争议点及分析

1. 中国二十二冶集团是否违背了自己的工资制度？

对于这一问题，企业的陈述存在矛盾，一方面声称自己按照制度考核控制员工工资，另一方面又说工资总额是两个渠道发放给员工的总和，那么这个总额的数字必然又是超过了当时按照当期利润完成情况计算的数字，否则企业也不必绕过正常途径发放工资了。即便存在特殊规定，也须报企业人力资源部审核，经企业批准后方可适当增加工资总额。企业虚开发票发放的工资是否经过正规的审核程序，本案例中并未提及。而且根据企业陈述，对工资超额部分进行考核追认是在第二年清算结果出来之后，那么在这之前工资的超额部分在是否合乎企业工资制度上是具有不确定性的，如果直接在税前扣除似乎不妥。

2. 国税函〔2009〕3号文的相关解释是否违反了上位法？

国税函〔2009〕3号文第一条明确了“合理工资薪金”的含义以及税务机关在对工资薪金进行合理性确认时可遵循的原则。公司声称国税函〔2009〕3号文第一条关

---

① 即“纳税人伪造、变造、隐匿、擅自销毁账簿、记账凭证，或者在账簿上多列支出或者不列、少列收入，或者经税务机关通知申报而拒不申报或者进行虚假的纳税申报，不缴或者少缴应纳税款的，是偷税。对纳税人偷税的，由税务机关追缴其不缴或者少缴的税款、滞纳金，并处不缴或者少缴的税款百分之五十以上五倍以下的罚款；构成犯罪的，依法追究刑事责任”。

② 即“企业所得税法第八条所称有关的支出，是指与取得收入直接相关的支出。企业所得税法第八条所称合理的支出，是指符合生产经营活动常规，应当计入当期损益或者有关资产成本的必要和正常的支出”。

③ 即“企业发生的合理的工资薪金支出，准予扣除。前款所称工资薪金，是指企业每一纳税年度支付给在本企业任职或者受雇的员工的所有现金形式或者非现金形式的劳动报酬，包括基本工资、奖金、津贴、补贴、年终加薪、加班工资，以及与员工任职或者受雇有关的其他支出”。

于“合理工资薪金”的解释缩小了上位法规定的纳税主体的权利范围，直接限制或者剥夺了企业的权利。但是正如税务机关指出的，《企业所得税法》第八条“企业实际发生的与取得收入有关的、合理的支出，包括成本、费用、税金、损失和其他支出，准予在计算应纳税所得额时扣除”仅是一种原则性规定，其第二十条又明确对“收入、扣除的具体范围、标准和资产的税务处理”进行了授权。即便考虑到下位法不得与上位法相冲突的法理，国税函〔2009〕3号文的相关解释也没有突破《企业所得税法实施条例》第三十四条[①]之规定，毋宁说是对“合理的工资薪金”做出了具体的、操作层面的解释。国税函〔2009〕3号文既未与上位法相冲突，也不因法律保留而无效，原则上不能说其构成对上位法赋予企业权利的限制或剥夺，宜理解为对上位法未有规定之处的解释与更具实践性的操作指南。当然国税函〔2009〕3号文效力层级较低，但是就算按照《行政诉讼法》第六十三条[②]之规定，国税函〔2009〕3号文不是法院审理相关案件的直接依据，其作为部门规范也是法院判案认定合理性的重要参考，不应直接无视。

3. 企业接受虚开发票方式为职工发放的工资是否具有税法上的“合理性”？

根据国税函〔2009〕3号文第一条，“‘合理工资薪金’，是指企业按照股东大会、董事会、薪酬委员会或相关管理机构制订的工资薪金制度规定实际发放给员工的工资薪金”，企业通过虚开发票方式发放工资的做法并不规范，规避了工资制度，将之纳入工资薪金在税前扣除并不具有“合理性”。正如税务机关所指出的，企业大可自主决定发放给员工的工资数额，不管金额是否符合市场价格，这确实是企业实际发生的生产成本，影响企业最后的利润，但是税务机关也有权依据税法规定对企业发放的工资予以评价，从而影响企业应纳税数额。而工资的发放是否规范恰恰是评判其是否具有税法上的“合法性”的重要依据。也许企业主观上并无偷税的故意，只是想要将其认为是合理的工资支出在税前扣除，进而认为其行为并未减少税款的缴纳，但是依据相关税收法规的评判标准，该笔工资在其发放程序不合规的情况下就是不能扣除的，那么按照税法计算的企业应缴纳的税款就比企业认为自己应缴纳的税款多。其实就如企业所陈述的，企业已经对争议部分工资进行追认，且按照相关规定支付给职工的工资薪金可以将内部凭证作为税前扣除凭证，只要在税务机关

---

① 即“企业发生的合理的工资薪金支出，准予扣除”。

② 即“人民法院审理行政案件，以法律和行政法规、地方性法规为依据。地方性法规适用于本行政区域内发生的行政案件。人民法院审理民族自治地方的行政案件，并以该民族自治地方的自治条例和单行条例为依据。人民法院审理行政案件，参照规章”。

提出质疑时补充提供其他相关有效凭证，就可以避免对簿公堂，也不必承担额外的税款。或者企业可以修改不合理的工资制度，避免不规范的工资发放方式带来的税务风险。

4. 企业接受虚开发票方式为职工发放工资在税前扣除是否属于偷税罪？

根据《税收征收管理法》第六十三条规定，企业确实存在以虚假的经济业务或资金往来制作虚假的原始凭证进而导致少缴应纳税款的情况，但是在具体个案的处理过程中，对于偷税行为的认定除了需要具备行为要件、结果要件，一般还需具备"主观故意"要件。企业虽然虚开了发票，但是主要是为了绕开工资制度给员工发放工资，而不是为了逃避缴纳税款（应纳税款减少是这种行为自然带来的结果），因为企业认为这部分支出就是应该扣除的，不存在偷税的主观故意，更像是对相关税收法规政策理解认识偏差导致的少缴税款。税务机关认为企业"明知该支出违反自身工资制度而故意为之，必然不被税法所认可。但被上诉人为了该支出能够在企业所得税税前扣除，虚构业务、虚开发票、虚假记账、虚假申报"，存在因果颠倒的问题。

5. 企业是否应补缴与虚开发票发放工资相对应的企业所得税？

企业实际上可以避免补缴税款。本案中具有争议的工资支出，同时存在规避工资制度和税前扣除凭证不合规的问题，在第二年清算结果出来后如企业所述进行考核追认，这笔工资才算是符合工资制度的合理工资薪金。如果考核追认的时间早于汇算清缴时间，这笔支出是可以扣除的，但是因为发票是虚开的，根据国家税务总局公告 2018 年第 28 号《国家税务总局关于发布〈企业所得税税前扣除凭证管理办法〉的公告》，企业需要补充提交其他有效凭证。如果考核追认时间晚于汇算清缴时间，汇算清缴时不允许扣除，要做纳税调整，但是在考核追认后，这笔支出则属于以前年度发生应扣未扣支出，在企业做出专项申报及说明后，准予追补扣除。本案中，税务机关在 2017 年要求企业补缴 2008—2013 年的企业所得税，如果企业陈述属实，该争议部分工资应已经得到考核追认，只要补充提交其他有证明效力的凭证，就可以免于补缴。

（三）从税案中得出的启示

本案中，企业虚开发票套取资金的行为显然是违法的，税务机关的诉求其实具有一定的事实和法律依据，但是两审均败诉。税务机关的做法固然存在瑕疵，但也不能说法院的判决就不存在不妥之处。该案件有很多问题值得我们思考，也带给我们许多启示。

首先，企业应该完善并遵守自身制度，增强法律意识和规则意识。本案中，企业已经制定了较为规范的工资薪金制度，却没有遵守，而且进行了虚开发票的违法行为，说明企业管理很不规范。如果工资制度下的工资总额标准已经与实际需求相距甚远，则说明制度已经过时、僵化，就应谋求对其进行修改，而不是任由问题存在，并且通过旁门左道的方式应付过去。在这一点上，法院判决税务机关败诉，可能向社会传达了错误的信息，致使纳税人轻视虚开发票的后果。

其次，纳税人应维护自己的合法权益。如前所述，企业发放工资有违背其工资制度的地方，但是不应该随便背负偷税的罪名，处理得当也可免于补缴税款。因此，当纳税人面对税务机关的处理决定，认为其中有不妥之处，应当通过法律途径维护自身合法权益，反过来也能推进税收执法工作的改进和规范。

再次，税务机关在税收执法过程中应更加谨慎。本案中企业并无偷税的主观故意，不应承担偷税的罪名，因此税务机关在对违法行为定性和偷税认定的把握上应更加谨慎。此外，本案中一审二审法院均认为税务机关应承担举证不能的责任，故而税务机关在税收执法中应更加重视证据的充分性。

最后，国家应健全税收法律制度体系，并推动建立对税收规范性文件的司法审查机制。在我国，税法领域存在大量的税收规范性文件，这些文件确实对税务机关的税收执法有直接的指导作用，但是当进入行政诉讼领域时，规范性文件的效力时常受到质疑。在本案中，两审法院均未提及国税函〔2009〕3号文，尽管该文件对“合理的工资薪金”的解释是税务机关做出评判的重要依据。基于此，国家一方面应该继续加强税收立法，逐步提高立法层级，同时加强对规范性文件的管理。另一方面，要建立对税收规范性文件的司法审查机制。当前税收规范性文件在我国税收法律体系中居于主导性地位，且具有专业性和技术性，法院理应尊重而非一味否认其法律效力，但是在税务行政诉讼中，法院也有对相关税收规范性文件进行司法审查的权力，进而决定是否适用相关文件作为定案依据，在尊重行政权的基础上维护纳税人利益，反过来也有助于税收法律体系的完善。

七、参考文献

黄德荣．税务局与中国二十二冶集团有限公司的诉讼案，法院判决有3不妥 [EB/OL].（2018-10-20）[2021-03-04]. http://shuo.news.esnai.com/article/201810/181577.shtml.

魏春田．以接受虚开发票方式为职工发放工资的行为是否属于偷税 [EB/OL].（2018-

11–16）[2021-03-04]. http://shuo.news.esnai.com/article/201811/182585.shtml.

张成松．税收规范性文件的正当性研究：以司法审查为中心 [J]. 云南大学学报：法学版，2016，29（2）：14–20.

八、关键要点

（1）关键点：本案例对税务机关、纳税人等就案件焦点展开的陈述进行了介绍，从中提炼出存在争议的几个问题，包括对工资制度的违反应怎样判定、合理工资薪金的认定标准、税收规范性文件与上位法的关系、偷税罪的认定等。

（2）关键知识点：《企业所得税法》、《企业所得税法实施条例》、国税函〔2009〕3号文、《税收征收管理法》、国家税务总局公告 2018 年第 28 号中的相关规定；税收规范性文件的效力及与上位法的关系等。

（3）能力点：分析与综合能力、批判性思维能力及解决问题的实际能力。

九、建议课堂计划

本案例可以作为专门的案例讨论课来进行，如下是按照时间进度提供的课堂计划建议，仅供参考。

整个案例课的课堂时间控制在 90 分钟，即 2 节课。

（1）课前计划：提出启发思考题，请学生完成资料阅读及初步思考。

（2）课中计划：

课堂前言（8～10 分钟）：简明扼要，明确主题。

分组讨论（25 分钟）：准备发言提纲。

小组发言（每组 6 分钟）：分 5 个组。

讨论与思考（20～25 分钟）：引导全班进一步讨论及思考，讲解案件所折射的关键问题所在及对税务机关和纳税人的启示等。

（3）课后计划：请学生利用网络及文献搜索虚开发票列支工资的相关资料信息，尤其是最新信息，采用报告形式给出更加具体的解决方案，或写出案例分析报告（1500～2000 字）。

案例 4 税务机关代开发票引发的税案
——天某药业与税务局稽查局纠纷案①

徐　志　盛博一　周依琳

摘　要：2009 年 1 月 1 日至 2011 年 12 月 31 日，挂靠在茂某市天某药业的医药代表杨某平等人在国家税务总局茂某区税务局（原茂某区国家税务局）代开了 136 份合计含税金额为 197,319,733.86 元的增值税发票，该金额与国家税务总局茂某市税务局（原茂某市国家税务局）第一稽查局查明的天某药业未按照规定缴纳的税款的交易金额相一致。2014 年 3 月 4 日，国家税务总局茂某市税务局第一稽查局做出《税务处理决定书》，责令天某药业在收到该决定书之日起 15 日内补缴税款 25,036,027.36 元及滞纳金。同日，该决定书送达天某药业有限公司。天某药业对该税款及滞纳金提供了纳税担保，并于 2014 年 5 月 19 日向国家税务总局茂某市税务局申请行政复议，国家税务总局茂某市税务局以天某药业未按期限缴纳相关款项为由做出不予受理决定。天某药业向茂某市茂某区人民法院提起诉讼并胜诉。国家税务总局茂某区税务局稽查局不服一审判决，向茂某市中级人民法院提起上诉，茂某市中级人民法院认为原审判决正确，维持原判，驳回上诉。本文对该案件的基本情况及征纳双方就案例中所存在的争议点进行具体分析，从征纳双方角度为今后类似涉税案例的发生提出具有现实意义的建议和启示。

关键词：税务机关代开发票、行政诉讼、纳税担保

Abstract: From January 1, 2009 to December 31, 2011, Yang Mouping, a pharmaceutical representative attached to Tianmou Pharmaceutical Co. Ltd in Maomou city issued 136 VAT invoices with a total tax amount of 197,319,733.86 yuan in Maomou District Tax Service of the State Taxation Administration, which was consistent with the

① 本案例源自《广东省茂某市中级人民法院行政判决书》[（2015）茂中法行终字第49号和（2015）茂中法行终字第50号]。出于涉案企业及个人的要求，在本案例中对有关名称、数据等做了必要的改动与掩饰性处理。本案例只供课堂讨论之用，并无意暗示或说明某种管理或实践行为是否有效。

transaction amount of tax not paid by Tianmou Pharmaceutical Co. Ltd according to the First Inspection Bureau of Maomou City Tax Service of the State Taxation Administration. On March 4, 2014, the First Inspection Bureau of Maomou City Tax Service of the State Taxation Administration issued the "Tax Treatment Decision," ordering Tianmou Pharmaceutical Co. Ltd to pay 25,036,027.36 yuan of tax and late fees within 15 days from the date of receipt of the decision. On the same day, the "Tax Treatment Decision" was delivered to Tianmou Pharmaceutical Co. Ltd which provided a tax guarantee for the tax and late fees, and applied to the Maomou City Tax Service of the State Taxation Administration for administrative reconsideration on May 19, 2014. The City Tax Service of the State Taxation Administration rejected the case on the grounds that Tianmou Pharmaceutical Co. Ltd did not pay the relevant payments within the time limit. Tianmou Pharmaceutical Co. Ltd filed a lawsuit with the Maomou District People's Court of Maomou City and won. Maomou District Tax Inspection Bureau of the State Taxation Administration refused to accept the judgment of first instance and appealed to Maomou Intermediate People's Court. Maomou Intermediate People's Court held that the original judgment was correct, upheld the original judgment and rejected the appeal. This paper conducts a specific analysis of the basic situation of the case and the disputed points in the case by the tax collector and payer, and provides practical suggestions and enlightenment for the occurrence of similar tax-related cases from the perspectives of the tax collector and payer.

Key words: invoice issued by tax authorities, administrative proceedings, tax guarantee

案例正文

一、引言

2013 年 7 月 2 日，国家税务总局茂某市税务局第一稽查局（以下简称茂某市税务局第一稽查局）将茂某市天某药业有限公司（以下简称天某药业）确立为稽查对象并经审批立案，对天某药业自 2009 年 1 月 1 日至 2011 年 12 月 31 日的涉税情况进行稽查，并认定天某药业存在通过个人在国家税务总局茂某区税务局（以下简称茂某区税务局）代开发票而导致少缴税款合计 25,036,027.36 元，并责令其在 15 日内缴纳未缴税款及滞纳金或提供纳税担保。天某药业逾期提供担保并向国家税务总局茂某市税务局（以下简称茂某市税务局）申请行政复议，茂某市税务局以其未按期缴纳税款及滞纳金或提供担保为由不予受理。

现实生活中医药代表个人挂靠企业供货的现象较为普遍，纳税主体在申请行政复议时未能够在规定期限内缴纳税款或提供担保的情况也较为常见。本案例针对该案件中存在的争议具体展开分析，希望能够为今后类似案件的实践活动提供一定的建议和启示。

二、案件背景

天某药业是具有中成药、化学药制剂等批发经营资质，集生物医药、生产、销售于一体的企业法人。天某药业曾经通过招投标的方式竞标赢得高某市人民医院的医药供应合同，合同范围内的药品均由天某药业供货。然而当时医药代表垄断了高某市人民医院所需的部分药品，因此天某药业无法直接通过厂家取得所需药品。为了能够履行与高某市人民医院签订的购货合同，天某药业采取了当时医药行业的普遍做法，由医药代表个人挂靠在天某药业向高某市人民医院供货，并由天某药业负责配送药物，从中收取一定配送费用以作报酬。

本案中，医药代表个人挂靠天某药业向高某市人民医院供货，并以个人名义向茂某区税务局申请代开发票，其具体开票流程如下：增值税发票开出前由挂靠在天某药业名下的医药代表个人向茂某区税务局提出开票申请，并附上由高某市人民医院所出具的开票证明作为审批材料，部分开票证明上注明“该笔货款汇入高某市人民医院合作方茂某市天某药业有限公司银行账户内”，茂某区税务局在收到申请及开票证明等材料后，认定该开票流程是合法的，挂靠天某药业的医药代表才能够以个人名义开出增值税发票。

三、案件发展

（一）案件源起

2013 年 7 月 2 日，茂某市税务局第一稽查局根据《税务稽查任务通知书》将天某药业确定为待稽查对象，并经过审批对天某药业进行立案检查。2013 年 7 月 3 日，茂某市税务局第一稽查局出具《税务检查通知书》，对天某药业自 2009 年 1 月 1 日至 2011 年 12 月 31 日期间涉税情况进行检查，根据高某市人民检察院扣押的天某药业有关账簿、凭证等资料，查实天某药业存在如下涉税情况：2009 年 1 月 1 日至

2011年12月31日期间，天某药业通过杨某平等个人在茂某区税务局共计代开发票136份，合计含税金额为197,319,733.86元，该金额与茂某市税务局第一稽查局查明的天某药业未按照规定缴纳税款的交易金额完全吻合。为此，天某药业需补缴增值税款合计22,923,211.94元，需补缴企业所得税款2,112,815.39元。

（二）案件发展

2014年3月4日，茂某市税务局第一稽查局做出《税务处理决定书》《税务行政处罚决定书》，认定天某药业存在《税收征收管理法》第六十三条第一款所规定的偷税行为，对天某药业少缴的增值税处百分之五十的罚款（合计罚款金额11,461,605.98元），对少缴企业所得税处百分之五十的罚款（合计罚款金额1,056,407.70元），责令天某药业自收到该决定书之日起15日内至茂某区税务局缴纳上述税款（少缴的增值税及企业所得税）、滞纳金（自滞纳之日起按每日万分之五的比例征收）及罚款。同日，茂某市税务局第一稽查局向天某药业送达该通知书，并告知天某药业若在纳税上有争议，必须在规定期限内补缴税款及滞纳金或提供相应的纳税担保，才可在自缴纳上述款项或提供纳税担保之日起60日内向茂某市税务局申请行政复议。

天某药业积极与茂某市税务局第一稽查局相关办案人员交涉纳税担保提供事宜，并要求以陈某及钟某清名下的2,504万元存款作为担保。2014年3月10日，天某药业及担保人陈某、钟某清按照茂某市税务局第一稽查局的要求，向茂某市税务局第一稽查局出具了同意以陈某及钟某清名下存款作为担保的声明书。2014年3月21日（即天某药业收到处理决定书后第17天），茂某市税务局第一稽查局向天某药业出具正式的《纳税担保书》。2014年5月19日，天某药业向茂某市税务局申请行政复议。2014年5月22日，茂某市税务局以天某药业未能够在法律规定的期限内缴纳税款及滞纳金或提供纳税担保为由，对天某药业的行政复议申请不予受理，并做《不予受理决定书》。2014年9月11日，茂某区税务局从天某药业银行账户内扣划了税款25,612,809.52元及滞纳金18,443,591.01元。

（三）案件结果

2014年6月3日，天某药业向茂某市茂某区人民法院提起诉讼。一审法院茂某市茂某区人民法院认为：①茂某市税务局是否受理天某药业的复议申请，不影响天某药业因不服茂某市税务局第一稽查局原具体行政行为而行使诉讼权，因此对茂某市税务局第一稽查局主张天某药业丧失诉讼权不予认可。②茂某市税务局第一稽查局主张天某药业为涉案发票的纳税义务人依法有据，应予认可。③天某药业自收到《税务行政处罚决定书》后积极配合税务局进行补缴税款相关事宜，其行为实际未对国家造成税收损失，且无有力证据证明天某药业存在故意少缴税款的行为，因此茂某市税务局第一稽查局认定天某药业少缴税款的行为构成偷税的主张，属于认定事实不清，不予以认可。综上所述，经茂某市茂某区人民法院审判委员会讨论决定，判决茂某市税务局第一稽查局撤销于2014年3月4日做出的《税务行政处罚决定书》，并由茂某市税务局第一稽查局承担案件受理费50元。

茂某市税务局第一稽查局不服一审判决，向茂某市中级人民法院上诉，请求撤销一审判决，维持其在2014年3月4日做出的《税务行政处罚决定书》，并要求天某药业承担一二审诉讼费。茂某市中级人民法院认为茂某市税务局第一稽查局做出《税务行政处罚决定书》认定事实不清，应予撤销，一审判决正确，应予维持，并做如下判决：驳回上诉，维持原判，由上诉人茂某市税务局第一稽查局承担二审案件受理费50元，该判决为终审判决。

四、案件小结

根据我国《税收征收管理法》第八十八条的规定，对于因征税问题引起的争议，税务行政复议是行政诉讼的必要前置程序，即未经复议程序不能向法院进行诉讼，经复议仍不服的，才可起诉。在此案例中天某药业提起行政复议请求被茂某市税务局做出不予受理决定，天某药业能否向法院提起诉讼？本案中法院认为行政复议前置制度，侧重于保护行政相对人的合法权益，仅仅只是在程序上要求申请人穷尽行政救济方式。只要申请人提出了复议申请，即满足了规定的程序条件，无论复议机关是否对复议申请受理，均不影响申请人因不服原税收行政行为而提起诉讼。这对今后类似涉税案件的审理具有一定的借鉴意义。

本案中天某药业在规定时间内向茂某市税务局第一稽查局提供了纳税担保，而稽查局出具《担保确认书》的时间超过了天某药业应缴纳税款或提供担保的期限。在企业积极配合相关纳税担保事宜情况下，税务部门工作流程过长所导致的未按期限提供纳税担保是否可以将责任归结到纳税人的头上？茂某市税务局第一稽查局出具《担保确认书》超过法律规定时间，而导致天某药业失去提起行政复议的权利，这极大损害了天某药业申请行政救济的权利，或许可以通过法律法规的进一步细化抑或是税务机关工作流程的简化来解决这个问题。

本案中天某药业自收到茂某市税务局第一稽查局所做出的《税务处理决定书》及

《税务行政处罚决定书》后，一直积极主动配合税务机关提供纳税担保并表示愿意补缴税款，且稽查局无证据表明天某药业有少缴税款的故意，故法院认定天某药业不构成偷税。偷税是否应当具备主观故意性这个问题一直具有争议，实务界与理论界均存在截然不同的两种观点，本案中天某药业的行为是否构成偷税仍有待进一步思考。

五、参考文献

广东省茂某市中级人民法院行政判决书[（2015）茂中法行终字第49号][EB/OL].（2015-04-30）[2021-06-13]. https://wenshu.court.gov.cn/website/wenshu/181107ANFZ0BXSK4/index.html?docId=153440fb79b84486902ab6392911c8ca.

广东省茂某市中级人民法院行政判决书[（2015）茂中法行终字第50号][EB/OL].（2015-04-30）[2021-06-13]. https://wenshu.court.gov.cn/website/wenshu/181107ANFZ0BXSK4/index.html?docId=93741e55a1224066aff668676d97b2fc.

案例使用说明

一、教学目的与用途

（1）适用课程：中国税制专题、税收稽查专题、税收征管专题等。

（2）适用对象：本案例适合财政税务专业高年级本科生、财政学及税务专业硕士研究生学习，还适合税法相关律师从业者、税务机关相关制度制定者和执行者及企业财务、税务管理人员学习。

（3）教学目的：本案例详细分析了茂某市天某药业与茂某市税务局第一稽查局的纠纷案。征纳双方的争论主要从以下几个方面展开：①天某药业未按期提供纳税担保是否便因此丧失了申请行政复议的权利，进而丧失了向法院提起行政诉讼的权利？②税务机关为医药代表代开发票，是否对天某药业少缴税款行为负有责任，天某药业是否为医药代表应缴税款的代扣代缴义务人？③天某药业少缴税款的行为是否构成了偷税行为？

本案例详细分析了天某药业与茂某市税务局关于上述焦点问题的陈述及观点，法院对这些分歧的判决，以及这些纠纷产生的根源。以上问题在实际生活中仍存在司法上及税收政策上的争议，希望本案例能够为我国税制的完善、行政制度的改革及纳税人维护自身权益的方式提供一定的启示和借鉴意义。

二、涉及知识点

（1）税务行政复议：税务行政复议是指当事人（主要有纳税人、扣缴义务人、纳税担保人及其他税务当事人）不服税务机关及其工作人员做出的税务具体行政行为，依法向上一级税务机关（复议机关）提出申请，复议机关经审理对原税务机关具体行为依法做出维持、变更、撤销等决定的活动。

（2）税务行政复议的前置程序：根据《中华人民共和国行政诉讼法》（以下简称《行政诉讼法》）和《中华人民共和国行政复议法》（以下简称《行政复议法》）的规定，对于多数案件，当事人可以选择行政复议或行政诉讼方式，行政复议申请人对行政复议决定不服的，还可以向法院提起诉讼。然而税务行政案例具有一定特殊性：因征税问题产生的争议，税务行政复议是税务行政诉讼的必要前置程序，未经行政复议不得向法院提起诉讼，经行政复议仍不服的，才可向法院提起诉讼。上述因征税问题而产生的争议，不包括因处罚、保全措施及强制执行引起的争议。

（3）税务行政诉讼的审理和判决：人民法院审理行政案件实行合理、回避、公开审判和两审终审的审判制度。审理的核心是审查被诉具体行政行为是否合法，即做出该行为的税务机关是否依法享有该税务行政管理权；该行为是否依据一定的事实和法律做出；税务机关做出该行为是否遵照必备的程序等。人民法院对受理的税务行政案件，经过调查、搜集证据、开庭审理之后，分别做出如下判决：①维持判决；②撤销判决；③履行判决；④判决变更。

（4）纳税担保：纳税保证人向税务机关保证，当纳税人未按照税收法律、行政法规规定或者税务机关确定的期限缴清税款、滞纳金时，由纳税保证人按照约定进行缴纳税款及滞纳金的行为。税务机关认可该纳税担保的，担保成立，反之担保不成立。纳税担保人是指在我国境内具有纳税担保能力的自然人、法人及其他经济组织。纳税担保的范围包括税款、滞纳金和实现税款及滞纳金的费用（抵押质押等登记费用、保管费用及拍卖变卖担保财产费用等）。

（5）程序优于实体原则：程序法优于实体法原则是关于税收争讼法的原则，其基本含义为，在诉讼发生时税收程序法优于税收实体法。适用这一原则，是为了确保国家课税权的实现，不因争议的发生而影响税款的及时、足额入库。

（6）代扣代缴人：不承担纳税义务，向纳税人支付收入、结算货款、收取费用时有义务代扣代缴其应纳税款的单位和个人。

（7）偷税：《税收征收管理法》第六十三条规定："纳税人伪造、变更、隐匿、擅自销毁账簿、记账凭证，或在账簿上多列支出或者不列、少列收入，或者经税务机关通知申报而拒不申报或者进行虚假的纳税申报，不缴或者少缴税款的，是偷税。对纳税人偷税的，由税务机关追缴其不缴或者少缴的税款、滞纳金，并处不缴或少缴的税款百分之五十以上五倍以下的罚款；构成犯罪的，依法追究刑事责任。"

（8）代开发票：根据国税函〔2004〕1024号《国家税务总局关于加强和规范税务机关代开普通发票工作的通知》第一条的规定，代开发票是指由税务机关根据收款方（或提供劳务服务方）的申请，依照法规、规章以及其他规范性文件的规定，代为向付款方（或接受劳务服务方）开具发票的行为。

（9）行政复议申请时限：行政复议申请人按照规定申请行政复议的，必须按照税务机关根据法律、法规确定的税额、期限，先行缴纳或者解缴税款和滞纳金，或者提供相应的担保，才可以在缴清税款和滞纳金以后或者所提供的担保得到做出具体行政行为的税务机关确认之日起60日内提出行政复议申请。

（10）税务稽查：税务稽查是税务机关依法对纳税人、扣缴义务人履行纳税义务、扣缴义务情况所进行的税务检查和处理工作的总称。

三、配套教材

（1）胡怡建：《税收学》，上海财经大学出版社2018年版。

（2）刘佐：《中国税制概览（2019年）》，经济科学出版社2019年版。

（3）中国注册会计师协会编：《税法——2022年注册会计师全国统一考试辅导教材》，中国财政经济出版社2022年版。

四、启发思考题

（1）天某药业未按期提供纳税担保是否便因此丧失了申请行政复议的权利？茂某市税务局第一稽查局对天某药业的行政复议申请不予受理是否导致天某药业丧失了向法院提起行政诉讼的权利？

（2）天某药业是否为医药代表应缴税款的代扣代缴义务人？企业所得税的纳税主体是谁？

（3）税务机关为医药代表代开发票，是否对天某药业的少缴税款行为负有责任？

（4）天某药业少缴税款的行为是否构成了偷税行为？偷税的判定方式中主观故意是否为必要构成条件？

五、分析思路

（1）了解本案的案件背景、基本案情，以及法院与征纳双方所持观点，梳理与总结征纳双方争议点所在。

（2）提出本案中具有争议的问题。

首先，分析天某药业是否有权利申请行政复议，以及提起行政诉讼与申请程序的正当性。对于行政复议程序正当性的判定，需要了解本案中天某药业与茂某市税务局第一稽查局对于几个关键时点的把握。本案中天某药业在规定时间内（天某药业收到处理决定书后第6日）向茂某市税务局第一稽查局提供了纳税担保，而稽查局出具《担保确认书》的时间超过了天某药业应缴纳税款或提供担保的期限（天某药业收到处理决定书后第17日）。在企业积极配合相关纳税担保事宜的情况下，税务部门工作流程过长所导致的未按期限提供纳税担保是否可以定性为天某药业未在规定时间内缴纳税款及滞纳金或提供担保？我国的税务行政前置程序要求与征税产生的争议在提起行政诉讼前必须先申请行政复议，税务行政前置程序是否要求税务机关进行实体审查，纳税人是否只有对实体审查结果不服才可提起行政诉讼？

其次，分析税务机关为挂靠天某药业的医药代表个人代开发票的程序是否完整。医药代表在寻求税务机关代开发票时出具了相关凭证，且税务机关在开票时认定该开票流程合法的，医药代表才能够以个人名义开出增值税发票。在开票时认定合法，在稽查时又认定天某药业存在偷税行为，这一说辞是否前后矛盾？税务机关是否应对天某药业少缴税款的行为负责？医药代表挂靠企业在当时是行业内普遍存在的现象，医药代表个人在开票时也已将该业务告知了税务机关，既然税务机关为医药代表代开发票会导致税收的流失，是否应对该现象进行整治管理？

最后，关于主观故意是否为偷税的必要条件这一问题一直具有争议，对于企业是否主观故意这一判定也具有一定的主观性。本案中，天某药业在收到《税务处理决定书》后积极配合税务机关缴纳税款是否就能判定其不具有主观故意性？税务行政违法行为的责任推定是否应实行过错推定原则？

（3）综合对本案的分析，结合法院对本案的判决，分析现有法律体系是否存在不完善之处，并从税法基本原则和税法适用原则出发，提出相应的完善建议，并总结从本案得出的思考和启示。

六、争议点分析及理论依据

1. 天某药业未按期提供纳税担保是否丧失了申请行政复议的权利?

茂某市税务局第一稽查局主张天某药业在收到《税务处理决定书》后未能依照我国有关法律、法规确定的税额、期限缴纳税款和滞纳金，抑或提供相应的纳税担保，因此天某药业已丧失申请行政复议权，进而丧失诉权。

根据《税收征收管理法》规定，天某药业应当自收到茂某市税务局第一稽查局做出的《税务处理决定书》之日起 15 日内缴纳税款及滞纳金或提供相应纳税担保。稽查局做出《税务处理决定书》的时间是 2014 年 3 月 4 日，天某药业于同日签收，而稽查局出具《担保确认书》的时间为 2014 年 3 月 21 日，已经超过了法定期限，因而稽查局认定天某药业不具有申请行政复议的条件。

我国《税收征收管理法》第八十八条规定：纳税人、扣缴义务人、纳税担保人同税务机关在纳税上发生争议时，必须先按照税务机关的纳税决定缴纳或者解缴税款及滞纳金或者提供相应的担保，然后可以依法申请行政复议；对行政复议决定不服的，可以依法向人民法院起诉。

根据我国《税务行政复议规则》第三十三条的规定，行政复议申请人按照规定申请行政复议的，必须依照税务机关根据法律、法规确定的税额、期限，先行缴纳或者解缴税款和滞纳金，或者提供相应的担保，才可以在缴清税款和滞纳金以后或者所提供的担保得到做出具体行政行为的税务机关确认之日起 60 日内提出行政复议申请。

上述法律法规总体的逻辑思路是纳税人要取得行政复议权需要满足以下两个条件：一是纳税人必须在税务机关按照有关法律法规确定的税额及期限内缴纳相应税款及滞纳金或提供纳税担保；二是纳税人缴纳税款及滞纳金或提供纳税担保需要得到做出相关税收行政行为的税务机关的确认。

从《税收征收管理法》的相关法规来看，缴纳税款及滞纳金或提供担保是取得行政复议权的积极条件，而不是消极条件，其立法初衷是敦促纳税人及时缴纳税款及滞纳金或提供相关担保，但不能得出纳税人在逾期缴纳税款后即失去行政复议申请权的结论。而国家税务总局出台的《税务行政复议规则》直接将在纳税时限内缴纳税款及滞纳金或提供担保作为申请行政复议的必要前提条件，这种否定性、禁止性的解读可能违背了我国《税收征收管理法》的本意。

在本案中，茂某市税务局第一稽查局按照《税务行政复议规则》解读天某药业未按期缴纳税金及滞纳金或提供担保的行为，认定其失去行政复议权利，从某种程度上来看具有一定道理。

然而天某药业在收到《税务处理决定书》后，积极、主动地与稽查局有关办案人员联系办理担保相关事宜。天某药业在2014年3月4日签收稽查局做出的《税务处理决定书》，并提出以陈某名下的2,504万元存款为担保。2014年3月10日（即天某药业收到处理决定书后第6日），天某药业及担保人陈某即按照茂某市税务局第一稽查局的要求，向其出具了同意以陈某名下存款作为担保的担保声明书。茂某市税务局第一稽查局在收到声明书后，一直拖延至2014年3月21日才向天某药业出具《纳税担保书》。天某药业已按照规定的期限提供相应的担保，稽查局迟延出具《担保确认书》，又以此为由称天某药业逾期提供担保。在企业积极配合相关纳税担保事宜情况下，税务部门工作流程过长所导致的未按期限提供纳税担保是否可以将责任归结到纳税人的头上？况且，我国法律并未规定纳税人需提供纳税担保的具体期限，因此提供担保的时间存在一定的自由裁量权。如果茂某市税务局第一稽查局认定天某药业已经超出缴纳税款、滞纳金或提供担保的期限，可以不出具《纳税担保书》给天某药业而选择税收强制执行措施。但在本案中，茂某市税务局第一稽查局并未采取强制执行措施，而是向天某药业出具《纳税担保书》，该行为可以视为茂某市税务局第一稽查局以《纳税担保书》这份文件，对原《税务处理决定书》所规定的纳税期限的进行了变更。因此，茂某市税务局第一稽查局应当以出具《纳税担保书》的时间（即2014年3月21日）重新计算天某药业申请行政复议的期间，被上诉人已于2014年5月19日提出行政复议，也未超过按照《税收征收管理法》规定的60日复议申请时间。

在因纳税引发的争议案件中，因纳税人未在规定期限内缴纳税款是否直接产生丧失行政复议权利的后果，在法律的规定上存在一定的歧义。如果纳税人超过税务机关规定的期限缴纳税款及滞纳金或提供担保的，且其申请行政复议的时间没有超过申请期限的，行政复议机关是否应当予以受理，这或许需要《税收征收管理法》在未来修订时予以细化，具体明确复议前置的规定，以避免对纳税人法律救济权利的损害。

2. 茂某市税务局第一稽查局对天某药业的行政复议申请不予受理是否导致天某药业丧失了向法院提起行政诉讼的权利？

该问题的关键在于天某药业申请行政诉讼是否必须经过行政复议的实体审查。

茂某市税务局第一稽查局认为本案为纳税争议案件，属于行政复议前置类案件，天某药业未在规定时限内缴纳税款、滞纳金或提供纳税担保，已经失去申请行政复议的权利，从而丧失诉讼权。茂某市税务局第一稽查局认为该税务行政复议案件没有接受实质审查，茂某市税务局也未启动行政复议程序，因此不符合行政复议前置的相关规定，天某药业无权向法院起诉茂某市税务局第一稽查局的原有具体行政行为，只能对国家税务局做出的不予受理行政复议的决定起诉。茂某市税务局第一稽查局认为只有在税务局启动行政复议程序且对原有具体税务行政行为做出实质性结论后，天某药业才可向法院提起诉讼。

茂某市茂某区人民法院认为，我国税收法律、法规规定的税收行政复议前置程序，仅仅是在程序上要求提起行政诉讼之前先行申请行政复议，穷尽行政救济方式。天某药业只要提出了行政复议的申请，便满足了相应的程序条件。我国有关法律及相关司法解释并没有强制规定行政诉讼必须经过行政复议实体审查。因此茂某市税务局是否受理天某药业的复议申请，并不影响天某药业因不服原具体税收行政行为而向法院提起诉讼。根据我国《行政复议法》第九条规定，公民、法人或者其他组织认为具体行政行为侵犯其合法权益的，可以自知道该具体行政行为之日起60日内提出行政复议申请，由此可知申请行政复议权是我国法律赋予公民、法人或其他组织的重要权利，任何机关均不得剥夺。而我国《税收征收管理法》第八十八条、《税务行政复议规则》第三十三条规定纳税人、扣缴义务人、纳税担保人申请行政复议必须先按照税务机关的纳税决定缴纳税款或提供相应纳税担保，其立法的根本意图是保证税源不流失，从而保证行政效率。在本案中，天某药业因经济困难而无法在短期内缴纳巨额的税款和滞纳金，但仍积极按照稽查局的要求提供了纳税担保，在案件一审期间，已将全部应补缴的税款及罚款汇入茂某区税务局的指定银行账户，因而不存在损害国家利益的问题。因此，法院决认定天某药业未丧失诉权是兼顾效率和公平的正确判决，应予维持。

我国《税收征收管理法》第八十八条规定：纳税人、扣缴义务人、纳税担保人同税务机关在纳税上发生争议时，必须先依照税务机关的纳税决定缴纳或者解缴税款及滞纳金或者提供相应的担保，然后可以依法申请行政复议；对行政复议决定不服的，可以依法向人民法院起诉。《最高人民法院关于执行〈中华人民共和国行政诉讼法〉若干问题的解释》第三十三条第二款规定：复议机关不受理复议申请或者在法定期限内不作出行政复议决定，公民、法人或者其他组织不服，依法向人民法院提起行政诉讼的，人民法院应当依法受理。我国相关法律法规及司法解释并未说明纳税人在申请行政诉讼之前必须先行经过行政复议的实体审查。此外，我国相关法律法规及司法解释亦未明确在行政复议前置案件中，行政复议机关做出不予受理决定或做出予以受理决定后超过行政复议期限不做处理的，相关行政复议申请人应向法院起诉税务机关原有具体行政行为还是应该起诉税务机关不予受理决定，抑或是一并诉讼。从这一角度看，茂某市税务局认定天某药业丧失提起行政诉讼权利是存在问题的。

我们也可以从另一个视角来看待这个问题。我国《税收征收管理法》第八十二条规定：当事人对税务机关的处罚决定、强制执行措施或者税收保全措施不服的，可以依法申请行政复议，也可以依法向人民法院起诉。同时我国相关法律法规规定，纳税当事人直接向法院上诉的，应当在自知道税务机关具体行政行为之日起 90 日内提出。从这一方面看，若天某药业对茂某市税务局第一稽查局做出的《税务行政处罚决定书》不服，可以不适用行政复议前置制度，直接向人民法院提起诉讼。且天某药业于 2014 年 3 月 4 日签收茂某市税务局第一稽查局做出的《税务行政处罚决定书》，并于 2014 年 5 月 29 日上诉法院，符合我国相关法律法规规定，天某药业应当具有诉讼权。

我们可以做进一步思考，若法院判定天某药业不具有对茂某市税务局第一稽查局原具体行政行为的诉讼权，仅具有对茂某市税务局不予受理决定的诉讼权，但在实践中法院多会认定天某药业未在规定期限内未缴纳税款及滞纳金或提供担保，从而做出不予受理程序合法的决定，从而驳回天某药业的复议请求。而天某药业若要维权，只能继续起诉税务局不予受理行政复议的决定，从而陷入一个死循环，纳税人的诉权无法得到保障，旨在为纳税人多提供一种救济途径的税务行政前置程序形同虚设。因此，只有当前置程序一经履行，纳税人便拥有行政诉讼权利时，即不需要复议机关进行实体审查时，我国法律才能在最大限度上保证纳税人的合法权益。

3. 天某药业是否为医药代表应缴税款的代扣代缴义务人？企业所得税的纳税主体是谁？

根据《中华人民共和国药品管理法》（以下简称《药品管理法》）规定，开设药品批发或零售企业，须经过企业所在地省、自治区、直辖市相关药品监管部门审批并发放药品经营许可证，无许可证的，不得经营药品。

2007 年，我国药监局发布通知对药品的挂靠经营进行定义。所谓挂靠经营，是指药品经营企业为其他无证单位或个人提供药品经营场地、资质证明及票据等条件，以使挂靠经营者得以从事药品经营活动。换句话说，对于药品经营企业来说，被挂靠经营类似于对经营许可证的出租；对于挂靠经营单位及个人来说，利用挂靠经营可以达到无证经营目的。

通常来说，我们可以通过下列标准来判定一项行为是否为药品的挂靠经营。首先，可以通过相关行为人是否为具有经营资质的医药企业的员工来判断，根据我国《药品管理法》的规定，个人不得经营药品，因而若相关行为人不是相关医药企业员工，则构成无证经营药品。其次，可以通过相关行为人是否利用企业经营场地及企业的经营许可证来判断。行为人只有利用医药企业的资质购入与销售药品，并使用医药企业的购销系统开具相关发票，才构成挂靠经营。最后，可通过相关行为人销售药品是否属于个人行为来判断。若相关行为人虽名义上为医药企业的员工，但实际上相关药品的购买、入库、销售均由该个人完成的，根据实质重于形式的原则，应判定该药品购销属个人销售行为，不属于挂靠经营。

在本案中，天某药业以医药行业具有特殊性为由，主张其与杨某平等医药代表等人系协作型联营关系，税务部门所代开的发票其收入实则是相关医药代表的个人收入，因而纳税义务人应当为杨某平等医药代表。从上述对挂靠经营的定义来看，天某药业的说辞证明其与相关医药代表不具有挂靠关系。而联营是指企业与企业之间或企业与个人之间的一种横向经营的方式。本案中天某药业在诉讼中同时主张与医药代表之间系挂靠经营与联营经营的关系，自相矛盾。若天某药业与医药代表构成挂靠关系，根据上述对挂靠经营的定义，天某药业应对相关药品承担缴纳增值税的义务；若天某药业与医药代表不构成挂靠关系，则天某药业的行为违反了我国《药品管理法》的规定，可以说天某药业在这一方面陷入了一个两难的境地。

天某药业上诉时改称其与杨某平等医药代表联营，向医院提供的药品实则由医药代表提供，天某药业仅为医药代表代收货款及收取仓储、配送费用，该医药制品的销售收入实则是医药代表的个人收入，其代为收取的款项最终汇入了相关医药代表的指定账户。法院认为，天某药业及医院提供的相关材料表明天某药业与高某市人民医院之间确实存在着购销关系，相关款项由高某市人民医院汇入天某药业相关账户。天某药业出具的《药品暂代保管协议书》等材料虽能证明医药代表、天某药业及高某市人民医院之间存在交易往来，但不能证明该案例中涉税药品的收入不存在于高某市人民医院与天某药业之间。因此法院认为天某药业为该案相关发票的纳税义务人。

在本案中天某药业应对销售相关药品确认收入，因而是相关药品销售业务的增值税纳税义务人，那么企业所得税作为我国对取得收入的企业或组织的生产经营所得和其他所得征收的一个税种，天某药业也应同时为该笔销售取得的收入补缴企业所得税。因此茂某市税务局第一稽查局认定天某药业少缴增值税与企业所得税证据充分，应予维持。

4. 税务机关为医药代表代开发票，是否对天某药业少缴税款行为负有责任？

根据国税函〔2004〕1024号《国家税务总局关于加强和规范税务机关代开普通发票工作的通知》第一条的规定，代开发票是指由税务机关根据收款方（或提供劳务服务方）的申请，依照法规、规章以及其他规范性文件的规定，代为向付款方（或接受劳务服务方）开具发票的行为。

茂某区税务局认为其为医药代表个人代开发票的行为符合法律规定，不应为天某药业少缴税款行为负有责任。根据我国相关法律法规规定，纳税人提供相应材料，经过税务机关的审批，符合代开发票条件的税务机关应当为纳税人当场代开有关发票。茂某区税务局在为杨某平等医药代表代开发票的过程中，已经对相关申请资料进行了核查，符合发票代开条件，根据杨某平等医药代表及高某市人民医院提供的代开发票申请资料，该批药品销售均为杨某平等医药代表个人与高某市人民医院之间的交易，税务机关并没有获得任何杨某平等人挂靠天某药业与高某市人民医院进行交易的证据。因此，在发票代开的过程中，茂某市税务局对天某药业与高某市人民医院存在关联交易完全不知情，系天某药业故意隐瞒个人不能销售药品的事实，且天某药业通过多个自然人代开发票的方式逃避税务机关的核查，并非税务机关没有尽职调查，一切代开流程均符合相关法律法规规定，税务机关不存在任何过错。因此茂某区税务局认为天某药业应对其少缴税款的行为承担全部责任。

天某药业称其主张与杨某平等人联营，因此早已如实向税务机关工作人员及领导反映杨某人等医药代表挂靠其进行药品的经营活动。税务机关相关工作人员及领导在经过讨论后，认为在挂靠经营情况下由杨某平等医药代表开具发票的行为并不违法，相关医药代表才向税务机关进行代开发票的申请。且我国《药品管理法》等相关法律法规早已规定个人不能销售药品，这些信息是完全对外公开的，是人尽皆知的事实，并不是天某药业所能够隐瞒的，因此茂某区税务局诉称“天某药业故意隐瞒个人不能销售药品的事实，茂某区税务局已经尽职调查”完全系无稽之谈。究其根源，是茂某区税务局相关工作人员自身水平不足，未能够全面了解各个行业相关的法律法规，从而误导杨某平等医药代表申请代开发票，是税务机关存在明显的审查过错。

在本涉税案例中，根据茂某区税务局提供的相关材料如“代开发票申请表”，税务机关所开具的发票其付款人是高某市人民医院，其收款人是杨某平等医药代表个人而非天某药业，且发票上注明的商品名称为药品。根据我国《药品管理法》的规定，个人不得销售药品。茂某区税务局作为我国税法法律实施和执行的机关，应当对其所代开的发票具有尽职调查的义务。况且在医药代表杨某平等人申请代开发票时，税务机关就应当以个人不能销售药品为由拒绝开具发票，但其在2009—2011年3年内始终同意为医药代表开具发票，且开具的发票数量达到136份，涉税金额巨大。况且茂某市税务局第一稽查局在税务稽查时认定天某药业为该批药品销售收入的纳税义务人，而茂某区税务局在代开发票时又将杨某平等医药代表个人列为纳税义务人，税务机关对同一笔业务对纳税义务人的不同认定，导致天某药业少缴税款，确实应当承担相应的责任。

5. 天某药业少缴税款的行为是否构成了偷税行为？偷税的判定方式中主观故意是否为必要构成条件？

茂某市税务局第一稽查局认为天某药业少缴税款的行为构成偷税。天某药业以杨某平等医药代表的名义在茂某区税务局代开发票共计136份，在天某药业取得了上述相关发票后私自加盖天某药业发票专用章及银行账号章，且经高某市人民医院指证，上述发票全部是由天某药业提供给高某市人民医院的，高某市人民医院也将所有货款汇入天某药业的账户，因此双方发生的交易往来是真实存在的，可以认定天某药业为涉案发票的纳税义务人。而天某药业作为药品批发企业，应当按照17%税率计算缴纳增值税，却通过杨某平等医药代表以个人名义代开发票，医药代表为小规模纳税人（适用3%的税率），从而达到少缴税款的目的。天某药业上述行为可认定为偷税，应当按照我国《税收征收管理法》有关规定，对天某药业追缴少缴的税款和滞纳金，并处50%以上5倍以下罚款。

而天某药业辩称其与杨某平医药代表联营经营，为杨某平等医药代表人代收货款是天某药业的联营义务，所以天某药业才在税务机关代开的发票上加盖发票专用章、银行账户章，天某药业的盖章行为只能代表其履行对杨某平等医药代表的联营义务，不能就因此判定被天某药业存在偷税行为。况且天某药业自收到茂某市税务局第一稽查局做出的《税务处理决定书》及《税务行政处罚决定书》后，一直积极配合税务机关的工作，提供相应纳税担保，表示愿意补缴税款，并在一审期间补缴了全部税款及滞纳金，其行为最终并未造成对国家利益的损害。这表明天某药业主观上并无偷税的故意性，况且茂某市税务局第一稽查局亦无证据能够证明天某药业有少缴税款的故意，因此不应认定天某药业存在偷税行为。法院亦支持了天某药业提出的观点。

关于税务行政处罚的主观因素，我国《税收征收管理法》与《行政处罚法》均未做出明确规定。故茂某市税务局第一稽查局认为既然《税收征收管理法》中并未规定偷税须以纳税人存在主观故意为前提，因而只要天某药业存在我国《税收征收管理法》第六十三条规定的少缴税款的客观结果，就应当被认定为偷税。理论界及司法界对于主观故意是否为偷税的必要构成条件这一问题存在两种截然不同的观点。第一种观点认为在偷税的定性上不需要考虑主观故意，即只要造成《税收征收管理法》规定的税收违法行为的结果即可明确定性为偷税，并依法追缴税款、滞纳金并加处罚款。这种观点直接从《税收征收管理法》的字面解读出发解释偷税的构成条件，虽依据明确、操作简便，但未能从实际出发具体问题具体分析。在实际案件中，对于非主观故意少缴税款的纳税人，这种做法可能会形成较大的执法阻力，引发税企争议，并带来税务行政复议和诉讼的风险。第二种观点认为在偷税的定性上需要考虑主观故意性。这种观点认为行政处罚具有有责性，过错应当作为行政处罚判定的主观条件，如果天某药业能够证明自己不存在主观上的错误，就不应当构成行政违法，不适用行政处罚。法律存在的意义在于维护社会公平正义，同时保障公民的基本权利，如果仅以形成违法结果来判定是否违法，不符合我国建设法治国家的初衷。不考虑行政行为人的主观态度，不能从根本上实现我国行政处罚预防与纠正相结合的目的。总体来看，我国行政处罚的案件中考虑过错的主观因素趋于主流，本案中法院的判决亦考虑了天某药业无主观故意上的过错，认定天某药业少缴税款的行为不构成偷税。

七、案例总结与启示

在本案中，法院明确了我国有关法律、法规规定的行政复议前置程序，主要侧重保护纳税人的合法权益，穷尽行政救济方式，仅仅是在程序上要求提起行政诉讼之前先行申请行政复议，而非必须经过实体性审查。在理论界与实务界中对行政复议的前置程序的存废亦存在不同的观点。一种观点主张行政复议前置制度的存在能够保障我国的税收利益，维护我国税务机关的公信力，同时也能够避免司法资源的浪费，减少司法机构对于税务行政权的干预程度。而另一种观点认为可取消行政复议前置制度。行政复议前置制度妨碍了行政相对人对诉讼权的优先行使。在我国的税收征纳关系中，纳税人往往处于弱势地位，税务机关所拥有的权力易损害纳税人的利益，因此可能需要更加有效的措施来对纳税人的权益进行保护，而赋予纳税人以一定的行政程序选择权或许是一种较好的方式。

此案中税务机关拖延出具《担保确认书》导致天某药业提供担保的时间超过税务机关规定的期限，以及茂某区税务局为医药代表个人开具发票等行为说明税务机关是存在明显的过错的。但在法院的判决中，法院虽认为茂某市税务局存在一定过错，但并未对其进行处罚。这种权利与义务的不对等值得我们思考，纳税人存在过错就应进行行政处罚，而税务机关存在责任最终往往不了了之，希望今后的立法能够改变这种征纳双方权利与义务不对等的关系。

税务行政处罚是我国税务行政执法过程中的重要环节，其对于保证我国的税收收入，保证税务机关的公信力和征税权具有重要意义。税务行政处罚的合法性与纳税人的切身利益息息相关，本案中对主观故意是否为税务行政处罚前提的判定的合理性或许能够使得判决结果更加公正客观，这对于提升征管质量水平、减少征纳双方对立摩擦从而营造良好的税收环境具有重要意义。

《中华人民共和国国民经济和社会发展第十四个五年规划和2035年远景目标纲要》指出，要完善现代税收制度，健全地方税、直接税体系，优化税制结构，适当提高直接税比重，深化税收征管制度改革。在现有税收制度体系下，今后有关税务机关应在尊重税务行政相对人处理纳税争议的自主选择权、不断拓宽纳税争议行政救济渠道的同时，督促相关工作人员严格依法征税，完善税务行政复议程序，规范税务机关行政执法的自由裁量权，增强自身业务能力，不断提升纳税服务质量。

八、参考文献

刘天永．纳税人逾期缴税一定会丧失复议权吗？ [N]. 财会信报，2017-09-04（B03）.

施志群．复议机关实体审查不应作为行政诉讼的前提 [N]. 财会信报，2017-11-27（B04）.

万永福，杨伟．挂靠医药公司经营药品行为的认定 [N]. 人民法院报,2019-08-29(6).

薛娟．偷税认定的理论争议与实践检思——以主观故意的认定为视角 [J]. 税法解释与判例评注，2017，8（1）: 121-167.

九、关键要点

（1）关键点：本案例总结分析了茂某市税务局和天某药业关于行政复议申请权、代开发票行为过失的责任人、偷税行为的认定，陈列分析了天某药业、茂某市税务局及法院的观点，提出了对我国税收征管及维护纳税人权益等方面的启示。希望能够通过对本案例的分析，为今后我国税法的改革、行政制度的完善，提供一定的启示与借鉴。

（2）关键知识点：《税收征收管理法》的相关条例、《行政复议法》的相关条例、行政复议前置制度、偷税的相关认定及税务机关代开发票等。

（3）能力点：通过对本案例的学习，希望能够培养学生对案例的分析和阅读能力，并从中归纳总结自身对该案例的思考。具体来说，要求学生在课堂讨论案例的同时精准抓住案件争议点，并运用以往所学知识对争议点做出自己的分析与理解，进而提高理论与实践相结合的能力、分析与综合能力、批判性思维能力及解决问题的能力。

十、建议课堂计划

本案例可以作为专门的案例讨论课来进行，如下是按照时间进度提供的课堂计划建议，仅供参考。

整个案例课的课堂时间控制在 85 ～ 90 分钟，即 2 节课。

（1）课前计划：提出启发思考题，请学生完成资料阅读及初步思考。

（2）课中计划：

课堂前言（8 ～ 10 分钟）：简明扼要，明确主题。

分组讨论（25 分钟）：准备发言提纲。

小组发言（每组 6 分钟）：分 5 个组。

讨论与思考（20 ～ 25 分钟）：引导全班进一步讨论及思考，讲解案件所折射的关键问题所在及税法的改革等等。

（3）课后计划：请学生利用网络及文献搜索茂某市天某药业与茂某市税务局第一稽查局纠纷案的相关资料信息，尤其是最新信息，采用报告形式给出更加具体的问题分析（1500 ～ 2000 字）。

PART 2
第二篇

税收筹划与盈余管理案例

案例 5 净资产折股的个人所得税筹划
——以天晟新材为例①

周夏飞　唐抒韵

摘　要：天晟新材是一家致力于高分子发泡材料的研究、开发、生产和销售的高新技术企业。本文描述了天晟新材在首次公开发行（IPO）之前，企业从有限责任公司变更成为股份有限公司的过程前后，与净资产折股相关个人所得税税收筹划。重点描述了天晟新材在整体变更时，未将净资产中的未分配利润、盈余公积转增股本，而通过上市后大量的资本公积——股本溢价转增股本来进行个人所得税的税收筹划的过程和机理。天晟新材为了能够 IPO，在 2008 年进行了企业整体变更，并于 2010 年发布招股说明书，2011 年实现 IPO。该公司在整体变更时，将未分配利润和盈余公积均转入了资本公积，实现了个人所得税的递延。同时，天晟新材在上市后形成了大量股本溢价，并利用这部分股本溢价转增股本，实现了个人所得税的避税。此外，本文还分析了天晟新材的限售股转让的个人所得税问题，对其在限售股解禁之前转增的方案提出了建议。本文通过对天晟新材的研究，揭示了公司在整体变更中净资产折股的个人所得税税收筹划的空间，特别关注了公司通过 IPO 后形成的股本溢价转增股本代替变更过程中用盈余公积和未分配利润转增股本的方案，为准备 IPO 并需要进行整体变更的公司提供了合理税收筹划的新思路。

关键词：净资产折股、股本溢价、个人所得税、限售股

Abstract: Tiansheng New Materials is a high-tech enterprise that focuses on the research, development, production, and sale of polymer foaming materials. This paper describes the personal income tax planning related to the conversion of net assets into shares before and after the process of Tiansheng's transformation from a limited liability company to a joint-stock limited company before the IPO. It focuses on the process of

① 本案例只供课堂讨论之用，并无意暗示或说明某种税收筹划行为或税收制度是否有效。

tax planning for personal income tax through the conversion of a large number of stock premiums to share capital after the listing of Tiansheng, instead of converting undistributed profits and surplus reserves in net assets into share capital. For the success of IPO, Tiansheng made an overall change of the enterprise in 2008 and issued a prospectus in 2010, and achieved IPO in 2011. During the overall change, the company transferred undistributed profits and surplus reserves to capital reserves, realizing the deferral of personal income tax. At the same time, Tiansheng formed a large amount of stock premium after its listing, which was used to increase share capital, realizing the avoidance of personal income tax. In addition, this paper also analyzes the personal income tax issue of Tiansheng's transfer of restricted shares, and puts forward suggestions on the plan to increase its shares before the lifting of the ban on restricted shares. Through the research on Tiansheng, this paper reveals the company's personal income tax planning space for the conversion of net assets into shares in the overall change. It pays special attention to the company's plan to increase share capital through the stock premium formed after the IPO, instead of using surplus reserves and undistributed profits to increase share capital during the overall change. It provides new ideas for reasonable tax planning for companies that are preparing for an IPO and need to make overall changes.

Key words: the conversion of net assets into shares, stock premium, personal income tax, restricted shares

案例正文

一、引言

近年来，随着我国资本市场的发展，越来越多的企业选择挂牌新三板或进行首次公开发行（IPO）。我国《首次公开发行股票并上市管理办法》第八条规定，“发行人应当是依法设立且合法存续的股份有限公司。经国务院批准，有限责任公司在依法变更为股份有限公司时，可以采取募集设立方式公开发行股票”，因此将拟上市企业的组织形式由有限公司改变为股份公司，成了 IPO 过程中一个必备的环节。我们将有限公司变更为股份有限公司称为整体变更。

在整体变更中，有限公司需要将净资产按照一定比例，折成股份公司的股本和资本公积。净资产折股涉及许多相关的税务会计处理问题，因此本案例以天晟新材为例，具体分析了企业变更过程中，净资产折股的个人所得税税务处理和限售股出售的个人所得税问题。希望通过本案例的分析，能够为企业的相关个人所得税税收筹划提供借鉴。

二、天晟新材整体变更的基本情况

常州天晟新材料股份有限公司成立于1998年，2008年7月变更为股份有限公司，注册资本325,984,340元。2011年1月25日，该公司在深交所创业板成功上市，股票简称天晟新材，代码300169。

天晟新材是全国知名的高分子发泡材料专业生产商，一直致力于高分子发泡材料的研究、开发、生产和销售，属于江苏省高新技术企业。该公司在软质泡沫材料、结构泡沫材料及上述材料的后加工产品领域，均处于市场领先地位。

该企业以截至2008年5月31日经审计的净资产141,999,216.05元为基数（其中7,000万元为实收资本，4,583.33万元为资本公积，115.19万元为盈余公积，2,501.40万元为未分配利润），按2.02856022928 ∶ 1的比例折为7,000万股（剩余的71,999,216.05元计入公司资本公积），整体变更设立为股份有限公司。发起人出资经天健华证中洲（北京）会计师事务所验证，并出具了天健华证中洲验（2008）GF字第070003号验资报告。

2008年7月21日，公司在常州工商行政管理局完成工商登记手续，企业法人注册登记号为320400000003930，注册资本7,000万元人民币，法定代表人为吕泽伟。

三、企业整体变更及上市过程净资产折股的税收分析

天晟新材在企业变更中净资产折股涉及个人所得税的主要有四个环节：变更前、变更时、上市后转增股本、个人限售股出售。

（一）企业变更前增加实收资本的筹划

截至2007年11月，天晟新材的实收资本为500万元。而在整体变更前，天晟新材分别进行了多次增资。

1998年12月，天晟有限公司进行了第一次增资，其注册资本由原来的60.6万元增加到500万元。

2007年12月，天晟有限公司进行了第二次增资，增加宋越为公司新股东，由其以现金198万元认缴，其中16.5万元作为新增注册资本，其余181.5万元计入资

本公积。注册资本累计为516.5万元，资本公积累计为333.73万元。

2008年3月，天晟有限公司进行了第三次增资，接受江苏九洲投资集团创业投资有限公司、无锡中科汇盈创业投资有限责任公司、韶关市中科丹霞创业投资有限责任公司作为公司新股东。对公司货币投资8,625万元人民币，其中103.3万元计入注册资本，公司注册资本由516.5万元增加到619.8万元，资本公积累计为8,855.43万元。

2008年5月，天晟有限公司进行了资本公积金转增注册资本，转增完成后公司的注册资金由原来的619.8万元增加至7,000万元。

根据《关于进一步加强高收入者个人所得税征收管理的通知》（国税发〔2010〕54号）第二条第二项规定，对以未分配利润、盈余公积和除股票溢价发行外的其他资本公积转增注册资本和股本的，要按照“利息、股息、红利所得”项目，依据现行政策规定计征个人所得税。由于天晟新材在变更前属于有限公司，因此产生的资本公积资本溢价转增股本需要缴纳个人所得税。所以天晟新材在变更前将其注册资金从619.8万元转增至7,000万元，其中个人股东需要缴纳20%的个人所得税。由于天晟新材的个人股东占比为83.29%，因此需要缴纳的个人所得税为：

（7,000–619.8）×83.29%×20%=1,062.81（万元）。

事实上，天晟新材进行企业变更主要是为了日后的IPO上市。如果天晟新材不在变更前将资本公积转增股本，而是等到上市后利用股本溢价转增则可以少缴纳这部分个人所得税。由于创业板对于最低股本的要求为发行后3,000万元，另公开发行的最低比例为25%，因此我们以发行前需要2,250万元股本为例进行测算。若天晟新材在变更前将注册资本增加至2,250万元，需要缴纳个人所得税为：

（2,250–619.8）×83.29%×20%=271.56（万元）。

若其在上市后，利用公开发行的股本溢价转增股本，则这部分股本无须缴纳个人所得税。经测算可得，天晟新材可以节约税收成本：

1,062.81–271.56=791.25（万元）。

（二）企业变更时净资产折股的筹划

天晟新材在整体变更时，以截至2008年5月31日经审计的净资产14,199.921605万元为基数，按2.02856022928∶1的比例折为7,000万股（剩余的7,199.921605万元计入公司资本公积），整体变更设立股份有限公司。表1反映了天晟新材整体变更前后所有者权益的变化，在整体变更时，该公司将原先的盈余公积

115.19万元和未分配利润2,501.40万元均转入了资本公积，并没有转入股本。因此整体变更前后天晟新材的实收资本（股本）没有发生变化。

表1 天晟新材整体变更前后所有者权益对比

单位：万元

所有者权益	整体变更前	整体变更后
股本（或：实收资本）	7,000.00	7,000.00
资本公积	4,583.33	7,199.92
盈余公积	115.19	0.00
未分配利润	2,501.40	0.00
合计	14,199.92	14,199.92

在本次整体变更过程中公司的注册资本没有发生变化，从表2中可以看出各股东的持股数及持股比例也没有发生变化。因此，不涉及未分配利润及盈余公积转增股本，自然人股东未取得《中华人民共和国个人所得税法》第二条中的“利息、股息、红利所得”，因此天晟新材的九大个人股东均未产生缴纳所得税的义务。

表2 天晟新材变更前后股本对比

序号	发起人名称	变更前出资 / 元	变更后持股 / 股	持股比例 /%
1	吕泽伟	13,298,871	13,298,871	18.998
2	孙剑	13,298,871	13,298,871	18.998
3	吴海宙	13,298,871	13,298,871	18.998
4	徐奕	9,264,982	9,264,982	13.236
5	沈曦	5,330,752	5,330,752	7.616
6	宋越	1,863,504	1,863,504	2.663
7	刘灿放	933,345	933,345	1.333
8	田秋云	140,000	140,000	0.200
9	杨咏梅	87,483	87,483	0.125
10	九洲投资	4,958,333	4,958,333	7.083
11	中科汇盈	4,734,295	4,734,295	6.763
12	中科丹霞	1,974,038	1,974,038	2.820
13	中科岳麓	816,655	816,655	1.167
合计		70,000,000	70,000,000	100.000

天晟新材在净资产折股过程中，根据《关于进一步加强高收入者个人所得税征收管理的通知》第二条第二项规定，对以未分配利润、盈余公积和除股票溢价发行外的其他资本公积转增注册资本和股本的，要按照“利息、股息、红利所得”项目，依据现行政策规定计征个人所得税。也就是说，如果将盈余公积和未分配利润转增

股本，那么自然人股东当期就需要缴纳个人所得税，如果转入资本公积，则自然人股东暂时无须缴纳个人所得税，但当这部分资本公积转增股本时，也需要纳税。因此，天晟新材在这里选择将盈余公积和未分配利润转入资本公积达到了纳税递延的税收筹划效果。

（三）企业上市后转增股本数量的控制

天晟新材于2010年发布招股说明书，并于2011年1月25日成功登陆创业板。天晟新材第一次公开发行普通股（A股）2,350万股，每股发行价32.00元。截至2011年1月19日，公司收到平安证券有限责任公司转入社会公众股股东出资款人民币752,000,000.00元，扣除发行费用63,793,671.90元后实际募集资金净额688,206,328.10元，计入股本人民币23,500,000.00元，余额计人民币664,706,328.10元，计入资本公积。

同时，天晟新材分别于2010年和2011年向股东大会提交了公司本年度利润分配及资本公积转增股本预案。2010年拟以现有总股本9,350万股为基数，以资本公积转增股本，每10股转增5股，共计转增股本4,675万股，于2011年4月15日股东大会正式通过。2011年拟以现有总股本14,025万股为基数，以资本公积转增股本，每10股转增10股，共计转增股本14,025万股，于2012年4月10日通过。

从表3、表4我们可以看到天晟新材2011年发行股票增加了资本公积664,706,328.10元的同时，通过股份转让协议增加了资本公积446,007.64元；资本公积的减少是因为2011年股东大会通过了2010年转股方案，转增股本4,675万股。2012年股东大会通过了2011年转股方案，转增股本14,025万股。

表3　2011年天晟新材资本公积变化明细

项目	期初数	本期增加	本期减少	期末数
股本溢价	73,289,927.32	665,152,335.74	46,750,000.00	691,692,263.06
合计	73,289,927.32	665,152,335.74	46,750,000.00	691,692,263.06

表4　2012年天晟新材资本公积变化明细

项目	期初数	本期增加	本期减少	期末数
股本溢价	691,692,263.06	–	140,250,000.00	551,442,263.06
合计	691,692,263.06	–	140,250,000.00	551,442,263.06

《国家税务总局关于股份制企业转增股本和派发红股征免个人所得税的通知》（国税发〔1997〕198号）第一条规定："股份制企业用资本公积金转增股本不属于

股息、红利性质的分配，对个人取得的转增股本数额，不作为个人所得，不征收个人所得税。”同时，《国家税务总局关于原城市信用社在转制为城市合作银行过程中个人股增值所得应纳个人所得税的批复》（国税函发〔1998〕289号）第二条补充前一通知中的“资本公积金”是指股份制企业股票溢价发行收入所形成的资本公积金，将此转增股本由个人取得的数额，不作为应税所得征收个人所得税。而与此不相符合的其他资本公积金分配个人所得部分，应当依法征收个人所得税。因此在天晟新材的资本公积中，由公开发行股票溢价形成的664,706,328.10元资本公积转增股本无须征收个人所得税，而其余的股本溢价包括整体变更前的资本溢价和整体变更时未分配利润和盈余公积转入的股本溢价转增股本需要征收个人所得税。天晟新材分别于2011年和2012年转增股本46,750,000.00元和140,250,000.00元，二者之和远远小于公开发行股票溢价，因此这两次转增股本，自然人股东均无须缴纳个人所得税。

天晟新材在企业整体变更时将盈余公积和未分配利润均转入了资本公积，仅达到了税收递延的效果，因为未来这部分资本公积转增股本依然需要补缴个人所得税。然而天晟新材IPO会带来大量的股本溢价，这部分股本溢价转增股本，根据税法是无须缴纳个人所得税的，因此天晟新材需要转增股本时，可以优先利用这部分股本溢价转增，这样自然人股东便无须缴纳个人所得税。事实上，企业选择从有限责任公司转制为股份有限公司是为了满足IPO的条件，一旦IPO成功必然会带来大量的股本溢价，使得公司无须利用这部分有纳税义务的股本溢价转增股本，这给自然人股东带来的效益就不仅是税收的递延了，更是实现了税收的节约。

（四）上市后送转股时间的控制

天晟新材在IPO成功后，在当年的年报中公布了限售股的相关情况。表5反映了截至2011年天晟新材限售股股东持有情况，其中吕泽伟、孙剑、吴海宙的限售期到2014年1月25日为止，其余个人股东限售期到2012年1月25日为止。

《关于个人转让上市公司限售股所得征收个人所得税有关问题的通知》规定自2010年1月1日起，对个人转让限售股取得的所得，按照“财产转让所得”，适用20%的比例税率征收个人所得税。这里的限售股包括：第一，上市公司股权分置改革完成后股票复牌日之前股东所持原非流通股股份以及股票复牌日至解禁日期间由上述股份孳生的送、转股；第二，2006年股权分置改革新老划断后，首次公开发行股票并上市的公司形成的限售股，以及上市首日至解禁日期间由上述股份孳生的送、转股。

表5 天晟新材2011年限售股情况

股东名称	年初限售股数	本年解除限售股数	本年增加限售股数	年末限售股数	解除限售日期
吕泽伟	13,298,871	0	6,649,436	19,948,307	2014-01-25
孙剑	13,298,871	0	6,649,436	19,948,307	2014-01-25
吴海宙	13,298,871	0	6,649,436	19,948,307	2014-01-25
徐奕	9,264,982	0	4,632,491	13,897,473	2012-01-25
沈曦	5,330,752	0	2,665,376	7,996,128	2012-01-25
宋越	1,863,504	0	931,752	2,795,256	2012-01-25
刘灿放	933,345	0	466,672	1,400,017	2012-01-25
田秋云	140,000	0	70,000	210,000	2012-01-25
杨咏梅	87,483	0	43,741	131,224	2012-01-25

也就是说，天晟新材在2011年转增的限售股，对于所有个人股东而言均属于上市首日至解禁日期间股份孳生的送、转股，转让时需要缴纳个人所得税。而天晟新材在2012年6月转增的限售股，对于前三大股东而言依然属于限售股类型，需要缴纳个人所得税，对于其余股东而言，由于解禁期为2012年1月25日，因此2012年转增的股份不属于限售股，无须缴纳个人所得税。

由于限售股在解禁期内转送股，仍被视为限售股，出售时需要按20%缴税，因此天晟新材的两次股利支付中，三大股东均需要缴纳个人所得税，其余股东第一次转送股也需要缴税，没有实现税收筹划。如果天晟新材在2014年1月25日之后转股，那新增股本，对于个人股东来说均无须缴税。因此，天晟新材在限售股个人所得税相关方面还有税收筹划的空间。

四、启示及建议

对于企业：①净资产折股可以进行税收筹划，整体变更时可以先将未分配利润和盈余公积转入资本公积，若要转增股本可在IPO成功后，用公开发行的股本溢价转增，不仅达到了税收递延的效果，也实现了节税目标。②小股本比大股本有优势。除了因为盈余公积和未分配利润直接转增股本需要缴纳个人所得税，小股本还能提高每股收益，并且为未来的转送股提供更多的可能。③企业股东持有限售股的，可以考虑在解禁期满后再实现转送股，解禁后转增的限售股在出售时不需要缴纳个人所得税。

案例使用说明

一、教学目的与用途

（1）适用课程：税收筹划、税法。

（2）适用对象：本案例适合有一定税法和财务管理基础的学员、税务专业硕士研究生及对财务与税收感兴趣的高年级本科生学习。本案例还适合企业财务、税务管理人员学习，有助于其对政策法规的理解运用。

（3）教学目的：了解公司在整体变更过程中净资产折股存在的税收筹划空间，特别关注净资产折股中个人所得税的税收筹划方案，以及如何利用IPO后的股本溢价优势增加税收筹划的力度和可能。为需要进行公司整体变更和即将进行IPO的公司提供利用发行后股本溢价转增股本代替净资产折股转增股本方法的借鉴，为企业进行个人所得税筹划提供新思路。

二、启发思考题

（1）公司整体变更选择大股本还是小股本各有什么优势？

（2）是否有公司在整体变更时选择将净资产全部转为股本？若有，其自然人股东的个人所得税又是如何缴纳的？

（3）送转股时间如何与限售股解禁时间协调实现节税？

（4）现行的税收法律法规对转增股本个人所得税的税务处理是否有存在争议和可以改进的地方？

三、分析思路

（1）了解天晟新材进行公司整体变更的背景，并结合其具体的变更过程和IPO后转增股本的方案，分析该公司在整体变更和IPO过程中存在的可能的个人所得税税收筹划空间。

（2）结合相关税收法律法规，特别是涉及转增股本的个人所得税税务处理的政府文件，从法律层面具体阐述天晟新材如何在不违法的情况下合理避税，为其自然人股东节约个人所得税成本。结果发现，天晟新材在变更时将未分配利润和盈余公积转入了资本公积，既实现了纳税递延，又利用上市后的股本溢价实现了税收节约。最后得出结论：公司整体变更时不将净资产全额折成股本，是整体变更公司自然人股东实现个人所得税筹划的主要手段之一。

（3）结合限售股转让缴纳个人所得税的相关法律文件，分析天晟新材转增股本的方案和时间点是否还有改进的空间，使其为自然人股东节约税收成本。

（4）总结天晟新材在公司整体变更净资产折股中个人所得税税收筹划的经验，并对企业和税务机关提出相关建议。

四、理论依据与分析

（一）公司整体变更中净资产折股个人所得税相关法律文件分析

（1）《国家税务总局关于股份制企业转增股本和派发红股征免个人所得税的通知》（国税发〔1997〕198 号）第一条规定："股份制企业用资本公积金转增股本不属于股息、红利性质的分配，对个人取得的转增股本数额，不作为个人所得，不征收个人所得税。股份制企业用盈余公积金派发红股属于股息、红利性质的分配，对个人取得的红股数额，应作为个人所得征税。"

该条文的关键点在于股份制企业用资本公积转增股本，不征收个人所得税。值得注意的是，这里国家税务总局并没有对资本公积做进一步的说明。

（2）《国家税务总局关于原城市信用社在转制为城市合作银行过程中个人股增值所得应纳个人所得税的批复》（国税函发〔1998〕289 号）第二条指出，国税发〔1997〕198 号文中所表述的"资本公积金"是指股份制企业股票溢价发行收入所形成的资本公积金，将此转增股本由个人取得的数额，不作为应税所得征收个人所得税。而与此不相符合的其他资本公积金分配个人所得部分，应当依法征收个人所得税。

该条文是对前一条文的解释和补充，规定了只有股份制企业股票溢价发行收入所形成的资本公积金，转增股本才不征收个人所得税，其余资本公积金均应征收个人所得税。

（3）《关于进一步加强高收入者个人所得税征收管理的通知》（国税发〔2010〕54 号）第二条第二项规定，对以未分配利润、盈余公积和除股票溢价发行外的其他资本公积转增注册资本和股本的，要按照"利息、股息、红利所得"项目，依据现行政策规定计征个人所得税。

该条文进一步明确了用未分配利润、盈余公积和其他资本公积转增股本需要缴纳个人所得税。同年 11 月 30 日，国家税务总局在网上回复关于股改后如何缴纳个人所得税的问答时也明确了："盈余公积和未分配利润转增股本应当按'利息、股息、红利所得'项目计征个人所得税，转增资本公积不计征个人所得税。"

（4）《关于将国家自主创新示范区有关税收试点政策推广到全国范围实施的通知》（财税〔2015〕116号）指出，从2016年1月1日起在全国范围内，中小高新技术企业以未分配利润、盈余公积、资本公积向个人股东转增股本时，个人股东一次缴纳个人所得税确有困难的，可在5年内（含）分期缴纳。

该条文主要公布了对中小高新技术企业的个人所得税税收优惠政策，允许这部分税收的递延。值得注意的是，国家税务总局公告2015年第80号中规定，个人取得上市公司或在全国中小企业股份转让系统挂牌的企业（简称“公开发行和转让市场”）以未分配利润、盈余公积、资本公积（不含以股票发行溢价形成的资本公积转增股本）转增的股本，不适用分期纳税政策，而继续按现行有关股息红利差别化政策执行。这说明上市公司即使是高新技术企业也不能根据财税〔2015〕116号文实现纳税递延。

以上是与转增股本相关的税收政策文件汇总。本案例中的天晟新材股份有限公司充分利用了上述的法律法规，结合自身IPO后的实际情况，通过“两步走”合理地为自然人股东减免了个人所得税。

天晟新材在整体变更时，以截至2008年5月31日经审计的净资产14,199.921605万元为基数，按2.02856022928 ：1的比例折为7,000万股（剩余的7,199.921605万元计入公司资本公积），整体变更设立股份有限公司。在整体变更时，该公司将原先的盈余公积115.19万元和未分配利润2,501.40万元均转入了资本公积，并没有转入股本。因此根据现行的税收法律法规，天晟新材的自然人股东无须缴纳个人所得税。这是天晟新材税收筹划的第一步。

天晟新材于2010年发布招股说明书，并于2011年1月25日成功登陆创业板。天晟新材第一次公开发行普通股（A股）2,350万股，每股发行价32.00元。截至2011年1月19日，通过平安证券有限责任公司，收到实际募集资金净额688,206,328.10元，计入股本人民币23,500,000.00元，余额计人民币664,706,328.10元，计入资本公积。这部分资本公积属于股票发行溢价，未来转增股本无须缴纳个人所得税。

同时，天晟新材分别于2010年和2011年向股东大会提交了公司本年度利润分配及资本公积转增股本预案。2010年拟以现有总股本9,350万股为基数，以资本公积转增股本，每10股转增5股，共计转增股本4,675万股，于2011年4月15日股东大会正式通过。2011年拟以现有总股本14,025万股为基数，以资本公积转增股本，每10股转增10股，共计转增股本14,025万股，于2012年4月10日通过。可以看到，天晟新材累计转增股本 187,000,000.00 元，远远小于股票发行溢价 664,706,328.10 元，因此可以认为天晟新材是将资本公积中的股票发行溢价转增股本，自然人股东根据上述税收法规无须缴纳个人所得税。这是天晟新材税收筹划的第二步。

（二）限售股转让个人所得税相关法律文件分析

《关于个人转让上市公司限售股所得征收个人所得税有关问题的通知》（财税〔2009〕167 号）中规定：“二、本通知所称限售股，包括：1. 上市公司股权分置改革完成后股票复牌日之前股东所持原非流通股股份，以及股票复牌日至解禁日期间由上述股份孳生的送、转股（以下统称股改限售股）；2. 2006 年股权分置改革新老划断后，首次公开发行股票并上市的公司形成的限售股，以及上市首日至解禁日期间由上述股份孳生的送、转股（以下统称新股限售股）；3. 财政部、税务总局、法制办和证监会共同确定的其他限售股。……六、纳税人同时持有限售股及该股流通股的，其股票转让所得，按照限售股优先原则，即转让股票视同为先转让限售股，按规定计算缴纳个人所得税。”

该条文主要对限售股的范围做出了规定，值得关注的是，上市首日至解禁日期间由原有限售股孳生的转送股也属于限售股，而解禁日后转送股则不属于限售股，转让时无须缴纳个人所得税。同时，条文中还明确规定了转让股票视同先转让限售股，这就缩减了利用个人转让流通股免征个人所得税这一规定进行税收筹划的空间。

此外针对限售股转让征收的个人所得税，中央和地方实行四六分成，因此不同地区针对限售股转让有不同的税收优惠政策，常见的有税收返还等，由于地方的税收优惠政策五花八门，这里不一一列举。

本案例中，天晟新材三大股东拥有限售股的限售期到 2014 年 1 月 25 日为止，其余个人股东限售期到 2012 年 1 月 25 日为止。结合其在股东大会上通过的转增股本方案，天晟新材分别于 2011 年 4 月和 2012 年 4 月转增股本 4,675 万股和 14,025 万股。可以看到，第一次转增股本时，所有个人股东的限售股均未解禁，由此产生的转送股属于限售股，转让时需要缴纳个人所得税。第二次转增股本时，三大股东的限售股处于解禁期，而其余个人股东的限售股已解禁，因此对于三大股东而言，这部分转送股依然属于限售股，转让需要缴纳个人所得税，而对于其他个人股东而言，这部分转送股不属于限售股，转让时不需要缴纳个人所得税，但在转让天晟新材股票的时候，应视为先转让限售股。

结合之前的相关法规，若天晟新材将转增股本的时间向后移，在2014年之后再进行转送股，那所产生的新股都不属于限售股，可以有效地为个人股东实现避税。当然，天晟新材转增股本的方案不可能只考虑到个人所得税的处理，企业转增股本是对外界释放经营情况良好的信号，有利于增加投资者的信心，推动股价上升。同时，天晟新材在整体变更时没有转增股本已经实现了个人所得税的税收筹划，上市后其经营需要大量的资金，因此需要做大股本，若单纯因为考虑到避税而将转增股本的时间向后延迟四年，这是不合理的。税收筹划应该服务于公司的整体发展，实现经济利益的最大化。最后，天晟新材的个人股东持股比例较重，特别是它的三大股东均为个人，而大股东持股可能并不是为了转让，因此他们在权衡公司整体利益时，并不会只关注限售股转让的个人所得税问题。

五、参考文献

蔡旺清，蔡旺．有限公司整体变更为股份公司净资产折股的会计处理[J]. 西部财会，2014（2）: 28–30.

芮国民．公司性质变更净资产折股财税处理[J]. 财会通讯，2011（10）: 128–129.

王丽．企业上市前的税务筹划方案设计分析[J]. 时代金融，2016（6）: 159–160.

严善明．有限责任公司整体变更为股份公司净资产折股问题探讨[J]. 财会月刊，2010（5）: 55–57.

张治琴，张华峰．企业股份改制及净资产整体折股的个人所得税处理[J]. 财会学习，2016（6）: 35–36.

六、关键要点

（1）关键知识点：留存收益（未分配利润、盈余公积、资本公积）转增股本的个人所得税相关规定；限售股转让个人所得税相关规定；个人所得税税收筹划的要点和方式。

（2）能力点：通过阅读公司招股说明书和年报判断是否进行了个人所得税税收筹划；通过阅读相关法律法规为整体变更公司制定个人所得税筹划方案。

七、建议课堂计划

（一）时间安排

课前要求阅读天晟新材 2010 年招股说明书及 2010—2015 年年报；课堂引导与讨论 3 课时；课后要求进一步阅读整体变更公司的招股说明书和年报，总结思考是否存在与天晟新材类似做法的上市公司。

（二）案例引导

（1）企业整体变更净资产折股有哪些方案？

（2）转增股本如何进行税务处理和会计处理？

（3）什么是限售股？我国现行限售股转让个人所得税的法律法规有哪些？

（三）小组讨论

（1）天晟新材在整体变更中，具体是如何进行个人所得税的税收筹划的？

（2）结合限售股的相关法律法规，天晟新材的转增股本方案能否进一步优化，以实现个人所得税的节约？

八、案例的建议答案

1. 公司整体变更选择大股本还是小股本各有什么优势？

大股本的优势主要有：①股本大的公司上市之后流通性较好。因为公司转股、送股均需要以股本为基础，股本大的公司能够发放更多的流通股，大大提高公司的流通性。②选择大股本可以降低公司的资产负债率，风险较低。因为选择大股本的公司，会增加所有者权益和总资产，在负债不变的情况下，财务杠杆会小于小股本公司，因此财务风险较低。

小股本的优势主要有：①股本小的公司纳税义务较小。企业整体变更时，若从盈余公积和未分配利润中转增股本会涉及自然人股东的个人所得税缴纳义务，若选择小股本而不增加股本，正如本文中的天晟新材公司，可以有效地避免缴纳个人所得税。②股本小的公司可以向外界传递经营状况良好的信号。一般来说，在净利润不变的情况下，股本小，每股净利就会较高，一方面可以提高发行的价格，另一方面有利于公司的形象宣传。股价高的公司通常被认为是好公司。③股本小的公司为上市后的市值管理预留了较大空间。上市公司为了实现市值最大化，在加强自身经营的同时，也可以通过小股本实现一定的市值管理。如在适当的时机送股、进行公积金转增股本、派发现金股利，均是对于二级市场的利好，有利于增加市场关注程度，保证交易的活跃，也有利于维护和机构投资者的关系。如果上市前股本较小，就为送股、公积金转增股本预留了空间。

同时，有限责任公司整体变更为股份有限公司，往往是有上市目的的，因此，在选择股本规模大小的时候，需要遵守证券法的最低要求。根据《首次公开发行股票并上市管理办法》，在主板、中小板IPO的公司发行前股本不得低于3000万元，在创业板、科创板IPO的公司发行后股本不得低于3000万元。

2.是否有公司在整体变更时选择将净资产全部转为股本？若有，其自然人股东的个人所得税又是如何缴纳的？

有，以天龙光电为例。

天龙光电股份有限公司于2008年7月11日在江苏省常州市工商行政管理局注册登记，企业法人营业执照注册号为320400400007534。公司设立时，以有限公司2008年4月30日经审计确认的净资产152,497,991.64元按1 ：0.4918比例折为股本7,500万元。天龙光电法人股东常州诺亚科技持股40.79%，7个自然人股东共持股59.21%。

可以看到，天龙光电在企业整体变更时，选择了将净资产全部转为股本。但在天龙光电的招股说明书中明确写了“本次整体变更涉及的净资产折股从法律形式和经济业务实质上来说，股东未取得任何股息红利性质的收益，不是股份制企业送红股或转增注册资本的过程……对于自然人股东也并不适用于国税发〔1997〕198号《国家税务总局关于股份制企业转增股本和派发红股征免个人所得税的通知》文件应缴个人所得税的规定，自然人股东不会产生应纳个人所得税的义务。目前我国现行法律、法规没有明确规定有限责任公司变更设立股份有限公司时，其自然人出资人应该缴纳个人所得税。因此，本次发行保荐机构和发行人律师认为，在有限公司整体变更为股份公司时没有发生法人和自然人股东的纳税义务”。因此，天龙光电认为公司在整体变更时将净资产全部转为股本，自然人股东是没有纳税义务的。

然而这一观点并没有得到财政部的认可。2009年，财政部发布《会计信息质量检查公告（第二十一号）》认为，天龙光电2008年以盈余公积、未分配利润折股，自然人股东未缴纳个人所得税789万元。财政部驻江苏省财政监察专员办事处依法下达了处理决定，要求天龙光电进行整改，调整会计账务，并补缴相关税款。由此可以看到，如果将净资产全额折成股本，是不能避免缴纳个人所得税的。

3. 送转股时间如何与限售股解禁时间协调实现节税?

本案例中限售股转让税收筹划的关键点在于把握住转送股的时间点。根据财税〔2009〕167号通知，限售股在上市首日至解禁日期间产生的送、转股均视为限售股，需要缴纳个人所得税。因此，相关企业为了股东利益最大化，节约税收成本，应该尽量选择在解禁日后再公布转送股的方案。

4. 现行的税收法律法规对转增股本个人所得税的税务处理是否有存在争议和可以改进的地方?

现行的转增股本相关的法律法规已经日趋完善，但还存在可以探讨改进的地方。在本案例列举的几个与转增股本相关的文件中均强调了“股份制企业”，而对有限责任公司转增股本，法规并没有给出明确的规定。

首先，有限责任公司以资本公积中的其他资本公积、盈余公积、未分配利润转增注册资本的，自然人股东需要缴税，这一点争议较少。但以有限责任公司资本公积中的资本溢价部分转增注册资本是否需要缴税，企业和税务机关有着完全不同的看法。从法理上来说，有限责任公司的资本溢价与股份有限公司股本溢价的本质是相似的，如果股本溢价转增股本不需要缴纳个人所得税，那资本溢价转增也应该是不需要的。大多数企业的管理人员都持这种态度。而从相关规定和实际操作来看，税务机关往往会对资本溢价转增股本征收个人所得税。因为根据法规，只有发行股票的股本溢价转增股本不需要缴纳个人所得税，其余资本公积均需要。所以，与有限责任公司相关的转增股本个人所得税处理规定需要进一步完善，以减少税收争议。

案例 6 红筹股回归 A 股的税收筹划

——以首旅收购如家为例[①]

周夏飞　李洁萌

摘　要：本文分析了首旅酒店在 2015—2016 年私有化如家集团的重组过程中，与如家集团红筹架构相关的税务问题。如家集团为实现境外上市而搭建了复杂的红筹架构，而在首旅酒店实现如家集团回归 A 股的过程中，需要在红筹架构的保留或者拆除中做出选择，由此将带来不同的税收成本。而首旅酒店公开表示保留红筹架构，创新性地提出了将红筹架构涉及境外企业的税收身份变更为非境内注册居民企业，以此方式来规避税收。本文通过对首旅酒店私有化如家集团的案例研究，关注红筹股回归 A 股时原本搭建的红筹架构税收成本问题，为企业提供了通过境外企业税收身份变更规避相关税收的思路，对吸引红筹股回归、增强境内资本市场活力具有重要意义。

关键词：红筹股回归、红筹架构、企业所得税、税收身份变更

Abstract: This paper analyzes the tax issues related to the red chip structure of Home Inns during the restructuring process of Beijing Tourism Group (BTG) privatized Home Inns from 2015 to 2016. Home Inns had set up a complex red chip structure for the overseas listing. In the process of the return of Home Inns to A-shares, BTG had to make a choice between the preservation and demolition of the red chip structure, which would bring different tax costs. BTG preserved the red chip structure and proposed to change the tax status of overseas enterprises involved in thc red chip structure to resident enterprises registered overseas to avoid taxes. This paper analyzes the privatization of Home Inns by BTG, focuses on the tax costs of the red chip structure when red chips return to A-shares, and provides ideas for enterprises to avoid taxes by changing the tax status of overseas

① 本案例源自公开资料的整理分析。本案例只供课堂讨论之用，并无意暗示或说明某种税收筹划行为或税收制度是否有效。

enterprises. The analysis has great significance to attract the return of red chips and enhance the vitality of domestic capital market.

Key words: the return of red chips, red chip structure, corporate income tax, change of tax status

案例正文

一、引言

20 世纪 90 年代末，境外资本市场欣欣向荣，而境内资本市场刚刚起步，为寻求更广阔的融资空间与更雄厚的资本支持，境内公司纷纷搭建红筹架构以实现境外上市。

红筹架构，也叫红筹模式，是指中国境内（不包括港澳台）的公司在境外（通常在开曼、百慕大或英属维尔京群岛等地）设立离岸公司，通过境外离岸公司来持有境内资产或股权，然后以离岸公司的名义申请在境外交易所（主要是在香港联交所、纽约证券交易所、伦敦证券交易所、法兰克福证券交易所、纳斯达克证券交易所等）上市融资。简单而言，相当于利润来源于境内经营实体但利润最终归属于境外公司，方便公司利用境外成熟有效的资本市场平台融资。

然而，随着境内资本市场的逐渐发展、创业板的逐渐完善及科创板的火热开市，许多中概股纷纷开始考虑回归 A 股市场。在回归 A 股的进程中，红筹架构的保留与拆除涉及境内外股息红利所得税与股权转让所得税，处理不当将产生巨大的税收成本。

如家集团 2006 年在美国纳斯达克证券交易所上市，为实现上市在海外搭建了复杂的红筹架构，但由于境外市场对公司价值的低估而难以受到投资者的青睐，选择由首旅酒店进行私有化交易，由红筹股回归 A 股市场。2015 年 12 月，首旅酒店发布《重大现金购买及发行股份购买资产并募集配套资金暨关联交易报告书（草案）》，首次披露了私有化如家集团的方案细节，启动私有化进程。而后 2016 年 4 月，重大现金购买完成；2016 年 10 月，发行股份购买资产完成。至此，首旅酒店持有如家集团 100% 股权，私有化完成。

本案例通过首旅酒店针对如家酒店集团实现的私有化，具体分析了该收购行为中对于原红筹架构的处理方式，探索红筹股回归过程中如何合理规避巨额税收，对于吸引以独角兽企业为代表的新经济进入中国境内资本市场，为市场增添活力具有重要的现实意义。

二、首旅收购如家的交易背景分析

首旅酒店（600258.SH）是一家领先的、具有突出市场规模的酒店集团公司，公司2000年6月于上海证券交易所上市，主要经营经济连锁型及中高端酒店资产的投资与运营管理并兼有景区经营业务。公司旗下酒店品牌丰富，包括欣燕都、雅客怡家、蓝牌驿居、派柏云、睿柏云、璞隐、扉缦等。

如家酒店集团（下称如家集团），2006年10月在美国纳斯达克上市（股票代码：HMIN），是中国酒店业海外上市第一股，筹划从经济型连锁酒店向中高端酒店产品布局转型。如家集团旗下拥有如家酒店、和颐酒店、莫泰酒店、云上四季酒店四大品牌。

如家集团的主要经营实体位于中国境内，为实现境外上市，如家集团按照2006年9月8日实施的《关于外国投资者并购境内企业的规定》等法律法规履行行政审批程序，采取股权并购或资产并购等方式，将境内企业权益注入境外资本运作实体——注册地位于开曼群岛的如家集团控股公司之中，由此实现在美国纳斯达克公开上市的目的。简单而言，即位于开曼群岛的如家境外控股公司直接或间接持有如家境内经营实体股份，而后以境外控股公司的名义公开上市融资。

首旅酒店业务集中在北京地区，大部分酒店分布在北京长安街、金融街、CBD（中央商务区）、前门旅游商业区、天桥文化区、国家图书馆等最繁华区域，具有悠久的历史，在社会上拥有很高的美誉度，在北京地区具有重要影响力。但业务地域的局限导致首旅酒店的知名度也比较局限，虽然背靠实力雄厚的国有资本但难以发挥资本的最大效用。如家集团经过多年的发展，形成了行业领先的国内连锁酒店网络体系，截至2015年9月30日，如家集团旗下共拥有2,787家已开业酒店，其中如家酒店2,273家，莫泰酒店409家，云上四季酒店30家，和颐酒店56家，如家精选酒店19家；直营酒店917家，特许加盟酒店1,870家。在美国上市后，境外资本市场对如家而言一直是把双刃剑：境外成熟有效的资本市场为如家集团的发展提供了资本运作上的种种便利，但境外资本市场崇尚价值投资，且对如家品牌认知不足，导致境外市场对如家酒店的估值较低，始终是如家进一步发展的瓶颈。

而首旅酒店私有化如家集团则达到了一石二鸟的效果。一方面，首旅集团将如家集团收入麾下，极大地拓展了其酒店业务的涵盖领域，实现了豪华、高档、中档、经济型全系列覆盖，利用如家的品牌优势与高知名度打开了全国市场，将影响力扩展至全国，为更好地发挥“品牌＋资本”发展战略奠定了基础，与国内酒店巨头锦江股份形成了“北首旅，南锦江”的寡头对峙之势；另一方面，如家集团在首旅集团的资本支持下也能寻求新的突破与发展，加速经济型酒店向中高端酒店转型，拓宽其竞争赛道。

三、首旅收购如家的交易方案分析

首旅酒店于 2015 年 12 月 8 日公布的《重大现金购买及发行股份购买资产并募集配套资金暨关联交易报告书（草案）》，以及 2016 年 7 月 30 日公布的《重大现金购买及发行股份购买资产并募集配套资金暨关联交易报告书（修订稿）》中披露，首旅酒店拟通过重大现金购买及发行股份购买资产方式实现如家集团私有化。

（一）重大现金购买

首旅酒店通过在境外新设两层特殊目的的公司首旅酒店（香港）和首旅酒店（开曼）实现如家集团私有化。首先首旅酒店在香港设立全资子公司首旅香港，而后由首旅香港在开曼设立全资子公司首旅开曼，通过首旅开曼与如家集团进行吸收合并，获得非主要股东持有的 65.13% 股权，而后首旅开曼停止存续，由如家集团作为存续公司。首旅香港向如家集团非主要股东提供现金对价，交易总对价为 11.24 亿美元，约合 71.78 亿元人民币。2016 年 4 月 1 日，本次重大现金购买交易完成交割，如家集团成为首旅酒店旗下子公司。

交易前后股权结构如图 1 所示。

（二）发行股份购买资产

首旅酒店拟向首旅集团等 8 名交易对方发行股份购买 Poly Victory 100% 股权和如家集团 19.60% 股权。由于 Poly Victory 主要资产为如家集团 15.27% 的股权，因此假设本次发行股份购买资产交易在重大现金购买交易交割之前完成或在重大现金购买交易未能交割的情况下，首旅酒店将通过直接或者间接方式持有如家集团 34.87% 的股权。本次发行股份购买资产的交易价格合计为 38.73 亿元人民币，其中 Poly Victory 100% 股权的交易价格合计为 17.14 亿元，如家集团 19.60% 股权的交易价格为 21.60 亿元。2016 年 10 月 14 日，发行股份购买资产的标的资产已完成过户，首旅酒店持有如家集团 100% 股权。

交易后股权结构如图 2 所示。

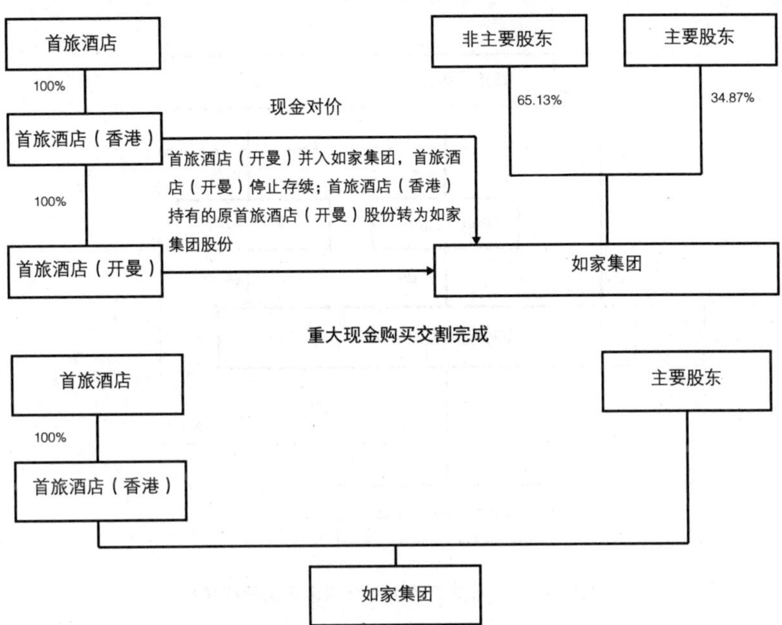

图 1　首旅酒店通过重大现金购买收购如家前后股权结构

来源：首旅酒店《重大现金购买及发行股份购买资产并募集配套资金暨关联交易报告书（修订稿）》。

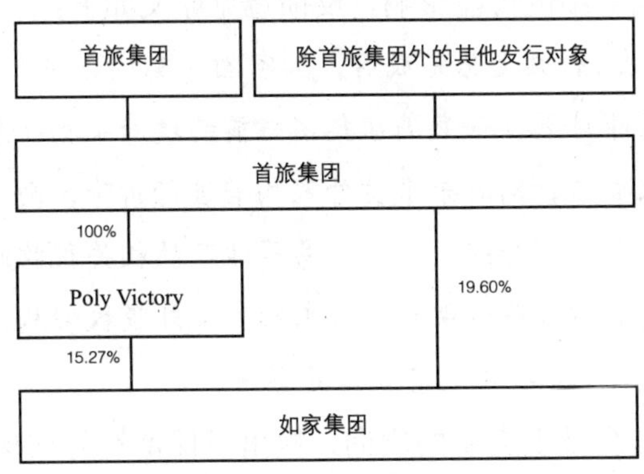

图 2　首旅酒店通过发行股份收购如家后股权结构

来源：首旅酒店《重大现金购买及发行股份购买资产并募集配套资金暨关联交易报告书（修订稿）》。

2016 年 4 月 1 日，如家集团在美国退市。2016 年 4 月，首旅酒店重大现金购买完成，持有如家集团 66.14% 股权，将如家集团纳入合并报表范围。2016 年 10 月发行股份购买资产完成，首旅酒店增持如家集团 33.86% 股权，至此持有如家集团 100% 股权。

如家集团在原先实现境外上市时，搭建了复杂的境内外红筹架构。在首旅酒店实现对如家集团的私有化后，该红筹架构并未被拆除，如图3所示。

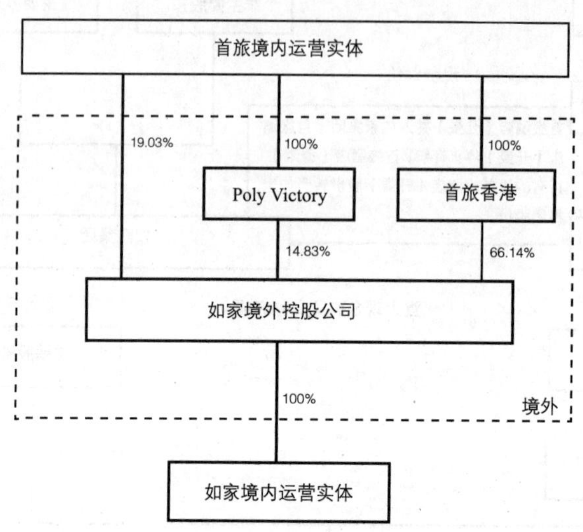

图3　私有化后首旅酒店持有如家集团股权结构

2016年3月，证监会向首旅酒店下发《中国证监会行政许可项目审查一次反馈意见通知书》，其中一问即涉及如家集团境外红筹架构的保留和拆除带来的税收成本及其对上市公司经营业绩的可能影响。反馈意见原文如下：

> 申请材料显示，本次交易完成后，如家酒店集团内部仍存在境外红筹架构，且短时间内暂无拆除计划。如家酒店集团当前的境外架构导致其分红至首旅酒店将面临较高的税收成本，同时未来境外架构若进行拆除，则可能产生一定的税收成本。请你公司结合利润分配、股权交易等涉及的相关税收政策，补充披露如家酒店集团维持目前的境外股权架构及未来拆除境外股权架构，因税收差异而可能产生的对交易完成后上市公司经营业绩的影响。

首旅酒店面对证监会及上交所的质询，提出了保留红筹架构，并变更税收身份为非境内注册居民企业的方式。可见，该重组方案的最大亮点在于：与以往分众传媒、巨人股份等中概股回归的路径不同，如家集团的私有化并没有伴随层层红筹架构的拆除，而是创新性地保留了原本的红筹架构，由首旅酒店在境外设立特殊目的子公司首旅香港和首旅开曼进行收购。

四、三种红筹架构处理方式的涉税比较

首旅酒店对于红筹架构保留或者拆除的选择将会产生一定的税收成本，从而影

响首旅酒店未来的盈利情况。那么保留红筹架构、拆除红筹架构、保留红筹架构并变更税收身份等三种方式在税收成本上有怎样的差异？会涉及哪些税收政策？这些问题是本案例的关键。

（一）保留红筹架构的涉税分析

保留红筹架构涉及生产经营所得税和股息红利所得税。

按照《企业所得税法》及《企业所得税法实施条例》，非居民企业在中国境内未设立机构、场所的，或者虽设立机构、场所但取得的所得与其所设机构、场所没有实际联系的股息红利所得可以减征企业所得税。

首先，如果保留目前的红筹架构，首旅酒店的境外架构如首旅香港、Poly Victory及如家集团的境外控股公司如存在生产经营的所得，都需要缴纳境外生产经营所得税。但由于首旅香港是为实现私有化如家集团而设立的特殊目的公司（SPC），并不从事其他实质性经营业务；Poly Victory设立于英属维尔京群岛，除持有如家集团部分股权外并无其他经营活动；如家集团境外控股公司设立于开曼群岛，开曼群岛作为众所周知的“避税天堂”，从未开征过企业所得税和资本利得税，因此首旅酒店的上述境外实体几乎没有可能需要缴纳境外所得税。但首旅境内经营实体及如家境内经营实体生产经营的企业所得税是不可避免的。

其次，在保留目前的红筹架构的情况下，首旅境内经营实体从如家境内运营实体取得分红用于运营或分配利润还需要缴纳股息红利所得税。股息红利所得分配路径如图4所示。

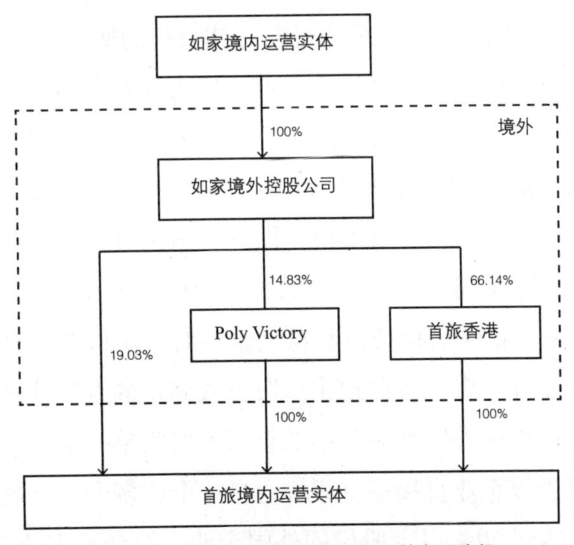

图4　私有化后股息红利分配路径

在进行股息红利分配时，第一层是由如家境内运营实体向如家境外控股公司分配利润：由于如家境外控股公司设立于开曼群岛，开曼群岛与中国之间并无税收协定，因此如家境内运营实体分配至如家境外控股公司需要缴纳 10% 的预提所得税。

第二层是如家境外控股公司向首旅香港 /Poly Victory/ 首旅境内运营实体分配利润：由于开曼群岛并未开征资本利得税，因此如家境外控股公司向首旅香港 /Poly Victory/ 首旅境内运营实体分配利润无须缴纳预提所得税。

第三层是首旅香港 /Poly Victory 向首旅境内运营实体分配利润时需要缴纳预提所得税：由于香港税务条例中规定，利得税的课税范围仅限于在香港经营行业、专业或业务而从该行业、专业或业务获得于香港产生或得自香港的应评税利润，于海外产生的利润，即使将款项汇回香港也无须缴纳利得税，同时将已缴付香港利得税的法团所分派的股息纳入豁免范围，因此首旅香港向首旅境内运营实体分配利润无须缴纳预提所得税；Poly Victory 设立于英属维尔京群岛，英属维尔京群岛的预提所得税仅针对个人储蓄存款的利息收益，因此，Poly Victory 向首旅境内运营实体分配利润时无须缴纳预提所得税。

第四层是首旅境内运营实体收到如家境外控股公司直接分配的利润及首旅香港 /Poly Victory 分配的利润时需要缴纳股息红利所得税，适用 25% 的税率，分红金额与 25% 相乘即为首旅境内运营实体应缴纳的股息红利所得税。但根据我国税法规定，居民企业及非居民企业在中国境内设立的机构、场所，取得的发生在中国境外但与该机构、场所有实际联系的应税所得已在境外缴纳的所得税税额，可以从当期应纳税额中抵免。首旅境内运营实体作为居民企业，不仅能够享受抵扣境外经营所得已纳税款的直接抵免（境外缴纳的由首旅境内经营实体负担的所得税可抵扣），还能够享受进行境外投资所得已纳税款的间接抵免（首旅境内经营实体从符合条件的直接或间接控制的境外下属子公司中分的股息红利等，境外子公司在境外实际缴纳的所得税额中属于该项所得负担的部分可抵扣）。在直接抵免方面，由于上述几笔利润分配都无须在境外缴纳股息红利预提所得税，因此不适用直接抵免。在间接抵免方面，自 2017 年 1 月 1 日起，企业在境外取得的股息所得，在按规定计算该企业境外股息所得可抵免所得额的可抵免所得税额和抵免限额时，由该企业直接或者间接持有 20% 以上股份的外国企业，限于按照规定持股方式确定的五层外国企业。第一层为该企业直接持有 20% 股份的外国企业，第二至第五层为单一上一层外国企业直接持有 20% 以上股份，且由该企业直接持有或者通过一个或多个符合规定持股方式的外国企业间接持有总和达到 20% 以上股份的外国企业。符合规定的“持股条件”是指各层企业直接持股、间接持股，以及为计算居民企业间接持股总和比例的每一个单一持股均应达到20%的持股比例。由上述条件可知，首旅境内经营实体控股首旅香港间接持有如家境外控股公司适用间接抵免，首旅境内经营实体取得由如家境外控股公司缴纳预提所得税后通过首旅香港分配的股息红利，如家境外控股公司缴纳的股息红利预提所得税税种属于该项股息红利负担的部分，可以在首旅境内经营实体的应纳税额中抵扣。

（二）拆除红筹架构的涉税分析

拆除红筹架构涉及生产经营所得税和股权转让所得税。

由于红筹架构的拆除，生产经营所得税的缴纳主体仅限于如家境内经营实体及首旅境内经营实体，上述两者需要就其生产经营所得缴纳企业所得税。

按照《企业所得税法》及《企业所得税法实施条例》，企业转让股权收入需要缴纳企业所得税，以收入全额减除财产净值后的余额为应纳税所得额。同时，依据《关于加强非居民企业股权转让所得企业所得税管理的通知》（国税函〔2009〕698号），非居民企业向其关联方转让中国居民企业股权，其转让价格不符合独立交易原则而减少应纳税所得额的，税务机关有权按照合理方法进行调整。

股权转让（收购）交易属于企业重组，根据《关于企业重组业务企业所得税处理若干问题的通知》（财税〔2009〕59号）和《关于促进企业重组有关企业所得税处理问题的通知》（财税〔2014〕109号）的规定，区分不同条件分别适用一般性税务处理规定和特殊性税务处理规定。除符合规定适用特殊性税务处理规定的企业重组行为都适用一般性税务处理。企业股权收购、资产收购重组交易，相关交易应按以下规定处理：①被收购方应确认股权、资产转让所得或损失；②收购方取得股权或资产的计税基础应以公允价值为基础确定；③被收购企业的相关所得税事项原则上保持不变。

如果决定拆除境外红筹架构，如家境外控股公司就需要将如家境内经营实体整体转让给首旅酒店，如家境外控股公司需要确认股权转让所得，转让所得为股权出售价格减除投资成本的差额，非居民企业适用10%的税率缴纳企业所得税。股权出售价格应当为公允价值，如果有失公允，税务机关有权对该价格进行核定。而考虑到目前如家集团经营实体的市场规模，以及国税函〔2009〕698号文中对于股权转让价格不公允，税务机关有权进行合理调整的规定，整体转让如家集团可能面临高额的企业所得税。

如果该股权收购行为需要适用特殊性税务处理，首先需要满足以下 5 个条件：

①具有合理的商业目的，且不以减少、免除或者推迟缴纳税款为主要目的。

②被收购、合并或分立部分的资产或股权比例符合本通知规定的比例。

③企业重组后的连续 12 个月内不改变重组资产原来的实质性经营活动。

④重组交易对价中涉及股权支付金额符合本通知规定比例。

⑤企业重组中取得股权支付的原主要股东，在重组后连续 12 个月内，不得转让所取得的股权。

上述条款中的规定比例主要涉及两个方面，即收购企业购买的股权不低于被收购企业全部股权的 50%，且收购企业在该股权收购发生时的股权支付金额不低于其交易支付总额的 85%。

满足以上 5 个条件后，交易各方对其交易中的股权支付部分，可以按以下规定进行特殊性税务处理：

①被收购企业的股东取得收购企业股权的计税基础，以被收购股权的原有计税基础确定。

②收购企业取得被收购企业股权的计税基础，以被收购股权的原有计税基础确定。

③收购企业、被收购企业的原有各项资产和负债的计税基础和其他相关所得税事项保持不变。

特殊性税务处理最大的好处在于递延了即时的税收，被收购企业的股东取得收购企业的股权及收购企业取得被收购企业的股权的计税基础均按照原有计税基础确定，无须当下就股权转让所得缴纳所得税。如果如家境外控股公司需要适用特殊性税务处理，则必须满足以上 5 个条件，其中最为重要的是需要符合规定的比例：①首旅境内经营实体购买如家境内经营实体的股权不低于如家境内经营实体的股权的 50%；②首旅境内经营实体在股权收购发生时的股权支付金额不低于其交易支付总额的 85%。由于如家境外控股公司是整体转让如家境内经营实体的股权，因此第 1 个比例自然满足；只要上述交易金额中用股权支付的比例超过 85%，第 2 个比例也能够得到满足。

但不仅如此，由于如家控股公司设立于开曼群岛，属于境外非居民企业，因此除上述 5 个条件之外，适用特殊性税务处理还需要满足附加条件。根据《关于企业重组业务企业所得税处理若干问题的通知》（财税〔2009〕59 号）第七条规定，企业发生涉及中国境内与境外（包括港澳台地区）之间的股权和资产收购交易，除应符合境内转让股权适用特殊性税务处理的5个条件外，还应同时符合下列条件之一，才可选择适用特殊性税务处理规定：

①非居民企业向其100%直接控股的另一非居民企业转让其拥有的居民企业股权，没有因此造成以后该项股权转让所得预提税负担变化，且转让方非居民企业向主管税务机关书面承诺在3年（含3年）内不转让其拥有受让方非居民企业的股权；

②非居民企业向与其具有100%直接控股关系的居民企业转让其拥有的另一居民企业股权；

③居民企业以其拥有的资产或股权向其100%直接控股的非居民企业进行投资；

④财政部、国家税务总局核准的其他情形。

由于如家境外控股公司与首旅境内经营实体之间并不是100%直接控股的关系，即使满足了特殊性税务处理的5个条件也无法适用特殊性税务处理。因此对于如家境外控股公司和首旅境内经营实体而言，适用特殊性税务处理难以实现，只能适用一般性税务处理，纳税义务将在股权转让时即时产生，该巨额税收将成为现时的税收负担。

（三）税收身份变更为税收居民企业的涉税分析

针对证监会关于红筹架构税收成本的问题，首旅酒店在反馈意见相关说明中对此进行了回应，承认在集团内部子公司现有税收身份不变的情况下，保留或者拆除红筹架构可能在利润分配或者股权转让时面临预提所得税，影响上市公司当年经营业绩，具体税收成本取决于如家境内经营实体分红金额及拆除境外红筹架构的交易价格。

针对上述问题，首旅酒店创新性地提出了通过将红筹架构涉及的境外公司（包括如家境外控股公司、首旅香港及Poly Victory）税收身份变更为中国税收居民企业的方式来减免或者递延上述税收，规避税收成本对企业经营业绩的影响。首旅酒店具体的回复意见为：

> 作为国有企业，首旅酒店在收购如家酒店集团后将在具体营运、人员、资产、管理决策等方面上做出一定改变，有可能使上述境外公司符合申请成为中国税收居民企业的条件。在成功申请成为中国税收居民企业的情况下则首旅酒店未来在内部架构重组时可能适用关于同一集团内部重组的相关税收优惠政策，从而递延上述中国预提所得税的缴纳。

根据《关于境外注册中资控股企业依据实际管理机构标准认定为居民企业有关问题的通知》（国税发〔2009〕82号），境外中资企业同时符合以下条件的，根据《企业所得税法》第二条第二款和《企业所得税法实施条例》第四条的规定，应判定其为实际管理机构在中国境内的居民企业（以下称非境内注册居民企业），并实施相应的税收管理，就其来源于中国境内、境外的所得征收企业所得税：

①企业负责实施日常生产经营管理运作的高层管理人员及其高层管理部门履行职责的场所主要位于中国境内；

②企业的财务决策（如借款、放款、融资、财务风险管理等）和人事决策（如任命、解聘和薪酬等）由位于中国境内的机构或人员决定，或需要得到位于中国境内的机构或人员批准；

③企业的主要财产、会计账簿、公司印章、董事会和股东会议纪要档案等位于或存放于中国境内；

④企业$\frac{1}{2}$（含$\frac{1}{2}$）以上有投票权的董事或高层管理人员经常居住于中国境内。

首旅酒店反馈称，作为国有企业，首旅酒店在收购如家集团后将在具体营运、人员、资产、管理决策等方面做出一定改变，若通过相关税务机关审核确认，有可能使上述境外公司符合申请成为中国税收居民企业的条件。通过税收身份变更，首旅酒店及其旗下如家集团能够适用居民企业股息红利税收优惠政策，以及企业重组税收优惠政策减免或者递延税收，利润分配及股权转让可能不影响上市公司经营业绩。

一旦首旅酒店涉及红筹架构的境外企业能够顺利将税收身份变更为非境内注册居民企业，即成为中国境内税收居民，那么不论首旅酒店现在或者日后选择保留或者拆除红筹架构，对于首旅酒店而言，都将是一个非常有利的方式。税收身份变更为境内税收居民分别在保留红筹架构及拆除红筹架构的情况下的具体影响如下。

1. 保留红筹架构

如果首旅境外子公司能够通过审核变更为非境内注册居民企业，则根据《企业所得税法》第二十六条及《企业所得税法实施条例》第八十三条，以及《关于境外注册中资控股企业依据实际管理机构标准认定为居民企业有关问题的通知》(国税发〔2009〕82号)，非境内注册居民企业从中国境内其他居民企业取得的股息、红利等权益性投资收益，可作为其免税收入。

因而，一旦首旅酒店红筹架构涉及的境外公司实现税收身份变更，则相当于如家境内经营实体、如家境外控股公司、首旅香港及首旅酒店之间的利润分配都将视同居民企业之间的股息红利收益，符合免税条件，无须缴纳预提所得税和股息红利所得税，因此上述集团不再需要就分配利润的股息红利收入缴纳企业所得税。在企业经营所得税方面，首旅香港、Poly Victory 及如家境外控股公司仍然由于不存在实质性经营业务或者注册地未开征所得税而无须缴纳企业所得税，首旅境内经营实体及如家境内经营实体的企业所得税当然必须正常缴纳。

2. 拆除红筹架构

如果首旅酒店选择拆除境外红筹架构，则如家境外控股公司需要就转让所得缴纳股权转让企业所得税。如果首旅酒店红筹架构涉及境外公司能够通过审核变更为非境内注册居民企业，则未来在通过内部重组拆除红筹架构时希望适用企业并购重组的特殊性税务处理，只需要满足特殊性税务处理的 5 个条件，而无须满足企业重组涉及境内外股权收购交易时需要满足的附加条件。也就是说，股权收购行为只需要满足：

①具有合理的商业目的，且不以减少、免除或者推迟缴纳税款为主要目的。

②被收购、合并或分立部分的资产或股权比例符合财税〔2009〕59 号通知规定的比例。

③企业重组后的连续 12 个月内不改变重组资产原来的实质性经营活动。

④重组交易对价中涉及股权支付金额符合财税〔2009〕59 号通知规定的比例。

⑤企业重组中取得股权支付的原主要股东，在重组后连续 12 个月内，不得转让所取得的股权。

其中，5 个条件中最为重要的比例条件为：①首旅境内经营实体购买如家境内经营实体的股权不低于如家境内经营实体的股权的 50%；②首旅境内经营实体在股权收购发生时的股权支付金额不低于其交易支付总额的 85%。这两个条件在目前的情况下都有机会能够相对容易地满足。

综上所述，首旅境外公司税收身份变更如果能够实现，不论红筹架构是否拆除，税收成本都有可能得到减免或者递延，减轻甚至消除对上市企业未来业绩的影响。因而，首旅酒店在针对证监会的行政许可项目审查一次反馈意见通知书的回复中表明了红筹架构处理可能带来的税收成本及如何通过税收身份变更规避，同时在上海证券交易所《关于对北京首旅酒店（集团）股份有限公司重大现金购买及发行股份购买资产并募集配套资金暨关联交易报告书的审核意见函》（上证公函〔2015〕2016 号）提到类似问题时，首旅酒店也在回复中表示“考虑到存在未来拆除境外架构并递延相关税收的可能性，目前首旅酒店暂无在短时间内拆除境外架构的具体计划”。

（四）税收成本的模拟计算及比较

不论红筹架构是否拆除及税收身份是否变更，如家境内经营实体与首旅境内经营实体生产经营所得税都无法避免，因此在数据测算中不考虑上述两者的生产经营所得税。不仅如此，不论红筹架构是否拆除及税收身份是否变更，由于如家境外控股公司以及首旅香港、Poly Victory 并无实际经营业务，其所得均为最终来源于如家境内经营实体的股息红利，因此上述境外企业也无须缴纳生产经营所得税。

假设如家境内经营实体一年税后净利润为 5 亿元，100% 进行利润分配。如家集团私有化的市值约为 110 亿元，以该价格为股权转让价格；假设股权原值为 2 亿元。

1. 税收身份变更前

（1）保留红筹架构。

测算的税收负担仅为股息红利所得税。经过上文的分析，股息红利所得税分为两部分：第一部分为如家境内经营实体向如家境外控股公司分配股息红利需要缴纳 10% 的预提所得税；第二部分为首旅境内经营实体收到如家境外控股公司 / Poly Victory/ 首旅香港分配的股息红利时需要缴纳 25% 的股息红利所得税，该部分适用境外所得税额间接抵免，其余股息红利分配环节无须缴纳股息红利所得税。

第一部分股息红利预提所得税 =500,000,000 × 10%=50,000,000（元）

第二部分股息红利所得税 =（500,000,000−50,000,000）× 25%=112,500,000（元）

间接抵免所得税额 =50,000,000 × 66.14%[①]=33,070,000（元）

股息红利所得税总额 =50,000,000+112,500,000−33,070,000=129,430,000（元）

分配至首旅境内经营实体的利润 =500,000,000−129,430,000=370,570,000（元）

（2）拆除红筹架构

拆除红筹架构需要缴纳股权转让所得税，转让所得为股权出售价格减除投资成本的差额，非居民企业适用 10% 的税率缴纳企业所得税。通过上文的分析可知在现有的税收身份下，该股权转让无法适用特殊性税务处理，而将负有即时纳税义务。

股权转让所得税 =（11,000,000,000−200,000,000）× 10%=1,080,000,000（元）

2. 税收身份变更后

（1）保留红筹架构。

如果首旅酒店红筹架构涉及的境外公司实现税收身份变更，则相当于如家境内

① 66.14%为首旅酒店通过首旅香港间接持有如家集团的股权比例。首旅境内经营实体控股首旅香港间接持有如家境外控股公司适用间接抵免，首旅境内经营实体取得由如家境外控股公司缴纳预提所得税后通过首旅香港分配的股息红利，如家境外控股公司缴纳的股息红利预提所得税种属于该项股息红利负担的部分可以在首旅境内经营实体的应纳税额中抵扣，详见本书第87−89页“保留红筹架构的涉税分析”。

经营实体、如家境外控股公司、首旅香港及首旅酒店之间的利润分配都将视同居民企业之间的股息红利收益，符合免税条件，无须缴纳股息红利预提所得税和股息红利所得税。也就是说，按照假设的条件进行计算，税收身份变更能够节约 1.2943 亿元股息红利所得税。

（2）拆除红筹架构。

拆除红筹架构同样需要缴纳股权转让所得税。如果首旅酒店红筹架构涉及境外公司能够通过审核变更为非境内注册居民企业，则相当于居民企业之间进行股权转让，仅需要满足股权转让行为适用特殊性税务处理的 5 个条件就可以适用特殊性税务处理递延税收，在现实情况中上述条件较容易被满足。按照假设的条件进行计算，税收身份变更能够递延 10.8 亿元股权转让所得税。

通过假设数据测算，可以更为清晰明了地发现，不论首旅酒店未来对红筹架构做出何种选择，税收身份变更都能够帮助首旅酒店规避或者递延大额的纳税义务，避免税收成本对首旅酒店的经营业绩和现金流造成巨大的负担。

五、主要结论

首旅酒店收购如家集团创新性地保留了如家集团的红筹架构，针对红筹架构的税收成本提出了更为灵活、更为巧妙的重组方式，为境外 A 股回归提供了新的思路。过去成功通过私有化或者借壳上市回归 A 股的红筹企业大多选择拆除红筹架构，如完美世界（002624）、二六三（002467）、华熙生物（688363）等，拆除红筹架构不仅能够避开证监会对于境外股权结构的质询，同时也能规避日后进行利润分派可能存在的股息红利所得税，但当期发生的股权转让会使行为企业会面临高额的股权转让所得税。而首旅酒店面对证监会及上交所的质询首次在红筹架构的处理中选择保留红筹架构，提出了变更税收身份为非境内注册居民企业规避巨额税收的方式，对红筹架构的处理更为灵活，同时税收成本可能被递延甚至规避。

六、参考文献

董玉舒．中概股拆除 VIE 架构回归 A 股的实践与监管研究 [D]. 深圳：深圳大学，2016.

林芳璐．红筹股企业回归 A 股上市的主要税法问题研究 [J]. 法制与社会，2013（27）：104–105.

首旅酒店．2019 年年度报告 [EB/OL].（2020–04–21）[2021–01–26]. http://www.cninfo.com.cn/new/disclosure/detail?plate=sse&orgId=gssh0600258&stockCod

e=600258&announcementId=1207542105&announcementTime=2020-04-21.

首旅酒店．关于上海证券交易所《关于对北京（集团）股份有限公司重大现金购买及发行股份购买资产并募集配套资金暨关联交易报告书的审核意见函》回复的公告 [EB/OL].（2015-12-25）[2021-01-26]. http://www.cninfo.com.cn/new/disclosure/detail?plate=sse&orgId=gssh0600258&stockCode=600258&announcementId=1201856621&announcementTime=2015-12-25.

首旅酒店．关于向如家酒店集团发出非具约束力私有化提议函的公告 [EB/OL].（2015-06-13）[2021-01-26]. http://www.cninfo.com.cn/new/disclosure/detail?plate=sse&orgId=gssh0600258&stockCode=600258&announcementId=1201145114&announcementTime=2015-06-13.

首旅酒店．关于《中国证监会行政许可项目审查一次反馈意见通知书》的回复公告 [EB/OL].（2016-03-19）[2021-01-26]. http://www.cninfo.com.cn/new/disclosure/detail?plate=sse&orgId=gssh0600258&stockCode=600258&announcementId=1202058374&announcementTime=2016-03-19.

首旅酒店．重大现金购买及发行股份购买资产并募集配套资金暨关联交易报告书（草案）[EB/OL].（2015-12-08）[2021-01-26]. http://www.cninfo.com.cn/new/disclosure/detail?plate=sse&orgId=gssh0600258&stockCode=600258&announcementId=1201814364&announcementTime=2015-12-08.

首旅酒店．重大现金购买及发行股份购买资产并募集配套资金暨关联交易报告书（修订稿）[EB/OL].（2016-07-30）[2021-01-26]. http://www.cninfo.com.cn/new/disclosure/detail?plate=sse&orgId=gssh0600258&stockCode=600258&announcementId=1202517856&announcementTime=2016-07-30.

解宏，李慧心，王莉莉．中国概念股回归的税收驱动 [J]. 税务研究，2016（3）: 45-49.

徐伟．红筹架构回归的法律路径解析 [J]. 法制与社会，2019（14）: 57-61，67.

余菁．一起“平价交易”下红筹回归股权转让案的启示 [J]. 涉外税务，2013（5）: 61-64.

赵薇薇．红筹税收迷局——专访毕马威亚太地区国际税务主管合伙人赵希尧 [J]. 国际税收，2014（8）: 7-20.

朱松胜．论终止协议控制模式时的所得税监管：问题及完善建议 [D]. 杭州：浙江大学，2017.

案例使用说明

一、教学目的与用途

（1）**适用课程：**中级财务管理、税收筹划、税法。

（2）**适用对象：**本案例适合具有一定财务基础及基本税法知识的学生学习，适合税务专业硕士研究生，财务、税收相关专业的高年级本科生以及企业内部财务、税收管理人员学习借鉴，有利于其了解涉及境内外的重组交易对于企业税务的影响，理解税务法律法规在实际中的运用。

（3）**教学目的：**了解目前中概股通过私有化方式回归境内资本市场时的实务操作与涉税问题，关注红筹架构的保留与拆除可能带来的税收成本以及如何通过境外公司税收身份变更达到递延甚至规避税收的目的，增强红筹股回归意愿。

二、涉及知识点

（1）企业红筹架构的搭建与拆除。

（2）跨境重组交易操作与涉税问题。

（3）股息红利与股权转让所得税税收法规与税收优惠相关知识。

（4）境外已纳税款抵免等国际税收相关知识。

三、配套教材

（1）中国注册会计师协会编:《税法——2022 年注册会计师全国统一考试辅导教材》，中国财政经济出版社 2022 年版。

（2）中国注册会计师协会编:《财务成本管理——2022 年注册会计师全国统一考试辅导教材》，中国财政经济出版社 2022 年版。

四、启发思考题

（1）境外上市红筹股回归 A 股，原红筹架构的保留与拆除分别会带来哪些税收成本?

（2）是否有红筹股企业在回归 A 股过程中选择拆除境外红筹架构？其税收成本如何?

（3）境外公司税收身份变更是否能够递延甚至规避税收?

（4）境外公司税收身份变更有哪些税收风险?

五、分析思路

（1）结合当前国家鼓励红筹股回归、增强市场活力的背景，分析首旅酒店私有化如家集团的利弊，引出红筹架构带来的税收成本问题。

（2）研读首旅酒店 2015 年 12 月 8 日披露的《重大现金购买及发行股份购买资产并募集配套资金暨关联交易报告书（草案）》及 2016 年 3 月 31 日披露的《发行股份购买资产并募集配套资金申请的反馈意见相关说明之专项意见》，了解首旅酒店私有化如家集团的具体重组方案，分析如家集团的境外红筹架构的保留和拆除可能带来的税收成本：如果保留红筹架构，日后集团内部一旦涉及境内外利润分配将面临股息红利所得税；如果拆除红筹架构，将即时面临股权转让所得税。

（3）结合境外公司税收身份变更的相关法律法规，分析首旅如家如何通过境外税收变更递延甚至规避税收。

（4）概括首旅酒店在私有化如家集团过程中税收成本的应对策略，总结红筹股退市回归规避高额税收的经验。

六、理论依据与分析

（一）居民企业与非居民企业应纳税所得

《企业所得税法》第三条规定：“居民企业应当就其来源于中国境内、境外的所得缴纳企业所得税。非居民企业在中国境内设立机构、场所的，应当就其所设机构、场所取得的来源于中国境内的所得，以及发生在中国境外但与其所设机构、场所有实际联系的所得，缴纳企业所得税。非居民企业在中国境内未设立机构、场所的，或者虽设立机构、场所但取得的所得与其所设机构、场所没有实际联系的，应当就其来源于中国境内的所得缴纳企业所得税。”

因此，如家集团红筹架构中的境外公司应该就其来源于中国境内的所得缴纳企业所得税。

（二）股息红利所得税及股权转让所得税

《企业所得税法》第六条规定，企业收入总额包括转让财产收入，股息、红利等权益性投资收益等。《企业所得税法实施条例》第十六条规定，转让财产收入包括企业转让股权等财产取得的收入。

针对股息红利所得税，《企业所得税法》第二十六条规定，符合条件的居民企业之间的股息、红利等权益性投资收益，以及在中国境内设立机构、场所的非居民企业从居民企业取得与该机构、场所有实际联系的股息、红利等权益性投资收益属于免税收入。而依据《企业所得税法实施条例》第九十一条，在中国境内未设立机构、场所或者虽设立机构、场所但取得的所得与其所设机构、场所没有实际联系的非居民企业取得来源于中国境内的所得，减按 10% 的税率征收企业所得税。

针对股权转让所得税，《关于加强非居民企业股权转让所得企业所得税管理的通知》（国税函〔2009〕698 号）规定，股权转让所得是指股权转让价减除股权成本价后的差额；非居民企业向其关联方转让中国居民企业股权，其转让价格不符合独立交易原则而减少应纳税所得额的，税务机关有权按照合理方法进行调整。

（三）境外注册中资控股企业所得税

根据《关于境外注册中资控股企业依据实际管理机构标准认定为居民企业有关问题的通知》（国税发〔2009〕82 号）规定，境外中资企业符合以下条件的，应判定其为实际管理机构在中国境内的居民企业（非境内注册居民企业），就其来源于中国境内、境外的所得征收企业所得税：

①企业负责实施日常生产经营管理运作的高层管理人员及其高层管理部门履行职责的场所主要位于中国境内；

②企业的财务决策（如借款、放款、融资、财务风险管理等）和人事决策（如任命、解聘和薪酬等）由位于中国境内的机构或人员决定，或需要得到位于中国境内的机构或人员批准；

③企业的主要财产、会计账簿、公司印章、董事会和股东会议纪要档案等位于或存放于中国境内；

④企业 $\frac{1}{2}$（含 $\frac{1}{2}$）以上有投票权的董事或高层管理人员经常居住于中国境内。

同时，非境内注册居民企业从中国境内其他居民企业取得的股息、红利等权益性投资收益，按照《企业所得税法》第二十六条（居民企业之间股息红利免税）和《企业所得税法实施条例》第八十三条（上述股息红利免税收入不包括连续持有股票不超过 12 个月取得的投资收益）的规定，作为其免税收入。

（四）企业重组业务所得税处理

（1）根据《关于企业重组业务企业所得税处理若干问题的通知》（财税〔2009〕59 号）第四条第三项规定，企业股权收购、资产收购重组交易，相关交易应按以下规定处理：

①被收购方应确认股权、资产转让所得或损失。

②收购方取得股权或资产的计税基础应以公允价值为基础确定。

③被收购企业的相关所得税事项原则上保持不变。

（2）该通知第五条规定，企业重组同时符合下列条件的，适用特殊性税务处理规定：

①具有合理的商业目的，且不以减少、免除或者推迟缴纳税款为主要目的。

②被收购、合并或分立部分的资产或股权比例符合该通知规定的比例。

③企业重组后的连续 12 个月内不改变重组资产原来的实质性经营活动。

④重组交易对价中涉及股权支付金额符合该通知规定比例。

⑤企业重组中取得股权支付的原主要股东，在重组后连续 12 个月内，不得转让所取得的股权。

（3）该通知第七条规定，企业发生涉及中国境内与境外（包括港澳台地区）之间的股权和资产收购交易，除应符合该通知第五条规定的条件外，还应同时符合下列条件，才可选择适用特殊性税务处理规定：

①非居民企业向其 100% 直接控股的另一非居民企业转让其拥有的居民企业股权，没有因此造成以后该项股权转让所得预提税负担变化，且转让方非居民企业向主管税务机关书面承诺在 3 年（含 3 年）内不转让其拥有受让方非居民企业的股权。

②非居民企业向与其具有 100% 直接控股关系的居民企业转让其拥有的另一居民企业股权。

③居民企业以其拥有的资产或股权向其 100% 直接控股的非居民企业进行投资。

④财政部、国家税务总局核准的其他情形。

（4）该通知第五条中所述的“本通知规定的比例”在第六条中有详细说明，为“股权收购，收购企业购买的股权不低于被收购企业全部股权的 75%［《关于促进企业重组有关企业所得税处理问题的通知》（财税〔2014〕109 号）将该比例改为 50%］，且收购企业在该股权收购发生时的股权支付金额不低于其交易支付总额的 85%”。

（5）该通知第六条中规定特殊性税务处理为：

①被收购企业的股东取得收购企业股权的计税基础，以被收购股权的原有计税基础确定。

②收购企业取得被收购企业股权的计税基础，以被收购股权的原有计税基础确定。

③收购企业、被收购企业的原有各项资产和负债的计税基础和其他相关所得税

事项保持不变。

七、背景信息

如家集团为拓展融资渠道布局红筹架构，将境内权益注入注册于开曼群岛的如家集团境外控股公司，2006 年 10 月如家境外控股公司实现在美国纳斯达克上市，成为中国酒店业海外上市第一股，在经济型连锁酒店领域取得稳定市场优势后筹划向中高端酒店产品布局转型。

首旅酒店为境内资本规模强劲的酒店集团公司，2000 年 6 月在上海证券交易所上市。

由于如家集团业务布局于境内，境外投资者对如家品牌认知缺乏，关注不足，如家公司价值被低估，因而选择接受首旅酒店的私有化要约，启动红筹回归进程。

2015 年 6 月 13 日，首旅酒店发布《关于向如家酒店集团发出非具约束力私有化提议函的公告》，告知投资者董事会已经通过《关于本公司向如家酒店集团发出非具约束力私有化提议函的议案》，拟收购买方集团持有股份以外的如家已发行全部流通股，表明了以首旅酒店为代表的买方集团私有化如家的意向。

2015 年 12 月 8 日，首旅酒店发布《重大现金购买及发行股份购买资产并募集配套资金暨关联交易报告书（草案）》，表明将采用重大现金购买及发行股份购买方式收购如家集团。其中重大现金购买设立两层特殊目的公司首旅香港与首旅开曼，通过吸收合并收购如家集团非主要股东 65.13% 股权，合并后首旅开曼停止存续；发行股份购买具体为首旅酒店向首旅集团等 8 名交易对方发行股份购买 Poly Victory 100% 股权（主要资产为如家集团 15.27% 股权），以及如家集团 19.60% 股权。

2015 年 12 月 30 日，首旅酒店重大资产重组项目获北京市国资委批复，同意首旅酒店重大资产重组方案，同意发行 246,862,552 股份购买资产及非公开发行不超过 246,862,556 股份募集资金。

2016 年 3 月，首旅酒店重大资产重组项目收到《中国证监会行政许可申请受理通知书》及国家发改委项目备案通知书。同月，如家集团股东大会审议通过了本次私有化交易和 2015 年 12 月签订关于重大现金购买实现如家私有化的《合并协议》。

2016 年 4 月 1 日，重大现金购买交易完成交割，如家集团成为首旅酒店的控股子公司。同时，集团的美国存托股份（ADS）已停止在纳斯达克证券交易所交易，并向美国证券交易委员会（SEC）递交表 25（Form 25），办理后续退市事宜。

2016 年 10 月 14 日，发行股份购买资产的标的资产完成过户，如家成为首旅集团的全资控股子公司，首旅酒店私有化如家集团的交易完成。

在私有化交易过程中，如家集团的红筹架构并未拆除，首旅酒店创新性地提出了通过税收身份变更为非境内注册居民企业的方式来规避税收的方案，保留了如家集团的境外红筹架构。2021 年 4 月 27 日，首旅酒店发布的 2020 年年度报告显示，如家集团仍为首旅集团全资控股子公司，处于合并范围内，且如家集团注册地仍为开曼群岛，表明如家集团红筹架构仍未拆除。

八、关键要点

（1）关键知识点：居民企业与非居民企业股息红利所得税与股权转让所得税的相关规定；境外注册中资企业税收身份变更相关规定；境外上市企业回归 A 股红筹架构处理问题。

（2）能力点：分析红筹股回归 A 股过程中能否通过适当调整实现税收身份变更从而达到递延、规避税收的目的。

九、建议课堂计划

（一）时间安排

课前要求阅读首旅酒店 2015 年 12 月 8 日披露的《重大现金购买及发行股份购买资产并募集配套资金暨关联交易报告书（草案）》，以及 2016 年 3 月 31 日披露的《发行股份购买资产并募集配套资金申请的反馈意见相关说明之专项意见》，查找相关资料了解该重组交易；课堂引导与讨论 3 课时；课后要求进一步阅读相关公告并查找红筹股回归的涉税情况，比较各方案之间的差异。

（二）案例引导

（1）居民企业与非居民企业收到股息红利应该如何缴纳所得税？

（2）居民企业与非居民企业进行股权转让应该如何缴纳所得税？

（3）境外注册的中资企业是否有可能被认定为居民企业？

（三）小组讨论

（1）首旅酒店在私有化如家集团的过程中，可能面临哪些税收成本？

（2）如家集团境外公司税收身份变更有哪些条件？其会对首旅酒店及其下属子公司的税收造成怎样的影响？

十、启发思考题参考答案

1. 境外上市红筹股回归 A 股，原红筹架构的保留与拆除分别会带来哪些税收成本？

若保留原红筹架构，企业不会面临即时的税负，但是日后一旦涉及境内外公司之间的利润分配，如果境内公司将利润输送给境外公司，则境外公司需要缴纳 5% 或 10% 的预提所得税（视该境外地区与中国之间的税收协定决定）；如果境外公司将利润输送给境内公司，则境内公司需要缴纳 25% 的企业所得税。

若拆除原红筹架构，企业将面临即时税负。拆除红筹架构涉及股权转让，同时由于境内外企业之间的股权转让适用特殊性税务处理的要求比较苛刻，因此企业很大概率需要按照股权出售价格减除投资成本的差额乘以适用税率缴纳股权转让企业所得税。但红筹架构拆除后不再存在境外公司架构，则日后集团间进行利润分配时可以适用居民企业之间股息红利免税的规定，无须缴纳所得税。

2. 是否有红筹股企业在回归 A 股过程中选择拆除境外红筹架构？其税收成本如何？

有，以康龙化成为例。

康龙化成（北京）新药技术股份有限公司成立于 2004 年，主要从事医药研发业务，涉及实验室化学、体内外生物科学、药物安全评价、小分子药物研发生产服务等，2019 年实现创业板上市，股票代码为 300759.SZ。

2006 年，为满足医药研发的设备购买与人才扩张的资金需求，楼伯良、楼小强及郑北等创始人团队在开曼群岛设立红筹架构主体康龙控股，实现了多轮融资。

2015 年 10 月起，康龙控股着手拆除红筹架构。拆除过程分为以下两步：第一，康龙控股回购了除楼伯良以外所有其他股东持有的康龙控股股份；第二，由康龙控股全资子公司、外商独资企业康龙有限收购各境内子公司。红筹架构拆除前股权结构如图 5 所示。

在红筹架构拆除前，除楼小强通过 100% 控股的 LongTech 持有康龙控股的股权，其余投资人均直接持有康龙控股的股权。回购过程中，楼小强及 GL 在康龙控股退股后同步在康龙有限增资，转换了对康龙有限的持股方式，由通过康龙控股间接持有康龙有限股权转换为直接持有康龙有限股权，股权平移前后，楼小强及 GL 均没有投资所得，因此无须缴纳所得税。其余境外投资人的投资全部退出，康龙控股向上述境外投资人支付的股权转让款项来源于两个渠道：第一，向新财务投资人转让全资子公司康龙有限 41.71% 的股权获得一笔股权转让款项；第二，向康龙有限出售子公司，将间接持有的康龙（美国）以及直接持有的康龙昌平、康龙天津、康龙西安和康龙宁波，获取出售款项。康龙控股转让康龙有限股权给新财务投资人，以及向康龙有限出售子公司的款项由受让方代扣代缴所得税款总额人民币 10,250.96 万元（按当时汇率折算约 1,563 万美元）。康龙控股向原境外投资人支付回购款项时也已扣除所得税 1,456.41 万美元（按当时汇率折算约为 9,500 余万元人民币）。红筹架构拆除过程如图 6 所示。

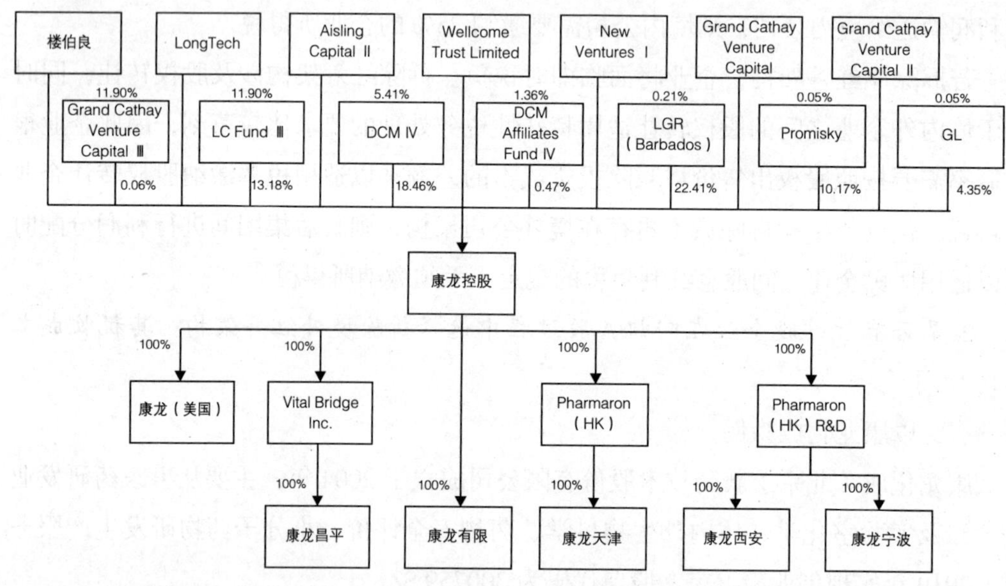

图 5　康龙化成红筹架构拆除前股权结构

来源：康龙化成《首次公开发行股票并在创业板上市招股说明书》。

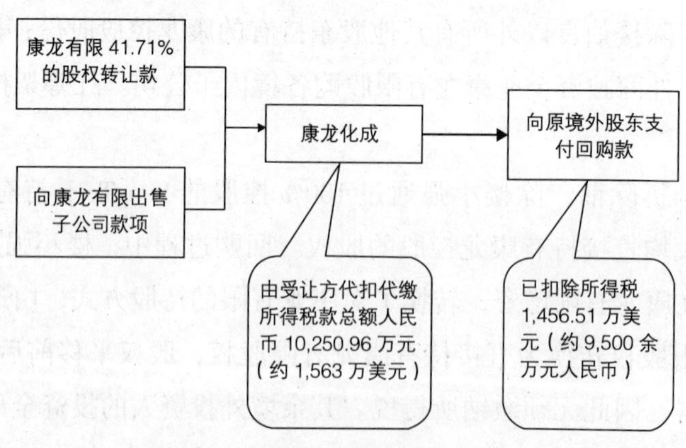

图 6　康龙化成红筹架构拆除过程

由此，康龙控股实现了红筹架构的拆除，康龙有限即为目前上市的康龙化成。境外红筹架构拆除后股权结构如图 7 所示。

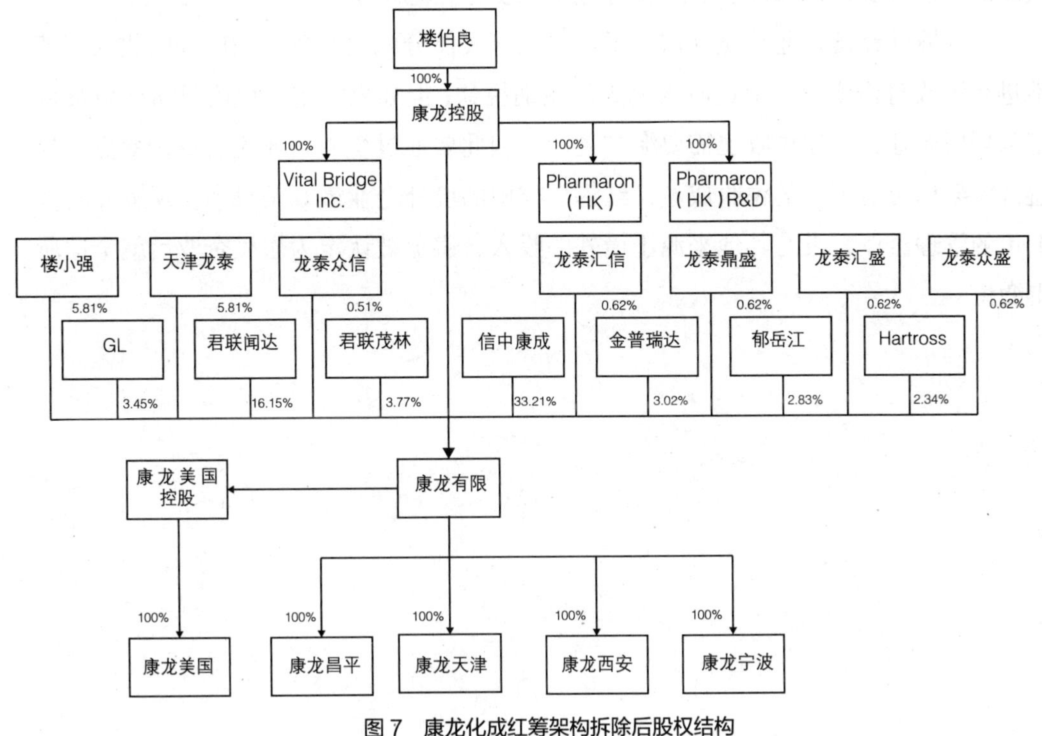

图 7　康龙化成红筹架构拆除后股权结构

来源：康龙化成《首次公开发行股票并在创业板上市招股说明书》。

3. 境外企业税收身份变更是否能够递延甚至规避税收？

可以递延甚至规避税收。

一方面，如果企业选择保留红筹架构，一旦能够符合境外企业税收身份变更的条件被认定为非境内注册居民企业，则日后利润分配相当于在居民企业之间进行，能够适用我国《企业所得税法》中居民企业之间股息红利免税的税收优惠规定，规避相关税收。

另一方面，如果企业选择拆除红筹架构，被认定为非境内注册居民企业后进行股权转让适用企业并购重组特殊性税务处理的条件相对宽松，递延税收的可能性也更大。

4. 境外企业税收身份变更有哪些税收风险？

如果境外企业实现税收身份变更，则该境外企业将被认定为居民企业，需要就其来源于中国境内、境外的所得缴纳企业所得税。而非居民企业在中国境内未设立机构、场所的，或者虽设立机构、场所但取得的所得与其所设机构、场所没有实际联系的，仅需要就其来源于中国境内的所得缴纳企业所得税。

一旦境外经营企业从境外取得了境内经营实体分配的股息红利以外的收入，若不进行税收身份变更，上述收入就无须缴纳税款；但如果实现了税收身份变更被认定为居民企业，上述税收也需要缴纳税款。因此要通过境外企业税收身份变更来规避红筹架构可能带来的税收成本，红筹架构中的境外企业最好是只为实现境外融资上市的管理企业，没有其他来源于境外的收入，避免被认定为居民企业后就全球所得缴税。

案例 7 滥用“递延所得税资产”进行盈余管理

——以乐视网为例[①]

周夏飞　应欣璇

摘　要：本文考察了乐视网通过巨额可抵扣亏损递延所得税资产的确认进行盈余管理的思路方法和主要步骤。2014—2016 年，乐视网由于业务扩张速度过快，财务状况受到子公司严重拖累，面临着潜在的净利润连续多年为负值所导致的退市风险。深入观察年报后发现，乐视网的所得税费用连续三年为巨额负值，使得净利润远高于利润总额，这源于递延所得税资产出现了异常巨额增加，而巨额可抵扣亏损递延所得税资产的确认是其中的关键所在。本文通过对乐视网的研究，分析了通过可抵扣亏损递延所得税资产确认进行盈余管理的特点、弹性空间及其对净利润的影响，为上市公司如何合理利用递延所得税资产进行盈余管理提供反思，同时也为市场投资者识别利润水分提供思路。

关键词：可抵扣亏损、递延所得税资产、盈余管理、递延所得税费用

Abstract: This paper examines LeTV's methods and main steps for earnings management through the confirmation of huge deductible loss deferred tax assets. During the period from 2014 to 2016, due to the rapid expansion of LeTV's business, its financial status was severely dragged down by its subsidiaries, and it faced the risk of delisting due to years of negative net profit. After in-depth observation of its previous annual reports, it is found that LeTV's income tax expenses have been hugely negative for three consecutive years, making its net profit much higher than its total profit. This is due to the abnormally huge increase in deferred tax assets, and the confirmation of huge amount of deferred tax assets that can be deducted from losses is the key. Based on the research on LeTV, this paper analyzes the characteristics of earnings management through the recognition of

① 本案例来源于公开资料的整理分析。本案例只供课堂讨论之用，并无意暗示或说明某种税收筹划行为或税收制度是否有效。

deductible deferred income tax assets, the flexibility space and its impact on net profit, and provide introspection for listed companies on how to reasonably use deferred tax assets for earnings management, but also provide ideas for market investors to identify exaggerated profit.

Key words: deductible losses, deferred tax assets, earnings management, deferred tax expenses

案例正文

一、引言

2020年4月26日，乐视网发布2019年年度报告，报告显示2019年乐视网全年亏损112.8亿元。由于乐视网2017年、2018年归母净利润分别为–138.78亿元、–40.96亿元，三年亏损金额高达300亿元，因此直接面临着终止上市，这对中小股民来说无疑是巨大损失。那么，乐视网2017年开始的巨亏是偶然的吗？2017年前的财务报表数据有没有迹象表明存在严重的财务问题？不同于一般财务数据失真的财务手段，我们发现乐视网于2014—2016年在利用递延所得税资产进行利润表的盈余管理上做足了功夫，如果扣除这一因素的影响，乐视网早就出现了亏损。因此挖掘递延所得税资产与利润的关系，对于更好地认识上市公司的业绩并尽早进行风险预警具有重要的现实意义。

上市公司利润表中的所得税费用包括当期所得税费用和递延所得税费用两个部分。当期所得税费用是指企业当期应缴纳给税务部门的所得税金额，当期所得税费用 = 应纳税所得额 × 所得税税率。递延所得税费用反映了公司资产、负债的账面价值与其计税基础不同而产生的暂时性差异。通俗而言，由于收回资产、清偿负债可能是一个长期跨年度的过程，而在各个年度间会计意义上账面价值的变化与税务意义上计税基础的变化可能存在差异，从而导致“当期多缴税，未来少缴税”或“当期少缴税，未来多缴税”的现象。公司应当在上述暂时性差异发生的当期，对预期未来将多缴税的应纳税暂时性差异，确认为递延所得税负债，对预期未来将少缴税的可抵扣暂时性差异，确认为递延所得税资产。递延所得税费用 =（递延所得税负债的期末余额 – 递延所得税负债的期初余额）–（递延所得税资产的期末余额 – 递延所得税资产的期初余额）。

盈余管理是古老而富有生命力的公司财务话题，通过各种方式做大公司净利润，达到美化报表、提高公司市场价值等目的。相较于应计盈余管理、真实盈余管理等传统手段，通过做大当期递延所得税资产进行盈余管理的方式，兼具有效性大和可行性强的优势。

有效性方面，公司税后净利润 = 利润总额 − 所得税费用 = 利润总额 −（当期所得税费用 + 递延所得税费用）= 利润总额 − 当期所得税费用 − 递延所得税费用 = 利润总额 − 当期所得税费用 −（递延所得税负债增加值 − 递延所得税资产增加值）= 利润总额 − 当期所得税费用 − 递延所得税负债增加值 + 递延所得税资产增加值。多确认收入或少确认费用等常见的盈余管理方式，直接影响利润总额，由于需要缴纳企业所得税，因此实际对公司税后净利润的贡献小于 100%。若公司通过做大递延所得税资产的方式进行盈余管理，则能够 100% 作用于公司税后净利润，作用更为明显。

可行性方面，在我国现行税制体系下，公司的所得税计算在会计利润的基础上进行调整，会计利润与应纳税所得额之间存在暂时性差异，由此产生了递延所得税费用。企业可以通过控制递延所得税资产的确认时点和确认金额来调节递延所得税费用，进而调控公司税后净利润。

可抵扣亏损是递延所得税资产的重要组成部分。依据现行《企业所得税法》的规定，企业纳税年度发生的亏损可以结转以后年度在税前扣除，但结转抵扣期限最长不得超过 5 年，若企业预计在未来期间能够产生足够的应纳税所得额来抵扣亏损，应确认相应的递延所得税资产。鉴于此，可抵扣亏损确认为递延所得税资产的过程，有较大的主观判断空间。公司存在通过递延所得税进行盈余管理的空间，即通过将可抵扣亏损确认为递延所得税资产的方式调增递延所得税费用，通过计提递延所得税资产减值准备的方式调减递延所得税费用，从而达到操纵净利润的目的。

本案例以乐视网为例，具体分析了 2014—2016 年公司利用可抵扣亏损递延所得税资产的确认进行盈余管理的问题。希望本案例的分析，能够对上市公司、市场投资者和监管部门有借鉴意义。

二、背景介绍

乐视网信息技术（北京）股份有限公司（简称乐视网），由自然人贾跃亭于 2004 年创建，于 2010 年 8 月 12 日在深交所创业板上市（股票代码：300104），是行业内全球首家 IPO 上市的视频网站。

乐视网基于视频产业打造垂直产业链，业务涵盖互联网视频、影视制作与发行、智能终端、大屏应用市场、电子商务、互联网智能电动汽车等领域。“乐视模式”一度受到资本市场的热捧，乐视网也长期占据着创业板市值的头号席位。

辉煌背后也隐藏着巨大的危机。乐视网从运营视频网站起家，扩大至完整的“乐视生态系统”，从首发上市起 1 家子公司的数量，扩张到 2016 年 15 家子公司。业务扩张速度过快，伴随的是难以为继的盈利和融资能力。部分子公司亏损严重，大幅拖累了集团公司的现金流和利润水平。例如，乐视网持股 58.55% 的子公司乐视致新电子科技（天津）有限公司[①]，2014—2016 年三年合计亏损超过 17 亿元，给集团公司带来了巨大的财务负担。再如，乐视网投资设立的子公司乐视电子商务（北京）有限公司，自成立起一直处于亏损状态，2014—2016 年三年合计亏损近 7.4 亿元，非但没能够为公司带来盈利，反而成为拖累集团公司业绩和现金流的负担。

2014—2016 年，正是乐视网快速扩张、融资需求量巨大的时期，因此一份漂亮的财务报告答卷对于这一时期的乐视网而言至关重要。为此，乐视网不惜采用具有风险性的机会主义盈余管理行为来粉饰业绩。

三、主要内容

（一）乐视网 2014—2016 年业绩表现及盈余管理动机

乐视集团自成立之初，一直致力于打造基于视频产业、内容产业和智能终端的完整生态系统，在产业链趋于成熟、现金流实现充沛之前，盲目实施扩张化战略，导致公司财务负担过大、盈利能力不足，为后续爆发的财务危机埋下了隐患。表 1 摘录了乐视网 2014—2016 年利润表的关键财务数据。

通过观察表 1 可知，2014 年和 2015 年，乐视网利润总额仅为 7,000 余万元，而当期所得税费用超过了 1 亿元，公司将面临连续两年净利润为负导致的退市风险警示标记。然而，2014 年和 2015 年，乐视网依靠计提合计超过 4.7 亿元负值的递延所得税费用，实现了公司净利润的盈利，并在 2015 年实现了净利润同比 68.6% 的增长。递延所得税费用来源于资产和负债账面价值与计税基础的暂时性差异，而会计准则并没有对递延所得税的确认提出非常明确的要求，存在较大的主观判断空间，因此成为乐视网在资本市场粉饰“颜面”的“救命稻草”。

---

① 2017年11月，乐视致新电子科技（天津）有限公司更名为新乐视智家电子科技（天津）有限公司；2018年4月20日，新乐视智家电子科技（天津）有限公司更名为乐融致新电子科技（天津）有限公司。

表1 乐视网2014—2016年利润表摘要

单位：元

项目	2014年	2015年	2016年
利润总额	72,899,104.84	74,169,222.09	−328,708,520.87
当期所得税费用	113,229,328.80	161,595,406.98	152,728,087.89
递延所得税费用	**−169,126,784.84**	**−304,543,010.45**	**−259,543,977.05**
所得税费用	−55,897,456.04	−142,947,603.47	−106,815,889.16
净利润	128,796,560.88	217,116,825.56	−221,892,631.71
少数股东损益	−235,232,948.24	−355,910,347.77	−776,651,859.14
归属于母公司所有者的净利润	364,029,509.12	573,027,173.33	554,759,227.43

我们认为，乐视网具有显著的维持净利润盈利的盈余管理动机，具体方式是操控递延所得税费用科目。

（二）乐视网盈余管理的手段——可抵扣亏损递延所得税资产的确认

表2、图1分析比较了乐视网2011—2016年所得税费用的变化情况。

表2 乐视网2011—2016年所得税费用明细

单位：亿元

项目	2011年	2012年	2013年	2014年	2015年	2016年
当期所得税费用	0.34	0.39	0.38	1.13	1.62	1.53
递延所得税费用	**−0.01**	**−0.01**	**−0.24**	**−1.69**	**−3.05**	**−2.60**
所得税费用	0.33	0.38	0.14	−0.56	−1.43	−1.07

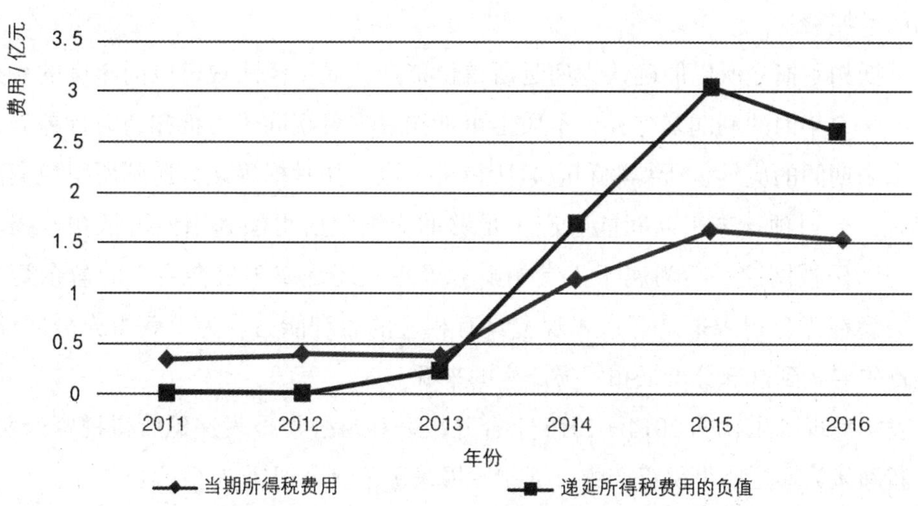

图1 乐视网2011—2016年当期所得税费用、递延所得税费用变化趋势

图 1 与表 2 信息显示，2011—2013 年，乐视网递延所得税费用的规模还处在较低水平，且小于同期的当期所得税费用。2014 年，乐视网确认负值的递延所得税费用突然大幅提高，同比增长超过 600%，并在后续两年间继续保持高位。那么，这部分异常高负值的递延所得税费用从何而来呢？

表 3 列示了乐视网 2011—2016 年递延所得税费用的具体构成，以便进一步考察自 2014 年起异常高负值的递延所得税费用的来源。

表 3　乐视网 2011—2016 年递延所得税资产 / 负债年度增加额明细　　单位：亿元

项目	2011 年	2012 年	2013 年	2014 年	2015 年	2016 年
递延所得税资产	**0.01**	**0.01**	**0.24**	**1.69**	**3.11**	**2.56**
内部交易未实现利润	0.00	0.00	0.00	0.00	0.47	–0.22
可抵扣亏损	**0.00**	**0.00**	**0.20**	**1.60**	**2.44**	**2.26**
坏账准备	0.01	0.01	0.04	0.09	0.19	0.45
存货跌价准备	0.00	0.00	0.01	0.00	–0.00	0.07
无形资产减值准备	0.00	–0.00	–0.00	–0.00	0.01	–0.00
融资租赁摊销利息	0.00	0.00	0.00	0.00	0.00	0.00
递延所得税负债	**0.00**	**0.00**	**0.00**	**0.00**	**0.06**	**–0.03**
资产加速折旧金额	0.00	0.00	0.00	0.00	0.01	0.02
内部交易未实现损失	0.00	0.00	0.00	0.00	0.05	–0.05

通过观察表 3 可知，自 2014 年起异常高负值的递延所得税费用来源于当期递延所得税资产的增加，且其中超过 85% 的部分来源于确认为递延所得税资产的可抵扣亏损的增加额。

可抵扣亏损之所以能确认为递延所得税资产，在于税法规定以前年度的亏损可以由未来 5 年内的利润来弥补，本质上可抵扣亏损可视同于可抵扣暂时性差异，能减少未来期间的应纳税所得额和应缴所得税。可抵扣亏损确认为递延所得税资产的前提是，公司预计未来期间能够产生足够的应纳税所得额利用该可抵扣亏损。因此，判断乐视网这一行为属于正常的财务处理，还是属于机会主义的盈余管理行为，关键在于公司未来是否在客观上具有相应的盈利能力。为了获得充分的证据，我们首先要找到这部分可抵扣亏损产生的来源。

表 4 呈现了乐视网 2014—2016 年合并报表和母公司报表递延所得税资产明细，以判断确认为递延所得税资产的可抵扣亏损来源于母公司还是子公司。

表4 乐视网2014—2016年合并报表和母公司报表递延所得税资产明细 单位：亿元

项目	2014年	2015年	2016年
合并报表递延所得税资产增加额	1.69	3.11	2.56
合并报表可抵扣亏损形成的递延所得税资产增加额	1.60	2.44	2.26
母公司报表递延所得税资产增加额	0.05	0.16	0.27

通过观察表4可知，母公司报表递延所得税资产增加额远小于合并报表可抵扣亏损形成的递延所得税资产增加额。由此可以判断，2014—2016年确认为递延所得税资产的可抵扣亏损绝大部分来源于乐视网子公司。

表5进一步细分了乐视网2014—2016年重要子公司的亏损情况。

表5 乐视网2014—2016年重要子公司的亏损情况 单位：亿元

子公司名称	2014年	2015年	2016年
乐视致新电子科技（天津）有限公司	**−3.86**	**−7.31**	**−6.36**
乐视云计算有限公司	−0.33	−1.00	−0.18
乐视体育文化产业发展（北京）有限公司	−0.80	不适用	不适用
乐视电子商务（北京）有限公司	**不适用**	**−0.02**	**−7.37**
乐视网文化发展（北京）有限公司	−0.04	−0.01	−0.00

通过观察表5可知，2014—2016年，乐视网子公司的亏损大部分来自乐视致新电子科技（天津）有限公司（以下简称乐视致新）和乐视电子商务（北京）有限公司（以下简称乐视电子商务）。由于在2016年10月，乐视网因股权转让丧失了对乐视电子商务的控制权，且在2016年末未将乐视电子商务纳入资产负债表的合并范围，因此2016年度乐视电子商务的巨额亏损不会对合并报表递延所得税资产造成影响，而2014—2015年，乐视电子商务的亏损金额较小，因此，我们聚焦于对乐视致新可抵扣亏损的分析。那么，乐视致新形成的利润亏损，是否大部分被确认为递延所得税资产了呢？

我们通过计算寻找乐视致新可抵扣亏损被确认为递延所得税资产的证据，如表6所示。

通过观察表6可知，2014—2016年，由乐视致新净利润推算出的可抵扣亏损全部确认为递延所得税资产形成的增加额，与合并报表可抵扣亏损实际形成的递延所得税资产增加额大致相等。由此可以推断，乐视致新形成的可抵扣亏损，大部分被确认为递延所得税资产。

表 6　乐视致新可抵扣亏损被确认为递延所得税资产的证据　　单位：亿元

项目	2014 年	2015 年	2016 年
乐视致新当年度净利润亏损金额	3.86	7.31	6.36
乐视致新当年度形成的可抵扣亏损金额①	5.15	9.75	8.48
乐视致新当年度形成的可抵扣亏损全部确认为递延所得税资产形成的增加额	1.29	2.44	2.12
合并报表可抵扣亏损实际形成的递延所得税资产增加额	1.60	2.44	2.26

依照会计准则要求，乐视网将大部分乐视致新形成的可抵扣亏损确认为递延所得税资产，必须基于“公司未来期间能够产生足够的应纳税所得额利用该可抵扣亏损”这一前提。但是，公司在未来期间真的能够产生足够的应纳税所得额吗？

表 7 列示了 2017—2018 年乐视网母公司及子公司乐视致新的盈利状况。

表 7　乐视网集团公司、乐视致新公司 2017—2018 年盈利状况　　单位：亿元

项目	2017 年	2018 年
乐视致新（后更名为“新乐视智家”“乐融致新”）净利润	−57.64	−23.45
乐视网合并报表净利润	−181.84	−57.34
乐视网母公司报表净利润	−88.35	−28.74

通过观察表 7 可知，2016 年之后，无论是乐视网母公司还是子公司，经营都已经出现严重的危机，净利润巨额亏损，甚至资不抵债。2019 年 5 月 10 日，深交所发布了关于乐视网股票暂停上市的公告，一代互联网神话就此崩塌。

综上所述，2014—2016 年在公司出现严重经营危机、失去盈利能力的情况下，乐视网将乐视致新形成的可抵扣亏损确认为递延所得税资产，是利用巨额负值的递延所得税费用进行的机会主义盈余管理行为。事实上，若扣除可抵扣亏损形成递延所得税资产而虚增的利润，乐视网从 2014 年起将一直亏损，如表 8 所示。

表 8　乐视网 2014—2016 年调整后净利润　　单位：亿元

项目	2014 年	2015 年	2016 年
净利润	1.29	2.17	−2.22
通过可抵扣亏损递延所得税资产虚增的净利润	1.60	2.44	2.26
调整后的净利润	−0.31	−0.27	−4.48

① 受报表披露信息所限，我们无法获得各家子公司利润总额和应纳税所得额数据。为简化处理，我们假定乐视致新的当期所得税费用为0，递延所得税费用仅来源于可抵扣亏损确认形成的递延所得税资产的增加额，利润总额与应纳税所得额相等，即无其他纳税调整项目。基于上述假定，乐视致新当年度应纳税所得额 = 净利润 /（1−25%），即为乐视致新当年度形成的可抵扣亏损金额。

四、结论与启示

乐视网在2014—2016年通过确认大额的递延所得税资产，使得利润表的所得税费用为负数，从而实现了净利润大于利润总额的异常状态，维持了这三年净利润相对理想的格局，特别在2016年利润总额为负数的情况下，通过递延所得税资产的确认及少数股东损益大额亏损的认定（见表1），最终实现了归属于母公司净利润的正数。但这样的利润自然难以为继，2017—2019年每年亏损，三年亏损金额高达300亿元。可见，乐视网的盈余管理行为干扰了市场投资者的判断，经营危机被隐藏，公司股价曾一路飙升，于2015年5月最高涨至179.03元/股，公司市值高达近1700亿元。直至2017年，乐视网的危机才真正浮出水面，股价一泻千里，至2019年5月10日暂停上市时，市值仅剩67亿，不足市值高点的4%，而今已被终止上市。

乐视网的盈余管理不同于一般企业，大部分企业进行盈余管理的重点是放在利润表的上半部分，即通过提高收入降低成本费用以增加利润总额，而乐视网的盈余管理重点放在利润表的下半部分，即在所得税费用及少数股东损益上做文章。通过递延所得税进行盈余管理，虽然能够直接作用于净利润，能起到100%的盈余管理作用。但是，上市公司利用递延所得税进行盈余管理的问题在于：

第一，将可抵扣亏损确认为递延所得税资产，需要满足“公司未来期间能够产生足够的应纳税所得额利用该可抵扣亏损”这一前提，公司需要在公告中对此进行充分说明和论证，否则容易引发监管部门的关注，不利于公司形象和市场表现。

第二，若公司未来年度的盈利能力不足，其先前确认的大量递延所得税资产将无法进行有效抵扣，进而引发递延所得税资产的巨额减值，极大地冲击公司未来年度的净利润，产生更大的经营危机。

第三，由于递延所得税资产增加产生的未实现利得会增加企业当期的净利润，企业如果将这部分净利润进行分配，现金就会提前流出企业。

针对上述结论和问题，本案例提出两点建议：

一是对于投资者等外部信息使用者而言，在判断企业的经营状况和投资价值时，不能只关注财报上显示的数字，更应该关注这些数字背后的经济事项，这就需要了解相应的会计准则来尝试还原企业真实的经营情况，多关注财务报表附注和相关舆论报道。

二是对于企业而言，在进行股利分配或是增发配股时，不应以净利润为基础，而是应该剔除账面的递延所得税资产影响，从而在保证企业正常生产经营和发展的前提下进行盈利分配。

五、参考文献

李凌燕. 企业可抵扣亏损确认递延所得税资产相关问题的探析 [J]. 中国总会计师，2018（1）: 62–64.

李梦奇. 浅析可抵扣亏损所得税会计处理方法 [J]. 财会通讯，2018（1）: 47–48.

刘诗琴，唐妤. 企业递延所得税会计信息质量研究——基于水井坊的案例分析 [J]. 中国注册会计师，2019（8）: 123–125.

罗京湘，胡北忠. 浅析递延所得税资产与企业盈余管理——以乐视网为例 [J]. 中国管理信息化，2019，22（9）: 44–46.

彭佳才. 可弥补亏损的递延所得税资产探讨 [J]. 财会学习，2013（12）: 28–29.

任志远. 可抵扣亏损所得税会计处理方法探讨 [J]. 财会学习，2018（34）: 148.

孙雪娇. 上市公司对递延税项的确认稳健吗？——来自中国资本市场的经验证据 [J]. 财经论丛，2015（1）: 63–70.

田娟. 基于上市公司案例的递延所得税资产确认问题研究 [J]. 武汉大学学报（哲学社会科学版），2012（6503）: 112–116.

万双婷，胡庆十. 递延所得税资产确认合理性分析 [J]. 合作经济与科技，2018（13）: 133–135.

王素荣，张楚婕，付博. 递延所得税确认与盈余管理相关性多角度研究 [J]. 财务研究，2015（4）: 87–96.

王艳林，杨松岩. 递延所得税资产、盈余管理与大股东掏空——基于乐视网递延所得税资产过度确认的案例分析 [J]. 财会通讯，2019（1）: 3–6.

魏小八. 浅析所得税准则关于可抵扣亏损所得税会计处理规定 [J]. 财会学习，2019（27）: 182–183.

杨攀，刘宇宁. 递延所得税资产与盈余管理——基于 *ST 鞍钢扭亏的案例分析 [J]. 财会月刊，2014（6）: 93–95.

折小芳，武艳荣. 递延所得税资产确认的争议分析——企业亏损的所得税处理 [J]. 商业会计，2014（10）: 22–23.

案例使用说明

一、教学目的与用途

（1）**适用课程:** 中级财务管理、税法。

（2）**适用专业:** 本案例适合有一定税法和财务管理基础的学员、税务专业硕士研究生及对财务与税收感兴趣的高年级本科生学习。本案例还适合企业财务、税务管理人员学习，还能为会计准则制定者提供参考。

（3）**教学目标:** 认识与研究企业盈余管理动机和方法，特别关注通过可抵扣亏损递延所得税资产确认进行盈余管理的特点，分析可抵扣亏损确认递延所得税资产存在的弹性空间及其对净利润的影响，为上市公司利用可抵扣亏损递延所得税资产的确认进行盈余管理提供方法的借鉴，为投资者识别盈余管理提供思路。

二、涉及知识点

中级财务管理、税法课程:

（1）企业盈余管理的动机和方法。

（2）通过可抵扣亏损递延所得税资产确认进行盈余管理的特点。

（3）可抵扣亏损确认为递延所得税资产的条件；递延所得税资产转回的规定。

（4）可抵扣亏损确认为递延所得税资产存在的弹性空间。

（5）可抵扣亏损递延所得税资产的确认对净利润的影响。

三、配套教材

（1）中国注册会计师协会编:《税法——2022 年注册会计师全国统一考试辅导教材》，中国财政经济出版社 2022 年版。

（2）中国注册会计师协会编:《财务成本管理——2022 年注册会计师全国统一考试辅导教材》，中国财政经济出版社 2022 年版。

四、启发思考题

（1）企业进行盈余管理的动机有哪些?

（2）可抵扣亏损确认递延所得税资产有哪些条件?

（3）哪些类型的上市公司更可能利用可抵扣亏损递延所得税资产确认问题进行盈余管理?

（4）可抵扣亏损递延所得税资产的确认为何存在盈余管理空间？

（5）如何规范利润表中所得税费用的披露？

（6）有哪些公司也使用了可抵扣亏损递延所得税资产确认的方式进行盈余管理？

五、分析思路

（1）分析乐视网 2014—2016 年三年的业绩表现及净利润变化格局，结合乐视网的发展战略与扩张速度、业绩表现与融资状况，引出乐视网的盈余管理动机。

（2）从理论出发，结合乐视网的案例分析企业避免亏损、粉饰业绩的盈余管理动机以及通过可抵扣亏损递延所得税资产来进行盈余管理的手段，深入分析乐视网的年报及利润变化，发现乐视网 2014—2016 年净利润能保持为正，主要是所得税费用为负的影响，而所得税费用中变化最大的是确认的巨额的可抵扣亏损递延所得税资产。最后得出结论：巨额的可抵扣亏损递延所得税资产的确认是使乐视网在 2014—2016 年维持盈利的最主要手段。

（3）通过递延所得税进行盈余管理存在的问题是什么？

（4）对于通过递延所得税进行盈余管理的企业和投资者的建议有哪些？

六、理论依据

（一）递延所得税资产的确认对净利润影响分析

《企业会计准则第 18 号——所得税》规定，企业所得税核算方法采用资产负债表债务法核算，比较资产负债表列示的资产负债按照会计准则规定确定的账面价值与按照税法规定确定的计税基础，对于两者之间的差异即暂时性差异分别确认为应纳税暂时性差异与可抵扣暂时性差异，并确认相关的递延所得税负债与递延所得税资产。公式如下：

净利润 = 利润总额 – 所得税费用 = 利润总额 –（当期所得税费用 + 递延所得税费用）

递延所得税费用 =（期末递延所得税负债 – 期初递延所得税负债）–（期末递延所得税资产 – 期初递延所得税资产）

（二）可抵扣亏损递延所得税资产的确认对净利润影响分析

《企业所得税法》规定，企业纳税年度发生亏损，准予向以后年度结转，用以后年度的所得弥补，但结转年限最长不得超过5年。对于按照税法规定可以结转以后年度的未弥补亏损，虽不是因资产、负债的账面价值与计税基础不同产生的，但本质上可抵扣亏损和税款抵减与可抵扣暂时性差异具有同样的作用，均能减少未来期间的应纳税所得额和应缴所得税，可视同可抵扣暂时性差异，在企业预计未来期间能都产生足够的应纳税所得额利用该可抵扣亏损时，该可抵扣暂时性差异应确认相关的递延所得税资产。同时，减少当期确认的所得税费用。

在本案例中，乐视网认为未来公司和下属子公司的经营状况将逐渐好转，能够产生足够的应纳税所得额对以前年度可抵扣亏损进行弥补，所以将可抵扣亏损确认为递延所得税资产。通过对可抵扣亏损确认递延所得税资产的变更，乐视网在2014年对可抵扣亏损确认了642,749,195.79元的可抵扣暂时性差异，计提了160,261,845.62元的递延所得税资产，并减少所得税费用160,261,845.62元，相关会计分录为：

借：递延所得税资产　　160,261,845.62

　　贷：所得税费用　　160,261,845.62

该笔分录使资产与利润均增加了160,261,845.62元，从而使乐视网在2014年避免亏损。

同理，在2015年，乐视网故伎重施，确认了974,716,205.08元的可抵扣暂时性差异，计提了244,104,504.60元的递延所得税资产，并减少所得税费用244,104,504.60元，使得净利润保持为正。在2016年，乐视网确认了905,251,420.40元的可抵扣暂时性差异，计提了226,312,855.11元的递延所得税资产，并减少所得税费用226,312,855.11元。

（三）可抵扣暂时性差异确认为递延所得税资产条件分析

《企业会计准则第18号——所得税》规定，资产负债表日，有确凿证据表明未来期间很可能获得足够的应纳税所得额用来抵扣可抵扣暂时性差异的，应当确认以前期间未确认的递延所得税资产。企业应当以很可能取得用来抵扣可抵扣暂时性差异的应纳税所得额为限，确认由可抵扣暂时性差异产生的递延所得税资产。在可抵扣暂时性差异预期转回的未来期间内，企业无法产生足够的应纳税所得额用以利用可抵扣暂时性差异的影响，使得与可抵扣暂时性差异相关的经济利益无法实现的，不应确认递延所得税资产。

《企业会计准则第18号——所得税》进一步对企业投资子公司相关的可抵扣暂

时性差异确认为递延所得税资产进行了规定。企业对与子公司、联营企业及合营企业投资相关的可抵扣暂时性差异，同时满足下列条件的，应当确认相应的递延所得税资产：①暂时性差异在可预见的未来很可能转回；②未来很可能获得用来抵扣可抵扣暂时性差异的应纳税所得额。

企业及其子公司发生亏损是否能确认为可抵扣暂时性差异，进而确认递延所得税资产，关键在于是否有"确凿证据"表明未来期间很可能获得足够的应纳税所得额用来抵扣可抵扣暂时性差异。乐视网在2014年将可抵扣亏损大幅确认为递延所得税资产，虽然在年报中并没有对此进行说明，但此举意味着乐视网基于对当时情势的判断，认为未来期间很可能获得足够的应纳税所得额用来抵扣暂时性差异。然而，乐视网实际在未来的年份始终难以扳回盈利的局面，2016年尽管利用了可抵扣亏损确认递延所得税资产，但净利润仍亏损2.2亿元。2017年，乐视网对以前年度计提的可抵扣亏损进行了全部转回，表明以前几年确认的递延所得税资产不符合确认条件，导致当年产生708,172,476.68元的递延所得税费用，在当年利润总额已是-17,461,729,524.06元巨亏的情况下，更是雪上加霜。

2014—2017年，乐视网对于递延所得税资产的确认（2014—2016年）及转回动作（2017年）表明，关于可抵扣亏损是否能确认为递延所得税资产，具有较大的主观性。由于未来能否获得足够的应纳税所得额用来抵扣可抵扣暂时性差异的判断完全基于企业管理人员和财务人员的判断，给予了企业利用递延所得税资产确认进行盈余管理的空间。乐视网也是抓住了可抵扣亏损递延所得税资产确认的可操纵性特征，用盈余管理的手段隐瞒公司业绩不佳、经营困难的实际情况。通过递延所得税进行盈余管理并不具有可持续性，从乐视网2016年以后的表现来看，反而给资本市场和投资者带来了更多的损失。因而，可抵扣亏损确认为递延所得税资产的行为需要引起投资者和监管部门的进一步注意，相关确认条件需要进一步完善。

七、背景信息

乐视网由自然人贾跃亭于2004年创建，并于2010年8月12日在深交所创业板上市。乐视集团自成立之初，一直致力于打造基于视频产业、内容产业和智能终端的完整生态系统，在产业链趋于成熟、现金流实现充沛之前，盲目实施扩张化战略，导致公司财务负担过大、盈利能力不足，为后续爆发的财务危机埋下了隐患：部分子公司亏损严重，大幅拖累了集团公司的现金流和利润水平，如乐视致新、乐视电子商务。

2014—2016年，正值乐视网快速扩张、融资需求量巨大的时期，因此一份漂亮的财务报告答卷对于这一时期的乐视网而言至关重要。为此，乐视网不惜采用具有风险性的机会主义盈余管理行为来粉饰业绩。

我们通过分析乐视网2014—2016年的财务报表，发现乐视网的盈余管理行为主要是借助可抵扣亏损计提巨额递延所得税资产，形成巨额负数的所得税费用，以美化报表净利润。

乐视网在2014—2016年将可抵扣亏损大幅确认为递延所得税资产，表明乐视网基于对当时情势的判断，认为未来期间很可能获得足够的应纳税所得额用来抵扣暂时性差异。然而，乐视网实际在未来的年份始终难以扳回盈利的局面。

2016年，乐视网尽管利用了可抵扣亏损确认递延所得税资产，但净利润仍亏损2.2亿元，这也直接导致了乐视网股价崩盘的局面。

2017年，乐视网对以前年度计提的可抵扣亏损进行了全部转回，表明以前几年确认的递延所得税资产不符合确认条件，导致当年产生708,172,476.68元的递延所得税费用，在当年利润总额已是–17,461,729,524.0元巨亏的情况下，更是雪上加霜。

2018年乐视网年度报告显示，乐视网继续巨额亏损，导致年末归属于上市公司股东的净资产为–3,026,109,742.91元的负值，触发了暂停公司股票上市的相关规定，2019年5月13日起乐视网被暂停上市。

2019年乐视网年度报告显示，公司2019年度归属于上市公司股东的净资产为–14,329,160,421.37元，归属于上市公司股东的净利润为–11,278,924,509.64元，归属于上市公司股东的扣除非经常性损益的净利润为–2,305,374,968.60元。根据《深圳证券交易所创业板股票上市规则》，暂停上市后首个年度经审计的净利润或者扣除非经常性损益后的净利润或者期末净资产为负值，公司最终面临被终止上市。

综上所述，乐视网运用递延所得税资产进行盈余管理的行为并没有给公司争得盈利的机会，实际上，在利用可抵扣亏损确认递延所得税资产后的未来几年，乐视网无法产生足够的应纳税所得额用以利用可抵扣暂时性差异的影响。扣除可抵扣亏损形成的负数递延所得税费用，乐视网调整后的净利润从2014年起就岌岌可危，2014—2016年间疯狂确认可抵扣亏损递延所得税资产的盈余管理行为，最终也为未来几年的业绩爆雷埋下了巨大隐患。从上市后最高市值近1,700亿元，到如今被终止上市，乐视网最终为其风险性的机会主义盈余管理行为埋了单。

八、关键要点

（1）关键知识点：递延所得税资产和负债确认与转回的相关规定；盈余管理的动机和方式。

（2）能力点：通过分析企业递延所得税的确认和转回来识别企业的盈余管理行为。

九、建议课堂计划

（一）时间安排

课前要求阅读乐视网 2014—2016 年年报；课堂引导与讨论 3 课时；课后要求进一步阅读亏损上市公司的年报，总结思考是否存在与乐视网类似做法的上市公司。

（二）案例引导

（1）为什么会出现利润总额小于 0 而净利润大于 0 的情况？

（2）什么情况下会出现利润表中的所得税费用为负数？

（3）可抵扣亏损可以确认递延所得税资产吗？

（三）小组讨论

（1）可抵扣亏损确认递延所得税资产对未来年度的利润会发生怎样的影响？

（2）可抵扣亏损递延所得税资产的确认与其他递延所得税资产确认对利润的影响有什么区别？

十、案例的建议答案及相关法规依据

1. 企业进行盈余管理的动机有哪些？

答案：我国上市公司盈余管理的动机主要有 IPO、配发、增发、发债等再融资动机，避免被 ST（特殊处理）、避免退市等防亏动机以及符合分析师预测的动机等。

2. 可抵扣亏损确认递延所得税资产有哪些条件？

答案：与可抵扣亏损和税款抵减相关的递延所得税资产，其确认条件与其他可抵扣暂时性差异产生的递延所得税资产相同，即在能够利用可抵扣亏损及税款抵减的期间内，企业是否能够取得足够的应纳税所得额抵扣该部分暂时性差异。因此，如企业最近期间发生亏损，仅在有足够的应纳税暂时性差异可供利用的情况下或取得其他确凿的证据表明其于未来期间能够取得足够的应纳税所得额的情况下，才能够确认可抵扣亏损和税款抵减相关的递延所得税资产。

在未来期间是否能够产生足够的应纳税所得额用以利用该部分可抵扣亏损或税款抵减时，应考虑以下相关因素的影响：

①在可抵扣亏损到期前，企业是否会因以前期间产生的应纳税暂时性差异转回而产生足够的应纳税所得额；

②在可抵扣亏损到期前，企业是否可能通过正常的生产经营活动产生足够的应纳税所得额；

③可抵扣亏损是否产生于一些在未来期间不可能重复发生的特殊原因；

④是否存在其他的证据表明在可抵扣亏损到期前能够取得足够的应纳税所得额。

企业在确认与可抵扣亏损和税款抵减相关的递延所得税资产时，应当在会计报表附注中说明在可抵扣亏损和税款抵减到期前，企业能够产生足够的应纳税所得额的估计基础。

3. 哪种类型的上市公司更可能利用可抵扣亏损递延所得税资产确认问题进行盈余管理？

答案：前期亏损较多的公司存在较大的空间利用可抵扣亏损递延所得税资产确认进行盈余管理，如面临被ST、暂停上市的公司。

4. 可抵扣亏损递延所得税资产的确认为何存在盈余管理空间？

答案：上市公司递延所得税的确认和转回主要依据职业判断，缺乏可靠性。递延所得税资产和递延所得税负债并不是企业真正拥有的资源或承担的义务，或者说是相对特殊的资产（负债），仅代表对未来期间应纳税所得额的预期影响。既然是"预期影响"，就意味着其是企业管理者和财务人员依靠估计和主观判断的结果，这与企业由实际经济业务或事项形成的资产存在较大差别，使得递延所得税资产和递延所得税负债的确认和转回缺乏可靠的、可验证的原始凭证，因此存在较大的盈余管理空间。

5. 如何规范利润表中所得税费用的披露？

答案：建议将当期所得税与递延所得税从表外移入表内，即将利润表中所得税费用分拆，先列示当期所得税，再列示递延所得税。利润表上列示的所得税费用是由当期所得税和递延所得税两部分构成的，而企业实际缴纳的只是当期所得税，并不包括递延所得税。虽然递延所得税已在财务报表附注中进行了披露，但由于报表使用者往往容易直接将利润表中的所得税费用误解为企业实际缴纳的所得税，因此，为增加会计信息的透明度，让报表使用者能更清晰地看到企业的所得税信息，降低企业管理者与其财务报表使用者的信息不对称，分开列示就能清楚地看到企业已缴的所得税额与预期可能会带来影响的递延所得税额。

6. 有哪些公司也使用了可抵扣亏损递延所得税资产确认的方式进行盈余管理?

答案:(1)贵糖股份。贵糖股份(股票代码:000833)在2014年营业收入同比下降的情况下扭亏为盈,在利润总额负数的情况下实现了净利润的正数,其中巨额可抵扣亏损递延所得税资产的确认在其中发挥了举足轻重的作用。

2012—2014年期间,全球糖业步入增产周期、市场价格持续下探,糖业出现全行业亏损。造纸业也因市场需求萎靡,盈利空间持续收窄。在此行业背景下,贵糖股份2012—2014年三年平均净利润为负数,而且这三年出现了"微利、巨亏、微利"的净利润变化格局,从而成功避免了被ST。如表9所示,2012年,公司通过确认较大量的营业外收入和少量的营业外支出,最终实现微利;2013年,公司在营业利润巨亏的基础上确认了少量的营业外收入和较大量的营业外支出,最终导致巨额的净利润亏损;2014年,由于营业利润亏损较大,通过确认大量营业外收入和少量营业外支出仍无法实现正的利润总额,最后通过确认可抵扣亏损形成巨额负数的所得税费用实现扭亏为盈。

表9 贵糖股份2012—2014年利润表摘要

单位:元

项目	2012年	2013年	2014年
营业总收入	1,095,181,247.39	1,107,746,742.69	1,054,720,598.66
营业总成本	1,098,506,283.72	1,210,118,678.81	1,111,059,827.21
营业利润	−3,262,140.22	−102,450,382.47	−56,336,225.09
营业外收入	14,314,015.42	5,787,132.27	56,485,659.69
营业外支出	1,361,442.59	12,104,235.59	2,207,426.99
利润总额	9,690,432.61	−108,767,485.79	−2,087,992.39
所得税费用	−4,328,479.86	−2,641,585.23	−30,233,873.00
净利润	14,018,912.47	−106,125,900.56	28,145,880.61

表10列示了贵糖股份2012—2014年所得税费用明细。2014年贵糖股份的所得税费用合计发生突变,减幅达到1,045%。2014年当期所得税费用为0,负数的所得税费用全部由大量负数的递延所得税费用贡献,使贵糖股份实现扭亏为盈。

表10 贵糖股份2012—2014年所得税费用明细

单位:元

项目	2012年	2013年	2014年
当期所得税费用	−12,447,739.76	−2,240,252.67	0.00
递延所得税费用	8,119,259.90	−401,332.56	−30,233,873.00
合计	−4,328,479.86	−2,641,585.23	−30,233,873.00

表11列示了贵糖股份2014年未经抵消的递延所得税资产变化明细。

表11 贵糖股份2014年未经抵消的递延所得税资产变化明细 单位：元

项目	期末递延所得税资产	期初递延所得税资产
资产减值准备	4,536,353.19	7,953,922.31
内部交易未实现利润	−425,988.30	−484,086.65
可抵扣亏损	33,172,022.70	–
预提性质的其他应付款	297,605.55	164,291.78
应付职工薪酬	3,251,560.94	2,979,730.64
衍生金融资产	16,257.00	–
合计	40,847,801.08	10,613,928.08

分析表11发现，贵糖股份2014年度递延所得税资产变化最大的项目是可抵扣亏损，从期初的0元增加到33,172,022.70元，其余项目虽有所变化但幅度都不大。因此可以说，可抵扣亏损递延所得税资产的确认是使贵糖股份在2014年扭亏为盈的最主要动力。

表12列示了贵糖股份2014年未确认递延所得税资产的可抵扣亏损到期情况。

表12 2014年未确认递延所得税资产的可抵扣亏损到期情况 单位：元

年份	期末金额	期初金额
2015年	–	39,584,732.14
2016年	–	19,766,041.69
2017年	–	9,125,359.51
2018年	51,367.58	89,836,194.51
2019年	412,816.08	–
合计	464,183.66	158,312,327.85

如表12所示，2014年贵糖股份通过对可抵扣亏损递延所得税资产的确认，使公司未确认递延所得税资产的可抵扣亏损从期初的158,312,327.85元下降到464,183.66元，2013年及以前的可抵扣亏损基本都被确认为递延所得税资产，属于会计估计变更。贵糖股份发布了《关于确认可抵扣亏损的递延所得税资产的公告》，对此会计估计变更做出如下解释：在编制2013年年度报告时，预计公司在5年内难以产生足够的应纳税所得额弥补亏损，基于谨慎性原则未确认相关递延所得税资产。贵糖认为公司在2014年度加强了内部管理，本部及下属几家子公司的经营状况逐渐好转，且将获得大量搬迁补偿所得，因此预计未来5年内有足够应纳税所得额，据此改变会计估计。那么，贵糖股份的解释符合后续的事实吗？表13列示了

贵糖股份 2015—2017 年的盈利能力指标数据。

表 13 贵糖股份 2015—2017 年利润表摘要

单位：元

项目	2015 年	2016 年	2017 年
营业利润	79,660,040.01	–1,801,469.42	99,600,211.15
云硫矿业子公司营业利润	100,479,105.99	47,106,878.22	151,629,008.13
剔除云硫矿业子公司后的营业利润 ①	**37,793,745.85**	**–48,908,347.64**	**–52,028,796.98**
利润总额	169,209,643.50	49,132,276.28	107,278,738.62
所得税费用	34,700,471.15	10,394,142.47	27,046,517.27
净利润	134,509,172.35	38,738,133.81	80,232,221.35
云硫矿业子公司净利润	79,711,089.13	44,317,125.26	117,642,643.75
剔除云硫矿业子公司后的净利润	**101,296,218.55**	**–5,578,991.45**	**–37,410,422.40**

2015 年，贵糖股份完成重大资产重组，向云硫集团（为广业公司的全资子公司）、广业公司发行股份购买其持有的云硫矿业 100% 股权。2015 年 7 月 31 日，云硫矿业完成工商变更登记手续，正式成为贵糖股份的全资子公司，并被纳入合并报表范围。通过表 13 数据可以发现，2015—2017 年，贵糖股份的经营利润大部分来自云硫矿业。其中，2016—2017 年，若剔除云硫股份的利润贡献，贵糖股份的营业利润和净利润将均为负值。

考虑到云硫矿业的主营业务为硫铁矿的开采、加工、销售，和贵糖股份原有主营业务不同，且贵糖股份在 2014 年末并未完成针对云硫股份的定向增发，贵糖股份自身的盈利能力并不足以弥补之前年度确认为递延所得税资产的可抵扣亏损，其在 2014 年度做出此项会计估计变更的理由尚存疑问。

2014 年度贵糖股份通过可抵扣亏损递延所得税资产的确认进行盈余管理，不仅避免了因连续两年亏损被 ST，还帮助公司在 2015 年度实现了大幅度减税。限于重大资产重组的保密性原则，贵糖股份虽然能够预计云硫矿业能够为公司带来盈利能力的大幅度提升，但不能直接以此作为递延所得税资产会计估计变更的理由。总的来看，贵糖股份成功地运用了可抵扣亏损递延所得税资产的确认摆脱财务困境、节省税收支出，是一次成功的盈余管理案例。

（2）嘉麟杰。嘉麟杰（股票代码：002486）在连续三年营业利润为负的情况下，通过营业外收入和营业外支出等非经常性损益操纵，以及大幅确认递延所得税资产

① 云硫矿业于2015年7月31日进入贵糖股份合并报表范围，因此2015年度合并利润表中仅包含云硫矿业8—12月共5个月的数据。净利润数据的计算同理。

的方式，避免了被 ST。

表 14 列示了嘉麟杰 2015—2018 年利润表的关键财务数据。嘉麟杰在 2014 年度之前，利润长期为正，但出现逐年下滑的态势。受篇幅限制，只列示 2015 年后利润表关键数据。

表 14　嘉麟杰 2015—2018 年利润表摘要　　单位：元

项目	2015 年	2016 年	2017 年	2018 年
营业利润	−103,651,419.40	−37,862,514.85	−3,025,961.68	4,538,364.50
营业外收入	5,106,724.68	25,519,637.92	5,713,523.94	155,345.35
营业外支出	11,984,958.96	2,438,575.53	618,335.53	5,340,573.05
利润总额	−110,529,653.68	−14,781,452.46	2,069,226.73	−646,863.20
所得税费用	195,378.87	−16,862,954.83	−15,818,918.82	−18,428,609.40
当期所得税费用	621,741.32	1,669,567.51	393,729.65	590,429.34
递延所得税费用	**−426,362.45**	**−18,532,522.34**	**−16,212,648.47**	**−19,019,038.74**
净利润	−110,725,032.55	2,081,502.37	17,888,145.55	17,781,746.20

2015 年，嘉麟杰营业利润发生巨大亏损，公司索性当年确认了大量营业外支出，以达到“一次性亏个够”的目的。2016 年，嘉麟杰营业利润亏损 3,786 万元，首先通过确认了大量营业外收入和少量营业外支出的方式，使利润总额亏损减少到 1,478 万元，再通过确认巨额负数的所得税费用实现扭亏为盈。2017 年，嘉麟杰采用了与 2016 年相同的方法，实现利润总额和净利润表现为盈利。2018 年，由于确认了一笔“债券提前兑付支出”，营业外支出较大，利润总额表现为负，嘉麟杰故伎重施，采用确认负值所得税费用，得以保持净利润为正的假象。

为寻找嘉麟杰连续多年负值递延所得税费用的来源，我们观察了嘉麟杰 2015—2018 年合并资产负债表列示的递延所得税资产和递延所得税负债，列示于表 15。

表 15　嘉麟杰 2015—2018 年递延所得税费用明细　　单位：元

项目	2015 年	2016 年	2017 年	2018 年
递延所得税资产增加额	426,362.45	4,755,860.23	−10,208,306.36	19,019,038.74
递延所得税负债增加额	0.00	0.00	0.00	0.00
递延所得税费用	426,362.45	18,532,522.34	16,212,648.47	19,019,038.74

从表 15 可知，嘉麟杰 2015 年和 2018 年的负值递延所得税费用全部来源于递延所得税资产，而 2016 年递延所得税资产增加额远小于递延所得税费用，两者相差 2017 年嘉麟杰的递延所得税资产增加额为负数。那么 2016—2017 年的巨额负值所

得税费用是从何而来的呢?

首先考察嘉麟杰2016年合并范围变化情况，发现在2016年12月，嘉麟杰处置了两家子公司：上海嘉麟杰运动用品有限公司、上海嘉艋投资管理中心(有限合伙)。其中上海嘉艋投资管理中心（有限合伙）于2015年新设成立。嘉麟杰分别持有上海嘉麟杰运动用品有限公司、上海嘉艋投资管理中心（有限合伙）各100%、99%的股权。表16列示了这两家子公司的净利润情况。

表16　嘉麟杰部分子公司2013—2015年净利润

单位：元

项目	2013年	2014年	2015年
上海嘉麟杰运动用品	−21,166,456.33	−21,429,329.80	−35,839,071.69
上海嘉艋投资管理中心	–	–	−13,023.86

从表16可知，上海嘉麟杰运动用品有限公司的净利润从2013年起一直亏损，转让前一年的净利润同比下降了67.24%，其巨额亏损可能是导致嘉麟杰从上市主体中剥离上海嘉麟杰运动用品有限公司的重要原因。

表17列示了上海嘉麟杰运动用品有限公司、上海嘉艋投资管理中心(有限合伙)被处置当年期初至出售日，上市公司持有的股权为上市主体贡献的净利润。

从表17可知，上海嘉麟杰运动用品有限公司、上海嘉艋投资管理中心（有限合伙）被处置当年为上市主体贡献了共2,945.12万元的净利润亏损额，若全部确认为可抵扣亏损，则可抵扣亏损金额共计3,926.83万元，形成的递延所得税资产共计981.71万元。

表17　被处置子公司处置当年该股权为上市主体贡献的净利润

单位：万元

项目	上海嘉麟杰运动用品	上海嘉艋投资管理中心
被处置子公司处置当年期初至出售日该股权为上市主体贡献的净利润	−2,504.32	−440.80
被处置子公司当年度形成的可抵扣亏损	−3,339.09	−587.73
被处置子公司当年度可抵扣亏损全部确认为递延所得税资产形成的增加额	−834.77	−146.93

进一步考察嘉麟杰2017年合并范围变更情况，发现嘉麟杰在2017年故伎重施，通过当年处置的亏损子公司的可抵扣亏损，确认负值递延所得税费用。在2017年11月27日，嘉麟杰处置了三家控股子公司：湖北嘉麟杰、湖北嘉麟杰服饰、CA Pak。其中湖北嘉麟杰于2013年新设成立，湖北嘉麟杰服饰和CA Pak于2014年新设成立。嘉麟杰分别持有湖北嘉麟杰、湖北嘉麟杰服饰、CA Pak各100%、100%、

65% 的股权。表 18 列示了这三家子公司 2013—2016 年的净利润情况。

表 18 嘉麟杰部分子公司 2013—2016 年净利润

单位：元

项目	2013 年	2014 年	2015 年	2016 年
湖北嘉麟杰	24,454,627.19	−3,183,326.73	−6,589,943.35	−30,461,740.43
湖北嘉麟杰服饰	–	−3,537,112.53	−5,774,106.78	−16,698,070.87
CA Pak	–	−2,695,344.21	−21,476,159.00	−24,698,621.27

从表 18 可知，湖北嘉麟杰设立之初经营情况良好，2013 年盈利 24,454,627.19 元。但好景不长，2014 年起湖北嘉麟杰由盈利转入亏损，且在随后的两年中，净利润亏损额呈逐年扩大的趋势。湖北嘉麟杰服饰和 CA Pak 更是从设立起就开始亏损，且亏损也逐年增加。子公司并未对嘉麟杰带来利润增收，反而成为拖累嘉麟杰利润的累赘。2017 年 11 月 27 日，嘉麟杰转让处置其原持有的湖北嘉麟杰、湖北嘉麟杰服饰、CA Pak 所有股权。

表 19 列示了湖北嘉麟杰、湖北嘉麟杰服饰、CA Pak 被处置当年期初至出售日，上市公司持有的股权为上市主体贡献的净利润。

通过表 19 可知，湖北嘉麟杰、湖北嘉麟杰服饰、CA Pak 被处置当年为上市主体贡献了共 6,442.4 万元的净利润亏损额，若全部确认为可抵扣亏损，则可抵扣亏损金额共计 8,210.96 万元，形成的递延所得税资产共计 1,231.64 万元。

表 19 被处置子公司处置当年该股权为上市主体贡献的净利润

单位：万元

项目	湖北嘉麟杰[①]	湖北嘉麟杰服饰	CA Pak
被处置子公司处置当年期初至出售日该股权为上市主体贡献的净利润	−2,415.61	−2,201.64	−1,825.16
被处置子公司当年度形成的可抵扣亏损	2841.89	2935.52	2433.55
被处置子公司当年度可抵扣亏损全部确认为递延所得税资产形成的增加额	426.28	440.33	365.03

正是合并范围的变化，导致了嘉麟杰 2017 年合并资产负债表层面反映递延所得税资产减少，合并利润表层面却确认了负值递延所得税费用。相较于资产负债表中的递延所得税资产负债及附注内容，现金流量表则更能够全面真实反映递延所得税情况。进一步观察现金流量表补充资料中递延所得税资产减少情况，与利润表中的递延所得税费用进行比较，结果如表 20 所示。

① 根据嘉麟杰年报，湖北嘉麟杰适用15%的所得税税率。

表 20 嘉麟杰现金流量表补充资料中递延所得税资产减少情况 单位：元

项目	2015 年	2016 年	2017 年	2018 年
递延所得税资产减少	−426,362.45	−18,532,522.34	−16,212,648.47	−19,019,038.74
递延所得税费用	426,362.45	18,532,522.34	16,212,648.47	19,019,038.74

从表 20 可知，嘉麟杰 2015—2018 年的负值递延所得税费用全部来源于递延所得税资产减少。而从表 14 可知，嘉麟杰的经营情况并没有得到根本性好转，仅是依靠确认大量的递延所得税资产维持盈利。嘉麟杰的经营危机始于 2015 年，由于 2016—2018 年间，嘉麟杰确认了大量递延所得税资产，这意味着自 2020 年起，嘉麟杰每年都将面临巨额的可抵扣亏损到期带来的递延所得税资产减值。倘若嘉麟杰无法在短期内恢复盈利，将会面临相较之前年度更大的财务危机。

案例 8 企业吸收合并的税收筹划

——以 A 企业吸收合并 B 企业为例①

徐 志 钱 婷

摘　要: 为了持续提升在家电行业的影响力，A 企业拟通过发行 A 股的方式，换股吸收合并 B 企业。从 A 企业披露的《发行 A 股股份换股吸收合并 B 企业暨关联交易报告书》中可以获取本次换股吸收合并的详细信息。在换股吸收合并进行的同时，B 企业还进行了一次中期利润分配。分红使得换股价格和换股比例均发生了相应的调整。2019 年 6 月，换股吸收合并顺利完成。本文在梳理吸收合并完整过程的基础上，对可能存在税收筹划空间的地方进行了详细分析，试图为这类合并行为可以采用的筹划方案提出合理的建议。

关键词: 吸收合并、税收筹划、企业所得税

Abstract: For the sustainable improvement of its influence in the household appliance industry, enterprise A plans to issue A-shares to exchange enterprise B's shares for the merger with enterprise B by absorption. The detailed information of this share exchange and merger by absorption can be obtained from the Report of Issuing A-Shares for Share Exchange for the Purpose of Merger with Enterprise B by Absorption and Related Party Transaction disclosed by enterprise A. At the same time of share exchange and merger by absorption, enterprise B also made a mid-term profit distribution. The profit distribution makes the price and proportion of share exchange correspondingly. In June 2019, the share exchange and merger by absorption were successfully completed. On the basis of carding the whole process of merger by absorption, this paper makes a detailed analysis of the possible tax planning space, trying to put forward reasonable suggestions for the planning

① 本案例源自《美的集团股份有限公司发行A股股份换股吸收合并无锡小天鹅股份有限公司暨关联交易报告书》。出于案例教学的需要，在本案例中对有关企业单位名称、数据、情节和内容等做了必要的改动与掩饰性处理。本案例只供课堂讨论之用，并无意暗示美的集团股份在吸收合并过程中采取了税收筹划行为，以及这些行为是否有效。

scheme that can be adopted for such merger.

Key words: merger by absorption, tax planning, corporate income tax

案例正文

一、案例背景

A 企业成立于 2000 年，是一家集暖通空调、消费电器、机器人与自动化系统于一体的科技集团，它为客户提供多元化的产品种类与服务，包括以家用空调、中央空调、供暖及通风系统为核心的暖通空调业务；以厨房家电、冰箱、洗衣机及各类小家电为核心的消费电器业务；以 C 集团、D 机器人公司等为核心的机器人及自动化系统业务。

多年的经营使得 A 企业发展为一家全球运营的公司，业务与客户已遍及全球。截至 2018 年末，A 企业海外生产基地遍布 15 个国家，约有海外员工 33,000 人，全球设立销售运营机构 24 个，业务涉及 200 多个国家和地区，结算货币达 22 种。

二、案例内容

在本次换股吸收合并进行之前，A 企业已经通过多种方式直接和间接持有 B 企业 333,153,059 股股份，占 B 企业总股本的 52.67%，是 B 企业的第一大股东。为了持续提升其在家电行业的影响力，2018 年 10 月 23 日晚，A 企业和 B 企业双双发布公告，称 A 企业拟通过发行 A 股的方式，换股吸收合并 B 企业。2018 年 11 月 21 日，A 企业向外披露了《发行 A 股股份换股吸收合并 B 企业暨关联交易报告书（草案）》等相关文件。2019 年 2 月 11 日披露了修订后的《发行 A 股股份换股吸收合并 B 企业暨关联交易报告书》等其他相关文件。2019 年 2 月 20 日，吸收合并事宜获中国证监会审核通过。

从报告书中可知，A 企业会向 B 企业除 A 企业及 T 企业（A 企业境外全资子公司）外的所有换股股东发行股票，交换这些股东所持有的 B 企业 A 股股票及 B 企业 B 股股票。A 企业及 T 企业所持有的 B 企业 A 股及 B 股股票不参与换股，这些股票将在本次换股吸收合并后予以注销。本次合并中，A 企业和 B 企业的换股价格均以定价基准日前 20 个交易日股票交易均价为基础。A 企业的换股价格为 42.04 元 / 股，B 企业 A 股的换股价格为 50.91 元 / 股，B 企业 B 股的换股价格为 42.07 元 / 股。根据每 1 股 B 企业 A 股或 B 股股票可以换得 A 企业股票数为 B 企业 A 股或 B 股的换股价格除以A企业的换股价格（计算结果按四舍五入保留四位小数），A企业与B企业A的换股比例为1 ∶ 1.2110，即每1股B企业A股股票可以换得1.2110股A企业股票；A企业与B企业B的换股比例为1 ∶ 1.0007，即每1股B企业B股股票可以换得1.0007股A企业股票。

在换股吸收合并进行的同时，B企业还进行了一次中期利润分配。2018年11月22日，A企业提议B企业在合并前进行一次现金分红。2019年4月2日，B企业的中期利润分配方案获临时股东大会审议通过。具体的分配方案为：以公司2018年末总股本632,487,764股为基数，按每10股派发现金红利40元（含税）向全体股东分配，共派发现金2,529,951,056元，约占2018年第三季度末B企业母公司未分配利润的85.08%。分红使得换股价格和换股比例均需做出相应的调整。2019年4月15日，A企业发布了关于B企业实施中期利润分配方案后调整换股吸收合并的换股价格、换股比例等事项的提示性公告。报告中提到，B企业中期利润分配方案实施完毕后,B企业A股的换股价格调整为46.91元/股，换股比例调整为1 ∶ 1.11584206，B企业B股的换股价格调整为38.07元/股，换股比例调整为1 ∶ 0.90556613。

为了充分保护A企业和B企业全体股东尤其是中小股东的权益，A企业向A企业异议股东提供了收购请求权，向B企业异议股东提供了现金选择权。2019年5月22日，A企业发布了关于收购请求权申报结果的公告，B企业发布了关于A企业换股吸收合并B企业现金选择权申报结果公告。公告内容表明没有投资者申报行使A企业收购请求权，也没有投资者申报行使B企业A股和B企业B股的现金选择权。

2019年6月，本次换股吸收合并完成，B企业于6月21日终止上市并注销法人资格，A企业或其全资子公司将承继及承接B企业的全部资产、负债、业务、人员、合同及其他一切权利与义务。A企业因本次换股吸收合并所增发的A股股票将申请在深交所主板上市流通。

三、案例小结

吸收合并在上市公司中并不少见，从案例内容可知，企业从决定进行吸收合并到合并完成要经历一个较为漫长的过程，其中涉及一系列决策，许多决策会对企业税负产生影响。税收作为一种资金流出会在多个方面影响企业，一个以利润最大化为目标的企业总是会通过多种方式进行筹划以降低企业税负。本案例中，A企业究竟在哪些地方进行了税收筹划？具体的筹划方式是什么？这种方式是否合法？这些问题均有待进一步的思考。

四、参考文献

美的集团股份有限公司发行 A 股股份换股吸收合并无锡小天鹅股份有限公司暨关联交易报告书（修订稿）[EB/OL].（2019-03-14）[2021-01-19]. http://data.eastmoney.com/notices/detail/000333/AN201903131305563533,.html.

美的集团股份有限公司 2018 年度报告 [EB/OL].（2019-04-20）[2021-01-19]. https://data.eastmoney.com/notices/detail/000333/AN201904191320930702,JUU3JUJFJThFJUU3JTlBJTg0JUU5JTlCJTg2JUU1JTlCJUEy.html.

美的集团关于收购请求权申报结果的公告 [EB/OL].（2019-05-22）[2021-01-19]. http://www.szse.cn/disclosure/listed/bulletinDetail/index.html?5f46bb89-da36-4b1f-9a00-b248677b9ee8.

美的集团关于无锡小天鹅股份有限公司实施中期利润分配方案后调整换股吸收合并的换股价格、换股比例等事项的提示性公告 [EB/OL].（2019-05-23）[2021-01-19]. http://www.szse.cn/disclosure/listed/bulletinDetail/index.html?b537ee9c-c0de-452e-b6d3-fff1b7cf0d71.

小天鹅 A 关于美的集团换股吸收合并公司现金选择权申报结果公告 [EB/OL].（2019-05-22）[2021-01-19]. http://www.szse.cn/disclosure/listed/bulletinDetail/index.html?427f4b31-5ec6-4fb2-ac12-09e389bf765c.

案例使用说明

一、教学目的与用途

（1）适用课程：税收筹划、中国税制专题与税收案例分析等。

（2）适用对象：本案例适合税务专业高年级本科生、研究生及税务专业研究生学习，还适合税务机关相关制度制定者和执行者及企业财务、税务管理人员学习。

（3）教学目的：通过本案例的讨论与分析，使学生能够在了解 A 企业吸收合并 B 企业这一事件的基础上，自主挖掘吸收合并过程中可能存在的筹划点。同时，引导学生针对上述筹划点积极查阅相关法律法规和文献资料，对 A 企业采用的筹划方案进行点评，最终为这类合并行为设计出一个最为合理的筹划方案。

二、涉及知识点

（1）税收筹划：税收筹划的原则、合并分立与资产重组的税收筹划。

（2）中国税制专题：企业重组业务涉及的企业所得税规定、企业分红涉及的企业所得税和个人所得税规定、资产转让涉及的相关税收规定。

（3）会计学：购买法和权益结合法在会计处理上的差异。

三、配套教材

（1）胡怡建：《税收学》，上海财经大学出版社 2018 年版。

（2）计金标：《税收筹划》，中国人民大学出版社 2016 年第 6 版。

（3）中国注册会计师协会编：《会计——2022 年注册会计师全国统一考试辅导教材》，中国财政经济出版社 2022 年版。

（4）中国注册会计师协会编：《税法——2022 年注册会计师全国统一考试辅导教材》，中国财政经济出版社 2022 年版。

四、启发思考题

（1）吸收合并最终的结果是被合并方不再存续，其全部资产、负债、业务、人员、合同及其他一切权利与义务将由合并方承继及承接。同样是资产转让行为，A 企业为什么会选择以吸收合并的方式转让资产而不是直接转让资产呢？是否有税收方面的考量？

（2）在吸收合并实施之前，A 企业提议 B 企业进行一次现金分红，B 企业最终采纳了这一提议。值得注意的是，本次分红创出了 A 企业和 B 企业两个公司分红的历史之最，分红金额约占 2018 年第三季度末 B 企业母公司未分配利润的 85.08%。A 企业为什么会提议在合并之前“分光”B 企业？如何从税收角度解释这一行为？

（3）吸收合并涉及的税种主要是企业所得税，为了减轻企业所得税负担，A 企业在哪些环节进行了税收筹划？采用的筹划方式是否合法合理？是否还存在其他筹划的空间？

（4）从税收角度来说，吸收合并给 A 企业带来了哪些好处？涉及哪些税种的税收负担？

五、分析思路

（1）企业做出吸收合并决策一定是经过多方面的考量，税收便是其中的一个重要因素。为了分析企业的税收理由，首先要对吸收合并涉及的税种进行整理，具体有增值税、企业所得税、契税和土地增值税。其次，通过查阅相关法律法规，了解各个税种的征税对象、减免税优惠，从而比较吸收合并情形下的资产转让和直接的资产转让在税务处理上的差异。最后，利用 A 企业和 B 企业的年报数据进行简单测算，得出 A 企业选择吸收合并方式的税收理由。

（2）除了增加现金流，A 企业选择在合并之前“分光” B 企业还有税收方面的考量。根据企业所得税和个人所得税相关规定，只要满足持股期限要求，居民企业之间的股息、红利等权益性收益及个人取得的股息红利均无须缴纳所得税，且分红之后股东的财产转让收入会减少。因此，在合并前分红帮助股东减少税收支出，有利于吸收合并的顺利进行。

（3）吸收合并过程需要缴纳的税种主要是企业所得税，一个理性的企业总是尽可能地通过税收筹划降低企业税负。为了挖掘 A 企业的税收筹划行为，首先分析吸收合并过程中可能存在筹划空间的地方，主要有三个：合并目标选择、支付方式选择和会计处理方式选择。其次，在了解资产重组税收筹划常用方法的基础上，对每个筹划环节可以采用的筹划方法进行归纳整理。最后结合 A 企业和 B 企业自身情况，对 A 企业选择的筹划方法进行简单评价。

六、理论依据与分析

（一）选择吸收合并的税收理由

吸收合并最终会引起资产转让，与之相关的税种主要有增值税、企业所得税、契税和土地增值税。与普通情形下发生的资产转让相比，吸收合并引起的资产转让往往可以享受减免税优惠，具体如表 1 所示。

表 1　资产转让在不同情形下的纳税规定

税种	吸收合并情形下的资产转让	普通情形下的资产转让
增值税	根据《国家税务总局关于纳税人资产重组有关增值税问题的公告》（国家税务总局 2011 年第 13 号），纳税人在资产重组过程中，通过合并、分立、出售、置换等方式，将全部或者部分实物资产以及与其相关联的债权、负债和劳动力一并转让给其他单位和个人，不属于增值税的征税范围，其中涉及的货物转让，不征收增值税	根据《中华人民共和国增值税暂行条例》，转让货物适用 13% 的税率，转让不动产适用 9% 的税率，转让无形资产适用 6% 的税率

续表

税种	吸收合并情形下的资产转让	普通情形下的资产转让
企业所得税	根据《财政部、国家税务总局关于企业重组业务企业所得税处理若干问题的通知》（财税〔2009〕59号），当企业合并满足企业股东在企业合并发生时取得的股权支付金额不低于其交易支付总额的85%，以及同一控制下且不需要支付对价的企业合并时，交易中股权支付暂不确认有关资产的转让所得或损失，其非股权支付仍应在交易当期确认相应的资产转让所得或损失，并调整相应资产的计税基础	根据《国家税务总局关于企业取得财产转让等所得企业所得税处理问题的公告》（国家税务总局公告2010年第19号），企业取得财产（包括各类资产、股权、债权等）转让收入，不论是以货币形式还是非货币形式体现，除另有规定外，均应一次性计入确认收入的年度计算缴纳企业所得税
契税	根据《财政部、国家税务总局关于进一步支持企业事业单位改制重组有关契税政策的通知》（财税〔2015〕37号），两个或两个以上的公司，依照法律规定、合同约定，合并为一个公司，且原投资主体存续的，对合并后公司承受原合并各方土地、房屋权属，免征契税	根据《中华人民共和国契税暂行条例》，在中华人民共和国境内转移土地、房屋权属，承受的单位和个人为契税的纳税人，应当依照本条例的规定缴纳契税
土地增值税	根据《财政部、国家税务总局关于企业改制重组有关土地增值税政策的通知》（财税〔2015〕5号），按照法律规定或者合同约定，两个或两个以上企业合并为一个企业，且原企业投资主体存续的，对原企业将国有土地、房屋权属转移、变更到合并后的企业，暂不征土地增值税	根据《中华人民共和国土地增值税暂行条例》，转让国有土地使用权、地上的建筑物及其附着物并取得收入的单位和个人为土地增值税的纳税义务人，应当依照本条例缴纳土地增值税

表2是B企业2018年部分资产的余额情况，可以看到B企业拥有大量的资产，如果是普通的资产转让将涉及大量税收。由于A企业是以换股的方式吸收合并B企业，因此除了企业所得税，其他税种均无须缴纳，这将为合并双方节省大量税收支出。

表2　B企业2018年资产情况节选

单位：元

项目	期末余额	期初余额
存货	1,754,597,149.53	1,980,766,196.14
投资性房地产	54,776,877.23	61,695,825.00
固定资产	1,121,036,700.25	1,029,668,355.84
在建工程	15,486,834.37	37,972,252.60
无形资产	181,939,282.79	187,045,347.27
资产合计	23,561,899,125.85	21,338,421,243.67

（二）合并前分红的税收理由

从税收角度来说，A企业之所以提议B企业在吸收合并实施前进行一次现金分红主要有两方面原因。

第一，根据《企业会计准则》规定，企业做出利润分配决定时的会计分录为借：利润分配——未分配利润，贷：应付股利。实际发放现金红利时的会计分录为借：应付股利，贷：银行存款。从这两笔会计分录可知，分红有助于降低被合并方的所有者权益和资产总额，从而减少资产转让需要缴纳的企业所得税。

第二，根据《中华人民共和国企业所得税法》规定，符合条件的居民企业之间的股息、红利等权益性收益属于免税收入。根据《财政部、国家税务总局、证监会关于上市公司股息红利差别化个人所得税政策有关问题的通知》（财税〔2015〕101号）第一条，个人从公开发行和转让市场取得的上市公司股票，持股期限超过1年的，股息红利所得暂免征收个人所得税。因此，只要持股期限满足税法规定，无论是个人股东还是法人股东取得的股息红利所得均无须缴纳所得税。与此同时，分红使得B企业A股和B股的换股价格有所降低，这意味着A企业完成吸收合并需要付出的费用减少，且股东的股权转让所得也会减少，使得吸收合并更易获得股东的支持。

（三）所得税纳税筹划

前文提到，吸收合并情形下，只有企业所得税还可能缴纳，为了进一步降低税负，企业可以进行企业所得税纳税筹划。具体的筹划点有三个，分别是合并目标选择的筹划、支付方式选择的筹划，以及会计处理方式选择的筹划。

1. 合并目标选择的筹划

在做出吸收合并决策之前，首先要确定合并目标。然而，合并目标的选择并不是一件容易的事，通常要权衡多方面因素。从税收角度来看，需要考察目标企业的财务状况及税负状况。具体的筹划思路是如果合并方盈利水平较高，可以考虑选择一家有大量经营亏损的企业作为被合并方，通过合并后的盈亏抵补达到降低企业整体税负的目的。或者选择一家税负较低的企业作为被合并方也可以帮助合并方降低整体税负，如选择高新技术企业作为被合并方。

在本次换股吸收合并中，A企业最终选择的合并目标为B企业。从B企业近三年的年度报告可知，B企业盈利情况较好，连续三年盈利且利润总额呈逐年增长趋势，并不符合前文所述“有大量经营亏损”这一特征。但是，企业在做任何决策时都不能仅追求税负最小化，而应该以利润最大化为目标。虽然吸收合并B企业并不能通过盈亏抵补的方式帮助A企业减免企业所得税，却可以通过发挥协同效应提升A企业的价值，因此符合税收筹划的财务原则。尽管B企业的财务状况并不能降低

A企业的整体税负，但是B企业属于高新技术企业，可以享受15%的企业所得税优惠税率。这在一定程度上可以减轻A企业的所得税税负。

2. 支付方式选择的筹划

企业完成吸收合并可以采取的支付方式有两种：现金支付和股权支付。不同的支付方式会对企业的税收负担和现金流状况产生不同的影响。根据《财政部、国家税务总局关于企业重组业务企业所得税处理若干问题的通知》(财税〔2009〕59号)，企业重组只要满足一定的条件便可以适用特殊性税务处理规定，其中很重要的一个条件是交易对价中涉及的股权支付金额不低于其交易支付总额的85%。一旦适用特殊性税务处理规定，一方面，交易对价中股权支付对应的有关资产转让部分可以暂不确认转让所得或损失，达到递延纳税的目的；另一方面，与一般性税务处理不同，当企业合并适用特殊性税务处理时，被合并企业的亏损可由合并企业弥补，有助于降低合并企业的整体税负。因此，为了满足适用特殊性税务处理规定的条件以降低企业税负，在保证原有股权不被过度稀释的前提下，应尽量选择股权支付。

本案例中，A企业采用的合并方式为换股吸收合并，以A企业股票等额交换B企业股票。为了充分保护B企业全体股东尤其是中小股东的权益，A企业向B企业异议股东提供了现金选择权。根据B企业2019年5月22日发布的《B企业关于A企业换股吸收合并B企业现金选择权申报结果公告》，在本次现金选择权申报期内，没有投资者申报行使B企业A股和B企业B股的现金选择权，这意味着本次吸收合并的支付方式为百分之百的股权支付。这种支付方式不会对A企业合并当期的现金流产生冲击，也不会使其面临较重的偿债压力，而且百分之百的股权支付使得被合并方无须在当期确认资产转让所得，有利于合并的顺利进行。当然，股权支付方式也存在劣势。与现金支付方式相比，股权支付会在一定程度上削弱原有股东对企业的控制权。但从A企业股份有限公司《发行A股股份换股吸收合并B企业暨关联交易报告书》中可知，本次吸收合并不会造成原有股权的过度稀释，预期仅会使原有股东的持股比例下降4.94%。为了降低原有股权的稀释程度，合并方也可以考虑采取股权支付和现金支付相结合的支付方式，但要注意股权支付比例不能低于85%。

3. 会计处理方式选择的筹划

企业在对合并行为进行会计处理时可以选择的方法有两种：购买法和权益结合法。会计处理方法的选择也会影响企业的税收负担。购买法和权益结合法在很多方面存在差异，其中会对企业税负产生影响的差异主要有三点。第一，当合并方采用购买法时，被合并方的原有资产按公允价值计量，而权益结合法下则是按照账面价值计量。由于资产的公允价值往往高于其账面价值，因此购买法导致的资产增值可以使合并方在未来期间获得更高的折旧额，这有助于降低企业税负。第二，如果选择购买法，合并方需要将合并成本与被合并方可辨认净资产公允价值之间的差额确认为商誉，而采用权益结合法则无须进行这一处理。虽然目前不对商誉计提摊销，但是在会计期末需要进行减值测试。一旦商誉发生减值，便要计提减值准备，这会降低企业利润，从而减轻企业税负。第三，采用权益结合法需要将被合并方合并当年的全部损益都并入合并方的利润表，而购买法仅仅将被合并方在合并日后实现的损益并入利润表。因此，当被合并方在合并之前为亏损状态时，可以考虑采用权益结合法。会计处理方法的差异会导致合并方合并当年利润的差异，最终影响合并方的税负。

根据《企业会计准则》规定，企业在合并过程中可以根据不同情况选择权益结合法和购买法，而对同一控制下的企业发生的合并需要采用权益结合法。因为在吸收合并之前，A 企业是 B 企业的第一大股东，所以本次合并属于同一控制下发生的合并，A 企业在会计处理时应该选择权益结合法，但这并不意味着 A 企业在会计处理方式上没有筹划的空间。如果选择购买法对企业来说更为有利，A 企业还是可以通过先分立再合并的方式适用购买法，但这样做会产生多余的成本费用。此外，尽管购买法下被合并方的净资产是按公允价值计量的，但该方法在形成节税效果的同时也会引起企业的现金流出或负债增加，进而降低企业的资产回报率。而权益结合法虽然不能使合并方享受资产增值多计提折旧以及商誉减值带来的抵税作用，但是该方法也不会对企业未来期间的收益产生影响。仅仅为了降低企业应纳税额而减少企业利润和资产回报率的做法是不明智的，有违税收筹划原则。尽管 A 企业选择的会计处理方法并不能改变企业的纳税状况，但有利于企业未来收益，符合税收筹划的财务原则。当然，如果可以选择亏损的企业作为被合并方，则选择权益结合法可以享受被合并方合并当年的全部损益都并入合并方利润表带来的亏损弥补作用，但这可能有损企业价值，税收筹划还需要全面权衡得失。

七、关键要点

（1）**关键点：**尽管吸收合并过程涉及多个税种，但是增值税、契税和土地增值税都可以享受免税优惠，最终需要缴纳的仅为企业所得税和印花税。由于印花税金额较小且筹划空间不大，因此分析企业所得税的纳税筹划是理解本案例的关键。具体来说，需要分析吸收合并过程中可能存在企业所得税筹划空间的地方，在归纳总结每个筹划环节可以采用的筹划方法的基础上，设计出最为合理的筹划方案。

（2）关键知识点：合并分立与资产重组涉及的企业所得税纳税筹划；企业重组业务企业所得税特殊性税务处理规定；企业分红涉及的企业所得税和个人所得税规定；购买法和权益结合法在会计处理上的差异。

（3）能力点：培养学生阅读案例、分析案例和解决现实问题的能力。具体来说，要求学生通过阅读案例精准抓住吸收合并过程存在的税收筹划空间，并运用课程相应知识点对可以采用的筹划方法做出自己的分析与判断，进而提高批判性思维能力及解决问题的实际能力。

八、建议课堂计划

本案例可以作为专门的案例讨论课来进行，如下是按照时间进度提供的课堂计划建议，仅供参考。

整个案例课的课堂时间控制在90分钟，即2节课。

（1）课前计划：将案例和启发思考题发给学生，请学生自行阅读案例并进行初步的思考。

（2）课中计划：

课堂前言（7～10分钟）：由教师简明扼要地讲解案例内容，并抛出案例中可供讨论的话题。

分组讨论（25分钟）：请学生自由组合并围绕存在税收筹划空间的环节进行讨论。讨论时需要有学生记录讨论情况，发言人准备发言提纲。

小组发言（每组6分钟）：各组发言人就本组讨论情况和结果做一个简单的汇报，其他同学可以提问。

讨论与思考（20～25分钟）：在对小组发言情况进行点评的基础上，引导全班同学对未解决的问题做进一步的讨论和思考。

（3）课后计划：请学生利用网络及文献搜索企业吸收合并涉及的税收筹划的相关资料信息，尤其是最新信息，采用报告形式给出更加具体的筹划方案，或写出案例分析报告（1500～2000字）。

案例 9 跨境并购业务的税收筹划
——以聚光科技为例

陈想想 周 萍 傅 楠 施如画 杨雯茜 张丽梅 郑朝鹏 张云箫 徐玲燕

摘 要: 聚光科技有限公司将在海外多个国家（地区）发展并购业务。本文选取了聚光科技公司在意大利、美国、印度三个国家的跨境并购业务及投资，基于聚光科技的五点需求，设计了直接投资、单层间接投资、多层间接投资三种不同的跨境并购架构方案。结合上述三个国家不同的税制结构和国内企业所得税的有关规定，本文计算并分析了三种跨境并购方案下的企业所得税与股息预提所得税税负，得到税负最优的跨境并购架构方案。最后，本文综合考虑方案可能的反避税风险，并提出降低反避税风险的建议。

关键词: 跨境并购、中间控股、股息预提所得税、反避税

Abstract: The Focused Photonics Inc. (FPI) will carry out mergers and acquisitions (M&A) business in many overseas countries and regions. This paper selects the cross-border M&A business and investment of FPI in three countries: Italy, the United States, and India. Based on the five requirements of FPI, three different schemes are designed: direct investment, single-layer indirect investment, and multi-layer indirect investment. Combining the different tax structures of the above three countries and the relevant domestic corporate income tax regulations, this paper calculates and analyzes the corporate income tax and dividend withholding income tax burdens under the three cross-border M&As, and selects the cross-border M&A structure with the lowest tax burden. Finally, this paper comprehensively considers the possible anti-tax avoidance risks of the plan, and proposes ways to reduce the anti-tax avoidance risks.

Key words: cross-border M&As, intermediate holding, dividend withholding income tax, anti-tax avoidance

案例正文

一、引言

（一）中国企业跨境并购的现状

从2000年我国正式提出“走出去”战略后，中国企业海外并购的步伐一直在持续加速中。2004—2015年，我国跨境并购交易金额增加了10倍，并在2016年达到了小高峰。近年来，在新冠肺炎疫情与政治因素的打击下，全球并购活动都受到了影响，而中国企业的跨境并购活动正在转型。从投资行业来看，过去我国企业并购的主要行业是资源类领域，如石油、矿石等，而现在则主要集中于服务业、高新技术产业、工业。另外，参与企业的类型也从过去的国企为主转为民营企业大量增加，参与主体也更加多元化。

“走出去”战略又称国际化经营战略，是指中国企业充分利用国内和国外“两个市场、两种资源”，通过对外直接投资、对外劳务合作等形式积极参与国际竞争与合作，实现我国经济可持续发展的现代化强国战略。跨境并购是“走出去”战略的一种重要途径，它帮助企业以更高水平参与国际分工合作，对促进国内经济转型升级，深化中国与世界各国互利共赢具有重大意义。

对企业来说，推动跨境并购的主要动力，一方面来源于企业对技术，以及满足日益扩大的中产阶级消费需要的追求，另一方面是合适的投资契机，中国民营企业在发展过程中需要通过海外并购实现全球扩张，而欧元区债务危机为中国企业提供了低价收购的契机。另外还有有利的政策环境支持，国家发改委于2012年6月同外交部等部门联合发布了《关于鼓励和引导民营企业积极开展境外投资的实施意见》，鼓励民营企业参与海外并购。

企业税负是衡量企业价值的主要因素之一，也是影响企业对外直接投资决策的重要因素。然而，我国关于跨境并购的税务筹划还处于探索和学习阶段，有些企业由于不熟悉相关政策，税务专业素质不够高，在跨境并购活动中可能存在重复纳税、税收优惠政策利用不足的问题，这将大大减少企业的收益，损害企业价值。相反，如果熟悉企业经营国家的税收政策法规，进行合理的企业跨境并购交易架构设计，则能使企业在经营过程中降低税务成本，增加财务收益，实现企业价值的最大化。本案例将重点研究跨境公司经营过程中的相关税收政策和国家或地区间税收协定，制定最优的跨境并购架构方案，使得企业所得税税负达到最优。

（二）聚光科技的海外蓝图

聚光科技（杭州）股份有限公司是由留学归国人员创办的高新技术企业，目前的主营业务包括：智慧环境监测与治理，智慧工业过程分析与运维，智慧安全监测，智慧水利水务，智慧实验室仪器、耗材供应及服务，水生态综合治理，土壤修复，固废危废处置等。公司专注于为各行业用户提供领先的技术应用服务和绿色智慧城市解决方案。公司拥有国际一流的研发、营销、应用服务和供应链团队，致力于业界最前沿的各种分析检测技术研究与应用开发。产品广泛应用于环保、冶金、石化、化工、能源、食品、农业、交通、水利、建筑、制药、酿造、航空及科学研究等众多行业，并出口到美国、日本、英国、俄罗斯等20多个国家和地区。

在过去的几年中，聚光科技已在海外收购了一些业务相关的科技公司。例如为避免竞争对手收购对本公司造成威胁，聚光科技对荷兰的一家公司进行了防御性收购；为获得品牌支持收购了一家英国企业，提高了聚光科技产品的知名度，拓宽了产品市场。出于开拓扩展海外业务，加速引进新技术，提高品牌知名度等未来规划的需要，聚光科技计划在美国、意大利及印度等国家通过设立或并购方式成立子公司。

本案例主要选取美国、意大利、印度三个国家作为研究对象。由于这三个国家之间的税制差异较大、经济发展的阶段差距明显，因此我们需要对这三个国家的税收制度与并购政策分别进行整理和分析。同时多层股权架构的构建，还需对中国内地、中国香港、新加坡及部分避税天堂如毛里求斯等国家（地区）的股息红利税收政策和企业所得税税收政策进行详尽的了解和掌握，通过灵活运用各地相关税收政策，达到设计方案税负优化的目的。

二、聚光科技架构设计需求

（一）税负优化

1. 股息预提所得税

各国对居民企业分配到境外的股息都征收预提所得税。预提所得税并非一个特定的税种，而是对这种源泉扣缴方式的所得税的习惯性叫法。它指的是按预提方式课税的一种个人所得税或公司所得税，即由所得支付人（付款人）在向所得受益人（收款人）支付所得（款项）时为其代扣代缴税款。

不同国家对预提所得税有各自的税率规定，例如我国《企业所得税法》第三条和《企业所得税法实施条例》第九十一条规定，外国企业在中国境内未设立机构、场所，而有取得的来源于中国境内的利润（股息、红利）、利息、租金、特许权使用费和其他所得，或者虽设立机构、场所，但上述所得与其机构、场所没有实际联系的，都应当缴纳 10% 的所得税。

此次聚光科技跨境并购选择的三个东道国——美国、意大利和印度，也都有各自关于预提所得税的规定。具体来说，对于非美国税收居民企业，就其取得的来源于美国但与其在美国的经营活动无实际联系的收入，需按收入全额的 30% 的税率缴纳公司所得税，股息和利息的预提税率相等，若非税收居民企业所在国与美国签订有双边税收协定，那么税率可以相应减免。意大利有三种主要的预提税：股息预提税、利息预提税、特许权使用费预提税，其中股息和利息的所得税税率都为 30%。印度的预提所得税税率相对复杂，不同类型的收入对应不同的税率，如股息的预提所得税为 21%，利息的预提所得税为 20%，技术服务的预提所得税为 10%。

因此，股息分配汇回的过程中，可能缴纳巨额的股息预提所得税，造成企业税负过重。

2. 境外所得征税

被并购公司的利润以分红的形式汇回母公司后，就成了母公司聚光科技的境外所得，相应地，需要缴纳境外所得税。我国税法规定境外所得是指纳税人来源于境外的收入总额（包括生产经营所得和其他所得），扣除按税法规定允许扣除的境外发生的成本费用后的金额。

如果就全部境外所得纳税，聚光科技必然承担沉重的所得税税负。但我国税法也规定了境外已缴纳所得税税款的抵扣规则，对纳税人来源于国内外的全部所得课征所得税时允许以其在国外缴纳的所得税税款抵免应纳税款，从而避免重复征税。例如居民企业从其直接（居民企业直接持有外国企业 20% 以上股份）或间接（居民企业以间接持股方式持有外国企业 20% 以上股份）控制的外国企业分得的来源于中国境外的股息、红利等权益性投资收益，外国企业在境外实际缴纳的所得税税额中属于该项所得负担的部分，可以作为该居民企业的可抵免境外所得税税额，在规定的抵免限额内抵免。

因此，在跨境并购的过程中，如何合理利用境外所得的抵免规则，降低企业所得税税负，是聚光科技首要考虑的税务问题。

（二）再投资需求

聚光科技公司正积极开展海外布局，进军海外市场，未来除了在美国、印度、意大利收购子公司，还将在东南亚、英国、荷兰等多个国家或地区进行跨境并购业务。因此，聚光科技公司希望设计的跨境并购架构方案不局限于美国、印度、意大利等眼前的需求，还能运用到将来各国的并购业务。这要求聚光科技的架构方案更加灵活与实用，应用范围更加广泛。

（三）确立海外投资平台

根据中国现行法律的规定，中国企业向境外进行并购等直接投资需要获得发改委、商务部门的批准或备案和银行的外汇登记，如果是国有企业，还必须取得国资委的核准或备案。具体来说，根据发改委《境外投资项目核准和备案管理办法》（9号令）的规定，中方投资额在10亿美元以上且涉及敏感国家和地区或涉及敏感行业的项目需要向国家或省级发改委进行项目核准，而其他项目一律适用备案管理，但是发改委各级部门对所有项目仍然享有绝对的裁量权，可以对项目申请不予以批准和备案。同时根据商务部2014年第3号令《境外投资管理办法》，与中国未建交的国家、受联合国制裁的国家的项目进行核准，其余施行备案制度。尽管"9号令"和"3号令"相对之前的21号令已经简化了企业所面临的审批手续，但企业受政府管制依旧较多。

此外，中国及其他一些国家政府为平衡国际收支和维持本国货币汇率而对外汇进出实行限制性措施，外汇管理较为严苛。若由母公司进行直接投资可能面临资金不能及时到位的问题。

因此聚光科技希望能够找到一个中间控股地设立海外投资平台以减少审批手续，规避外汇管制，方便企业及时进行对外投资。同时，根据刘媛媛（2016）等的论述，选择和设立海外投资平台还具有以下几点优势：①防火墙作用。据了解，国外政府在对一个企业的背景进行调查研究时往往会进行股权的追溯，如果中间控股公司只是一个管道公司，没有实质性商业目的，那么层层追溯之下，中国的居民企业很有可能会被认为是该被调查企业的实际控制人，承担相应的政治和法律风险，如若将中间控股公司设立为投资平台，可以弱化中国母公司背景，为其提供保护。②方便处置项目公司股权，有利于退出投资或进行业务重组。

（四）确立海外融资平台

中国居民企业的资金获得渠道主要有以下几种：①内部融资，即使用企业的自有资金；②债务融资，包括债券融资和债务融资；③权益融资，即股权融资。[1] 聚光

① 周凯林：《我国民营企业跨国并购融资问题研究》，硕士学位论文，河南大学，2015年。

科技作为境内上市的民营企业，可以通过内部融资、债务融资、股权融资等方式进行融资。但是自有资金毕竟有限，债务融资也主要依靠银行贷款，约束较多；股票的发行也受到众多限制，聚光科技如果希望拓展海外市场，进行大规模投资，国内的融资手段是远远不能满足其资金需求的。寻找设立海外融资平台，借助金融发达地区或国家的资本市场进行融资是非常有必要的。

此外，将该融资平台作为资金池，对各境外项目资金进行资金管理，将大大提高境外资金使用的灵活性，避免资金沉淀，降低资金使用成本，对于聚光科技来说也是非常值得做的一件事。

（五）文化环境与经济体系

由于美国、意大利、印度三个国家的文化迥异，聚光科技在海外投资时可能会面临额外的跨文化交易费用，因此聚光科技公司希望通过设立中间控股公司来降低文化差异带来的成本与阻碍。对于中间控股公司的区域选择，一方面要求与中国内地的文化相近或地理相邻。对中间控股地的文化环境比较熟悉，可以降低聚光科技的信息成本、谈判成本与缔约成本；同时，可以使聚光科技母公司与海外子公司之间的沟通更方便，对子公司的控制力加强，降低了管理成本。因此，选择在文化相近的国家（地区）设立海外控股公司，更有利于聚光科技对海外子公司的管理。

另一方面，中间控股地与东道国之间也需要缩小文化差异。考虑到未来还将在东南亚等地进行跨境并购，聚光科技希望中间控股地能有国际化的经商环境与自由的经济体系，来糅合不同的国家文化，有利于聚光科技今后在全球范围内的并购业务。

（六）降低避税风险

虽然海外投资避税能给企业带来经济利益，但是聚光科技公司更倾向于一个保守的跨境并购架构方案，降低可能的避税风险。原因在于，聚光科技公司作为一家上市公司，一旦被认定为偷税，不仅要承担补税、罚金和滞纳金，也会使公司形象大打折扣，由此造成的经济损失也是非常巨大的。同时，聚光科技在海外并购的主要目的是开拓海外市场，如果因为避税而使企业海外市场风险加大，也是得不偿失的。

三、聚光科技海外交易架构设计

（一）三种交易架构及初步比较

目前，中国企业开展海外业务采用的投资架构主要有以下三种模式：①子公司模式，即设立全资子公司；②设立常设机构；③设立分公司。这三种模式都是单一的投资模式，在本案例当中也被称为直接投资。聚光科技可以采用这种直接投资的方式，在项目国即东道国设立或并购成立子公司，子公司分配股息直接汇回母公司，如图 1 所示。

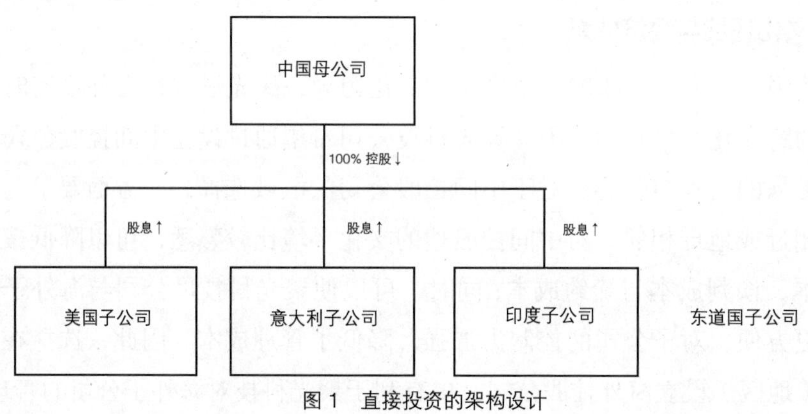

图 1　直接投资的架构设计

这种方式的主要的问题在于：审批手续多；外汇管制；税收筹划空间小；资金使用效率不高。[①] 企业各方面尤其是税收负担会比较重。本案例的主要研究目标之一也就是在此基础上设计较为复杂的架构，以便能够合理、安全地减轻企业的一部分税负，加快企业走出去的步伐。

在许多著名的跨境并购案例中，我们都可以发现，作为并购方的中国母公司最终并没有直接控股东道国子公司。例如，2012 年万达收购美国 AMC 公司，最终实现的方式是通过中国香港子公司、美国子公司间接控股 AMC，交易结构如图 2 所示。2008 年中联重科收购意大利 CIFA，先后在中国香港、卢森堡设立多个子公司，最终完成对 CIFA 的收购。[②]

我们将这种在东道国子公司与中国母公司之间设立中间控股公司，母公司出资控股中间控股公司，再由该中间控股公司出资控股东道国子公司，那么母公司实际上间接控制了东道国子公司的交易架构称为间接投资。设立中间控股公司可以在减

① 刘媛媛：《“走出去”企业海外控股架构探讨》，《管理观察》2016年第9期，第36-38页。

② 苏仁惠：《中联重科收购意大利CIFA案例分析》，硕士学位论文，西南财经大学，2011年。

轻企业税负、方便退出投资、减少外汇等方面发挥巨大的作用，因此，大多数跨境并购最终实现的集团架构都是母公司间接控股目标子公司，两者之间存在一个或多个中间控股公司。本案例虽然以优化经营阶段的股息税负为目的，在选择中间控股公司时也将考虑其他会影响企业架构搭建的因素，如经济环境、反避税条例等等。

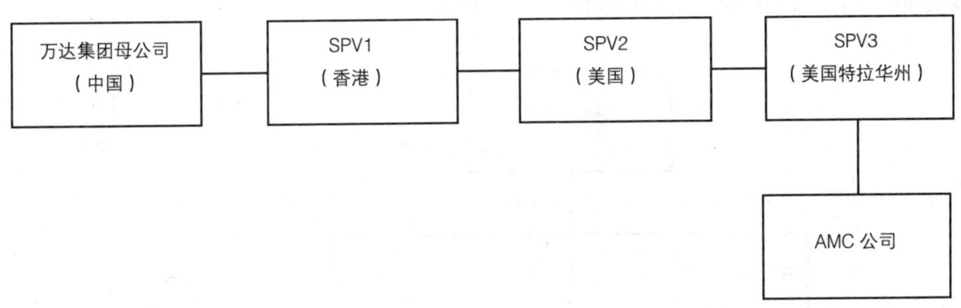

图 2　万达收购 AMC 交易架构

中国税法规定，居民企业从其直接（居民企业直接持有外国企业 20% 以上股份）或间接（居民企业以间接持股方式持有外国企业 20% 以上股份）控制的外国企业分得的来源于中国境外的股息、红利等权益性投资收益，外国企业在境外实际缴纳的所得税税额中属于该项所得负担的部分，可以作为该居民企业的可抵免境外所得税税额，在规定的抵免限额内抵免。而财税〔2009〕125 号规定，由居民企业直接或者间接持有 20% 以上股份的外国企业，仅限于符合以下持股方式的三层外国企业：第一层为，单一居民企业直接持有 20% 以上股份的外国企业；第二层为，单一第一层外国企业直接持有 20% 以上股份，且由单一居民企业直接持有或通过一个或多个符合本条规定持股条件的外国企业间接持有总和达到 20% 以上股份的外国企业；第三层为，单一第二层外国企业直接持有 20% 以上股份，且由单一居民企业直接持有或通过一个或多个符合本条规定持股条件的外国企业间接持有总和达到 20% 以上股份的外国企业。因此，为了能够充分享受到税收抵免的优惠，本文的架构设计不会超过三层。

实际上，我们总共设计了两种间接投资的交易架构，分别是中间有一层控股公司与中间有两层控股公司，如图 3 和图 4 所示。为了统一称呼，我们将 A、B、C 公司统称为中间控股公司Ⅱ，所在国家或地区统称中间控股地Ⅱ；将 D 公司称为中间控股公司Ⅰ，所在国家或地区称中间控股地Ⅰ。具体解释如下：

虽然中国已经与不少国家或地区签订了税收协定避免双重征税，降低企业税负，但是从美国、意大利、印度子公司汇回中国母公司的股息仍然要缴纳相当数额股息预提税，因此，寻找一个与中国和东道国都签订了优惠税收协定的国家或地区的企业作为中间控股公司降低股息预提税对于减轻企业税负的作用是非常大的。由于涉及三个东道国，各国之间税收协定不同，每个东道国子公司与中国母公司之间都可能存在着一个中间控股公司，即 A、B、C 三个公司，当然，这三个子公司也有可能完全是同一个，这需要依赖后续的具体计算。

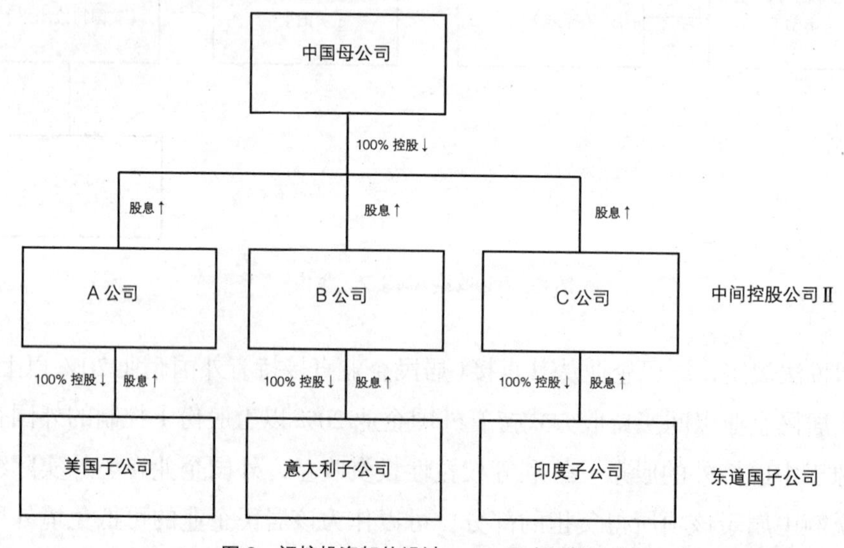

图 3　间接投资架构设计——一层中间控股公司

然而即便找到了一层中间控股公司，也可能仍然需要缴纳一定的股息预提税，因此，我们试图在上述的交易架构中再增加一层控股公司。且由于聚光科技未来布局海外市场的需要，聚光科技需要设立一个离岸的投融资平台，有利于海外资金的汇集，方便之后的并购与投资，避免中资企业受到的外汇管制，等等。所以，在中间控股公司Ⅱ与中国母公司之间我们又增加了 D 公司，称为中间控股公司Ⅰ。该中间控股公司所在地需要有广泛的税收协定，自身税收、经济等环境也要优于其他地区。

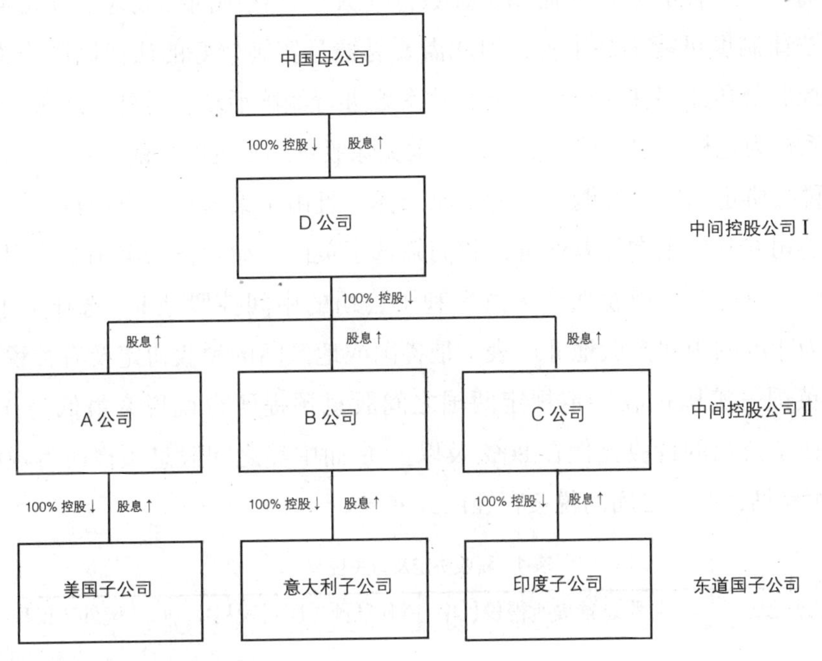

图 4　间接投资架构设计——两层中间控股公司

（二）中间控股地的选择

为减免股息预提所得税，中国母公司分别通过在中间控股地Ⅰ和中间控股地Ⅱ设立控股公司，将东道国的经营利润先分配给控股公司Ⅱ，再由控股公司Ⅱ分配给控股公司Ⅰ，控股公司Ⅰ在恰当的时候再分配给中国母公司。

1. 中间避税地的选择

中间避税地即中间控股地Ⅱ的选择标准主要有以下几点：①无税率或低税率，或者有特殊税收政策优惠（双边税收协定）。对中间控股公司Ⅱ来说，中间控股地Ⅱ要求较低，仅要求与东道国及中间控股地Ⅰ之间拥有税收优惠政策。另外，考虑到以后退出投资活动，各环节的支付股权转让差价也不应征收预提税或低税率。[①] ②无外汇管制。对中间控股公司Ⅱ来说，控股公司Ⅱ主要作为资金流通管道将来自不同东道国的资金汇聚到控股公司Ⅰ，因此，中间控股地Ⅱ必须要求无外汇管制，以保证资金的有效流通。③设立公司的手续简便，具有易懂且实施较好的法律制度。控股公司的经济活动较为简单，主要为资金的中转与投资管理。由于控股公司经常在有需要时才设立，且对时间要求较为紧迫，因此要求中间控股地设立公司的

① 王素荣、付博：《中国企业海外项目融资税务筹划研究》，《财务研究》2016年第4期，第70–80页。

手续尽量简便。但控股公司的流动资金数额庞大，且在中间控股地的经营期限短，对当地的法律制度可能不甚了解，因此需要易懂且实施较好的法律制度作为保障，使得新设控股公司能够在法律监管下有效率地进行经济活动。另外，通常选择反避税法律体系较为宽松的中间控股地，以达到免除股息预提税的目的。

根据税收协定和以往并购案例的主流选择，且由于聚光科技已在英国、荷兰等国拥有子公司并开展正常经营业务，我们筛选了英国、荷兰作为美国子公司的中间控股地Ⅱ；选择荷兰、卢森堡作为意大利子公司的中间控股地Ⅱ；选择毛里求斯、新加坡作为印度的中间控股地Ⅱ。表1是各国或地区间的税收协定及有关税率。举例来说，英国—美国税收协定规定两国之间股息预提所得税税率最低为0（条件为母公司在子公司的持股比例在80%及以上）；而中美之间股息预提所得税则必为10%，显而易见，两者之间的税负存在巨大差异。

表1　税收协定及有关税率

国家或地区	股息预提所得税税率	利息预提所得税税率	境外所得税税率
英国—美国税收协定	5%/15%/0	0；利息仅在英国缴税	股息对应利润的企税可抵免，预提税不能扣
英国—新加坡税收协定	5%/15%	10%	在英国缴纳的利息预提税及股息对应利润的企业所得税可抵扣
英国—中国香港税收协定	0/15%	0	股息、利息预提税可以抵免；股息在港不缴所得税
新加坡—中国税收协定	0	7%/10%	预提税可以扣，对应利润缴纳的企税可以扣
美国—荷兰税收协定	5%/15%	0；利息仅在荷兰缴税	/
荷兰—新加坡税收协定	15%/0	10%	在荷兰缴纳的利息预提税及股息对应利润的企业所得税可抵扣
荷兰—中国香港税收协定	10%	0	股息、利息预提税可以抵免；股息在港不缴所得税
美国—卢森堡税收协定	5%/15%	0	股息、利息预提税可以抵免；股息在卢不缴所得税；股息对应利润的企税不可抵扣
卢森堡—新加坡税收协定	0；股息在新加坡缴税	0；利息在新加坡缴税	预提税可扣；股息对应利润的企税可以抵免

续表

国家或地区	股息预提所得税税率	利息预提所得税税率	境外所得税税率
卢森堡—中国香港税收协定	0/15%	0	股息、利息预提税可以抵免；股息在港不缴所得税
印度—毛里求斯税收协定	5%/15%	8%	预提税及股息对应的企税可以抵免；股息毛里求斯不征税
毛里求斯—新加坡税收协定	0；股息在新加坡缴税	0；利息在新加坡缴税	预提税可以抵扣；股息对应利润的企税可以抵免
印度—新加坡税收协定	10%/15%	10%/15%	预提税可以抵扣；股息对应利润的企税可以抵免
印度—荷兰税收协定	10%	10%	股息、利息预提税可以抵免；股息在荷不缴所得税
欧盟母子公司指令	0	0	不征税
意大利—中国香港税收协定	10%	13%	股息、利息预提税可以抵免；股息在港不缴所得税
意大利—新加坡税收协定	10%	12.50%	预提税可扣；对应利润的企税不可扣；意大利可能在某个阶段减免股息利息预提税
美国—中国税收协定	10%	10%	限额内可以抵免
意大利—中国税收协定	不超过10%	不超过10%	限额内可以抵免
印度—中国税收协定	不超过10%	不超过10%	限额内可以抵免

2. 控股平台的选择

控股平台即中间控股地Ⅰ，与中间控股地Ⅱ相比，控股平台不仅承担税收筹划职能，也将作为聚光科技的投融资平台，承担更多的责任。因此，中间控股地Ⅰ不仅需要广泛的税收协定、优惠的所得税税率、完善的法律、较少的管制，还需要发达的金融体制，且与中国在地理上应相对接近并在经济、政治、文化各方面联系紧密，以便于中国母公司对控股公司Ⅰ的管理。

在聚光科技的控股公司Ⅰ的地区选择上，新加坡和中国香港作为亚洲地区的国际金融中心，是非常理想的中间控股地Ⅰ的选择。从投融资角度看，聚光科技都可以通过股权、债务等途径从两地筹集大量资金，但是，中国内地与香港联系更为密切，相关的合作与协定更多，制定了很多有利于中国企业走出去的制度，例如，聚光科技可以在香港设立平台公司，然后通过内保外贷的形式获得大量低成本的银行贷款。2012 年，中国海外集团有限公司就通过内保外贷形式与包括香港汇丰、恒生及中银香港在内的 12 家银行组成银团签订一项 76 亿港元三年期的融资协议，贷款利率仅为香港同业银行拆息加 4%，折合年利率约为 4.6%，相较同时期中国内地资本市场高达 10% 的贷款利率，每年节省利息支出 5 亿元人民币。因此，从融资角度看，中国香港优于新加坡。

此外，中国香港的税种较少，并且仅对源于香港地区内的收入征税，有较强的地缘优势。新加坡税收协定数量较多，但对注册公司有商业实质要求，且公司维护成本较高。因此，中国香港可能是更为理想的中间控股地 I 的选择。

（三）三层方案的税负的计算与比较

聚光科技中国母公司预计在美国、意大利、印度收购三家子公司，并将实现 100% 控股。假设未来三个国家的子公司每年各取得税前利润 1,000 万美元，并将税后利润全部汇回聚光科技中国母公司。企业可选择的跨境并购架构方案有直接投资、单层间接投资、多层间接投资三种方案，我们对这三种架构方案的所得税税负进行计算后发现，当企业选择不同的架构方案时，所得税税负将会显著不同。

1. 直接投资的所得税税负

在直接投资的交易架构下，东道国美国、意大利、印度的控股子公司所分配的利息直接汇入聚光科技中国母公司。以意大利的子公司为例进行说明。根据意大利的税法，企业 1,000 万美元税前利润适用 27.9% 的所得税税率，股息预提所得税税率为 30%，而根据中意税收协定，股息从意大利汇到中国母公司时享受 10% 的优惠预提税税率。因此，聚光科技取得意大利子公司分配的股息会涉及以下税收。

意大利税负：意大利子公司在意大利应当缴纳企业所得税 =1,000 × 27.9%=279（万美元），汇回中国母公司的股息 =1,000−279=721（万美元），则应当缴纳预提企业所得税 =721 × 10%=72.1（万美元）。

中国税负：该笔所得按照中国税法之规定应当缴纳企业所得税 =1,000 × 15%=150（万美元）。由于该笔所得已经在国外缴纳了企业所得税 =279+72.1=351.1（万美元），大于在中国缴纳的所得税，因此在中国无须缴纳所得税。

聚光科技公司就意大利子公司利润所负担的税收为 351.1 万美元；意大利投资整体税负率 $=\frac{351.1}{1,000}$ =35.11%。

同理计算可得（见表 2），在直接投资的方案下，美国子公司利润直接汇回中国母公司的整体税负率为 40.6%，印度子公司利润的整体税负率为 41%。汇总可得，聚光科技公司在美国、意大利、印度采取直接投资方案的整体税负率是38.95%。

表2 股权直接投资税负 单位：万美元

直接投资税负分析		美国	意大利	印度
项目所在国税负	税前利润	1,000	1,000	1,000
	缴纳企业所得税	340	279	346.1
	向中国分配股息	660	721	653.9
	股息预提税	66	72.1	65.39
	项目所在地纳税总额	406	351.1	411.49
中国税负	中国母公司收到股息	594	648.9	588.51
	母公司收到股息还原成应税所得额	1,000	1,000	1,000
	母公司收到股息应缴中国所得税	150	150	150
	股息境外已纳税额	406	351.1	411.49
	应补缴税额	0	0	0
投资税负率		0.406	0.3511	0.41149
投资整体税负率		0.38953		

2. 单层间接投资的所得税税负

在单层间接投资的交易架构下，我们设计以下方案：美国子公司的股息通过英国或荷兰的中间控股公司汇回聚光科技中国母公司，意大利子公司股息通过荷兰或卢森堡中间控股公司汇入中国母公司，印度子公司所分配的利息经过毛里求斯、新加坡汇入中国母公司。以意大利子公司—卢森堡—中国的架构方案为例进行说明。

根据欧盟母子公司指令，股息从意大利公司汇到卢森堡公司可免征股息预提所得税。因此，股息从意大利子公司到卢森堡中间控股公司会涉及以下税收：

意大利子公司在意大利应当缴纳企业所得税 =1,000 × 27.9%=279（万美元），汇回卢森堡中间控股公司的股息所得税为 0，则卢森堡控股公司所收到的股息 =1,000−279=721（万美元），卢森堡对境外股息所得不征税。此时，企业共承担税负 =279（万美元）。

股息从卢森堡中间控股公司到中国母公司会涉及以下税收：根据中国—卢森堡税收协定，股息从卢森堡汇到中国母公司时享受 5% 的优惠预提税税率，汇回中国母公司的股息 721 万美元，则应当缴纳预提企业所得税 =721 × 5%=36.05（万美元）。

汇回中国后，该笔所得按照中国税法之规定应当缴纳企业所得税 =1,000 × 15%=150（万美元）。由于该笔所得已经在国外缴纳了企业所得税 =279+36.05=315.05（万美元），大于在中国缴纳的所得税，因此在中国无须缴纳所得税。

综上，在意大利子公司—卢森堡—中国的架构方案下，聚光科技公司就意大利子公司利润所负担的税收 = 315.05（万美元），投资整体税负率 31.505%。同理计算可得，在意大利子公司—荷兰—中国的架构方案下，意大利投资整体税负率同 31.505% 。与直接投资的企业所得税税负相比，意大利单层间接投资方案的税负率降低了 10.2%。

同样，我们对美国—英国—中国、美国—荷兰—中国的间接投资方案分别进行计算，发现美国子公司利润的税负率分别为 34% 和 40.4%，比直接投资的 40.6% 都有所下降，通过英国控股公司的方案下降了 16%。对印度—毛里求斯—中国、印度—新加坡—中国的间接投资方案分别进行计算，发现印度子公司利润的税负率变为 37.9% 和 41.1%，通过毛里求斯中间控股公司的架构方案使得企业所得税税负下降了 8%。

选取税负较低的美国—英国—中国、印度—毛里求斯—中国、意大利子公司—卢森堡（荷兰）—中国方案，汇总可得，聚光科技公司在美国、意大利、印度采取单层间接投资方案的整体税负率是 34.5%。以上推演过程的详细计算结果参见表 4。

3. 多层间接投资的所得税税负

在多层间接投资的交易架构下，我们设计以下方案：美国子公司的股息通过英国或荷兰的中间控股公司、意大利子公司股息通过荷兰或卢森堡中间控股公司、印度子公司所分配的利息经过毛里求斯或新加坡中间控股公司，然后三国的股息在中国香港控股平台汇总，最后汇回中国母公司。以意大利子公司—卢森堡（荷兰）—中国香港—中国内地的架构方案为例进行所得税计算说明。

由前文我们已知，意大利子公司将股息从意大利汇到卢森堡，共需承担 279 万美元税负。

股息从卢森堡中间控股公司到中国香港会涉及以下税收：根据中国香港—卢森堡税收协定，股息从卢森堡汇到中国香港免征股息预提税税率，汇回中国香港股息 721 万美元，所得税为 279 万美元。而经由荷兰汇到中国香港的方案，由于荷兰—中国香港税收协定规定，荷兰对中国香港的股息预提税优惠税率为 10%，因此企业共承担所得税税负 351.1 万美元。意大利子公司选择意大利子公司—卢森堡—中国香港—中国内地的税负更佳。

同理我们得到，美国子公司—英国—中国香港的企业所得税税负为 340 万美元，美国子公司—荷兰—中国香港的企业所得税税负为 435.7 万美元，选择英国为中间控股国更优；印度子公司—毛里求斯—中国香港的企业所得税税负为 378.8 万美元，印度子公司—新加坡—中国香港的企业所得税税负为 411.49 万美元，因此印度子公司—毛里求斯—中国香港为更优方案。

美国、意大利、印度的股息汇总到中国香港控股平台，由后者再汇回中国内地。中国香港对境外股息所得不征收企业所得税，股息分配到中国内地时不征收股息预提所得税。汇入中国内地时，该笔所得按照中国税法之规定应当缴纳企业所得税 =3000×15%=450（万元）。由于该笔所得已经在境外缴纳了企业所得税 =279+340+378.8=997.795（万元），大于在中国内地缴纳的所得税，因此在中国内地无须缴纳所得税。故而，在多层间接投资的方案下，以中国香港为控股平台，聚光科技公司在美国、意大利、印度采取的整体税负率是 33.3%。以上推演过程的详细计算结果参见表 5。

通过比较三种投资架构的税负（表 3）可得，以中国香港为控股平台的多层间接投资的整体税负率，较单层间接投资方案下降了 3.5%，较直接投资方案下降了 14.6%，减税效应非常显著，因此避税地和控股平台的综合使用能最大化地降低税负。同时，以中国香港作为资金平台与投资平台，企业能集中来自不同东道国或地区的所有资金，不断进行境外投资活动，而不需要所有的境外资金流回境内，规避了境内海外投资申报与监管的风险。因此，选择以中国香港为控股平台，以英国、卢森堡、毛里求斯分别为美国、意大利、印度的中间控股地，是聚光科技公司在美国、意大利、印度三国并购的所得税税负最优方案。

表 3　三种投资架构的税负比较

架构设计	直接投资	单层间接投资	多层间接投资
投资整体税负率 /%	38.95	34.5	33.3
较直接投资税负下降比例 /%	0	11.4	14.6

（四）最优方案选择

在之前的计算中，我们发现以中国香港为控股平台，以英国、卢森堡、毛里求斯分别为美国、意大利、印度的中间控股地，在所有方案中是税负最优的。而且这种方案也符合了聚光科技的绝大部分需求：税负优化、投融资平台、平台方便管理等。

但是这种方案的可行性依旧有待检验，其中一个重要原因就是稽查风险的不确定性。近年来，各国的反避税政策和规定层出不穷，国际税基侵蚀和利润转移（BEPS）计划对打击避税起到了巨大的作用。如果这种框架被税务部门认定为单纯为避税而搭建，那么聚光科技将补缴巨额的税款并缴纳相关的罚款与滞纳金，聚光科技的海外业务也将有可能面临巨大的打击。因此，我们需要对这种方案可能面临的风险进行评估，必要时对方案进行修改，以满足聚光科技对安全的需求。

表 4　单层间接投资税负（无控股平台）

单位：万美元

间接投资税负分析		美国			意大利			印度		
	第一层控股地	英国	荷兰	无	荷兰	卢森堡	无	毛里求斯	新加坡	无
项目所在国税负	税前利润	1,000	1,000	1,000	1,000	1,000	1,000	1,000	1,000	1,000
	缴纳所得税	340	340	340	279	279	279	346.1	346.1	346.1
	向控股地分配股息	660	660	660	721	721	721	653.9	653.9	653.9
	股息预提税	0	33	66	0	0	72.1	32.695	65.39	65.39
	项目所在纳税总额	340	373	406	279	279	351.1	378.795	411.49	411.49
控股地税负	控股公司获得税后股息	660	627	–	721	721	–	621.205	588.51	–
	控股地所得税	0	0	–	0	0	–	0	0	–
	股息保留在控股公司整体税负	340	373	–	279	279	–	378.795	411.49	–
	向中国汇出股息	660	627	–	721	721	–	621.205	588.51	–
	股息缴纳控股地预提税	0	31.35	–	36.05	36.05	–	0	0	–
中国税负	中国母公司收到股息	660	595.65	594	684.95	684.95	648.9	621.205	588.51	588.51
	母公司收到股息还原成应税所得额	1,000	1,000	1,000	1,000	1,000	1,000	1,000	1,000	1,000
	母公司收到股息应缴中国所得税	150	150	150	150	150	150	150	150	150
	股息境外已纳税额	340	404.35	406	315.05	315.05	351.1	378.795	411.49	411.49
	应补缴税额	0	0	0	0	0	0	0	0	0
投资税负率		0.34	0.40435	0.406	0.31505	0.31505	0.3511	0.378795	0.41149	0.41149
选择控股地		英国			卢森堡、荷兰			毛里求斯		
投资整体税负率		0.344615								

表5　股权间接投资税负

单位：万美元

间接投资税负分析		美国			意大利			印度		
项目所在国税负	第一层控股地	英国	荷兰	无	荷兰	卢森堡	无	毛里求斯	新加坡	无
	税前利润	1,000	1,000	1,000	1,000	1,000	1,000	1,000	1,000	1,000
	缴纳所得税	340	340	340	279	279	279	346.1	346.1	346.1
	向控股地分配股息	660	660	660	721	721	721	653.9	653.9	653.9
	股息预提税	0	33	198	0	0	72.1	32.695	65.39	137.32
第二层控股地税负	控股公司获得税后股息	660	627	–	721	721	–	621.205	588.51	–
	控股地所得税	0	0	–	0	0	–	0	0	–
	向中国香港汇出股息	660	627	–	721	721	–	621.205	588.51	–
	股息缴纳控股地预提税	0	62.7	–	72.1	0	–	0	0	–
第一层控股地中国香港税负	控股公司获得税后股息	660	564.3	462	648.9	721	648.9	621.205	588.51	516.58
	香港所得税	0	0	0	0	0	0	0	0	0
	股息保留在控股公司整体税负	340	435.7	538	351.1	279	351.1	378.795	411.49	483.419
	选择第一层避税地	英国			卢森堡			毛里求斯		
	控股公司整体税率	0.34			0.279			0.378795		
	汇总后控股公司总税负	997.795								
	向中国母公司汇出股息	2,002.205								
	股息缴纳中国香港预提税	0								
中国内地税负	中国母公司收到股息	2,002.205								
	母公司收到股息还原成应税所得额	3,000								
	母公司收到股息应缴中国内地所得税	450								
	股息境外已纳税额	997.795								
	应补缴税额	0								
整体投资整体税负率		0.332598333								

四、聚光科技架构方案的反避税风险

随着跨境企业避税现象日益受到关注，各个国家或地区出台了一系列的反避税措施，国际上的反避税合作也快速展开。在上述聚光科技的架构方案中，我们通过在避税地设立中间控股公司，运用各国或地区之间的税收协定，减轻了所得税税负；同时在中国香港建立了控股平台，实现了海外投资与融资的便利。但是，这种方案也面临着潜在的反避税风险。由于聚光科技公司对架构方案的风险偏于保守，希望能将反避税风险降低到可接受范围，因此，了解评估上述方案的反避税风险，并提出应对方案，是必不可少的。

（一）税收协定的反滥用风险

为了防止非缔约国或地区居民企业通过不具备正当商业目的安排获得协定税收优惠，各个缔约国或地区在税收协定签订时会针对可能的滥用情况制定利益限制条款。

1. 美国反滥用措施

在本方案中，美国在对外签订的大多数税收协定都加入了利益限制条款（limitation on benefits，LOB），纳税人享受税收协定的标准非常严格。纳税人需要通过合格居民测试、所有权与税基侵蚀测试、公开公司测试等一系列的目的测试，来证明测试的纳税人对其组织结构的安排是具有“商业目的”的，或纳税人与另一缔约国有足够强的商业联系，才能享受税收协定的税收优惠税率。

2. 意大利反滥用措施

2015 年 1 月，欧盟理事会在母子公司指令中通过了一项共同反滥用条款，限制只有“真实的”商业协议才能获得母子公司指令的利益。一项或一系列协议如果没有根据恰当的商业原因订立和反映实际经济状况，则被认定为“不真实”，以阻止成员国利用该指令给予“非真实”的税收优惠[①]。同时，欧盟母子公司指令被收紧，这样一来具体的税收筹划安排（混合贷款安排）将无法从税收减免中受益，防止跨境公司利用欧盟税收协定，通过集团内资金调配来实现双重避税。因此，享受欧盟母子公司指令的限制也愈发严格。

3. 印度反滥用措施

2016 年，印度与毛里求斯就双方的避免双重征税协定做了重大修订，涉及一

① 《欧盟理事会通过打击跨国企业避税条款》，2015年2月11日，http://news.hexun.com/2015-02-11/173260722.html。

方缔约国居民转让另一方缔约国居民企业股权取得所得的征税权划分等重要税务问题，同时规定对于来自毛里求斯的投资实体，必须在前12个月内在毛里求斯境内有最少150万卢比的运营支出，才能适用双方税收协定。

同时，印度也已向荷兰等国提出修改税收协定的谈判。在目前国际税收规则正发生根本性变革的环境下，印度未来有可能更加注重经济实质，如果直接持有印度公司股权的境外公司不具备必要的经济实质，不排除被印度税务机关认定为滥用税收协定而无法获得免税待遇的可能[①]。

因此，聚光科技的架构方案一方面可能遇到美国、意大利、印度的税收协定反滥用规定的限制，可以采用已有的英国、荷兰实体子公司作为中间控股公司，同时也可以对子公司进行一定的包装。另一方面，各国的税收协定在不断地变动之中，要及时根据税收协定的变动来调整已有架构方案，否则可能导致税收协定的失效，遭到反避税惩罚。

（二）聚光科技香港中资控股公司的身份认定

聚光科技在香港设立中间控股平台的一大风险，是被认定为中资控股居民企业。中资控股居民企业的认定条件有以下四点：①企业的主要管理层人员主要活动地点为中国境内，其管理层行使职权的工作地点也基本位于中国境内；②企业的重大财务决策和人事任命都由在中国境内履职的工作人员做出，或者需要得到中国境内相关领导层批准；③企业的主要资产、财务资料、公章、公司章程和会议记录等重要档案放置在中国境内；④企业一半及以上的执行董事或者高管大部分时间住在中国境内[②]。

一旦被认定为中资控股企业，根据82号文的第二条规定，聚光科技香港控股公司将面临全面纳税义务与扣缴义务。企业一方面应就其全球所得缴纳企业所得税，不分境内与境外，因此境内的聚光科技母公司会因香港控股平台的生产经营所得负担25%的企业所得税。另一方面，被认定为非境内注册居民企业后，香港控股公司向非中国居民股东分配股息的行为，将被认定为居民企业向非居民企业分配股息的行为，要履行代扣代缴义务，扣缴所得税，这将导致所得税税负的增加。

同时，香港控股企业还将面临双重征税的风险。根据《内地和香港特别行政区关于对所得避免双重征税和防止偷漏税的安排》第四条规定：如果一家企业同时被

---

① 韦金记：《投资印度：第三方避税通道将被关闭》，2016年11月17日，http://shuo.news.esnai.com/article/201611/146421.shtml。

② 朱柯宇：《跨境重组税收筹划研究——以中联重科为例》，硕士学位论文，云南财经大学，2016年。

双方认定为居民，应认为是其有永久性住所所在一方的居民；如果在双方同时有永久性住所，应认为是与其个人和经济关系更密切（重要利益中心）所在一方的居民。因此当香港控股平台依据我国税法被认定为中国内地居民纳税人时，很可能同时还是中国香港的居民纳税人，将会产生巨大的重复征税风险。

在聚光科技的架构方案中，由于企业并不打算将利润汇回内地，而是在香港进行海外再投资，此时，香港境外所得在香港享受零税率。而一旦香港中间控股企业被认定为中资控股公司，聚光科技的海外所得将全部按照25%的税率进行纳税，税负将会大大增加，香港控股平台的作用也将大打折扣。因此，聚光科技必须对中国香港控股平台的管理层、人事进行必要充分的安排，避免被中国境内税务机关认定为中资控股居民企业。

（三）境外税务机关的裁量权

境外税务机关的裁量权也是决定聚光科技海外所得税税负的至关重要的因素，无论是税收协定的适用、居民身份的认定还是税收稽查都受到当地税务机关的裁量权影响。

譬如说，美国的LOB条款有一个兜底的规定，那就是税局裁量权条款。根据该条款，如果有意申请适用税收协定的居民不能通过LOB条款的任何一项测试，税务机关可行使其主观裁量权，让纳税人可以完全或部分享受协定利益，甚至是追溯适用。

在印度，印度的一般反避税条款（General Anti-avoidance Rule，GAAR），赋予了印度税务机关较大的自由裁量权来决定一项安排是否无效。而印度的税务稽查体系也高度分散，给予了个别稽查员过多的职权，孟买税务专家迪内希·卡纳巴认为“税务官可以批准几乎任何他想要的命令，且不存在责任追究制度”。[①]

因此，聚光科技公司在美国、印度、意大利等国投资时，要加强与当地税务机关及当地税务专家的交流与咨询，聘请熟悉当地税法的税务人员来进行税务处理，以免造成税收条例的理解偏差，导致并购架构方案的失败。

① FT中文网：《FT：没人把印度当成避税天堂》，马柯斯译，2015年4月20日，http://finance.sina.com.cn/stock/usstock/c/20150420/085421995806.shtml。

五、结论与建议

（一）结论

中国企业的跨境并购在持续发展中，消除双重征税、降低所得税税负成为企业跨境并购架构设计的重要目标。本案例基于聚光科技有限公司的五个需求——降低税负、投资平台、融资平台、缩小文化差异、控制避税风险，为聚光科技公司选择以中国香港为控股平台，提出以英国、卢森堡、毛里求斯分别为美国、意大利、印度的中间控股地的多层间接投资方案。在这种方案下，聚光科技公司的所得税税负相较于直接投资、单层间接投资的架构，分别降低了14.6%和11.4%，实现了所得税税负的最优。

（二）建议

本案例分析了股息预提所得税和境外所得税的税务问题，最终得出的方案在实施过程中除需要注意可能存在的稽查风险外，还需要注意如下几点。

1. 综合考虑各种税负

根据子公司设立方式和并购目的的不同，企业面临的税负不局限于股息预提所得税。企业在股权转让过程中需要缴纳的所得税、经营过程中的利息预提所得税、特许权使用费等都是其中值得考虑的税种。本案例从其中一个主要税种出发，提出了税负最优的方案，也为聚光科技进行税负分析提供一些方向与指导，在实际施行过程中，聚光科技需要综合考虑各种税负，最终确定自己的交易架构。

2. 服从战略规划

本案例的方案是基于税负最优的角度提出的，在并购过程中，企业管理者需要考虑的还有许多其他因素，如政治、经济、社会、商业合作等，本案例的方案实际上仅从一个方面提出了建议，最终施行的交易架构必须服从于管理层的决策和战略规划。

3. 并购的其他注意事项

并购前的尽职调查、融资渠道、外国政府态度与舆论导向、管理人才的培养等都会影响到并购成功与否，以及并购后能否达到预期的目标。聚光科技在并购前、并购时、并购后需要考虑的事项众多，管理层需要综合考虑这些问题，最终实现自己的海外布局。

六、参考文献

陈磊．境外投资税务架构设计的基本思路 [J]. 中外企业家，2014（27）：40，43.

FT 中文网 .FT：没人把印度当成避税天堂 [EB/OL].（2015-04-20）[2021-01-20]. http://finance.sina.com.cn/stock/usstock/c/20150420/085421995806.shtml.

郭弛．跨国公司转让定价避税与递延纳税 [J]. 税务研究，2006（7）：69-72.

国家税务总局．OECD/G20 税基侵蚀和利润转移项目 2015 年最终报告中文版第 6 项行动计划——防止税收协定优惠的不当授予 [EB/OL].（2015-10-10）[2022-01-06]. http://www.chinatax.gov.cn/n810219/n810724/c1836574/5083221/files/2c78ba93bab64689bccfcc3cd778b0e3.pdf.

何铁军．国际税收协定滥用的法律问题研究 [J]. 经济研究导刊，2015，31（1）：310-312.

江宇娟．美国遏制避税新规对跨国并购影响几何？ [N]. 经济参考报，2014-09-26（5）.

靳东升，张智慧．反避税的国际合作及发展趋势 [J]. 国际税收，2013（12）：31-34.

李述晟．制度视角下的中国对外直接投资促进机制研究 [D]. 北京：首都经济贸易大学，2013.

李昭．关于非居民企业预提所得税税收征管问题的思考 [J]. 商业时代，2014（32）：121-122.

林德木．美国企业跨国重组特别反避税条款的评析及其借鉴意义 [J]. 福州大学学报（哲学社会科学版），2010（2）：56-61.

刘晨阳，田华．避税港型离岸金融中心对我国跨境资本流动的影响及监管建议 [J]. 财政研究，2011（9）：38-41.

刘媛媛．"走出去" 企业海外控股架构探讨 [J]. 管理观察，2016（9）：36-38.

欧盟理事会通过打击跨国企业避税条款 [EB/OL].（2015-02-11）[2021-01-20]. http://news.hexun.com/2015-02-11/173260722.html.

普华永道．2020 年中国企业并购市场回顾与 2021 年前瞻 [R/OL].（2021-01-01）[2021-01-20]. https://www.pwccn.com/zh/deals/publications/ma-2020-review-and-2021-outlook.pdf.

谌爱华．企业境外经营税务规划的模式及关键节点 [J]. 财会月刊，2016（10）：46-49.

王利娜，部丽云，李小蓉．跨境重组税务处理解析 [J]. 税收实务，2013（12）：64-68.

王素荣，付博．中国企业海外项目融资税务筹划研究 [J]. 财务研究，2016（4）：70-80.

王雪儿 . 关于跨国并购风险的研究 [J]. 现代商业，2016（27）: 146–147.
王一舒，王卫星 . 企业境外并购税收风险分析及控制 [J]. 涉外税务，2012（4）: 41–44.
王一舒，王卫星 . 跨国并购所得税制的国际实践与评析 [J]. 求索，2013（12）: 5–8.
韦金记 . 投资印度：第三方避税通道将被关闭 [EB/OL].（2016–11–17）[2021–01–20]. http://shuo.news.esnai.com/article/201611/146421.shtml.
许玥 . 跨国股权收购反避税制度研究 [D]. 上海：华东政法大学，2013.
臧雯 . 企业并购中的税务风险及规避 [D]. 广州：暨南大学，2014.
张丽丽 . 境外投资税收筹划——以在荷兰成立合资公司为例 [J]. 对外经贸，2011（1）: 143–144.
张庆伟 . 美国政府对跨国公司的监管研究 [D]. 济南：山东大学，2011.
赵福东 . 防范跨国公司滥用税收协定避税的国际经验与借鉴 [J]. 湖南农机，2012，39（5）: 141–142.
周元，吴亮亮 . 离岸公司避税——避税地和税收协定的应用 [J]. 市场周刊：理论研究，2014（5）: 77–79.
邹睿 . 跨国并购中的滥用税收协定措施 [D]. 上海：华东政法大学，2013.

案例使用说明

一、教学目的与用途

（1）适用课程：国际税收专题、跨境并购税收专题、国际反避税专题。

（2）适用对象：本案例适合有一定税法和国际税收基础的学员学习，适合财政、税务专业高年级本科生与研究生，以及税务专业研究生学习。本案例还适合税务咨询行业从业者、税务机关人员及企业财务、税务管理人员学习。

（3）教学目的：本案例以聚光科技公司为研究对象，从聚光科技公司的六点投资需求出发，搭建一个合理的交易架构以优化从海外子公司获得股息红利需要承担的税负，促使企业在经营过程中降低税务成本，增加财务收益，实现企业价值的最大化。具体教学目标可以分为以下几个方面：

①实地调查能力。企业跨境并购的需求和情景是极其复杂的，交易架构设计必须满足企业的实际需求，立足于企业的实际情况，从而设计得到最优的交易架构方案。引导学生理论联系实际，加强实际调查和沟通交流的能力，设计出贴合企业实

际需求的并购方案。

②税收筹划设计。引导学生学习了解国际税收中税收协定、双重征税的税务知识，通过计算比较不同税收方案的税负率，切实体会税收筹划对企业税负、成本、收益的巨大影响。

③关注税收风险。跨境交易并购往往可以利用各国或地区间的不同税制与税收协定，极大地优化企业税负，但同时也存在着不少隐患，各国或地区对海外投资与并购的关注要求企业更加重视交易架构搭建的合理性。引导学生在考虑收益性的同时，更关注税收风险，思考如何做到收益与风险的平衡。

④寻找方案延展性和包容性。跨境企业并购的税收方案设计有一定的共性，又有各自的特性，学生应思考如何提炼跨境并购税收方案的共性要素，使得筹划方案能开展用于更多的并购业务中。

二、涉及知识点

（1）预提所得税：预先扣缴的所得税。居民企业分配到境外的利润（股息、红利）、利息、租金、特许权使用费和其他所得需缴纳预提所得税。

（2）境外所得税收抵免：居民企业来源于境外的应税所得已在境外缴纳的所得税，可以依法抵免，包括企业直接作为纳税人就其境外所得在境外缴纳的所得税额在我国应纳税额中抵免，以及来源于或发生于境外的股息、红利等权益性投资所得、利息、租金、特许使用费、财产转让等所得在境外被源泉扣缴的预提所得税。

（3）国际税收协定：两个或者两个以上的主权国家或者地区为了协调相互间在处理跨境纳税人征纳事务和其他有关方面的税收关系，本着对等原则，经由政府谈判所签订的一种书面协议或者条约。可分为特定税收协定和一般税收协定两种。前者指对某一单项税收问题达成的协议，如关于增值税的税收协定、对航运收入互免税收的协定；后者即国际税收领域关于避免双重征税的税收协定。

（4）双重征税：某一或不同征税主体对某一或不同的征税对象或税源同时进行了两次或两次以上征税。重复征税使纳税人负担了双重甚至多重税收，必然削弱其在国际市场的竞争能力，影响其从事境外投资的积极性，从而不利于国家或者地区间人、财、物合理流动和分工合作的顺利进行。

（5）国际反避税：一些国家或地区在国际税务关系中对某些避税地活动所采取的强硬措施。重点是运用法律手段，在立法和执法上下功夫，如制订一系列一般性的和特殊性的条款进行反避税活动；扩大和加强政府间的联系，共同对付各种避税及国际偷税漏税活动；寻求在更大国际范围内进行反避税的多边合作。

三、配套教材

（1）胡怡建:《税收学》，上海财经大学出版社 2018 年版。

（2）中国注册会计师协会编:《税法——2022 年注册会计师全国统一考试辅导教材》，中国财政经济出版社 2022 年版。

四、启发思考题

（1）除了文中提到的跨境并购架构需求，现实情况中还有哪些跨境并购架构的需求？不同性质的企业跨境并购需求会有什么区别？可以从国有企业与民营企业、大型企业与中小型企业等不同区分角度来思考。

（2）除了文中提到的股息预提所得税，企业跨境并购和经营过程中还存在哪些税种，这些税种是否存在筹划空间？如何进行筹划？

（3）中国香港、新加坡、开曼群岛等地为何成为全球企业控股平台的主要选择？从多方面比较中国香港、新加坡、开曼群岛等地作为控股平台的优劣。

（4）查阅目前国际反避税的最新动向和最新政策，并分析目前各国或地区国际反避税的监管趋势。

五、分析思路

（1）梳理企业对交易架构设计的具体需求，明确跨境并购交易架构的多种目标。

（2）明确架构设计的要点和方向，以及中间控股地和控股平台的主流选择和选取标准。

（3）查阅各国税法和税收协定，在此基础上，计算比较各种交易架构的税负。

（4）学习了解各国或地区反避税的最新趋势和税收筹划可能遇到的稽查风险，思考如何应对愈发严格的监管形势。

六、理论依据

（1）税收管辖权：一个国家或地区在征税方面所拥有的管辖权力，一是属人主义，即一国或地区政府只能对本国或本地区公民或居民征税；二是属地主义，即一国或地区政府只能对处于其政府管辖范围内的所得或收益征税。

（2）国际税收主权原则：在国际税收领域，一国或地区在决定其实行怎样的涉外税收制度及如何实行这一制度等方面有完全的自主权，不受其他任何国家或地区和组织的干涉。

（3）国际税收分配公平原则：国家或地区在其税收管辖权相互独立的基础上平等地参与国际税收的分配，使有关国家或地区从跨境交易的所得中获得合理的税收份额。国家或地区间的税收分配关系是国际税收的重要调整对象之一。各国的涉外税收立法及其所签税收协定的一个重要目的就在于确保公平的税收分配。

（4）国际税收中性原则：国际税收体制不应对涉外纳税人跨境经济活动的区位选择及企业的组织形式等产生影响。一个中性的国际税收体制应既不鼓励也不阻碍纳税人在境内投资还是向境外投资，是在境内工作还是到境外工作，或者是消费境外产品还是消费境内产品。

七、关键要点

（1）关键点：中国企业的跨境并购在持续发展中，消除双重征税，降低所得税税负成为企业跨境并购架构设计的重要目标。本案例以聚光科技为研究对象，总结分析了跨境并购交易架构设计中的税收考虑要素。

（2）关键知识点：我国国际税收的相关条例；双重征税问题；各国税收协定；避税天堂；国际反避税。

（3）能力点：分析与综合能力、实地调查能力、文献查阅能力及解决问题的实际能力。

八、建议课堂计划

本案例可以作为专门的案例讨论课来进行，如下是按照时间进度提供的课堂计划建议，仅供参考。

整个案例课的课堂时间控制在 85 ～ 90 分钟，即 2 节课。

（1）课前计划：提出启发思考题，请学生完成资料阅读及初步思考。

（2）课中计划：

课堂前言（8 ～ 10 分钟）：简明扼要，明确主题。

分组讨论（25 分钟）：准备发言提纲。

小组发言（每组 6 分钟）：分 5 个组。

讨论与思考（20 ～ 25 分钟）：引导全班进一步讨论及思考，讲解跨境并购的关键税收要点。

（3）**课后计划：**请学生计算分析，若本案例中聚光科技发生股权转让，对其在不同跨境交易架构下的税负情况进行比较，并选择出最优跨境交易架构。采用报告形式给出更加具体的问题分析（1500～2000字）。

PART 3

第三篇

税收原理与税收政策案例

案例 10 减持"限售股"引发的税收争议

——投资方减持限售股的税收争议解决思路①

傅　楠

摘　要：2013 年，我国限售股解禁转让进入一个新的高峰期，但限售股减持所涉及的税收征管问题一直存在争议。本文描述了某投资公司减持限售股取得转让收入补缴营业税的争议过程。首先，分析了限售股减持取得的收入是否应征营业税的问题；其次，进一步分析限售股减持应如何计征营业税，限售股的买入价应如何确定的问题；接着，判断不在政策公告规定的时间范围内转让的股票部分是否仍适用公告所规定的买入价确认方法的问题；最后，提出该案对企业的经验与启示，以及该案对税务机关等有关部门的启示。本文不仅有助于解决企业的限售股转让征税的问题，也有助于推动我国税法政策的完善与税务人员业务水平的提高。

关键词：限售股减持、税收争议、买入价、启示

Abstract: In 2013, China's restricted stock transfer after lockup expiration comes into a new peak, but the issue of business tax collection and management involved in the sale of restricted shares has been controversial. This paper describes the dispute process of an investment company which reduced its holdings of restricted shares to obtain transfer income and was asked to pay back business tax. Firstly, it analyzes whether the income obtained from the sale of restricted shares should be subject to business tax. Secondly, it further analyzes how the business tax should be levied and how the purchase price of restricted shares should be determined. Then it determines whether the portion of the stock that is transferred out of the time frame specified in the policy announcement, still applies to the confirmation method of the bid price specified in the announcement. Finally,

① 该案例仅用于教学目的，不对企业经营管理做任何评判。

it puts forward the experience and reflection from the case for the enterprise, as well as the enlightenment to the tax authorities and other relevant departments. This paper will not only help solve the problem of calculating and levying business tax on restricted stock transfer, but also promote the improvement of tax policies such as business tax and improve the professional level of tax personnel in China.

Key words: restricted shares reduction, business tax dispute, the bid price, enlightenment

案例正文

一、引言

2005 年，经国务院批准，中国证监会发布《关于上市公司股权分置改革试点有关问题的通知》，预示着我国的股权分置改革工作正式启动。在我国企业的股权分置改革过程中，原非流通股在经过一定禁售期后，可以转为流通股，这些股权就被称为限售股，市场俗称“大小非”（小非，即小部分的限售股，占公司总股本 5% 以下；大非，即大规模的限售股，占公司总股本 5% 以上）。为了减少“大小非”流通对股市带来的冲击，证监会对股改后的公司原非流通股股份的出售做出相关规定：持有上市公司股份总数 5% 以上的原非流通股股东，通过证券交易所挂牌交易出售原非流通股股份，出售数量占该公司股份总数的比例在 12 个月内不得超过 5%，在 24 个月内不得超过 10%，3 年后可全部抛售。限售股的存在是我国资本市场独有的一种特殊现象，上述在股改中形成的限售股则是我国股票市场的其中一类限售股，也是本文所要涉及的限售股类型。

从 2013 年起，随着我国股权分置改革的不断深入，众多上市公司的大股东纷纷抛售他们手中的限售股以分享因资本升值带来的收益，于是将限售股解禁推向一个新的高峰。一方面，由于限售股的持股成本极低，而持有者却能按照二级市场流通股的市价套现并获取数十倍的暴利，仅从获利的角度看，减持限售股带来的经济利益十分具有诱惑力；另一方面，面临即将到期的债务带来的资金压力，或者存在较好的新的投资机会却难以筹措到所需资本，出于流动性动机，限售股持有者也会被迫减持以获得可用资金。

鉴于限售股的形成及减持转让有其特殊性，为完善我国证券市场的税收政策，保证国家税款及时入库，体现税收的公平性，财政部、国家税务总局、证监会出台了一系列政策公告，规范完善对限售股转让涉及企业所得税、个人所得税的税收征管，然而对于限售股转让是否应征营业税及如何计征，仍然有一定争议，涉及营业税征管的一些细节问题尚未解决，从而引发税收征管漏洞。下面用某投资公司C减持限售股的案例，具体分析涉及营业税的争议问题。

二、案例具体的过程与分析

C投资管理有限公司（以下简称C公司）成立于2008年9月，位于浙江省杭州市，作为D上市公司的中高层员工持股公司。在D公司上市前，C公司持有D公司的股份为300万股，持股的总成本为423万元。

D公司于2010年4月上市，IPO发行价为58元/股。D公司在上市后，历年的分配方案如表1所示。

表1　D公司上市后的历年分配方案

公告日期	分红方案（每10股）			
	送股/股	转增/股	派息（税前）/元	除权后IPO价/（元/股）
2011-04-13	0	15	15	23.2
2012-05-23	0	0	4	22.8
2013-05-20	0	0	5	22.3
2014-05-24	0	0	5	21.8
2015-04-21	0	0	0.5	21.75

在D公司上市三年锁定期满后，根据股东会的决议，C公司分别于2013年9月和2014年9月以大宗交易方式减持了D公司的部分股票，具体出售股数、出售价与股票转让的总收入如表2所示。

表2　C公司减持D公司股票相关具体数据

日期	出售价/万元	出售股数/万股	股票转让总收入/（元/股）
2013年9月	16.5256	187.50	3,098.6
2014年9月	22.6500	140.63	3,185.2
合计	19.15034	328.13	6,283.7

根据国家税务总局公告2011年第39号《关于企业转让上市公司限售股有关所得税问题的公告》，企业转让因股权分置改革造成的限售股取得的收入，应作为企

业应税收入计算纳税，上述限售股转让收入扣除限售股原值和合理税费后的余额为该限售股转让所得。企业未能提供完整、真实的限售股原值凭证、不能准确计算该限售股原值的，主管税务机关一律按该限售股转让收入的15%，核定该限售股的原值和合理税费。因此，C公司根据上述政策规定，按照减持的股票总收入扣除原始持股成本及相关税费后，缴纳了企业所得税。但C公司没有因取得限售股转让收入而缴纳相应的营业税及附加税费。

2015年4月，C公司接到杭州市地税稽查局电话，被通知要求对该公司减持股票涉及营业税进行稽查，并要求企业先自查。

C公司随即对相应的营业税政策进行分析，并认为该公司分别于2013年9月和2014年9月的两次减持行为应属于对D公司股权的转让，而2002年财税〔2002〕191号文件《财政部、国家税务总局关于股权转让有关营业税问题的通知》第二条规定，"对股权转让不征收营业税"。因此，C公司对稽查局要求补缴营业税的通知表示不能理解，于是委派公司的财务人员前往稽查局进行现场沟通。稽查局的税务人员明确表示，要求C公司以转让D公司股票的总收入减持原始持股成本的差额为计税依据，按5%营业税税率补缴营业税、附加税费及滞纳金。

C公司认为，既然稽查局提出这样的补税要求，自然有其依据，于是进一步对营业税的相关政策进行查阅与分析，发现在2008年国务院颁布的新修订《中华人民共和国营业税暂行条例》(以下简称《营业税暂行条例》)的第五条第（四）项中规定，"外汇、有价证券、期货等金融商品买卖业务，以卖出价减去买入价后的余额为营业额"；财政部、国家税务总局发布的2008年第52号文件《中华人民共和国营业税暂行条例实施细则》(以下简称《营业税暂行条例实施细则》)的第十八条规定，"条例第五条第（四）项所称外汇、有价证券、期货等金融商品买卖业务，是指纳税人从事的外汇、有价证券、非货物期货和其他金融商品买卖业务。货物期货不缴纳营业税"。上述条例及细则自2009年1月1日起施行。那么C公司对此产生了一个疑问：由于该公司对D公司的股票在买入时属于股权投资，卖出时属于有价证券，究竟是否适用上述的营业税有关规定仍存在一定争议。

此时，C公司联想到两年前闹得沸沸扬扬的"两面针补税事件"，同样也是针对营业税征收中限售股转让到底是属于金融商品买卖还是股权转让的争议。2013年2月23日，上市公司柳州两面针股份有限公司（以下简称两面针）发布《关于补缴税款的公告》，公告补缴营业税的主要相关事项有：

① 2012年11月，国家税务总局检查组到柳州市抽查部分企业纳税情况，两

面针属于被抽查企业之一。国家税务总局检查组抽查两面针纳税申报材料后认为，根据2008年修订的《营业税暂行条例》第五条第（四）项有关规定，两面针2009—2011年出售中信证券股权所获收益应缴纳营业税15,354,176.45元，附加税费2,017,043.91元，合计17,371,220.36元。

②两面针对于国家税务总局检查组的上述主张，做出回应认为：根据《关于股权转让有关营业税问题的通知》（财税〔2002〕191号），公司出售中信证券股票应界定为股权转让行为，从而不应缴纳营业税；同时，公司就应如何确定购入成本这一问题上与税务机关存在分歧。基于上述，两面针向国家税务总局提出申请：对公司出售中信证券股权收益相关的营业税暂不予征收。

③2013年1月，国家税务总局督察内审司向柳州市地方税务局下达了《国家税务总局督察内审司关于征求广西壮族自治区地方税务局税收执法督察报告意见的通知》（督审便函〔2012〕113号），要求两面针补充申报缴纳2009—2011年出售中信证券股权应缴纳营业税及附加税费合计12,974,073.06元。

通过分析上述两面针补税的案例，C公司得到了处理限售股减持是否应计征营业税争议的重要启示。根据税务机关对于转让限售股获得收入应视为有价证券买卖业务征收营业税的主张，尽管现有税收政策法律尚未明确解释，股权投资进入二级市场就自然改变属性，从而转化为有价证券，但C公司结合现有的税收法律法规及限售股的特殊性，领悟到企业通过证券交易所减持解禁的上市公司限售股，虽在限售期内有限制，但是一旦解禁转让出售则和其他二级市场中流通的股票没有任何区别，应该和其他股票得到同等的税收待遇，自然应当属于营业税金融商品买卖的征税范围，即自2009年新的营业税暂行条例生效后，企业法人减持限售股取得的转让收入应缴纳营业税。结合上述分析，C公司接受了稽查局的补税要求，并总结公司减持股票未按规定缴纳营业税的主要原因是未引起足够的重视，具体是因为相关政策较为冷门，并且全国性的政策尚未明确与完善，导致在适用方面产生争议。

然而，C公司在分析两面针补税案例时，还有一个重要发现：第一条公告中，国家税务总局要求两面针补缴的营业税及附加税费合计17,371,220.36元，而第三条公告中，国家税务总局要求的与两面针公司实际补缴的营业税及附加税费合计12,974,073.06元，两者税款数额之间存在不小的差距。C公司对此做出合理的猜想，认为最终确认的买入成本有一定调整。那么，C公司由此产生了第二个疑问：在补缴营业税税款时，是否应按照稽查局要求的以股票转让总收入减去原始持股成本的差额为营业额计税依据，还是选择其他的计价方法？

为了进一步明确营业税暂行条例“以卖出价减去买入价后的余额为营业额”中的“买入价”如何确认，C公司仍选择搜索相似的限售股减持涉及补缴营业税的案例作为参考，以期寻找解决有关买入价确认问题的经验。几经周折，C公司终于浏览到一则《海南椰岛限售股转让遭征税 将申请行政复议》的新闻，于是重点关注海南椰岛上市公司的相关公告以及该公司限售股转让事件的具体经过。

C公司发现，海南椰岛的案例与本公司的补税事件极其相似，且海南椰岛公司起初也同样认为，公司于2009—2011年出售的三安光电小非获得的收益与二级市场买卖股票不同，不应缴纳营业税。因此，海南椰岛公司多次与海南省地方税务局稽查局主张暂不征收出售小非的营业税及附加税费、加收的滞纳金11,157,511.62元，海南省地方税务局稽查局自然不会采纳公司的意见。而与C公司做法不同的是，海南椰岛公司按规定程序向海南省地方税务局申请行政复议。C公司进一步关注该案例发展走势，通过海南椰岛此后的公告以及海南省地方税务局的有关问题公告，找到了能帮助解决本公司疑问的最具有价值的信息。

2014年5月5日《海南椰岛关于股票转让计税成本行政复议案例中止的公告》称：“2014年4月30日，我公司接到海南省地方税务局琼地税复中字〔2014〕1号《海南省地方税务局行政复议中止审理通知书》，通知称：行政复议期间，海南省地方税务局发现关于对我公司股票转让计征营业税时计税成本如何确定的法律依据有待确认。根据《中华人民共和国行政复议法实施条例》第四十一条第一款第六项、《税务行政复议规则》第七十九条第一款第七项的规定，现决定自2014年4月28日起中止该行政复议案件的审理。行政复议中止原因消除后，将恢复该行政复议案件的审理。”该公告进一步确认了限售股转让收益需要视为金融商品买卖业务缴纳营业税，但计征营业税时的计税成本如何确定还存在争议，也是C公司目前亟待解决的问题。

随后，在2014年5月27日，海南省地方税务局发布了具有关键意义的2014年第12号《海南省地方税务局关于明确上市公司股票转让缴纳营业税有关问题的公告》，公告中进一步明确了股票转让缴纳营业税有关计税依据的问题：“股票转让，以卖出价减去买入价后的余额为计税营业额。卖出价是指卖出原价，不得扣除卖出过程中支付的任何费用和税金。买入价按以下类型分别确定：

①纳税人在股份公司获准上市前取得的股票，以股份公司首次公开发行股票的发行价为买入价。

②纳税人在股份公司获准上市后取得的股票，以实际购买成交价为买入价，不

得包括购进股票过程中支付的各种费用和税金。买入价依照财务会计制度规定，以股票的购入价减去股票持有期间取得的股票红利收入的余额确定。"该公告自2014年7月1日起施行，公告施行前已征的税款不再退还，未处理事项按该公告执行。

而为了进一步规范限售股转让营业税征收管理，海南省地方税务局对转让限售股查补的营业税是否加收滞纳金问题也予以明确，《海南省地方税务局关于限售股转让营业税滞纳金问题的通知》中表示："纳税人在股份公司首次公开发行股票前取得的限售股，在《海南省地方税务局关于明确上市公司股票转让缴纳营业税有关问题的公告》（2014年第12号）施行前，即2014年7月1日前发生转让行为，已足额缴纳营业税的，不予加收滞纳金；未足额缴纳营业税的，滞纳的税款从2014年7月2日起加收滞纳金。"

C公司认为，以上公告十分明确地指明了海南椰岛案例中，在计征限售股转让收入营业税时，扣除的买入价应为三安光电股份公司首次公开发行股票（或股改复牌）的当天发行，而不是原始的持股成本。同时，在未缴纳营业税加收的滞纳金计算时，不应从超过纳税期限之日起计算，而应从明确了有关计税依据次日起（即地方税务局发布明确相关问题公告次日起）计算。2015年9月15日海南椰岛的《关于税务行政处理事项的进展公告》验证了C公司的猜想："2009年至2011年我司通过国泰君安证券金龙路营业部分11次卖出原法院裁定取得的三安光电股票6,604,000股，卖出总价394,742,626.89元，扣除买入价83,540,600.00元（三安光电股改复牌当日最低价12.65元/股，乘以公司持股总数，总价即8,354.06万元）。计算应缴营业税及附加17,158,142.76元，已缴21,395,486.15元，应退营业税及附加4,237,343.39元，合计滞纳金相应调整为3,338,109.57元（计算可知滞纳金可能从2014年7月1日算起）。"

海南椰岛案例及对应出台的海南省地方税务局有关明确限售股转让营业税计税依据的公告为C公司解决"买入价"如何确定的疑问提供了参考途径，C公司当即认为稽查局以股票转让总收入减去原始持股成本的差额计征营业税的要求不合理，C公司减持的D公司股票是在D公司获准上市前取得的，因此应按照D公司首次公开发行股票的发行价作为买入价比较合理。但海南省的税收地方法规不能完全适用于浙江省的有关问题，那么必须查找浙江省是否已制定处理类似问题的地方法规。

C公司着重查阅了浙江省关于股票转让缴纳营业税的相关文件，惊喜地发现于2013年9月25日，浙江省地方税务局发布了2013年第15号《关于明确股票转让缴纳营业税买入价有关问题的公告》。该公告显示：①纳税人在依法设立的证券交易所或者国务院批准的其他证券交易所购买的股票，以实际购买成交价为买入价，不得包括购进股票过程中支付的各种费用和税金；②纳税人在股份公司获准上市前取得的股票，以该公司获准上市后首次公开发行股票的发行价为买入价，买入价的扣除凭证为股份公司首次公开发行股票的招股说明书。浙江省地方税务局发布的公告中买入价的确认方法与海南省地方税务局发布的公告基本相同，C公司终于找到了确定限售股转让买入价的政策依据，而买入价由稽查局要求的原始持股成本变为IPO发行价，大大地减少了C公司转让D公司股票应缴纳营业税的计税成本，有效缓释了补缴营业税、附加税及滞纳金的压力。

C公司随即开始计算应补缴的税款及滞纳金数额，由于C公司分两次减持D公司的股票，2014年9月出售的股票部分恰好适用于浙江省地方税务局公告2013年第15号规定的买入价确认，但在计算2013年9月出售的股票部分应补缴税款时，C公司产生了第三个疑问：由于C公司2013年9月的出售时间在2013年10月1日第15号公告施行日期之前，并不在公告规定的时间范围内，那么这部分转让的股票成本价应如何确定，是否仍然适用公告所规定的买入价确认方法？

由于短时间内没法找到相似的案例进行参考，C公司决定先询问稽查人员的意见，公司得到的答复是：省地方税务局第15号公告文件未说明清楚，解释权在市地方税务局营业税处。C公司接着去咨询了市地方税务局营业税处，得到了“按省地方税务局营业税处解释来执行”的答复。但C公司一直未联系上省地方税务局营业处。事不宜迟，C公司只能选择联系同一批被稽查的兄弟单位沟通对公告文件的看法，而C公司自己对公告的理解为：由于文件上的字眼是“明确”有关问题，而不是“修改”或“调整”，则意思是指之前“不明确”，故公告之前不应征税，或应按现“明确”后的口径缴税。

最终，C公司按不同理解的两种口径分别对应补缴税款进行测算：

①按2013年抛售股票部分减去原始成本价、2014年抛售股票部分减去IPO价测算，应补缴营业税、附加税及滞纳金合计227.3万元；

②按2013年及2014年抛售股票均减去IPO价测算，应补缴营业税、附加税及滞纳金合计12.5万元。

将计算结果、税金差异向领导汇报后，C公司最终决定按第②种口径上报，确定应补缴税款及滞纳金合计12.5万元。3个月后，杭州市地方税务局稽查局通知C公司按第②种口径缴税，与C公司的理解和做法一致。至此，C公司减持限售股补缴营业税的事件宣告结束。

三、该案例对企业的经验与启示

（1）关注最新的税法政策，避免出现盲区。纳税是任何企业都不可避免的环节，与企业业务有关的税法政策必然要求谙熟于心，一旦出现知识盲区，导致的可能不单是补税、滞纳金、罚款等，更会影响企业的日常利润，损害企业的利益。如今税法政策不断更新，关注并及时掌握最新的税法政策有助于解决企业的各类涉税事项。

（2）吃透相关文件，参考类似案例，指导实际操作。当企业遇到棘手的、一时难以解决的税务问题时，类似的案例能有效地为企业提供处理经验、方法、思路。对于税收法律法规的正确解读与理解，也是企业处理日常税务问题的关键所在。

（3）税务人员不代表税法，企业不盲信不盲从。尽管税务人员在处理企业税务问题上有一定话语权，但受知识储备与业务水平的限制，税务人员不可能百分之百地正确处理任何税务问题。如上述案例，倘若企业盲目按照税务人员要求的将原始持股成本作为买入价计征营业税，那么将大大增加企业的补税税额，最终必将损害企业的合法利益。

四、该案例对税务机关等有关部门的启示

（1）不断提高涉税工作人员的业务水平，加强税务人员对税法政策文件的学习与理解，不断完善对企事业单位、个人的税务服务。

（2）不断完善相关税收法律法规的制定，形成完备的税收法律体系。如今社会中的业务不断深入扩展，国家与地方的税法政策必须跟得上涉税业务更新的脚步，以防部分业务在政策上的无据可查，以及在税收征管上的困难。

（3）完善税收争议的行政诉讼制度，加强对纳税争议和解机制的建设。

（4）加强税收监管力度，保障税收来源的完整性。比如建立综合的监管网络，从源头上控制和加强与中国证监会、中国证券登记结算公司、上海和深圳证券交易所的联系及沟通，由这些单位按纳税期限提供企业转让涉税金融商品的情况，并将有关信息传递给国家税务总局，再层层向下推送至各主管地方税务机关，降低税款流失的风险，达到全面掌握税源的管理目的。

案例使用说明

自2005年起，我国的股权分置改革工作正式启动。在我国企业的股权分置改革过程中，原非流通股在经过一定禁售期后，可以转为流通股，这些股权就被称为限售股，市场俗称“大小非”。2013年以来，随着众多上市公司限售股的解禁流通，限售股转让进入一个新的高峰。限售股持股成本极低，而持有者却能按照二级市场流通股的市价套现并获取数十倍的暴利，鉴于限售股的特殊性，并为了完善我国证券市场的税收政策，保证国家税款及时入库，体现税收的公平性，财政部、国家税务总局、证监会出台了一系列政策公告，规范完善了对限售股转让涉及企业所得税、个人所得税的税收征管。伴随着全面营改增的进程，金融商品转让均纳入了增值税的征收范围，对于限售股转让计税依据的确定更加规范，涉及的增值税征管问题也日益完善。

一、教学目的与用途

（1）适用课程：税法、中国税制专题。

（2）适用对象：本案例适合有一定税法基础知识且对营业税政策具有一定掌握的学员学习，适合税务专业高年级本科生与研究生及税务专业研究生学习，还适合税务机关相关制度制定者和执行者及企业财务、税务管理人员学习。

（3）教学目的：本案例分析了C公司减持D公司限售股涉及的营业税争议问题。首先，通过C公司收到杭州市地方税务局稽查局补缴营业税的通知，结合两面针案例，分析减持限售股需要缴纳营业税的政策依据与原因；其次，通过对营业税的计税依据进行分析，发现在限售股买入价的确定上存在疑点，结合海南椰岛案例及相关地方税务局公告，分析在计算买入价时应选择原始持股成本还是持股公司首次上市的股票发行价；最后，在进一步研究政策公告的施行时间时，提出第三个关于不在公告规定时间范围内的买入价是否仍适用公告所规定的确认方法的疑问，并按照C公司自己的理解按其中一种口径上报补税税款。本案例不仅解决了企业限售股转让中计税依据确定的问题，也有助于推动我国对于金融商品转让的税收政策的完善与相关税收征管人员业务水平的提高。

具体分为两个目标：

①通过本案例中C公司具体的补缴营业税的经过，了解限售股转让营业税争议的原因与处理方法。

②通过案例本身带来的经验与启示，学习与指导其他税务问题的解决思路和途径。

二、启发思考

（1）在本案例中，C公司在补缴营业税的过程中主要产生了哪几个疑问？

（2）在本案例中，C公司为了解决营业税争议中的疑问分别采用了什么方法？

（3）你认为结合类似的案例思考对于我们指导实际工作是否具有积极作用？

（4）全面营改增后，金融商品转让均纳入了增值税的征收范围，结合最新的税收政策，你认为我国在限售股转让的税收政策方面是否还存在漏洞或争议之处？

三、分析思路

（1）从C公司接到杭州市地方税务局要求补缴限售股转让收入营业税入手，首先分析转让限售股是否需要像有价证券买卖一样计征营业税。

（2）在明确限售股转让应视为金融商品买卖业务缴纳营业税后，分析C公司是否应按照稽查局要求的以股票转让总收入减去原始持股成本的差额为营业税计税依据，还是选择其他计价方法，即分析限售股买入价的确认问题。

（3）在明确C公司取得的D公司限售股买入价按D公司首次公开发行股票的发行价作为买入价后，进一步分析不在浙江省地方税务局公告规定的时间范围内的那部分股票成本价应如何确定的问题，根据对文件的理解判断是否仍然适用公告所规定的买入价确定方法。

（4）结合案例本身及案例中营业税争议的分析经过，分析该案例对企业的经验与启示，以及该案例对税务机关等有关部门的启示作用。

四、理论依据与分析

（一）理论依据

（1）我国的营业税制度与法律政策。

（2）与限售股转让有关的省地方税务局政策公告。

（二）具体理论分析

1. 我国的营业税制度与法律政策——限售股转让收入是否应计征营业税

2002年财税〔2002〕191号文件《财政部、国家税务总局关于股权转让有关营业税问题的通知》第二条规定，"对股权转让不征收营业税"。

2008年修订的《营业税暂行条例》的第五条第（四）项中规定，“外汇、有价证券、期货等金融商品买卖业务，以卖出价减去买入价后的余额为营业额”。

财政部、国家税务总局发布的2008年第52号文件《营业税暂行条例实施细则》的第十八条规定，“条例第五条第（四）项所称外汇、有价证券、期货等金融商品买卖业务，是指纳税人从事的外汇、有价证券、非货物期货和其他金融商品买卖业务。货物期货不缴纳营业税”。

从以上营业税法律法规政策可以看出，尽管限售股在买入时属于股权投资，但限售股具有其特殊性。企业通过证券交易所减持解禁的上市公司限售股，虽在限售期内有限制，但是一旦解禁转让出售就和其他二级市场中流通的股票没有任何区别，应该和其他股票得到同等的税收待遇，因此不应视为股权转让而不征收营业税，而应视为有价证券这一类金融商品买卖业务，特别是2009年后企业减持限售股取得的转让收入应缴纳营业税。

2. 与限售股转让有关的省地方税务局政策公告——对于限售股买入价的确定

2013年9月25日，浙江省地方税务局发布了2013年第15号《关于明确股票转让缴纳营业税买入价有关问题的公告》。该公告显示：①纳税人在依法设立的证券交易所或者国务院批准的其他证券交易所购买的股票，以实际购买成交价为买入价，不得包括购进股票过程中支付的各种费用和税金；②纳税人在股份公司获准上市前取得的股票，以该公司获准上市后首次公开发行股票的发行价为买入价，买入价的扣除凭证为股份公司首次公开发行股票的招股说明书。

从浙江省地方税务局发布的第15号公告中，可以明确转让上市公司获准上市前取得的限售股，应以公司上市后首次公开发行股票的发行价为买入价，并以转让股票总收入扣除买入价的余额作为缴纳营业税的计税依据。

五、参考文献

樊其国．两面针补税事件的七点质疑 [J]. 湖南税务高等专科学校学报，2013，26（1）：24–26.

黄电．非金融机构限售股转让营业税征管新探 [J]. 湛江师范学院学报，2014（3）：132–135.

刘秀．浅谈限售股交纳营业税问题——两面针出售中信证券补交营业税引发的思考 [J]. 会计师，2013（14）：30–31.

孙梦景．大非减持的动机与后果分析 [J]. 商，2012（13）：50.

六、关键要点

（1）**关键点：**本案例通过某投资公司减持限售股被要求补缴营业税过程中的疑问，分析了限售股转让在缴纳营业税中的争议问题，并参考相似案例的解决思路，从政策依据出发，展现了该公司对政策的理解，有效地解决了相关补税问题。

（2）**关键知识点：**对于限售股转让是否适用营业税的征税范围的讨论，以及限售股转让计征营业税的计税依据如何确定的分析。

七、建议课堂计划

本案例可以作为专门的案例讨论课来进行，如下是案例讨论的课堂计划建议，仅供参考。

（1）**课前计划：**课前让学生完成案例的阅读，提出启发思考题，请学生查找相关资料，进行初步思考。

（2）**课中计划：**

课堂前言：教师介绍案例背景，简明扼要地明确本次课程主题。

分组讨论：讨论内容一方面是对于本案例分析过程的思考，以及对于案例本身的评价；另一方面是小组需要补充的内容，对案例中的启发思考题的解答，以及案例引发的更深层次的思考。小组准备发言提纲。

小组发言：小组讨论完毕，小组成员代表就讨论内容进行发言，其他小组进行评价。

讨论与思考：教师引导全班进一步讨论及思考，让学生更深入地了解案例的发展经过和涵盖的知识要点，并做相应的拓宽，总结整个课堂内容。

（3）**课后计划：**请学生查阅并学习营改增后与金融商品转让相关的税收政策，查找与限售股转让有关的其他案例，运用本案例的分析思路，写一篇案例分析报告；或查阅有关资料，思考营改增后我国在限售股转让的税收征管中还存在哪些问题，还需要在哪些方面进一步改进和完善，写一篇关于加强金融商品转让的税收征管的分析报告。

案例 11 计税依据偏低的标准

——D 公司房产拍卖案①

徐 志 周 萍

摘 要：2004 年 D 公司以 1.3 亿港元的底价拍卖了一处房产，2009 年 A 市地方税务局第一稽查局在调查中发现 D 公司的拍卖成交价格明显偏低且无正当理由，故此重新核定了计税依据，要求 D 公司补缴税款并缴纳相应的滞纳金。D 公司不服，先后向各级人民法院提起诉讼。本文首先介绍了案件的基本经过，详细阐述了 D 公司和 A 市地方税务局第一稽查局双方的陈述与依据，并补充最高法的判决，深入分析了案件的关键问题：稽查局是否具有独立执法资格；稽查局的权责范围；D 公司是否存在计税依据明显偏低且无正当理由的情形；是否可以征收滞纳金等。通过剖析最高法判决的内在逻辑与可能的问题，发现其中对于理论与实践的启示，为税法改革、税务部门执法、纳税人维护自身权益等方面提供有益的指导与借鉴。

关键词：房产拍卖、计税依据、滞纳金、税收征管法

Abstract: In 2004, company D auctioned its own property with a base price of HK$130 million. In 2009, the First Inspection Bureau of City A Tax Service found that the auction transaction price of company D was obviously low and there was no justification, and then re-approved the tax basis and required company D to pay back taxes and corresponding late fees. Company D refused to accept, and successively filed a lawsuit with the people's court at all levels. Firstly, this paper introduces the basic course of the case, elaborates the statements and basis of company D and the First Inspection Bureau of City A Tax Service, supplements the judgment of the Supreme People's Court, and deeply

① 本案例源自《中华人民共和国最高人民法院行政判决书》［（2015）行提字第13号］。由于企业保密的要求，在本案例中对有关名称、数据等做了必要的掩饰性处理。本案例只供课堂讨论之用，并无意暗示或说明某种管理或实践行为是否有效。

analyzes the focus of the case: whether the Inspection Bureau has the qualification of independent law enforcement; terms of reference of the Inspection Bureau; and whether auction price is obviously low and unreasonable; whether to levy late fees and so on. This paper analyzes the internal logic and possible problems of the Supreme Law judgment, and finds out the enlightenment for theory and practice, which can provide useful guidance and reference for tax law reform, law enforcement of tax department , and taxpayers' protection of their own rights.

Key words: real estate auction, taxation basis, overdue fine, law of taxation management

案例正文

一、引言

A 市 D 房产建设有限公司（以下简称 D 公司）成立于 1992 年，主要从事开发、建设、销售、出租和管理商住楼宇，以及停车场经营等业务。2004 年 D 公司为偿还银行债务，拍卖了一处房产，2006 年 A 市地方税务局第一稽查局（以下简称 A 市税稽一局）认为此次交易价格明显偏低，对该拍卖行为展开了调查。2009 年 A 市税稽一局出具税务处理决定书，重新核定了此次拍卖活动的计税依据，向 D 公司追缴相应的税费并征收滞纳金。在行政复议无果的情况下，D 公司将 A 市税稽一局告上了法庭。2017 年 4 月 7 日，最高人民法院对 D 公司房产拍卖一案做出了最终的行政判决，判决书表明：A 市税稽一局重新核定计税依据并追缴税款的决定符合相关法律；D 公司不存在违法违章行为；A 市税稽一局向 D 公司征收滞纳金的决定属于认定事实不清且没有法律依据。

D 公司房产拍卖案件是最高法提审的第一起税务案件，也是新行政诉讼法下首起将行政机关作为应诉方的行政案件，受到了社会各界的关注。由于该案件涉及的焦点问题具有很强的典型性和代表性，我们结合最高法的判决，厘清问题产生的根本原因，理解税法条例的具体内涵，可以为今后的执法与审判实践提供有力的指导，同时也为税法、行政法的完善与发展提供现实依据。

二、基本案情

2004 年 11 月 30 日，D 公司为偿还银行贷款，委托 A 市穗和拍卖行有限公司（以下简称穗和拍卖行）拍卖公司的一处自有房产，该房产包括车库、商铺、写字楼等物业，总面积约为6.32万㎡。双方签订的合同显示，D公司对该房产的估值金额为5.31亿港元，设定的拍卖底价为1.3亿港元并要求参与拍卖的竞投者必须在拍卖开始前向指定账户汇入拍卖保证金6,800万港元。2004年12月9日拍卖当日，S公司（某香港公司）作为唯一竞买人以1.3亿港元（折合人民币约1.38亿元）的底价竞买了上述部分房产，面积为59,900㎡。随后，D公司以该成交价格向税务部门申报纳税，缴纳了营业税691.28万元、堤围防护费12.44万元。

2006年，A市税稽一局认为D公司在此次拍卖活动中涉嫌偷税漏税，随即对其展开调查。通过调取分析周边房产的市场交易价格，A市税稽一局发现周边房产中写字楼的交易价格为5,500～20,001元/㎡，商铺为10,984～40,205元/㎡，地下停车位为89,000～242,159元/个。而D公司房产拍卖成交的价格仅为2,300元/㎡，远低于周边的市场价格。

2009年8月11日，A市税稽一局做出税务检查情况核对意见书，以新的价格重新核定了D公司拍卖房产的计税依据（3.12亿元），意见书中载明扣除已经缴纳的税费，D公司还应补缴营业税867.12万元，堤围防护费15.61万元，且A市税稽一局将按照规定对D公司加收滞纳金。D公司在收到意见书后于同月17日向A市税稽一局提交了复函，认为A市税稽一局重新核定拍卖房产计税依据的决定缺乏依据，但该意见并没有被采纳。A市税稽一局于2009年9月14日做出了税务处理决定，决定追缴D公司少缴的营业税与堤围防护费共计882.73万元，并对应补缴的营业税与堤围防护费加收滞纳金共计285.31万元。D公司随即向A市地方税务局申请了行政复议，无果。

此后，D公司先后向区人民法院及市中级人民法院提起上诉，认为A市税稽一局并不能认定拍卖行为无效，也无权重新核定计税依据，其行政行为已经严重侵犯D公司的合法权益，请求撤销A市税稽一局的税务处理决定，退回已补缴的税款和滞纳金，并判决A市税稽一局承担并补偿D公司由此造成的利息损失与案件诉讼费。但二级法院均认为A市税稽一局的处理决定恰当，并未侵害D公司的合法权益，因此驳回了D公司的诉讼请求。省高级人民法院则直接驳回了D公司的再审申请。最终，D公司选择向最高人民法院提交再审申请。2014年12月25日，最高人民法院决定提审此案。2017年4月7日，最高人民法院做出了再审的行政判决：①A市税稽一局需返还追征的滞纳金并支付给D公司相应的利息；②驳回D公司其他诉讼请求。

三、案件焦点

从最高法出具的行政判决书来看，D公司与A市税稽一局双方主要围绕稽查局的执法主体资格、稽查局的执法权限、“计税价格明显偏低又无正当理由”的认定，以及税款和滞纳金的追征等四个焦点问题展开质询与答辩。最高法的判决明确了稽查局的执法主体资格和权责范围，为今后的实践提供了参考和依据。而有关税收核定和滞纳金问题的论理说明则为理解税法提供了新的角度，尽管有争议的空间，但仍对今后的税法改革有很好的启示作用。

（一）A市税稽一局是否有独立执法资格

最高人民法院在对福建省高级人民法院《关于福建省地方税务局稽查分局是否具有行政主体资格的请示报告》的答复意见（行他〔1999〕25号）中明确指出地方税务局稽查分局不能以自己的名义对外做出行政处理决定。D公司据此认为A市税稽一局此次出具税务处理决定缺乏法律依据，应当认定为无效。

A市税稽一局则认为根据《中华人民共和国税收征收管理法》(以下简称《税收征收管理法》)第十四条[①]及《中华人民共和国税收征收管理法实施细则》(以下简称《税收征收管理法实施细则》)第九条[②]的规定，稽查局具有独立的执法资格，是独立的行政主体。

双方援引的法律依据存在时间上的不同，其中A市税稽一局依据的《税收征收管理法》为2001年修订后版本，而最高人民法院1999年10月21日做出的答复意见是对修订前的法规的适用，随着《税收征收管理法》的修订完成，该答复意见对实践也不再存在任何指导性。因此，最高法认定A市税稽一局具有独立的执法主体资格。

（二）A市税稽一局是否越权执法

问题的关键在于如何解释《税收征收管理法实施细则》第九条第一款即稽查局专司偷税、逃避追缴欠税、骗税、抗税案件的查处。“专司”可能有两种解释：第一，稽查局只能负责这些案件的查处，并不能查处其他性质的案件；第二，这些性质的案件只能由稽查局负责，但稽查局同时也能处理其他案件。

---

① 本法所称税务机关是指各级税务局、税务分局、税务所和按照国务院规定设立的并向社会公告的税务机构。

② 《税收征收管理法》第十四条所称按照国务院规定设立的并向社会公告的税务机构，是指省以下税务局的稽查局。稽查局专司偷税、逃避追缴欠税、骗税、抗税案件的查处。国家税务总局应当明确划分税务局和稽查局的职责，避免职责交叉。

D公司认为根据实施细则第九条的规定，稽查局并不具备查处其他有关税收案件的权力。而根据稽查局的调查，此次拍卖也并不涉及偷税、骗税、抗税等违法情形，A市税稽一局重新核定应纳税额，要求补缴税款和滞纳金的税务处理决定属于越权执法，应当视作无效。

A市税稽一局则主张根据《税收征收管理法实施细则》第九条第二款①和《国家税务总局关于稽查局职责问题的通知》(国税函〔2003〕140号)②，稽查局有权进行税务检查并对税收违法案件进行查处。且根据《税收征收管理法》第三十五条③的规定，核定应纳税额的主体是税务机关，而税务机关也包括稽查局。因此，稽查局并没有越过职权范围做出税务处理决定。

值得注意的是，如果简单片面地理解上述相关法律规定的内涵则会错误地认为稽查局具备查处所有性质的税收案件的权力，这会导致稽查局与税务局之间存在职责交叉的问题。最高法在判决中指出稽查局在调查涉嫌违法行为的同时必然对纳税义务进行核查，如果稽查局对未履行纳税义务的行为不具备查处的权力则会导致税务稽查效率的下降，不利于税收征管工作的开展。因此，稽查局除专司以外的职责，"还具备查处与税务违法行为密切关联的稽查管理，税务检查、调查和处理等延伸性职权"④，即其他性质的税务案件必须是在稽查违法案件过程中发现的才属于稽查局的权责范围，稽查局有权对其进行查处。具体到本案，A市税稽一局是在调查D公司涉嫌偷税漏税过程中对其进行税收核定的处理，并没有违反相关法律规定，D公司主张A市税稽一局税务处理决定超出职权范围的法律依据适用错误。该判决为确定稽查局的具体职权范围提供了现实依据，为稽查局今后的执法奠定了基础。

(三)是否存在计税依据明显偏低又无正当理由的情形

D公司认为整个拍卖活动从委托拍卖合同的签订、发布拍卖公告、现场竞买到

---

① 国家税务总局应当明确划分税务局和稽查局的职责，避免职责交叉。

② 在国家税务总局统一明确之前，各级稽查局现行职责不变。稽查局的现行职责是指：稽查业务管理、税务检查和税收违法案件查处；凡需要对纳税人、扣缴义务人进行账证检查或者调查取证，并对其税收违法行为进行税务行政处理(处罚)的执法活动，仍由各级稽查局负责。

③ 纳税人有下列情形之一的，税务机关有权核定其应纳税额：(一)依照法律、行政法规的规定可以不设置账簿的；(二)依照法律、行政法规的规定应当设置账簿但未设置的；(三)擅自销毁账簿或者拒不提供纳税资料的；(四)虽设置账簿，但账目混乱或者成本资料、收入凭证、费用凭证残缺不全，难以查账的；(五)发生纳税义务，未按照规定的期限办理纳税申报，经税务机关责令限期申报，逾期仍不申报的；(六)纳税人申报的计税依据明显偏低，又无正当理由的。税务机关核定应纳税额的具体程序和方法由国务院税务主管部门规定。

④ 《中华人民共和国最高人民法院行政判决书》[(2015)行提字第13号]。

签署成交确认单均符合相关法律的规定。尽管拍卖价格并不尽如人意，但拍卖作为一种特殊的市场交易，其成交价格受到各种因素的影响，此次拍卖整个过程都遵循法律法规，最终成交价格作为市场规律的最终结果应当受到法律的认可与保护。而且在拍卖前，公司的银行贷款1.3亿港元已经全部到期，公司背负严重的偿债压力，拍卖房产是为挽救公司而不得已采取的措施，并非无正当理由。

A市税稽一局则认为此次拍卖并不符合法律的规定且存在很多疑点。第一，拍卖中仅有唯一的一位竞买人，不符合现行的拍卖行规及《中华人民共和国拍卖法》中的规定：拍卖应当公开竞价。只有一人参与竞买，显然不能视为公开竞价，此次拍卖应属无效。第二，拍卖的保证金设为6,500万港元，占保留底价的50%，明显高于一般情况下财产拍卖设置的保证金比例，过高的保证金比例可能限制了其他人参与拍卖。第三，拍卖的保留价过低，不符合拍卖惯例。第四，竞买人在拍卖前已经知晓保留底价，且该公司法人与D公司法人曾是夫妻关系，但在调查过程中，双方都曾否认与对方相识。第五，D公司没有将此次拍卖的相关信息告知债权人，违反了《中华人民共和国担保法》的相关规定。

从双方的质疑与辩论来看，计税依据明显偏低的认定并不存在争议，问题的关键在于此次拍卖价格是否存在正当理由。D公司认为公司由于严重的债务危机对自有房产进行了拍卖，整个拍卖流程符合法律规定，真实有效，应当认为拍卖价格是合理的交易价格。而A市税稽一局则认为整个拍卖流程存在严重的瑕疵，拍卖结果应当视为无效，需重新核定计税依据。双方的焦点在于拍卖是否有效。

最高法的判决则跳出了这个逻辑。从拍卖是否符合法律规定，拍卖有效是否与重新核定计税依据冲突出发，对该问题进行了论理说明。最高法首先说明了只要拍卖过程是公开、公平并合法的，拍卖价格就应当视作公允价格，原则上税务机关应该尊重拍卖价格，不应该行使税收核定权对计税依据进行重新核定。但是值得注意的是，拍卖行为的有效性并不意味着税务机关不能重新核定计税依据，而税务机关重新核定的行为也不能作为否定拍卖行为有效性的证据，因为这两者分别受到民法和行政法的规范与调整。如果不考虑实际情况，一律认可拍卖价格作为计税依据的合理性，会造成以当事人意思自治否认税务机关核定权的问题，导致国家税收的流失。但是，最高法认为，税务机关在行使核定权时应该有严格的限定，不能轻易行使核定权，以免对纳税人权益造成侵害。具体到本案，并没有充分证据表明此次拍卖违反了法律规定，一人拍卖的情况也并没有明确的禁止性规定，所以A市税稽一局以此主张拍卖无效的理由并不成立。但是最高法同时也指出“由于核定征收权具有较强的裁量性，人民法院一般应尊重税务机关基于法定调查程序做出的专业认定，除非这种认定明显不合理或者滥用职权”[①]。本案中，一人拍卖导致的竞价不充分，以及拍卖底价过低，拍卖价格正好为保留底价等问题明显存在不合理之处，而D公司也并不能对此做出合理的解释，基于国家税收利益的考量，A市税稽一局可以重新核定计税依据，并没有违反法律规定。

最高法的这个判决厘清了几个存在争议的问题。第一，阐述了税法与其他法律之间的并行关系，说明了当两者之间存在冲突时应当按照税法规定进行税务处理，对之后的实践具有很强的指导意义。第二，表明基于税收国库主义，人民法院一般认可税务机关做出的专业认定，但是税务机关的自由裁量权应当受到严格的限制。遗憾的是，最高法并没有对“严格的限制”进行说明，在实务过程中，对于税务机关自由裁量权的限制也很少，纳税人申请法律救济也并不容易。第三，明确“正当理由”的举证责任应在纳税人一方。最高法认为D公司不存在偷税、抗税、骗税等违法行为，拍卖中也不存在恶意串通的违法行为。但是由于拍卖过程中存在不合理之处，而D公司未能进行有效的说明，则税务机关有权依法行使核定权。这意味着，税务机关可以仅从合理性角度对“正当理由”提出质疑，而纳税人负责举证，承担证据不足导致败诉的风险。这个判决减轻了税务机关的举证责任，有利于提升税收效率。

但是最高法关于是否存在正当理由的论理仍然有值得讨论的空间。虽然我们并不能知道D公司如何解释上述拍卖设置的原因，但从已知信息来看，D公司急需一笔大额资金用于偿还到期债务，设置比较低的底价和较高的保证金可以确保拍卖能够成功并及时拿到货款。且如果之后在拍卖中安排两家公司参与竞买，一家围标，一家低价中标，是否就能认定此次拍卖的成交价格是充分竞价得到的呢？在这样的情况下，是否就能认定D公司此次拍卖价格是有正当理由的呢？因此，在本案中，关于正当理由是否存在也应当从D公司是否没有充足的资金偿还债务；是否尝试通过销售房产等其他方式获取资金；拍卖是否为D公司穷及所有方法之后无奈采取的方式；公布拍卖与正式拍卖相隔时间如此之短是否是因为急需偿还债务等角度出发进行阐述说明，即案件的关键并不在于拍卖是否合法合理，而在于D公司是否出于避税目的进行此次拍卖交易。实际上，《税收征收管理法》第三十五条第六款往往被视作一般反避税规定，稽查局应当关注D公司是否有避税动机，而D公司应当举证

① 《中华人民共和国最高人民法院行政判决书》［（2015）行提字第13号］。

表明交易的合理性，证明此次交易不存在避税目的。A市税稽一局关于保证金过高、拍卖双方相识、竞买人提前知道底价、成交价与底价一致等证据的描述也似乎在表明双方存在串通行为，存在避税动机，但不知为何在最高法的判决中并没有关于避税的描述。

（四）A市税稽一局是否可以追征税款和滞纳金

由于A市税稽一局在税务处理决定书并没有将D公司的纳税行为认定为偷税、抗税、骗税的情形，不存在编造虚假计税依据的行为，也不存在纳税人计算错误等法定特殊情形。因此，D公司认为即使确实存在计税依据明显偏低且没有正当理由的情形，也不能将其视作纳税人的过失，应当归咎于主管税务机关。而根据《税收征收管理法》第五十二条[①]的规定，税务机关应在三年内提出处理意见，且不得加收滞纳金。

A市税稽一局答辩称，虽然D公司并不存在偷税、抗税、骗税等违法情形，但根据《税收征收管理法实施细则》第八十条[②]，该公司少缴纳税款的责任并不能归咎于税务机关，《税收征收管理法》第五十二条第一款的规定在本案中并不适用，A市税稽一局有权追征税款并加收滞纳金。

最高法从追征税款期限与是否应当征收滞纳金两个角度对该问题进行了剖析。首先，当纳税人不存在过错时，税务机关应该参照《税收征收管理法》第五十二条第一款的规定，原则上在三年内追征税款，但是依法进行调查取证的时间需予以扣除。因此，虽然A市税稽一局在2009年才做出税务处理决定，但扣除三年的调查时间，A市税稽一局追征税款的处理决定符合《税收征收管理法》的规定。其次，最高法提出“在没有法律、法规和规章的规定时，行政机关不得做出影响行政相对人合法权益或者增加行政相对人义务的决定；在法律规定存在多种解释时，应当首先考虑选择适用有利于行政相对人的解释”[③]。根据《税收征收管理法》第三十二条、第五十二条的规定，在以下情形中，税务机关才能征收滞纳金：纳税人未按照规定期限缴纳税款；自身存在计算错误等失误；或者故意偷税、抗税、骗税的，而D公司并不存在上述情形。此外，考虑对纳税人信赖利益的保护，税务机关应当参考《税

---

① 因税务机关的责任，致使纳税人、扣缴义务人未缴或者少缴税款的，税务机关在三年内可以要求纳税人、扣缴义务人补缴税款，但是不得加收滞纳金。因纳税人、扣缴义务人计算错误等失误，未缴或者少缴税款的，税务机关在三年内可以追征税款、滞纳金；有特殊情况的，追征期可以延长到五年。对偷税、抗税、骗税的，税务机关追征其未缴或者少缴的税款、滞纳金或者所骗取的税款，不受前款规定期限的限制。

② 税务机关的责任是指税务机关适用法律、行政法规不当或者执法行为违法。

③ 《中华人民共和国最高人民法院行政判决书》［（2015）行提字第13号］。

收征收管理法》第五十二条第一款的规定，做出有利于行政相对人的处理决定。最终，最高法判定D房产拍卖重新核定计税依据后新确定的应纳税额其纳税义务应当在核定之日发生，因此对D公司征收该税款核定前的滞纳金并没有法律依据。

尽管有不少人称赞最高法的判决是“闪耀着法治与智慧的光芒”，不少学者对于滞纳金问题仍有着不同的看法，认为最高法有关滞纳金征收的判决存在漏洞。首先，争论的焦点在于如何解释《税收征收管理法》第三十二条[①]的“纳税人未按照规定期限缴纳税款”。此处重点关注“规定期限”，引申开来可以说是关注纳税义务的发生时间，因为规定期限总在纳税义务发生之后。最高法的判决认为虽然稽查局重新核定计税依据的决定应当受到尊重，但是由此带来的新的应纳税额并不是D公司故意少缴的，也并不是税务机关的责任，因此基于有利于行政相对人的原则将纳税义务发生时间确定在核定之日，而非拍卖成功当日，不存在征收滞纳金的问题。但是，《税收征收管理法》第三十五条核定的仅是应纳税额而非核定税款的所属期，按照最高法的判决，同一项交易行为存在两个纳税义务发生时间是否合理合法是一个值得讨论的问题。其次，滞纳金的性质也明显影响了对是否加征滞纳金的判断。滞纳金如果是补偿性质，只要已纳税额小于应纳税额，就应该加收滞纳金。在本案中，最高法直接以D公司在拍卖结束后依法缴纳了税款为由认定其已按规定期限缴纳税款，不存在缴纳滞纳金的法定情形，这显然是错误的。如果滞纳金是惩罚性质，则应认定过错方承担责任。由于本案中，最高法与稽查局均不能认定D公司存在违法行为，故不应对D公司征收滞纳金。但是在现行的《税收征收管理法》中，滞纳金又与罚款同时出现，如《税收征收管理法》第六十五条。如果将滞纳金性质定义为罚款则导致对同一违法行为进行了两次处罚，损害了《税收征收管理法》的严谨性。

最高法的说理首先认为D公司不存在违法事实，因此并不属于过错方，不应该对其征收滞纳金，似乎是从滞纳金性质的角度进行说明。但最后的结论是新核定应纳税额的纳税义务应在核定之日发生，既然如此，从一开始就不存在征收滞纳金的前提条件即未按规定期限，之前的有关滞纳金性质以及有利于行政相对人原则的分析应属多余。其次，如果认为之前的分析有效，则最终结论应当为认定滞纳金由过错方负责，在无过错方的情况下，根据有利于行政相对人的原则不应对纳税人征收滞纳金。最后，即便新的纳税义务在核定之日发生，同一交易事项两个纳税义务发

① 纳税人未按照规定期限缴纳税款的，扣缴义务人未按照规定期限解缴税款的，税务机关除责令限期缴纳外，从滞纳税款之日起，按日加收滞纳税款万分之五的滞纳金。

生时间是否符合法律规定，如何避免纳税人滥用此规定开展避税，即避税的纳税义务发生时间是否可以参考此判决加以确定，反避税稽查中滞纳金应当如何征收，这些问题折射出现行《税收征收管理法》中第三十二条与第五十二条的并存的矛盾之处，即第三十二条认为只要客观存在未按规定期限缴纳税款的情形就应该征收滞纳金，但第五十二条又规定应由过失方承担滞纳金的责任，实际上产生了漏洞，即纳税人不存在过失，也并非税务机关的责任，应当如何征收滞纳金。以上问题如果不能从法律层面加以明确，未来将会有更多的类似案件出现。

四、案件小结

此案当中，最高法明确了稽查局的执法主体资格，划分了稽查局的职权范围，清楚地界定了税法与其他部门法律的关系，使用了“有利于行政相对人”与“信赖利益保护”等原则，公正公平公开地审理案件并做出判决，对于今后的案件审理有极强的借鉴意义。但其中存在的争议与问题亦值得我们深思：首先，《税收征收管理法》中关于滞纳金设置的漏洞如何解决，是否可以将情况区分为出于避税目的与并非出于避税目的两种。如果纳税人并非出于避税目的，完全是其他一些原因诸如巧合导致少缴纳税款，则可以参考善意取得增值税发票的处理，不征收滞纳金。如果纳税人出于非合理商业目的即避税导致少缴纳税款，则应当征收滞纳金，符合税收公平原则。其次，滞纳金的性质是税收利息还是罚款，这涉及在什么样的情况下可以征收滞纳金，以及税收核定的纳税义务发生时间该如何确定。最后，税务机关的自由裁量权应当如何限制，如何平衡保障国家税收收入与纳税人合法权益之间的矛盾，纳税人的法律救济途径应当进行怎样的改革以方便纳税人维护自身合法权益，抑制税务机关的裁量权。

这些问题的概念界定与分析可以帮助我们树立实务操作过程中的标准，从理论角度启示我国税法改革方向，为我国法治建设的发展添砖加瓦。

五、参考文献

陈延．独家解读最高法院税务行政诉讼第一案 [EB/OL].（2017-04-19）[2021-03-25]. http://www.shui5.cn/article/df/111464.html.

大成律师事务所．最高法院提审广州市德发案之争议焦点剖析——兼评《聚焦最高法院提审广州市德发案 [EB/OL].（2015-08-05）[2021-03-25]. http://www.vccoo.com/v/4c10f9.

华税．税务律师解读最高法税务行政诉讼提审第一案 [EB/OL].（2017-04-19）[2021-03-25]. http://www.shui5.cn/article/21/111465.html.

廖仕梅．从民法视角探析推定课税——基于“最高人民法院提审广州市德发公司案例”分析 [J]. 地方财政研究，2015（10）: 15-20.

刘天永．聚焦最高法院提审广州市德发案两大核心争议焦点分析 [EB/OL].（2017-04-18）[2021-03-25]. http://www.shui5.cn/article/80/111438.html.

卢阳．德发案对税务行政执法的启示 [J]. 税务与经济，2018，219（4）: 97-100.

马艳娟．最高法院提审“德发案”显示税务行政诉讼变化 [EB/OL].（2017-04-18）[2021-03-25]. http://www.shui5.cn/article/f0/111439.html.

明税．解析：税收滞纳金的法定限制——评德发案 [EB/OL].（2017-07-11）[2021-03-25]. http://www.minterpku.com/publications/books/573.html.

唐高翔．德发公司提审案件税法律师点评之——法院对税务行政执法行为的有限审查 [EB/OL].（2017-04-20）[2021-03-25]. http://www.shui5.cn/article/fa/111481.html.

王子凝．论税收核定中的“无正当理由” [J]. 管理观察，2017（18）: 148-149.

王宗涛．法院如何发展税法？——简评最高院广州市德发案行政判决书 [EB/OL].（2017-04-21）[2021-03-25]. http://www.weixinnu.com/article/597894505fab1c403bb60341.

韦国庆．反避税和推定税收：重新审视征管法 35 条、36 条及其他——从最高院提审广州市税案说开去 [EB/OL].（2015-07-13）[2021-03-25]. http://blog.sina.com.cn/s/blog_48ec76ef0102vtxg.html.

韦国庆．当反避税遇上滞纳金：最高法院德发税案判决评思之一 [EB/OL].（2017-04-20）[2021-03-25]. http://www.shui5.cn/article/ff/111482.html.

薛娟．厘清法律概念是理解德发案判决结果的基础——法院没有“和稀泥” [EB/OL].（2017-04-19）[2021-03-25]. http://www.shui5.cn/article/fe/111468.html.

袁森庚．最高人民法院提审的德发公司案分析 [J]. 税务研究，2017（6）: 94-100.

张学干，贾晓东．对最高人民法院提审德发公司案判决的法律分析 [J]. 税务研究，2018，401（6）: 62-66.

赵滕．《税收征管法》修订中滞纳金制度的完善——从广州市“德发案”谈起 [J]. 法制与社会，2018（28）: 40-42.

中华人民共和国最高人民法院行政判决书 [（2015）行提字第 13 号][EB/OL].

（2017-04-07）[2021-03-25]. https://wenshu.court.gov.cn/website/wenshu/181107ANFZ0BXSK4/index.html?docId=3875e788347042248591a7580111fb2a.

案例使用说明

一、教学目的与用途

（1）适用课程：中国税制专题、税收稽查专题、税收征管专题。

（2）适用对象：本案例适合财政税务专业高年级本科生、财政学及税务专业硕士研究生学习，还适合税法相关律师从业者、税务机关相关制度制定者和执行者及企业财务、税务管理人员学习。

（3）教学目的：本案例总结分析了D公司房产拍卖税案的主要内容，围绕案件的焦点问题陈列分析了各方的观点，包括案件双方的意见、社会各界的看法及最高法的判决，并总结分析导致各观点之间产生差异的焦点问题。为税法的改革、行政制度的完善、纳税人维护自身权益提供了有益的启示与借鉴。

具体目标可以分为以下几个方面：

①随着市场经济的发展，交易形式和类型越来越复杂，而法律的完善与改革往往滞后于现实的进程。现行税法存在漏洞多、表述不完善等缺陷，为了补充说明税法，相关政府出台了庞杂的解释说明文件，而这又加重了纳税人及相关从业者查找学习的困难程度，且过多的文件也可能相互矛盾，与税法原则冲突，导致争议。引导学生对如何进行税法改革、如何解决浩繁的文件问题进行思考，从而得出一定的意见与看法。

②税收核定权的规定赋予了税务机关自由裁量权，税务机关应该如何平衡保障国库收入与维护纳税人合法权益之间的冲突问题？是否应当对税务机关的自由裁量权进行限制？税务机关既充当法律的执行者也充当法律的解释者，如何保证税务机关的自由裁量权不被滥用，应该设置怎样的制约架构和处理流程？引导学生对这些问题进行思考，可以帮助其在实务操作中更加高效地解决问题，完善行政制度的建设。

③D公司房产拍卖税案的最终判决中，对于滞纳金问题的说理并不明确，导致了社会各界的争论。引导学生对滞纳金性质进行思考，考虑何时应该征收滞纳金，尤其是涉及反避税问题，进而得出一定的结论，为税法的改革提供借鉴。

④ D 公司房产拍卖税案作为新行政诉讼法实施以来首起行政机关负责人作为被告应诉的行政案件，是一起“民告官”的典型案件。D 公司从反映问题到向最高法提起诉讼的整个过程是纳税人行使法律救济权的典型案例，分析这整个过程中 D 公司所面临的问题，如税务机关既是税务处理决定的决策者、执行者，又是行政复议的审判者，从而导致行政复议往往维持原处理决定，可以帮助我们认识纳税人申请法律救济所面临的难点，对改革行政制度、促进纳税人维护自身合法权益等方面都有很重要的启示作用。

二、涉及知识点

（1）《税收征收管理法》及《税收征收管理法实施细则》的相关规定。

（2）意思自治：在民事活动中，只要不违反法律的根本精神，私人间的法律关系应当取决于个人意志，任何个人、组织和部门都不能横加干涉。

（3）自由裁量权：税务机关或其他行政机关及其工作人员在法律规定的范围内根据法律法规的精神和本质、价值取向自由做出行政处理的权力。伴随着社会的不断发展，法律法规的制定存在明显的滞后性，自由裁量权的存在提高了行政处理的效率，更能体现法律的“公平原则”。

（4）法律救济权：公民、法人或其他组织在认为自己的权利受到行政机关或者其他单位和个人的侵害时可以依法向有权受理的国家机关告诉并要求解决，予以补救。税收的法律救济权则具体指纳税人对税务机关做出的税务处理决定有权申请行政复议，提起行政诉讼并要求赔偿。

（5）信赖利益保护：行政管理相对人基于正当合理的信赖利益保护，而要求行政机关不得擅自改变已经生效的行政行为，确实需要改变行政行为的，应对由此给相对人造成的损失给予补偿。由于税收的强制性，纳税人天然处于弱势地位，对纳税人的信赖利益保护有助于促进纳税人对税务机关的信任度，稳定税收征管秩序，减少纳税人税负的不确定性。

三、配套教材

（1）胡怡建：《税收学》，上海财经大学出版社 2018 年版。

（2）中国注册会计师协会编：《税法——2022 年注册会计师全国统一考试辅导教材》，中国财政经济出版社 2022 年版。

四、启发思考题

（1）是否应当对违法的交易活动进行征税，对其征税是否意味着承认其正当性？当税法与其他法律发生冲突时应当如何适用税法？

（2）税收核定中，计税依据明显偏低的标准是什么？正当理由的标准又是什么？对于正当理由的质疑是该从合理性角度还是从合法性角度出发？

（3）滞纳金的征收是利息性质还是罚款性质，抑或两者兼而有之？有什么现实的依据？

（4）反避税案件中应该征收滞纳金吗？有什么现实案件吗？

（5）推定税收（即计税依据明显偏低且无正当理由）属于反避税条款吗？

（6）税收征管法的改革如何进行，哪些方面的问题亟待解决？

（7）有人认为最高法的判决在"和稀泥"，你觉得呢？

五、分析思路

（1）分析D公司房产拍卖税案的来龙去脉，对关键问题和次要问题进行把握。

（2）仔细分析D公司的拍卖过程，为什么最高法认为"证据不足"？

（3）从税收核定权角度分析税务机关的自由裁量权，分析D案中税务机关的自由裁量权是否受到严格的限制。

（4）从理论和实践两个角度对滞纳金的性质进行分析，从而对反避税所涉及的滞纳金问题有更深的理解。

（5）分析总结该案件中折射的税收征管法的缺陷与漏洞，以对推进税法的改革有一定的把握。

（6）分析总结纳税人应该怎样更好地维护自身权益。

六、理论依据

（1）税收法定原则：2014年党的十八届三中全会首次提出要"落实税收法定原则"，税收法定原则要求立法者决定全部税收问题，在没有制定相应的法律法规之前，不产生纳税义务，税务机关也不能征税。税收征管法中关于滞纳金征收的规定不严谨，存在比较明显的漏洞，最高法最终以当法律存在疑义时有利于行政相对人为由判定A市税稽一局征收滞纳金的决定无效正是税收法定原则的体现。但是随着经济发展，交易形式不断创新，税法的规定可能存在滞后性，如果盲目强调税收法定原则可能造成国家税收流失，损害税收公平。在这种情况下，就需要考虑实质课税原则。

（2）实质课税原则：实质课税原则要求对于一项经济活动不能仅根据它外在的表现形式来确定是否应当征税，而应该根据实际情况，确定这项经济活动的实质目的和经济后果，进而判断是否符合课税的要素。虽然现行税法中实质课税原则并没有取得法定基本原则的地位，但相关内涵散见于税法程序法与个体法的相关规定中，如D公司房产拍卖案中涉及的《税收征收管理法》第三十五条第六款。A市税稽一局行使税收核定权正是基于实质课税原则，按照经济实质对D公司进行征税，以避免对同种性质的交易征收不同数额的税收，有利于税收公平的实现。

现行税法以赋予税务机关自由裁量权的形式来达到实质性课税的目的，却没有对自由裁量权设置判断标准与约束条件，容易导致税务机关自由裁量权的扩大，存在导致架空税收法定权、侵害纳税人权益的可能性。D公司税案中，稽查局下发税务处理决定前并没有与D公司进行公开的质询与答辩，D公司申请行政复议的裁决人仍是税务机关，解释权与裁判权集于一身等问题都明显地显示出现行关于约束自由裁量权的规定不足。

强调税收法定原则不意味着否认实质课税原则，实质课税原则的应用也不应该架空税收法定原则。在实践中，应该探索裁量原则、证据规则、监督约束等规则的建立，平衡税收法定与实质性课税两种原则，最终实现税收公平。

（3）税收公平原则：税收公平原则指纳税人在同等经济条件下应给予同等对待，要求税收必须普遍课征和平等课征。

（4）税收效率原则：税收效率原则是指国家征税必须有利于资源的有效配置和经济机制的有效运行，必须有利于提高税务行政效率。从最高法关于D公司税案的判决书中我们可以看到，法律赋予税务机关自由裁量权是基于提高征管效率的原则，而赋予稽查局在查处税收违法案中的延伸职权也同样是基于效率的考量。此外，由D公司举证说明交易价格的合理性也是因为稽查局对于公司经营情况并不熟悉，此举减轻了稽查局的举证负担，提高了工作效率。

关于D公司房产拍卖案件的分析实际上都是基于这几个原则，在讨论判决是否存在问题时除了从法律规定本身出发研究法律规定是否存在前后矛盾、漏洞等缺陷，更要从税法立法的基本原则和宗旨出发，探讨如何进行修正与改革。

七、关键要点

（1）**关键点：**本案例总结分析了D公司房产拍卖案的案件内容，陈列分析了各方的观点，提出了对我国税收征管及维护的纳税人权益等方面的启示，为税法的改革、行政制度的完善、纳税人自身权益的维护提供了有益的启示与借鉴。

（2）**关键知识点：**税收征管法的相关条例；稽查局的行政主体地位；滞纳金的征收；税款的追征期限规定；税法与其他法律之间的关系等。

（3）**能力点：**分析与综合能力、批判性思维能力及解决问题的实际能力。

八、建议课堂计划

本案例可以作为专门的案例讨论课来进行，如下是按照时间进度提供的课堂计划建议，仅供参考。

整个案例课的课堂时间控制在85～90分钟，即2节课。

（1）**课前计划：**提出启发思考题，请学生完成资料阅读及初步思考。

（2）**课中计划：**

课堂前言（8～10分钟）：简明扼要，明确主题。

分组讨论（25分钟）：准备发言提纲。

小组发言（每组6分钟）：分5个组。

讨论与思考（20～25分钟）：引导全班进一步讨论及思考，讲解案件所折射的关键问题所在及税法的改革等等。

（3）**课后计划：**请学生利用网络及文献搜索D案的相关资料信息，尤其是最新信息，采用报告形式给出更加具体的问题分析（1500～2000字）。

案例 12 如何运用"实质课税原则"

——"名为房屋买卖，实为合同借贷"案①

徐 志 王佳瑶 翁滢超

摘 要：2013 年初，A 公司以其部分房产作为抵押，向陈某等人借款 5,500 万元。双方合同以商品房买卖为名，实则为借贷合同。地税稽查局认为涉案人员的借贷行为涉嫌偷漏税，要求陈某就借贷利息收入补缴各项税费及滞纳金共计人民币 5,630,056.71 元。一审和二审法院判决均驳回陈某撤销上述税务处理决定和行政复议的请求。最高人民法院认为，本着实质课税原则，税务机关有权独立认定案涉民事法律关系，对案涉民间借贷利息收入征税，由此驳回陈某的再审申请。本文详细分析了以房屋买卖之名借贷引发税务争议一案，围绕案件争议和焦点，通过对案件中名为房屋买卖实则借贷的涉税行为实质的认定，以及对实质课税原则的分析展开具体论述，从而为税务机关加强税款征收管理提供启示借鉴。

关键词：房屋买卖、借贷纠纷、实质课税原则、税收征管

Abstract: At the beginning of 2013, enterprise A borrowed 55 million yuan from Chen Mou and others with part of its real estate as mortgage. The contract between the two parties was in the name of buying and selling commercial houses, but it was actually a loan contract. The local Inspection Bureau of Tax Service thought that the loan behavior of the person involved was suspected of tax evasion, and required Chen to pay various taxes and late fees totaling 5,630,056.71 yuan on the loan interest income. The judgments of the courts of first and second instance rejected Chen's requests for revoking the above tax treatment decisions and administrative reconsideration. According to the Supreme

---

① 本案例源自《中华人民共和国最高人民法院行政裁定书》[（2018）最高法行申209号]。由于企业保密的要求，在本案例中对有关名称、数据等做了必要的改动和掩饰性处理。本案例只供课堂讨论之用，并无意暗示或说明某种管理或实践行为是否有效。

People's Court, in line with the principle of substantial taxation, the tax authorities had the right to independently identify the civil legal relationship involved in the case and tax the interest income of private lending involved in the case, thus rejecting Chen's application for retrial. This paper analyzes the tax dispute caused by borrowing in the name of housing transaction in detail. Focusing on the dispute and focus of the case, this paper discusses the essence of the tax-related behavior caused by borrowing in the name of housing transaction, and analyzes the principles of substantive taxation, so as to provide enlightenment for tax authorities to strengthen tax collection management.

Key words: property sale and purchase, credit and debt disputes, principles of substantive taxation, tax collection and management

案例正文

一、基本案情

（一）案件源起

2013年初，A公司以其部分商品房作为抵押，向陈某和林某借款6,000万元，约定月息5%，按月支付，期限一年。同年3月20日，两人与A公司签订合同时，发现公司提供的店面面积不足，故只同意借出5,500万元。双方签订总价为5,500万元的商品房买卖合同。合同约定了分三期支付购房款，明确了产权登记时间及违约责任。一天之后，双方又签订《〈商品房买卖合同〉的补充条款》（以下简称《补充条款》），对产权登记时间及违约责任进行重新约定，A公司将每月应付陈某已缴纳购房款总额的5%作为违约金，即每月支付陈某、林某人民币275万元，大幅增加A公司的违约责任。之后，A公司申请增加20%建筑面积作为融资用途获得批准，导致前述《商品房买卖合同》无法继续履行。2014年3月19日仲裁委员会做出调解，解除上述商品房买卖合同，A公司各汇还给林某、陈某2,600万元，共计5,200万元。一年期间陈某累计取得利息收入2,140.5万元。

2014年6月，市纪委和市人民检察院接到相关举报，于是对陈某、林某与A公司的资金往来进行调查。二人承认以房屋抵押借贷的事实，一年内共收取利息人民币3,328万元，解除合同时收回本金共计人民币5,200万元，其中借款的本金来自按照不同利率转借其他人的资金。纪委取证证据确凿，于2014年10月15日和12月10日，先后向地方税务局发出《关于认定相关涉税问题的函》和《关于对林某等人涉嫌偷漏税进行调查处理的函》，认为陈某等的借贷行为涉嫌偷漏税。

（二）案件发展

2015 年 4 月 8 日，陈某在地方税务局的调查询问中，陈述其以商品房为抵押收取的利息实则是解除商品房买卖合同的违约金，出于林某丈夫身份考虑，为避免其违规而采用利息的说法。陈某、林某每月收取 A 公司按购房款总额的 5% 支付的违约金，共计人民币 3,328 万元。2015 年 4 月 22 日，地税稽查局对陈某、林某与 A 公司的资金来往进行核查后，向陈某发出《税务处理事项告知书》，并于 4 月 30 日做出税务处理决定，决定对其补缴营业税、个人所得税、城市维护建设税及教育费附加、地方教育费附加，并加收滞纳金，共计人民币 5,630,056.71 元。

（三）案件结果

陈某对地税稽查局做出的税务处理决定不服，申请行政复议。福建省地方税务局于 2015 年 10 月 23 日做出税务行政复议决定，维持被诉税务处理决定。陈某不服，提起行政诉讼，请求撤销上述税务处理决定和行政复议决定。

一审法院认为：陈某在签订《商品房买卖合同》时已经付清购房款，却在合同中约定之后分 3 期支付，同时《补充条款》约定 A 公司每月应付陈某已缴纳购房款总额的 5% 作为违约金，远远高于《商品房买卖合同》约定额度违约金。这些证据表明双方行为相比正常商品房买卖交易习惯，存在明显不合理之处，名为购房实为借贷。因此，陈某与 A 公司之间的商品房买卖关系不能成立，依据《补充条款》约定每月向 A 公司收取 5% 违约金的理由不能成立。根据当时有效的《中华人民共和国营业税暂行条例实施细则》第二条规定，陈某收取的人民币 2,140.5 万元利息收入，属于营业税应税劳务行为中的“金融保险业”税目，依法应当缴纳营业税；根据《中华人民共和国个人所得税法》第一条、第二条第七项规定，陈某收取的利息收入依法应当缴纳个人所得税。二审法院同样认定陈某与 A 公司之间的交易特点，反映出双方为抵押担保的借贷关系，一审判决并无不当。

最高法院认为，案涉交易行为符合《中华人民共和国合同法》有关条款规定的借贷合同法律关系，从而认为税务机关准确把握了交易活动的经济实质，即依据实质课税原则，将陈某收取的 2,140.5 万元认定为民间借贷利息收入并补缴相关税费的处理决定符合事实和法律，最终驳回陈某再审申请。

二、案件小结

案件争议的焦点主要在于税务机关能否根据实质课税原则独立认定本案中的民事法律关系，以及对民间借贷利息收入应否征税及如何征税的问题。

根据实质课税原则，税务机关依照法律法规规定征收税款，稽查处决违规涉税行为属于其基本职责。在案涉行为中，地税稽查局具备独立的执法资格，通过多种途径调查证据，判定A公司、陈某和林某签订的合同不属于商品房买卖合同，其行为实质决定陈某收取的资金应当缴纳营业税、个人所得税等税赋。这一执法工作的落实，有效防范了纳税人滥用私法逃避依法纳税义务，保证了税款征收。最高法院采纳了税务机关提供的证据，明确了案涉行为的民间借贷性质，从而肯定了税务机关对陈某补缴相关税费的处理决定，这是肯定实质课税原则在减少国家税款流失、维护税收公平原则等方面发挥的作用。需要注意的是，税务机关应当基于实质课税原则确定案件相关当事人的法律关系，必须确保这一权力严格限制于税收领域。

对民间借贷利息收入的征税问题，由于民间借贷行为具有人身属性、社会属性和资本属性，税务机关在对民间借贷行为征税时需关注多方面因素，保持谨慎性，即根据借贷当事人关系、借贷的性质、借贷资金用途、借贷金额与利息金额、资金来源等多种因素，综合判断纳税条件成立与否。在本案中，地税稽查局透过商品房买卖合同的证据表象，准确把握了案涉行为借贷的性质，防止陈某逃避缴纳营业税、个人所得税等纳税义务。营业税、增值税与个人所得税属于不同税种，税收目的、税款计算方法等大为不同，对已经征收营业税或者增值税的收入再征收个人所得税，不存在重复征税问题。

三、参考文献

蔡明，袁梦燕. 着眼于最高法院提审“某案”探析我国实质课税与税收法定原则在行政执法与司法裁判的边界 [EB/OL].（2019-12-20）[2020-12-12]. http://www.linkcross.cn/news/142.html.

任超，赖芸池. 实质课税原则与意思自治原则之博弈——基于建伟案的分析 [J]. 税务与经济，2021（3）：47-53.

央行肯定民间借贷合法性或破解中小企业融资难 [N/OL]. 中国新闻网，2011-11-11 [2020-12-12]. http://www.chinanews.com/cj/2011/11-11/3452850.shtml.

中华人民共和国最高人民法院行政裁定书 [（2018）最高法行申 209 号][EB/OL].（2018-12-28）[2020-12-12]. http://www.cytax.cn/a/xingyezixun/10534.html.

案例使用说明

一、教学目的与用途

（1）适用课程：中国税制专题、税收稽查专题、税收征管专题。

（2）适用对象：本案例适合财政税务专业高年级本科生、财政学及税务专业硕士研究生学习，还适合税法相关律师从业者、税务机关相关制度制定者和执行者及企业财务、税务管理人员学习。

（3）教学目的：本案例详细分析了以房屋买卖之名借贷引发税务争议一案，围绕案件争议和焦点，通过对案件名为房屋买卖实则借贷的涉税行为实质的认定，和对实质课税原则的分析展开具体论述，从而为税务机关加强税款征收管理提供启示借鉴。

二、涉及知识点

（1）中国税制专题：民间借贷利息收入的增值税、个人所得税应税项目归属及应纳税额计算。

（2）税收稽查专题：调查企业与个人的资金往来、账目明细。

（3）税收征管专题：实质课税原则、税收滞纳金。

三、配套教材

（1）中国注册会计师协会编：《税法——2022 年注册会计师全国统一考试辅导教材》，中国财政经济出版社 2022 年版。

（2）刘佐：《中国税制概览（2019 年）》，经济科学出版社 2019 年版。

（3）胡怡建：《税收学》上海财经大学出版社 2018 年版。

四、启发思考题

（1）实质课税原则运用于实际情况的利与弊。

（2）实质课税原则的运用应当遵循什么样的标准？

（3）最高法院为什么认为本案中税务机关不宜对纳税人加收滞纳金？

（4）目前对民间借贷行为及其产生利息收入征税的相关法律条文是否尚待完善？

五、分析思路

（1）实质课税原则对于我国的税收征管实践现实意义重大。该原则的运用不仅是为了加强税收征管，维护国家税收利益，防止纳税人偷税漏税导致税收不公平，同时也能够体现对纳税人合法权益的维护，使税收负担与纳税人的经济活动实质相符，有利于保持良好的征纳双方的关系。但实质课税原则也具有弊端，可能导致税务机关的权力滥用，威胁税收法定原则的落实，因此应当严格限制税务机关自由裁量权。对税负的判定和衡量有必要坚持实质性原则，只要纳税人的经济行为及其经济利益符合课税要素，纳税人就应当依法履行纳税义务。在这一过程中，税务机关以此运用实质课税原则进行税款征收管理。

（2）实质课税原则的运用应当关注涉税主体行为的经济实质，当经济实质和纳税形式不一致时，应当坚持实质重于形式的原则，确保国家税收收入不流失。然而，对于实质课税原则也不能滥用。《税收征收管理法》明确规定，税务机关在实施实质课税原则进行税法适用解释时，使用核定征收、合理调整纳税人应纳税收入或所得额，或者是实行“扣押”“强制”征收等，需要谨慎处理，不得滥用职权，否则，税务机关和税务人员将负有不同程度责任。

实质课税原则是国家赋予税务机关的权力，存在使用不当从而导致自由裁量权被滥用的风险。自由裁量权是税务机关必要的权力，它的合理运用有助于提高税务机关行政效率，保障纳税人的合法权益，提高税务机关的公信力，因此税务机关需要审慎执法，把握好自由裁量权的限度，保证执法效果。

（3）最高法院认为，依据《税收征收管理法》第三十二条、第五十二条规定，加收税收滞纳金应当符合以下条件之一：纳税人未按规定期限缴纳税款；自身存在计算错误等失误；或故意偷税、抗税、骗税的。对于经核定属于税收征收范围的民间借贷行为，只要不存在恶意逃税或者计算错误等失误，经调查也未发现纳税人存在偷税、抗税、骗税等情形，而仅系纳税义务人对相关法律关系存在错误理解和认定的，税务机关按实质课税的同时不宜一律征缴滞纳金甚至处罚。

最高法院指出，在法律规定存在一定的解释空间时，应当首先考虑选择有利于行政相对人的解释。再者，现有的法律条文尚未对民间借贷征税行为做出明确规定，各地对民间借贷的利息收入征收税款的做法亦不相同。关于加收滞纳金的主要法律依据为《税收征收管理法》的规定：“因税务机关的责任，致使纳税人、扣缴义务人未缴或者少缴税款的，税务机关在三年内可以要求纳税人、扣缴义务人补缴税款，但是不得加收滞纳金。”最高法院认为，本案中地税稽查局考虑有欠充分，在法律参考依据有限的情况下，税务机关做出加收滞纳金的决定时应该更加审慎，避免做出不利于行政相对人的解释。

（4）营改增以后，根据《中华人民共和国增值税暂行条例》（以下简称《增值税暂行条例》）及财税〔2016〕36号文，本案中陈某等人的借贷行为，属于自然人个人提供贷款服务的情形，适用简易计税方法，按3%征收率计算缴纳增值税，销售额未达到增值税起征点的，免征增值税；达到起征点的，全额计算缴纳增值税。

根据新个税法，民间借贷利息收入属于利息、股息、红利所得，适用20%的比例税率，以每次收入额为应纳税所得额。对此，最高法院提出的观点值得考虑，即个人所得税相关法律规定中的利息收入通常指的是“惯常存款人以无成本资金从金融机构取得的无风险利息收入”，而民间借贷利息收入具有资金融通性质，且需要缴纳增值税等税费，存在较高的资金成本，同时需要承担市场风险，应该出于对纳税人利益的考虑，允许扣除相关的成本费用，避免重复计征给纳税人造成额外的负担。

六、理论依据与分析

（一）焦点分析

本案争议的焦点主要有：①税务机关能否根据实质课税原则独立认定民事法律关系；②对民间借贷利息收入应否征税、如何征税；③税务机关是否应当对纳税人加收滞纳金。

1. 税务机关能否根据实质课税原则独立认定民事法律关系？

最高法院首先明确，税务机关作为行政主体，主要职能是税款的征收管理工作，通常情况下并不被要求认定民事法律关系，其日常工作的落实，主要受到法律文书相关认定效力的约束。但是，最高法院也表示，税务机关在税务检查过程中往往需要识别和判定相关应税行为的性质，即根据纳税人经营活动的实质内容，判别纳税人的纳税义务，由此确定纳税人的应缴税款，并且开展合理的税款征收管理程序。因此税务机关有必要对于民事法律关系具备一定的认定权，这也有助于实质课税原则的落实，否则会导致纳税人产生侥幸心理，利用税务机关在民事法律领域的监管盲区，逃避履行纳税义务，由此导致国家税收利益受损，也是对其他合法纳税人的不公平，影响整体纳税遵从度。

最高法院认为，税法与民法属于不同的法律体系，税法与民法对同一法律关系的认定不同属于正常情况。但同时，最高法院明确了税务机关对民事法律行为性质的认定权有一个合理的边界，在税务机关履行举证责任的前提下，基于合理理由在民事法律关系中的税收领域具备独立认定法律关系的权力，这既能够保证税法的量能课税与公平原则，也不会影响民事法律秩序的稳定和当事人合法权益的保障，当事人仍然可以依据民法规范，寻求替代途径，例如通过仲裁、诉讼等方式，处理案涉民事法律问题。

回到案件本身进行分析，本案当事人通过仲裁这一方式确认了商品房买卖的民事法律关系，而如前所述，税务机关对民事法律关系的认定应尊重生效法律文书相关认定效力。但该仲裁从申请到结案历经时间短，不曾独立认定案件事实。税务机关已经就其系民间借贷关系的实质认定举证证明：陈某、林某于合同签订后，收取款项较《商品房买卖合同》价金 5,500 万元还多出 3,328 万元，但二人主张上述款项是 A 公司支付的"履约保证金"。然而 A 公司在调查中并不承认这一说法，且其作为出售商品房的一方逐月按特定比例支付所谓"履约保证金"也并不符合商品房买卖交易习惯，更符合民间借贷交易习惯。陈某还曾主张其每月收取 A 公司支付的人民币 275 万元是依据《补充条款》约定的 5% 违约金，但是《补充条款》的真实性值得怀疑，且 A 公司主动支付大幅高于先前合同约定额度违约金的行为，也有违商品房买卖交易习惯，不属于正常的商品房买卖交易行为。

因此，可以认为该商品房交易行为属于《中华人民共和国合同法》第一百九十六条规定的借贷合同法律关系。因此，税务机关在承担举证责任且提供了可信证据的情况下，依据实质课税原则而非表象证据，根据当事人民事交易的实质内容认定陈某、林某与 A 公司之间实际形成民间借贷法律关系，将陈某收取的、A 公司支付的除本金以外的 2,140.5 万元认定为民间借贷利息收入予以征税，并无不当。

2. 对民间借贷利息收入应否征税、如何征税？

最高法院依据当时有效的《营业税暂行条例》《营业税暂行条例实施细则》，以及《国家税务总局关于印发〈营业税税目注释（试行稿）〉的通知》（国税发〔1993〕149 号）和《国家税务总局关于印发〈营业税问题解答（之一）〉的通知》（国税函发〔1995〕156 号），认为公民个人将资金借与单位或者其他个人并取得利息收入，属于应税劳务，应按金融保险税目征收营业税。同时因为提供应税劳务方为个人，适用营业税起征点规定，月利息收入达到起征点的，应当全额征收营业税。既然缴纳了营业税，相应地也需要缴纳城市维护建设税、教育费附加和地方教育附加。在此基础上，税务机关对案涉利息收入补缴相应个人所得税额，也不违反法律规定[①]。事实上，2011 年 9 月，山东省地方税务局出台的《关于发布〈山东省地方税务局民间借贷税收管理办法（试行）〉的公告》（2011 年第 4 号）也可以作为参照，该文件规定，民间借贷业务应缴纳营业税、城市维护建设税、教育费附加、地方教育附加、地方水利建设基金、企业所得税（或个人所得税），其中：营业税适用“金融保险业”税目，个人所得税适用“利息、股息、红利所得”税目。

在如何征收个人所得税问题上，根据《中华人民共和国个人所得税法》（以下简称《个人所得税法》）与《中华人民共和国个人所得税法实施条例》（以下简称《个人所得税法实施条例》）的规定，民间借贷利息收入所得应缴纳的个人所得税，不应按适用超额累进税率的综合所得或经营所得计算，应适用 20% 固定比例税率以“支付利息……时取得的收入”为基准计算。本案中，税务机关也是按此方法确定个人所得税应纳税所得额的，陈某也未在税额的确定方式上提出不同意见。但是最高法院从税收公平视角提出，相较于对存款人无成本资金从金融机构取得无风险利息收入征缴个人所得税而言，对具有资金融通性质、需要缴纳营业税（增值税）等税赋且可能存在资金成本和市场风险的民间借贷的利息收入征缴个人所得税，应考量名义利率下的利息所得是否为实际利息所得、是否为应纳税所得额，税务机关须严格对应“利息、股息、红利所得”税目，适用 20% 固定比例税率计算应纳税款并加以征收；如果出现一笔利息扣除实际支出进行二次分配的情况，应当避免重复计征税款。此外，判决书中未涉及扣缴义务人问题，事实上 A 公司应就向陈某等人支付的利息代为扣缴个人所得税而未履行扣缴义务，税务机关应当向其处以罚款。

税务机关严格征缴税款的行为值得肯定，同时最高法院也提出，税务机关对民间借贷行为进行税款征收管理时，行政相对人的合法权益需要谨慎考量，以此保障税收公平原则。最高法院在对民间借贷利息收入征税如何体现税收公平的问题中，认为在个税计算方面，应该考虑当事人取得利息收入的资金成本等，避免重复计征税款，为今后个税法的完善方向提供了借鉴；在加收滞纳金方面，则提出税务机关应该更加严格和慎重地按照法律进行，以免行政相对人承担不利推定。

① 2011年修正实施的《个人所得税法》第二条规定：“下列各项个人所得，应纳个人所得税：……七、利息、股息、红利所得。”

3. 税务机关是否应当对纳税人加收滞纳金？

最高法院认为，依据《税收征收管理法》对加收滞纳金条件的规定[①]，对于经核定属于税收征收范围的民间借贷行为，只要不存在恶意逃税或者计算错误等失误，经调查也未发现纳税人存在偷税、抗税、骗税等情形，而仅系纳税义务人对相关法律关系存在错误理解和认定的，税务机关按实质课税的同时，不宜一律向纳税人做出征缴滞纳金甚至处罚的决定。最高法院指出，当法律规定存在多种解释时，应当首先考虑适用有利于行政相对人的解释。再者，法律条文尚未对民间借贷征税做出明确具体的规定，各地对民间借贷的利息收入征税的做法亦不相同。这一问题的主要法律依据为《税收征收管理法》的规定：“因税务机关的责任，致使纳税人、扣缴义务人未缴或者少缴税款的，税务机关在三年内可以要求纳税人、扣缴义务人补缴税款，但是不得加收滞纳金。”最高法院认为本案中地税稽查局考虑有欠充分，在法律参考依据有限的情况下，税务机关做出加收滞纳金的决定时应该更加审慎。

（二）案例思考

1. 最高法为何肯定本案中税务机关对民间借贷法律关系的认定？

尽管最高法院肯定了税务机关坚持实质课税原则以避免税收流失、维护税收公平，但是没有直接肯定税务机关独立认定民事法律关系的权力。最高法院基于税务机关提供的证据，同意A公司与陈某等人的交易细节、资金往来情况等不符合商业逻辑的判断，推翻了对案涉行为属于商品房买卖的认定，重新确定了案涉法律关系的民间借贷性质，进而认为税务机关的处理决定符合事实和法律。因此税务机关基于合理理由在民事法律关系中的税收领域独立认定法律关系的性质和内涵是合理的，既能够保证税法的量能课税与公平原则，也不影响民事法律秩序的稳定和当事人的合法权益。

2. 除了避免税收流失、维护税收公平，实质课税原则的应用是否存在弊端？

实质课税原则与税收法定原则存在一定的冲突，前者要求灵活应变，不受外表与形式的约束，后者则要求税务机关在实施税收征收管理时严格按照法律规定，如果实质课税原则带来了自由裁量权被滥用的后果，可能有损税收法定精神，也会导致对公民财产权的侵害，引起纳税人的抵触情绪。目前税务机关执法人员的业务能力水平参差不齐，而运用实质课税原则需要对现实情况有较为准确的判断，需要进

① 依据《税收征收管理法》第三十二条、第五十二条规定，加收税收滞纳金应当符合以下条件之一：纳税人未按规定期限缴纳税款；自身存在计算错误等失误；或故意偷税、抗税、骗税的。

行大量调查取证，从而获取可信的、使得纳税人信服的证据，否则容易引发纳税人的异议，导致行政复议或行政诉讼。如果因证据不足致使处理决定撤销，对税务机关执法的公信力也会造成不利影响。因此，需要把握税收法定原则这一税法基本原则的核心，实质课税原则的运用应当在税收法定原则之下进行，避免税务机关滥用自由裁量权。

3. 最高法院为什么认为本案中税务机关不宜对纳税人加收滞纳金？

最高法院认为当法律规定存在多种解释时，应当首先考虑有利于行政相对人的解释。而本案中，纳税人不存在偷税、抗税、骗税等情形，也不属于计算失误导致少缴税款的情形，很大可能是由其对相关法律关系的错误理解和认定导致的，再者以房屋买卖名义担保借贷在民间十分常见，在法律条文尚未对民间借贷征税做出明确规定、法律参考依据有限的情况下，不宜对纳税人加收滞纳金，强调税务机关审慎处决的责任。但还存在一个问题，即本案当事人的纳税义务应当从何算起，是自借贷行为发生、收到利息收入时算起，还是从将民事法律关系重新认定为借贷关系时算起，在前一情况下，纳税人确实未按规定期限缴税，适用于相关法律条文，应当加收滞纳金；而在后一情况下，基于实质课税原则，法律关系重新判定后确定的应税行为，不存在恶意逃税或者计算错误等失误，也不属于纳税人偷税、抗税、骗税等情形，税务机关不宜加收滞纳金甚至处罚。

4. 目前对民间借贷行为及其产生利息收入征税的相关法律条文是否尚待完善？

营改增以后，根据《增值税暂行条例》及财税〔2016〕36号文，本案中陈某等人的借贷行为，属于自然人个人提供贷款服务的情形，适用简易计税方法，按3%征收率计算缴纳增值税，销售额未达到增值税起征点的，免征增值税；达到起征点的，全额计算缴纳增值税。

根据新个税法，民间借贷利息收入属于利息、股息、红利所得，适用20%的比例税率，以每次收入额为应纳税所得额。对此，最高法院提出的观点值得考虑，即个人所得税相关法律规定中的利息收入通常指的是“惯常存款人以无成本资金从金融机构取得的无风险利息收入”，而民间借贷利息收入具有资金融通性质，且需要缴纳增值税等税费，存在资金成本，需要承担市场风险，应该允许扣除相关的成本费用，避免重复计征税款，增加纳税人的税收负担，引起不必要的争端。

（三）从税案中得出的启示

首先，本案肯定了税务机关依据实质课税原则，独立认定民事法律关系的性质内涵，确定了案涉行为实质是民间借贷法律行为，认为行政主体独立行使一定的权力，有助于防止纳税人利用税务机关监管漏洞造成国家税款流失，但也没有直接肯定税务机关对私法行为性质认定的权力，而是严格加以限制，明确指出了这种认定仅适用在税务领域内，并且税务机关对此负举证责任。除了税法与民法，实质课税原则与税收法定原则本身也在一定程度上存在冲突，现实中存在认为两者相悖而不支持纳税人依实质课税原则主张维护自身权利的情况，因此启示税务机关对于实质课税原则的运用，应当在税收法定原则之下进行，防范税务机关自由裁量权过大的风险。

其次，在要求民间借贷的当事人增强依法纳税意识的同时，本案也对税务机关的责任提出了更高的要求。一方面，税务机关在做出行政处理决定时，应当考虑在法律规定的多种解释中选择适用有利于行政相对人的解释，尽可能保障行政相对人的合法权益，维护税收公平，并且在加收滞纳金方面应该更加慎重，以免行政相对人承担不利推定。另一方面，税务机关应该在日常生活中加大对相关法律规定的宣传力度，避免使纳税人陷入由于不懂法而触犯法律法规的境地。

再次，对民间借贷征税的立法存在缺失，有关部门应该明确和完善这方面的规定，特别有关所得税额计算部分，可以考虑进一步细化规定，增强可操作性，调整民间借贷利息收入承担的相应的资金成本、市场风险及税费成本。

最后，作为纳税人，应当增强依法纳税意识，发生借贷等交易行为要及时申报缴纳相关税费，同时在认为税务机关的税务处理决定不合理时，要勇于提出异议，积极维护自身合法权益。尤其是纳税人发现税务机关在民事法律关系中的税收领域的认定不合理时，仍然有依据民法规范通过仲裁、诉讼等途径处理案涉民事法律争端的救济途径。

七、关键要点

（1）关键点： 本案例对围绕案件焦点进行的分析与论述，包括税法与民法的关系、税务机关能否运用实质课税原则独立认定民事法律关系，以及该如何运用这一原则、民间借贷利息收入应否和如何征税、税务机关应否加收滞纳金等。

（2）关键知识点： 税务机关能否根据实质课税原则独立认定民事法律关系、对民间借贷利息收入应否征税、税务机关加收滞纳金的税收征管问题。

（3）能力点： 培养学生案例分析能力和解决现实问题的能力。具体来说，要求学生通过阅读案例把握案件争议点，并运用课程相应知识点对争议点做出判断分析，进而提高批判性思维能力及解决问题的实际能力。

八、建议课堂计划

本案例可以作为专门的案例讨论课来进行，如下是按照时间进度提供的课堂计划建议，仅供参考。

整个案例课的课堂时间控制在 90 分钟，即 2 节课。

（1）课前计划：提出启发思考题，请学生完成资料阅读及初步思考。

（2）课中计划：

课堂前言（8 ～ 10 分钟）：简明扼要，明确主题。

分组讨论（25 分钟）：准备发言提纲。

小组发言（每组 6 分钟）：分 5 个组。

讨论与思考（20 ～ 25 分钟）：引导全班进一步讨论及思考，讲解案件所折射的关键问题所在以及对税务机关和纳税人的启示等。

（3）课后计划：请学生利用网络及文献搜索与实质课税原则有关的判例和资料，采用报告形式给出更加深入的问题分析（1500 ～ 2000 字）。

案例13 房产税改革试点成效评析

——用 HCW 法评析沪、渝房产税试点改革[①]

方红生　洪圆双

摘　要：2011 年 1 月 28 日，上海市与重庆市率先试点对居民个人非经营性住房征收房产税，引起了社会各界的广泛关注。本文描述了沪、渝房产税试点的具体内容，并对两地改革实施细则的相同之处与不同之处进行了比较分析。在解析沪、渝各自房产税改革政策的基础上，基于两地的现状，从纵向比较、横向比较、实证分析等三个角度评析其房产税改革的价格效应。同时在总结两地房产税改革的平均效应和溢出效应的基础上，提出沪、渝两地房产税试点改革对我国房产税改革发展的启发意义，为下阶段我国的房产税改革方案的制定与完善提供有益的借鉴。

关键词：房产税试点、政策、价格效应

Abstract: On January 28, 2011, Shanghai and Chongqing took the lead in piloting the collection of property tax on non-operational housing for individual residents, which aroused widespread concern from all walks of life. This paper describes the specific content of property tax in Shanghai and Chongqing, and makes a comparative analysis of the similarities and differences in the reform implementation rules of the two places. Based on the analysis of the property tax reform policies and the status quo of Shanghai and Chongqing, this paper analyzes the price effect of the property tax reform from three perspectives, namely vertical comparison, horizontal comparison, and empirical analysis. On the basis of summarizing the average effect and spillover effect of the property tax reform in the two places, this paper puts forward the enlightening significance of the

① 本案例由中国专业学位税务硕士案例库授权使用，中国专业学位税务硕士案例库享有复制权、修改权、发表权、发行权、信息网络传播权、改编权、汇编权和翻译权。本案例只供课堂讨论之用，并无意暗示或说明某种税收筹划行为或税收制度是否有效。

property tax reform in Shanghai and Chongqing for the development of property tax reform in China, which provides useful reference for the formulation and improvement of China's property tax reform plan in the future.

Key words: property tax pilot, policy, price effect

案例正文

一、引言

2011年1月27日，国务院办公厅第136次常务会议决定在部分城市进行对个人住房征收房产税的改革试点，具体征收办法由试点省（自治区、直辖市）人民政府从实际出发制定。2011年1月28日，上海市和重庆市率先试点对居民个人非经营性住房征收房产税，由此引来的赞誉声和争议声不断。

房产税改革背景：我国现行的房产税始于1986年。由于房产税开征时，我国尚未进行住房制度改革，城镇个人拥有住房的情况极少，且居民收入水平普遍较低，因此，《中华人民共和国房产税暂行条例》规定对个人所有的非经营性房产，也就是个人住房免税。房产税主要是对生产经营性房产征收。

改革开放以来，我国经济社会形势发生了较大变化，房地产行业经历了突破性的发展。20世纪90年代开始，房地产日渐成为国民经济的支柱行业。与此相适应，住房商品化、土地使用方式等一系列重大制度改革陆续推行，形成了崭新的房地产管理制度。房地产市场日趋活跃，居民收入水平极大提升，房产已成为个人财富的重要组成部分。然而，当前房地产行业的发展亦存在诸多问题，刚性需求得不到满足，不合理需求泛滥，在房地产市场供求结构严重失衡的情况下，我国的房价不断攀升，一些地方房价已经远远超过了居民的收入水平，成为一个严肃的社会问题。特别是近年来，随着我国经济的快速发展、城镇化的高速推进，房地产价格出现了飞跃式的上涨，在沪、渝房产税试点前，从2005年到2009年的五年间，全国平均房价增长了2倍；北京的房价收入比（中档房产价值/中产阶层家庭可支配年度收入）等于27，是国际平均水平的5倍。

在经济全面转型的大背景下，我国房地产税制未能得到及时的调整和优化，依旧沿用20世纪80年代中制定的基于计划经济时期的税收制度，无论是在资源使用效率和配置的调节职能上，还是在提供财政来源的收入职能上，都未能发挥其应有的作用。

自古以来，居者有其屋。高房价造成的住房难已成为严重的社会问题。政府2010年起就相继出台了一系列调控政策，甚至在一些房价上涨过快的城市采取了“限购”的行政手段，但这些举措并未起到预期效果，未能有效遏制住房价快速上涨的势头。在此背景下，有些市场观察人士将房产税改革看作是政府对高房价进行宏观调控的“终极武器”。2010年以来，是否对个人非营业用房征收房产税成为业内热议的焦点。2010年4月17日，国务院发布《关于坚决遏制部分城市房价过快上涨的通知》，再次提升了对个人住房征收房产税的热度。2010年5月31日，国务院批转国家发改委《关于2010年深化经济体制改革重点工作意见的通知》，明确提出要“逐步推进房产税改革”，由此推动了我国对个人住房征收房产税的开端。2011年1月28日，上海、重庆作为首批试点城市，拉开了房产税改革的序幕。

二、上海、重庆房产税试点内容概述

（一）上海房产税改革试点内容

2011年1月27日晚，上海市政府发布了《关于〈上海市开展对部分个人住房征收房产税试点的暂行办法〉的通知》。上海在全市范围内对部分个人住房开始征收房产税。征收对象包括从2011年1月28日起拥有上海户籍的居民购买的第二套及以上的住房（不区分二手房和新建的商品住房，均认定为应税住房）和非上海户籍的公民在上海新购的住房。

个人房产税的纳税人是房屋产权所有人。在试点初期，应税住房的计税依据暂时按照其市场交易价格计算，以交易价格的70%计税，一般税率是0.6%。对于应税住房每平方米市场交易价格低于上海市上年度新建商品住房平均售价2倍的，减按0.4%征收。待条件成熟时，以应税住房的市场价格为基础的评估值作为计税依据，按照一定的周期进行重估。

通知中特别强调，所有房产税的收入，都将用来建设保障性住房等，属于专项支出，专款专用。因为涉及各方面的利益，上海市在房产税改革方案中规定了很多减免税的条款。主要包括：上海市市民新购的第二套及以上的住房，合并住房面积后计算得出的人均住房面积不高于60平方米的住房免征房产税，对于超过60平方米的，仅对超出的部分征收房产税；上海市市民因子女婚姻等首次新购住房且是唯一住房的，暂免征税；引进的高精尖人才新购的唯一住房免税；上海市市民新购一套住房后，出售其原唯一住房的，可退回已纳房产税；在上海工作满3年、有居住证且新购的是唯一住房的免税。

（二）重庆房产税改革试点内容

重庆市与上海市在同一天发布了《重庆市人民政府关于进行对部分个人住房征收房产税改革试点的暂行办法》（以下简称《办法》）。《办法》规定，此次试点区域为主城九区（渝中区、江北区、沙坪坝区、九龙坡区、大渡口区、南岸区、北碚区、渝北区、巴南区）。

试点按照分步实施的办法。首批征收对象包括：个人拥有的独栋商品住宅；个人新购的单位建筑面积交易价格达到上两年主城九区新建商品住房成交价格 2 倍及以上的高档住房；同时满足没有重庆市户籍、没有在渝企业、没有在渝工作的个人购买的第二套及以上的住房。其他个人房屋将在条件成熟时纳入征税范围。个人房产税的纳税人是房屋产权所有人。

《办法》规定，应税住房的计税依据是房产的交易价格，独栋商品住宅和高档住房一经纳入征税范围，如无新规，无论是否发生权属变化，计税价格和税率均不再变化。渝版税率规定比较详细，独栋商品住宅和高档住房建筑面积单位交易价格在上两年主城九区新建商品住房成交建筑面积均价 3 倍以下的住房税率为 0.5%；3 倍（含 3 倍）至 4 倍的税率为 1%；4 倍及以上的税率为 1.2%。在重庆市同时没有户籍、企业、工作的个人新购的第二套及以上的住房税率为 0.5%。《办法》同时亦规定扣除免税面积以家庭为单位，一个家庭只能对一套应税住房扣除免税面积。纳税人在《办法》施行前拥有的独栋商品住宅，免税面积为 180 平方米；新购的独栋商品住宅和高档住房，免税面积是 100 平方米；在重庆同时没有户籍、企业、工作的个人其应税住房不扣除免税面积。①

关于沪、渝房产税改革方案的主要内容，本文进一步整理如表 1 所示。

表 1　沪、渝房产税改革方案的主要内容

项目	上海	重庆
征收对象	本地：家庭第二套及以上的住房	本地：个人拥有的独栋商品住宅；个人新购的高档住房（价格超过主城九区近两年新建商品房均价 2 倍及以上）
	外地：在本市新购住房	外地：无户籍、无企业、无工作的个人新购第 2 套及以上的普通住房
税率	差别税率：0.6%；低于平均价格以下的，0.4%	差别税率：平均价格 3 倍以下的，0.5%；3 ～ 4 倍的，1%；4 倍以上的，1.2%

① 刘丽旺：《中国房产税改革模式研究——以上海、重庆为例》，硕士学位论文，吉林大学，2013年。

续表

项目	上海	重庆
计算公式	新购住房应税面积 × 新购住房单价 × 相应税率 ×70%	应税建筑面积 × 建筑面积交易单价 × 对应税率（应税建筑面积 = 应税面积 - 免税面积）
减免标准	本地：人均 60 平方米的免税面积	原有独栋商品住宅，免税面积为 180 平方米，新增独栋商品住宅和高档住房为 100 平方米
	外地：符合国家和本市规定引进的高层次人才；持有本市居住证满 3 年并在本市工作生活的购房人，其在本市新购住房，且该住房属于家庭唯一住房	

资料来源：上海市人民政府：《上海市开展对部分个人住房征收房产税试点的暂行办法》，2011 年 1 月 27 日，http://service.shanghai.gov.cn/xingzhengwendangkujyh/XZGFDetails.aspx?docid=6873；重庆市人民政府：《重庆市人民政府关于进行对部分个人住房征收房产税改革试点的暂行办法》，2011 年 1 月 27 日，http://www.cq.gov.cn/zwgk/zfxxgkml/szfwj/zfgz/zfgz/201101/t20110127_8836382.html。

三、上海、重庆房产税改革的比较分析

上海与重庆虽然是国家确定的首批房产税改革的城市，但是二者因经济环境、发展水平等各方面的因素导致房产税改革模式也存在着不同之处。

沪、渝出台的房产税征收方案在对个人住房征收房产税上存在着一些共同点。首先，沪、渝两地的房产税改革政策总体上偏温和，两地的税率都不高，同时都设定了比较宽松的免税标准，征收对象的范围相对有限。其次，在税款征收上，以新增住房为主，特别是独栋别墅，对存量房不征收房产税。同时两地都执行了差别税率，主要控制高价住房比例和抑制高价住房的购买行为。最后，在税款的使用上，两地都规定房产税属于地方税，房产税的收入全部用于保障性住房和公共租赁房的使用和维护，这无疑增强了房产税在调控房地产市场方面的作用，引导房地产市场健康有序地发展。

而通过对沪、渝两地细则的对比，可以发现两个试点城市在改革方案的思路上有所不同。本文将重点对沪、渝两地房产税改革的区别进行分析。

（一）征税对象的比较分析

上海与重庆房产税改革最大的不同是在征税对象的确定上。上海的征税对象是《上海市开展对部分个人住房征收房产税试点的暂行办法》施行之日起在本市新购且属于该居民家庭第二套及以上的住房（包括新购的二手存量住房和新建商品住房）和非本市居民家庭在本市新购的住房。上海同时规定了大量的减免税政策，力图平衡各方面的利益。对于人均居住面积低于 60 平方米的新购住房免税，仅对超出的

面积征收房产税；对高端人才及非本地人员购买的住房在满足一定条件下给予免税或者退回之前所纳之税。

相对而言，重庆的纳税对象比较清晰，包括个人拥有的独栋商品住宅，高档住宅（均价超过主城九区均价 2 倍及以上的商品房），无户籍、无企业、无工作的非重庆人新购买的第二套及以上的住房。此外重庆的试点内容中明确提出在适当的时机将其他个人住房纳入房产税征税范围中。同上海一样，重庆也规定了一些免税措施，相对上海，也较简单，包括对独栋商品住宅免税面积为 100 平方米或 180 平方米。

通过上述对比可得，两地征税对象均略显不足，但存在差异。上海模式的思路是不对存量房征税，仅将新购住房作为主要征税对象，减免标准以人均 60 平方米为起征点，侧重于对人均面积进行限制，从而达到调控房地产市场的目的。相较于上海模式，重庆改革方案的思路是调节住房结构，旨在抑制投资性需求和奢侈型消费。重庆改革方案的征税对象为高档住房，以家庭为单位（分为 100 平方米和 180 平方米两种起征点）设定减免标准，对新购买的普通住房暂不征税。

（二）房产税税率与计税依据的比较分析

上海在税率结构上比较简单易行，重庆则相对复杂，实际中较难操作。上海试点计税依据为：在试点初期，按照房屋的交易价格的 70%；条件成熟时以参照市场价格的评估值为计税依据。适用的税率为 0.6%，应税住房交易价格低于上年全市均价 2 倍的减按 0.4% 征收。作为参照的上年全市均价由市统计局公布。计税公式为：应缴税额 = 市场交易价格 ×70%×0.6%（0.4%）。上海的税率设置了两档，随着房地产市场价格逐渐回归理性，应税住房的确认这一颇具争议的环节，则需要更多的关注。

重庆试点的计税依据为房产交易价，在条件成熟时，以房产评估价值为计税依据。同时规定，高档住房、独栋住房一经纳入征税范围，亦没有新规定出台，无论权属是否发生更改，应税价格和税率不再变动。但是在税率的确认上又规定高档住宅和独栋住宅其单位面积交易价格在上两年主城九区新建商品房单位面积交易价格 3 倍以下的，税率是 0.5%，3～4 倍的税率是 1%，4 倍及以上的是 1.2%。

试点初期，税率的设置应该以方便征税、不引起争议为标准。房产税在税收属性上应归类于财产税，应对社会存量财富征税，而商品税是流转税，应对社会财富的流量征税。上海、重庆两地在计税依据上均规定未来将住房的评估价值作为计税依据，但是现阶段又都以市场交易价格为计税依据，从而使试点房产税改革更多地具有商品税的特征，难以实现房产税本身具有的税收调节功能，降低了理顺地方政府财政税收体系的功能。这同样是改革的一个比较大的争议点。

本文对沪、渝房产税改革方案相应的异同之处进行了如表 2 所示的整理。

表 2 沪、渝房产税改革方案的比较分析

<table>
<tr><th colspan="3">方案</th><th>上海</th><th>重庆</th></tr>
<tr><td rowspan="7">相同点</td><td colspan="2">纳税人</td><td colspan="2">个人</td></tr>
<tr><td colspan="2">计税依据</td><td colspan="2">暂为房产交易价格；条件成熟时，为房产评估价格</td></tr>
<tr><td colspan="2">征收方式</td><td colspan="2">按年计征，不足一年的按月计算应纳税额</td></tr>
<tr><td colspan="2">适用税率</td><td colspan="2">比较税率</td></tr>
<tr><td colspan="2">税收优惠</td><td colspan="2">设置减免条款，保护普通民众的居住需求</td></tr>
<tr><td colspan="2">税收征管</td><td colspan="2">未按时足额缴纳的，按日加收滞纳税款万分之五的滞纳金</td></tr>
<tr><td colspan="2">税款使用</td><td colspan="2">税款用于保障性住房建设</td></tr>
<tr><td rowspan="9">不同点</td><td colspan="2">试点范围</td><td>上海全市</td><td>重庆主城九区</td></tr>
<tr><td colspan="2">征收对象</td><td>本市居民新购第二套（含）以上住房；
非本市居民新购商品住房，但高薪人才和住满 3 年的放宽至第二套及以上</td><td>存量独栋商品住宅；
新购独栋商品住宅；
新购高档住房；
“三无”人员新购第二套（含）普通住房</td></tr>
<tr><td rowspan="2">税率</td><td>标准</td><td>0.4%；0.6%</td><td>0.5%；1%；1.2%</td></tr>
<tr><td>具体</td><td>价格低于均价 2 倍：0.4%；
价格超过均价 2 倍：0.6%</td><td>独栋、高档住房价格为均价标准 3 倍以下的、“三无”人员新购第二套（含）普通住房：0.5%；
3 倍（含）至 4 倍的：1%；
4 倍（含）以上的：1.2%</td></tr>
<tr><td colspan="2">计税依据</td><td>交易价格的 70%</td><td>交易价格</td></tr>
<tr><td colspan="2">计税标准</td><td>市统计局公布的上年度新建商品住房均价</td><td>国土房管部门公布的上两年新建商品住房均价</td></tr>
<tr><td colspan="2">税收优惠</td><td>人均住房不超过 60 平方米的：新购住房免税；
无住房成年子女共同居住的：计入免税住房面积</td><td>试点前独栋商品住宅：免税面积 180 平方米；
新购独栋商品住宅、高档住房：免税面积 100 平方米</td></tr>
<tr><td colspan="2">纳税期限</td><td>每年 12 月 31 日前</td><td>每年 10 月 1 日至 31 日</td></tr>
<tr><td colspan="2">征税目的</td><td>抑制投资投机需求</td><td>抑制高档住房消费</td></tr>
</table>

资料来源：李晶：《中国房地产税收制度改革研究》，东北财经大学出版社 2012 年版，第 233 页。

四、沪、渝房产税改革的价格效应分析

（一）平均效应

1. 价格效应的纵向比较分析

抑制房价是推行房产税改革的重要目的，为探究房产税改革能否有效抑制房价，本文首先从纵向比较的角度分析房产税是否可以成为抑制房价的有力措施。本文选取

了沪、渝两地 2010 年 1 月至 2012 年 12 月的新建商品住宅环比价格指数、二手住宅环比价格指数作为样本数据，旨在通过房产税改革先后的数据对比，直观地观察房产税改革前后房价的变化情况，进而探究房产税改革对房价的影响，如图 1、图 2 所示。

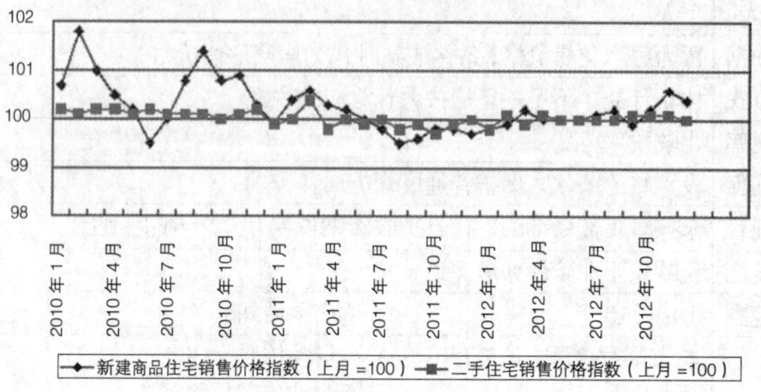

图 1　2010 年 1 月至 2012 年 12 月重庆住宅价格环比指数

数据来源：国家统计局网站。

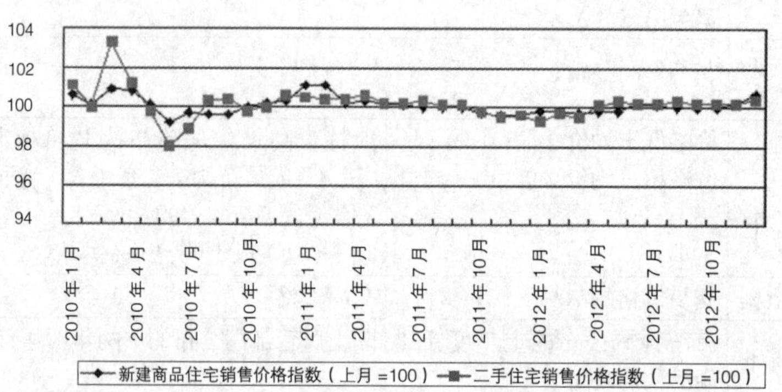

图 2　2010 年 1 月至 2012 年 12 月上海住宅价格环比指数

数据来源：国家统计局网站。

由图 1 和图 2 可得：①从环比价格指数来看，无论是新建商品住宅环比价格指数还是二手房住宅环比价格指数，上海、重庆在 2011 年 2 月及以后，即实施房产税改革以来，均没有发生明显的下降趋势。②两地的环比价格指数基本维持在 100 左右，各类价格指数呈现出一个基本相似的变化趋势，即在前期价格的水平上趋于平稳变化。

2. 价格效应的横向比较分析

在纵向比较的基础上，为了更加清晰客观地探究房产税改革对房价的影响，本文选取成都、广州分别作为重庆、上海的参照城市来进一步进行横向比较分析。

在对重庆房产税改革价格效应的分析中，为了更加清晰客观地研究房产税改革对重庆房价的影响，本文选取成都作为研究对象的参照城市。成都、重庆作为中国西部地区的中心城市，房地产业发展的内外部环境极为类似，且同属于我国房地产发展和房价调控的二线城市，在新的“国八条”（指 2011 年 1 月 26 日国务院常务会议推出的八条房地产市场调控措施）颁布后都实行了限购政策和“国八条”指出的其他调控措施。唯一的不同之处在于重庆成为房产税改革的试点城市。因此，本文选取成都作为重庆的参照城市，对比房产税政策试点前后两个城市的房价涨幅情况，从而分析房产税改革对重庆房价的效应，如图 3、图 4 所示。

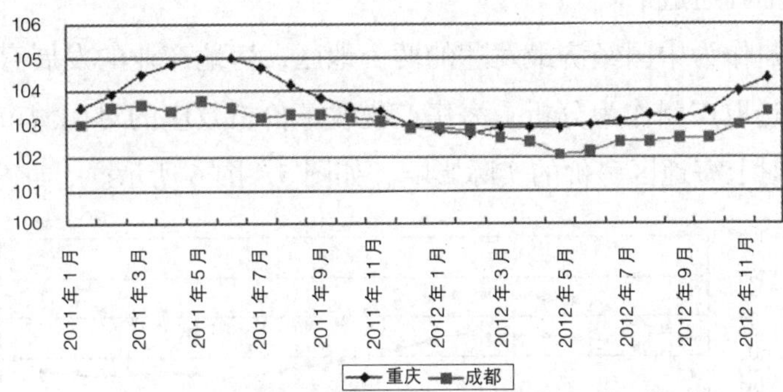

图 3　新建商品住宅销售价格指数（2010=100）比较

数据来源：国家统计局网站。

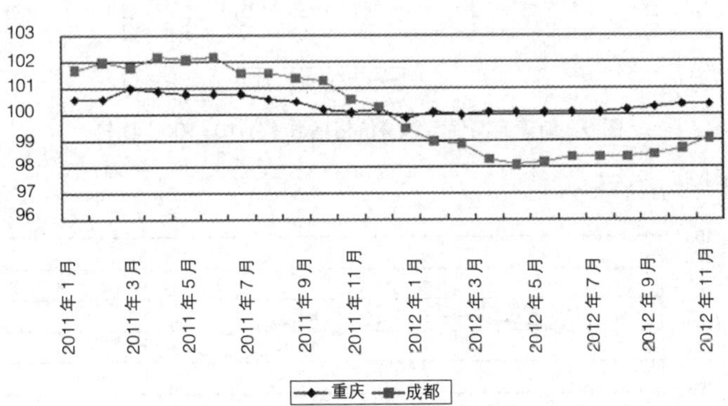

图 4　二手住宅销售价格指数（2010=100）比较

数据来源：国家统计局网站。

从图 3 和图 4 重庆、成都的住宅价格定基指数对比分析中可以看出，自 2011 年 2 月房产税改革实施以来，从 2011 年 6 月份开始，重庆的住宅价格定基指数呈现持续下降的趋势。然而在此番短时期的下降趋势过后，紧接着出现了连续的环比指数攀升的局面，即从 2012 年 2 月开始，无论是新建商品住宅销售价格指数还是二手住宅销售价格指数，重庆均呈现连续上升的趋势，且均超过了成都。因此，整体来看并没有发生明显的下降趋势。

从图3和图4重庆、成都的住宅价格指数的变化趋势来看，改革试点的重庆和参照城市成都相比，无论是新建商品住宅销售价格指数还是二手住宅销售价格指数都呈现出一个基本相似的变化趋势。由此可得，单纯直观地从统计数据来看，对于重庆的房价来说，房产税改革的作用并不明显，中间连续几个月的下降趋势可能主要是由于购房人对一项新出台政策的观望心理所致，在观望期过后，重庆的房价基本又处在一个上升通道中。

上海、广州作为中国经济最发达的两个地区，房地产业的发展存在着诸多的相似因素，本文选取广州作为分析上海房产税改革价格效应的对比城市，以期得出此次房产税改革对上海地区房价的实际影响，如图5、图6所示。

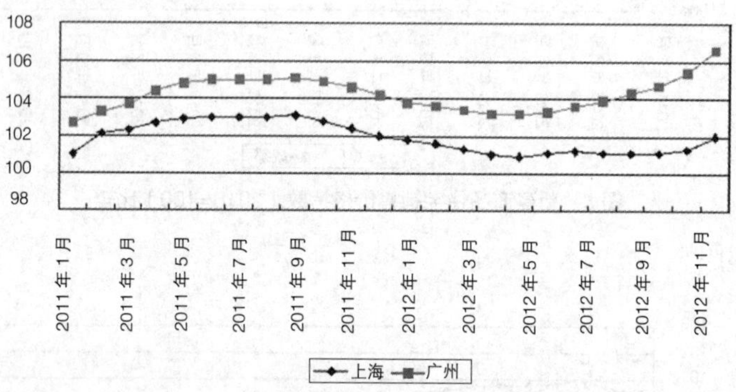

图5 新建商品住宅销售价格指数（2010=100）比较

数据来源：国家统计局网站。

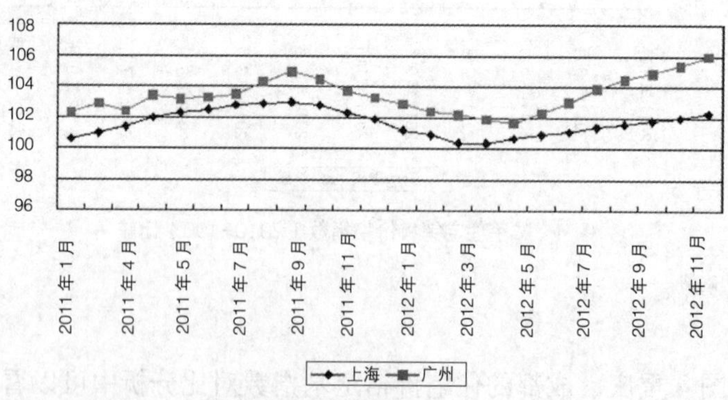

图6 二手住宅销售价格指数（2010=100）比较

数据来源：国家统计局网站。

从图5和图6可以看出，与重庆类似，在房产税改革后，上海无论是在新建商品住宅销售价格定基指数，还是在二手住宅销售价格指数上，都与广州呈现出相似的变化趋势，且并未观察到其价格指数有明显的下降趋势。

3. 价格效应的实证分析

通过沪、渝两地住房价格统计数据的横向和纵向的比较，我们并没有观察到房产税改革给沪、渝两地的住房价格带来明显的变化。目前也有很多文献基于上述观察到的现象得出“当前的房产税试点改革方案并没有起到明显抑制房价的作用”的结论。但是仅通过简单地比较统计数据并不能很好地剥离房产税改革的处理效应。在此，本文参考了清华大学的白重恩、欧阳敏及德州 A&M 大学的李琪在 *Journal of Econometrics* 上的文章“Property taxes and home prices: A tale of two cities”，从计量实证的角度来回答“房产税的征收究竟是不是降低了房价”这一问题。

白重恩和李琪等基于自 2011 年 1 月起在上海和重庆试行的房产税政策，研究了房产税对房价的影响。通过 HCW(2012) 实证计量方法，使用其他省市的房价数据，估计了上海和重庆在假设没有试行房产税政策下的假定房价。发现当一系列房价数据是非平稳数据时，通过最小二乘法可得出一致估计量。并将这一模型应用于中国 31 个省份 1998 年 3 月至 2012 年 3 月的平均房价的面板数据，发现房产税试点使上海的平均房价降低了 11% ～ 15%，但是使重庆的平均房价上升了 10% ～ 12%。该文估计出的房产税的处理效应具体见表 3。

表 3　房产税改革的处理效应

	上海			重庆		
	实际房价	假设没有试行的估计房价	处理效应	实际房价	假设没有试行的估计房价	处理效应
面板 A：没有时间趋势						
2011：m2	9.6151	9.6464	−0.0312	8.4721	8.3608	0.1114
2011：m3	9.5985	9.6472	−0.0488	8.4546	8.3445	0.1101
2011：m4	9.5300	9.6830	−0.1530	8.4626	8.3435	0.1191
2011：m5	9.5465	9.6771	−0.1307	8.4672	8.3523	0.1148
2011：m6	9.5337	9.6682	−0.1344	8.4486	8.3543	0.0943
2011：m7	9.5537	9.6827	−0.1290	8.4517	8.3493	0.1024
2011：m8	9.5474	9.6804	−0.1330	8.4474	8.3515	0.0959
2011：m9	9.5546	9.6753	−0.1207	8.4369	8.3442	0.0927
2011：m10	9.5577	9.6725	−0.1148	8.4344	8.3453	0.0890
2011：m11	9.5699	9.6579	−0.0880	8.4273	8.3392	0.0882
2011：m12	9.5066	9.6331	−0.1265	8.4101	8.3133	0.0968
2012：m1	9.3009	9.6325	−0.3316	8.4854	8.3013	0.1841
2012：m2	9.3009	9.6325	−0.3316	8.4854	8.3013	0.1841
2012：m3	9.3824	9.6540	−0.2717	8.4379	8.3090	0.1289
平均值	9.5070	9.6602	−0.1532	8.4515	8.3364	0.1151

续表

	上海			重庆		
	实际房价	假设没有试行的估计房价	处理效应	实际房价	假设没有试行的估计房价	处理效应
面板 B：有时间趋势						
2011：m2	9.6151	9.6415	−0.0264	8.4721	8.3956	0.0765
2011：m3	9.5985	9.6439	−0.0455	8.4546	8.3693	0.0853
2011：m4	9.5300	9.6761	−0.1461	8.4626	8.3686	0.0940
2011：m5	9.5465	9.6713	−0.1248	8.4672	8.3724	0.0947
2011：m6	9.5537	9.6641	−0.1304	8.4486	8.3699	0.0787
2011：m7	9.5537	9.6787	−0.1250	8.4517	8.3645	0.0872
2011：m8	9.5474	9.6774	−0.1299	8.4474	8.3541	0.0833
2011：m9	9.5546	9.6732	−0.1186	8.4369	8.3535	0.0834
2011：m10	9.5577	9.6713	−0.1136	8.4344	8.3513	0.0831
2011：m11	9.5699	9.6587	−0.0888	8.4273	8.3386	0.0887
2011：m12	9.5066	9.6367	−0.1301	8.4101	8.3049	0.1052
2012：m1	9.3009	9.6358	−0.3349	8.4854	8.2966	0.1888
2012：m2	9.3009	9.6366	−0.3357	8.4854	8.2929	0.1925
2012：m3	9.3824	9.6563	−0.2739	8.4379	8.2917	0.1462
平均值	9.5070	9.6587	−0.1517	8.4515	8.3452	0.1063

资料来源：Bai, Chongen, Li, Qi & Ouyang, Min. Property taxes and home prices: A tale of two cities. *Journal of Econometrics*, 2014, 180(1): 1-15.

估计出来的房产税试点改革的处理效应显示了两个城市的有趣现象。令人惊奇的是，房产税试点改革对上海和重庆的平均房价有着相反的效应。表 3 显示，从 2011 年 2 月开始，估计的效应对上海是负的，而对重庆是正的。上海在没有时间趋势时估计的权重下，试点效应为 –0.1532，在有时间趋势时估计的权重下，试点效应为 –0.1517；与之对比，重庆的相应的数据分别为 0.1151 和 0.1063。直观上看，房产税试点使上海的平均房价降低了 15%，但使重庆的平均房价提高了 11%。

图 7 直观地显示了两个城市相反的试点效应。因为在时间趋势下的估计系数对上海是统计上不显著的，而对重庆是统计上显著的，所以列示的对上海是基于在没有时间趋势时估计的权重构建的，而对重庆是有时间趋势的。图 7 上方的两个图显示，在试点前，对于两个城市来说，实际房价与估计出来的房价若没有进行改革的假定，其轨迹几乎都是重合的，然而在试点后，上海实际房价的轨迹位于假定房价的下方，而重庆实际房价的轨迹位于假定房价的上方。这表明，若没有进行房产税改革试点，上海的平均房价会上升，而重庆的平均房价会下降。也就是说房产税试点改革使上海的房价降低了，而使重庆的房价上涨了。

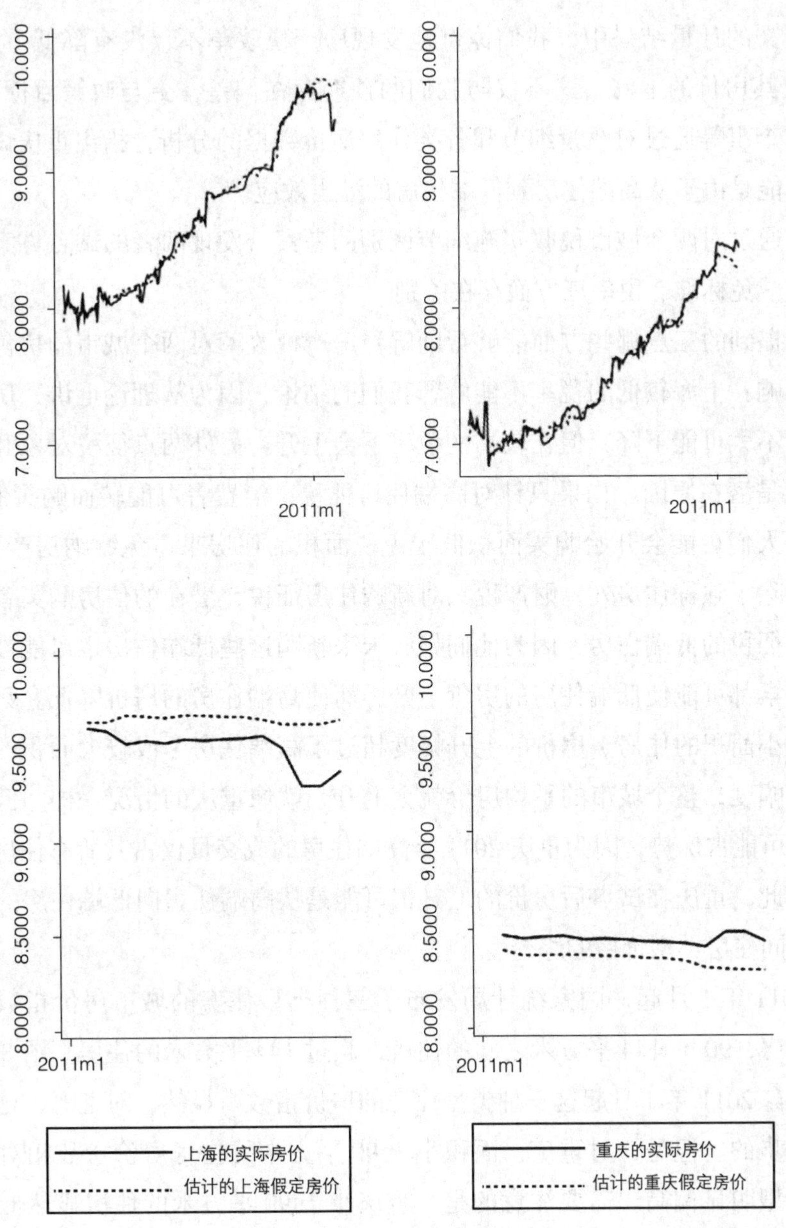

图7 实际房价与估计的假定房价的比较

资料来源：Bai, Chongen, Li, Qi & Ouyang, Min. Property taxes and home prices: A tale of two cities. *Journal of Econometrics*, 2014, 180(1): 1-15.

（二）溢出效应

从上文的计量结果中，我们惊奇地发现房产税改革不仅没有降低重庆的房价，反而导致其房价的上涨，这不仅与我们的预期存在偏差，更与政策目标大相径庭。白重恩、李琪等通过对政策细节和各类住房房价数据的分析，指出重庆试点后的房价增长可能是由于从高端住房到低端住房的溢出效应。

前文通过对两个城市税收实施细节区别的考察，发现两者的试点方案主要在征收对象、减免标准、税率三方面存在差别。

以上提到的三点哪些方面能够帮助解释房产税改革对两个城市的房价产生完全相反的影响？上海较低的税率不能解释我们的结论，因为从理论上讲，房价在较低的税率下不太可能下降，但在较高的税率下会上升。另外两点征税对象和免税额的不同可能是潜在原因。如果只针对高端住房征税，消费者可能转而购买低端住房；同样地，人们可能会开始购买面积低于免税面积的住房来避免缴纳房产税。而且，在重庆，除了独栋住房外，财产税只对新购住房征税，潜在的住房购买者会急于购买目前不征税的低端住房，因为他们担心未来新购这些低端住房也可能被征税。所有这些因素都可能使低端住房的房价上升，而使高端住房的房价降低。只要低端住房（或较小面积的住房）房价的上升幅度超过了高端住房（或较大面积的住房）房价的下降幅度，整个城市的平均房价就会上升，就像重庆的情况一样。低端住房房价上升很可能占优势，因为重庆2011年高端住房的成交量仅占其所有住房交易量的6.8%。因此，重庆在试点后房价的上升很可能是从高端住房向低端住房的溢出效应导致的不同住房类型价格的综合变化。

从2011年1月起，国家统计局发布了三种类型住房的城市房价指数：小于90平方米住房，90～144平方米之间的住房，超过144平方米的住房。图8显示了上海和重庆自2011年1月起这三种类型住房的房价指数。显然，对上海，这三条曲线是近乎同步的。但是，对重庆，面积小于90平方米的住房房价指数相对于其他两种住房类型明显偏高。需要注意的是，重庆小于90平方米的住房显然低于免税面积，因此免交房产税，然而对上海而言，这三种类型的住房免税与否是取决于家庭人数的。图8显示的住房价格情况指出这样一种可能性，在重庆，住房购买者倾向于购买面积更小的住房，所以该类住房价格上升，而其他住房价格下降。即存在从高端住房向低端住房的潜在价格溢出效应。

然而，图8的房价数据没有提供溢出效应的检测。一个完备的检测应该包含在没有房产税试点影响效果下的不同房产类型的假定的价格（使用政策试点前的数据）。当然政策试点前后不同住房类型的交易数量变化也应该被考虑在内，因为溢出效应应该同时增加价格和低端住房的数量。显然，上述的房价数据对于得出这样的结论而言是不充分的。但有关报道显示，在房产税试点后的近 10 个月内，面积小于 100 平方米的住房的交易量在重庆增加了 17.8%，这个增量占据了这段时期内住房总供应量的 54.2%。通过这些交易量数据和图 8 的价格数据可以得出以下结论：在重庆，从高端住房向低端住房的溢出效应是有可能产生的。

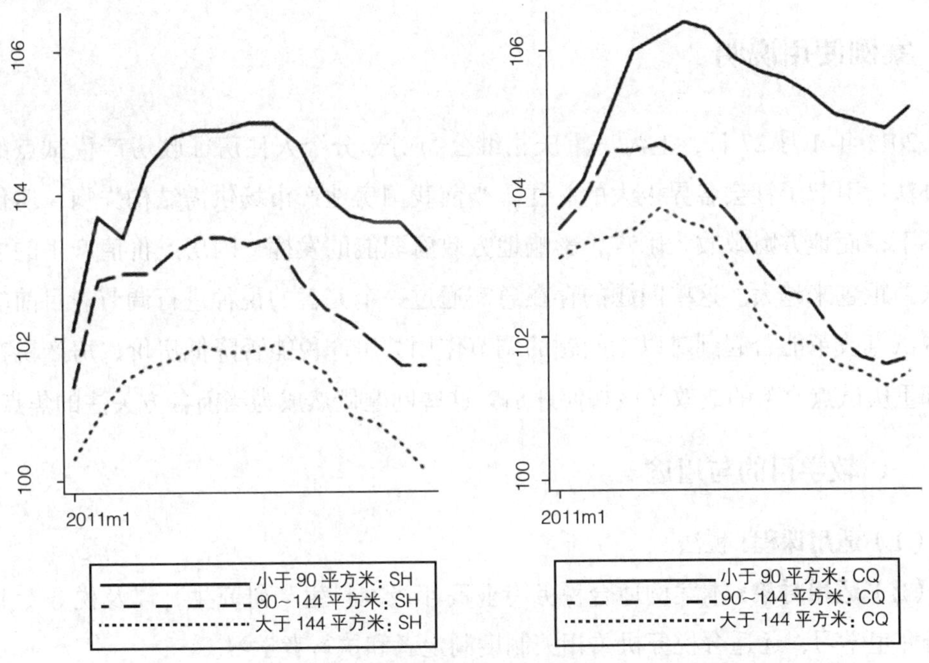

图 8　三种类型住房的价格趋势

注释：从 2011 年 1 月开始上海（SH）和重庆（CQ）的三种类型住房的价格趋势。实线表示小于 90 平方米的住房的定基价格指数；长虚线表示 90 ～ 144 平方米的住房的定基价格指数；短虚线表示大于 144 平方米的住房的定基价格指数。数据来自中国国家统计局。

资料来源：Bai, Chongen, Li, Qi & Ouyang, Min. Property taxes and home prices: A tale of two cities. *Journal of Econometrics*, 2014, 18(1): 1-15.

五、房产税试点的启示

上海和重庆作为首批试点城市，其房产税改革方案及改革的成效具有极大的启发意义。尽管在上海和重庆相关房价数据的纵向和横向比较中，我们并未观察到房产税改革对两城市的房价有明显的影响。而通过实证计量方法（HCW）可以更好地剥离出房产税改革的处理效应。计量结果表明房产税对降低房价可能是一个有效的政策工具，但应该被谨慎地实行。重庆的案例是一个教训，它表明房产税政策的免税方案可能会产生扭曲效应，房产税主要降低了大面积住房价格，同时由于从大面积住房挤出的需求流向了小户型住房，因而提高了小户型住房的价格。房产税的本意是通过增加持有成本降低房价，进而提高低收入群体购买住房的可能性，但实际效果完全相反。这在未来房产税的设计和实施中需要被考虑到，在未来大面积推广房产税时，需要谨慎评估现阶段的"窄税基"房产税对不同群体的影响，特别是对低收入群体的不利影响。

案例使用说明

2011 年 1 月 27 日，上海、重庆相继公布对部分个人住房征收房产税试点的暂行办法，引起了社会各界极大的关注。当前我国房地产市场供需结构失衡，房价高企不下，而地方财政收入困难，影响地方政府职能的发挥，因房产价值产生的居民收入差距越来越大。这些问题的存在急需通过一个完善的税种进行调节。目前的房产税试点改革能否起到对以上问题的调节作用，房产税能否降低房价，房产税在上海和重庆试点改革的成效又该如何评估？这些问题俨然成为当前各方关注的焦点。

一、教学目的与用途

（1）适用课程：税法。

（2）适用对象：本案例适合税务专业高年级本科生与研究生，以及税务专业硕士研究生学习，还适合税务机关相关制度制定者和执行者学习。

（3）教学目的：本案例详细分析了上海和重庆房产税改革的方案，并对两者的相同点和不同点进行了比较分析。在分析两地房产税改革方案细则的基础上，本案例进一步探究了房产税改革对两地房价的具体影响，主要通过对两地相关房价数据的横向比较、纵向比较及实证分析，来考察房产税改革的价格效应，包括平均效应和溢出效应。

具体目标可以分为两方面：

①通过对上海与重庆两地房产税改革方案的仔细剖析和比较分析，使学生了解我国实行房产税试点改革的具体内容和实施情况，进一步加深对我国现有房产税税制局限的了解，以及对房产税未来改革方向的认识。

②利用横向比较分析、纵向分析、实证分析这三个方面来探究房产税改革的价格效应，通过图表等形式，更形象具体地描述房产税改革对上海和重庆两城市房价

产生的具体影响，包括平均效应和溢出效应。基于上海和重庆两地房产税改革现状的具体分析，引发学生对于当前房产税改革方案存在的缺陷、房产税调控房价的具体作用、房产税改革发展方向的进一步思考。

二、启发思考题

（1）基于上海和重庆的房产税试点方案，你认为两地的改革方案主要还存在哪些不足？

（2）基于本案例中对房产税试点改革的价格效应的分析，你认为如何改进现有的改革方案才能避免其对低收入人群带来的不利影响？

（3）你认为我国未来房产税发展的方向及难点是什么？

三、分析思路

（1）分析房产税改革的背景及简要情况，引出对沪、渝房产税试点改革方案的讨论。

（2）从征收对象、税率、应纳税额计算方式、减免标准等多方面剖析沪、渝房产税试点方案的具体内容。

（3）在对试点方案具体内容讨论的基础上，对沪、渝两地试点方案的相同之处及不同之处进行比较分析，为分析房产税改革对两地的房价产生不同影响的原因奠定基础。

（4）分析房产税改革对房价的平均效应。首先，利用沪、渝两地的房价数据，通过纵向分析，观察在2011年1月28日房产税改革实施后，房价有无明显的变化；其次，将广州、成都分别作为上海、重庆的参照城市，来进行横向比较分析，观察在房产税改革后，相较于其参照城市，房价是否有明显的变化；最后，参照白重恩、李琪等的研究成果，基于实证视角，探究房产税改革的处理效应及原因。并从两地试点方案细则的不同之处出发，探究可能是溢出效应的存在导致房产税改革对两地的房价产生完全相反的处理效应。

（5）分析房产税改革对房价的溢出效应。利用不同类型住宅的房价指数变化趋势和交易量数据证明溢出效应的存在，并基于房产税改革的实施细则探究房价溢出效应出现的可能原因。

（6）总结房产税改革的价格效应，包括平均效应和溢出效应，分析沪、渝的房产税改革对于我国未来的房产税改革有什么样的启发与借鉴。

四、理论依据与分析

（一）房地产价格的决定因素

房价的影响因素有很多，任何一个经济变量的波动都会对房价产生影响。本文认为，房价的决定因素主要有需求供给因素、成本因素和政策导向因素。其中，需求供给因素对房价起着决定性的作用，成本和政策导向因素也在一定程度上影响着房价的上下波动。

1. 供给需求因素

从供求角度来看，我国房地产市场存在着大量的需求。随着中国经济的迅速发展，城市化进程的加快造成了中国城镇居民的大幅增加，从国际经验看，当城镇化率处于 30% ～ 70% 时，将会是城镇化的快速发展阶段（2020 年中国常住人口城镇化率达 63.89%①），未来十年中国城镇化发展不仅有很大的成长空间，而且还会有一个较快的速度。根据恒大研究院首席经济学家的测算，2019—2030 年中国城镇年均住房需求大致为 10.9 亿～ 13.5 亿平方米，这意味着未来十年中国有大约 120 亿平方米的住房需求。根据联合国预测，到 2030 年中国城市化率将达约 70%，对应城镇人口为 10.3 亿，比 2020 年增加约 1.3 亿。② 按人均住房面积超过 35 平方米的小康标准计算，这部分新增城镇人口的住房需求约 45 亿平方米。而在供给方面，伴随着 18 亿亩耕地的严守政策及土地招拍挂制度的实施，中国的土地供应一直处于偏小的状态。人多地少的基本国情导致房地产最重要的生产要素——土地处于严格控制的状态，房产投机商大量地囤地囤房，空置房的数量居高不下，而目前政府投资建设的经济适用房、保障性住房、廉租房及开发商开发的小户型住房投入量严重不足，长期需求大于供给的情况造成我国房价的居高不下。

2. 成本因素

从成本角度来看，在房地产价格的构成比例中，土地成本和房屋建筑成本所占比重很大，两者之和最高达到房地产价格的 70%。房地产开发商的利润究竟有多大，这部分在房地产价格中是最不透明的，然而众所周知，房地产一直是我国的高利润行业，这也是众多企业和公司纷纷涉足房地产行业的重要原因。剔除成本和利润因素，税金在房地产价格中只占很小的一部分。然而房产税改革只是对税金这一

① 《国新办举行“努力实现全体人民住有所居”新闻发布会》，国新网，2021年8月31日，http://www.scio.gov.cn/xwfbh/xwbfbh/wqfbh/44687/46680/。

② 任泽平：《中国住房存量测算报告》，《第一财经》，2021年6月4日，https://m.yicai.com/news/101072640.html。

很小的部分进行调整，理论上不会对房价产生重大的影响。

3. 政策导向因素

从政策导向的角度来看，各级政府都将房地产业作为当地经济发展的支柱产业，地方政府有意无意、或明或暗地采取一些措施推动房地产业的发展。同时，在制定一些本地房地产政策时，也会倾向于最低限度地遵守中央政府的限制性措施，最大限度地利用中央政府的鼓励性措施，尽其所能地为房地产业保驾护航。中国房地产业开发资金很大一部分来源于国内银行贷款，由银行直接提供的房地产开发贷款或其他形式的贷款是开发商资金来源的主要组成部分。前几年银行的优惠利率政策促使消费者购房观念发生改变，提高了社会各阶层的购房承受能力。银行信贷提供的资金满足了房地产市场上供需双方的需求，这在促进房地产业发展的同时会造成房地产市场的非理性繁荣，在很大程度上这些政策会带来房价的波动。

（二）房产税对房地产价格的影响机制

房产税对房地产价格的影响主要是通过房产税的收入效应和替代效应来发挥，通过这两大基本效应对房地产市场上的供求关系产生影响，在市场机制作用下，房地产市场供求结构的变化会成为影响房地产价格的决定性因素。本文主要从替代效应和收入效应分别对房地产市场上的供需双方的影响出发，从理论上分析房产税对房价的影响机理。

1. 房产税对市场需求方的传导机制分析

房产是一种特殊的商品，具有消费品和投资品的双重属性，因而在研究房产税对住宅需求影响时，应该区分不同的需求类型。按照需求者对房产的不同用途，本文主要将房产需求分为两大类。

第一类是消费性需求，主要是指居民购买房产满足自己的基本生活需要，包括自主性需求和改善性需求。该种类型的需求是房地产市场上实实在在存在的需求，属于刚性需求的部分。

第二类是投资性需求，主要是指居民购买房产用来提高自己的投资收益，包括投资性购房和投机性购房。该种类型的需求并不是房地产市场上的真实需求，过度的投资投机需求会带来市场的泡沫，不利于房地产业的健康发展。

（1）收入效应：房产税对居民消费需求的影响。

房产税的征收会对居民实际的可支配收入及居民的收入预期产生影响，进而影响需求方对于房地产的需求量。根据凯恩斯消费理论，实际可支配收入的变化会引起消费需求的变化。以两部门下居民的消费函数为例：

$$C = C_0+\beta Y_d$$

其中，C_0 为初始消费水平，β 为居民边际消费倾向，Y_d 为可支配收入。通过以上公式可以看出，对于消费性需求来说，房产税的征收会增加购买者的持有成本，从而间接减少居民的可支配收入，进而在一定程度上降低居民的消费需求。根据目前房产税试点方案的规定，只对超过了规定面积的个人住宅征收房产税，在此规定下购房者会结合自身的实际需要和家庭经济情况进行合理性消费，不会产生房地产市场上的"羊群效应"。相对来说缓解了住宅市场上供需失衡的状况，根据供求理论，这将在一定程度上抑制住房价格的上涨。同时，对于投资性需求来说，征收房产税同样会增加房产所有者的持有成本，降低投资者的投资收益，即投资者的可支配收入减少，同样也会减少投资消费需求。

（2）替代效应：房产税对居民消费需求的影响。

房产税会导致购买房产的成本增加，造成房产作为商品在相对价格上发生变化，在此情况下，房地产市场上的需求者会从理性人的角度出发，改变对于商品的需求。特别是房地产市场上的投资需求者，在替代效应的作用下可能会以别的投资方式取代房地产投资，这在一定程度上也会抑制房地产的投资需求。房产税替代效应的作用机制为：房产税征收需求方成本增加——投资收益减少——居民消费需求减少。

在竞争性的市场中，商品的价格是由产品的供给和需求共同决定的，产品的供给和需求的任何一方变动都会对价格产生一定的影响。房地产的价格最终是由各种因素直接或间接地作用于房地产市场的供给与需求而形成的，房产税的开征会影响房地产市场上的供求关系，从而导致房地产价格的变化。

如图 9 所示，S 和 D 分别代表着房地产市场中的供给和需求曲线，在未征收房产税之时，房地产的供给量 S 和房地产的需求量 D_0 共同形成了房地产市场中的均衡点 E_0，对应的均衡量为 Q_0，均衡价格为 P_0。当对个人征收房产税之后，在房地产供给 S 不变的情况下，需求方的购房成本增加，需求下降，房地产市场的需求曲线向左移动到 D_1，形成新的均衡点 E_1，对应的均衡量为 Q_1，价格由 P_0 降到 P_1。

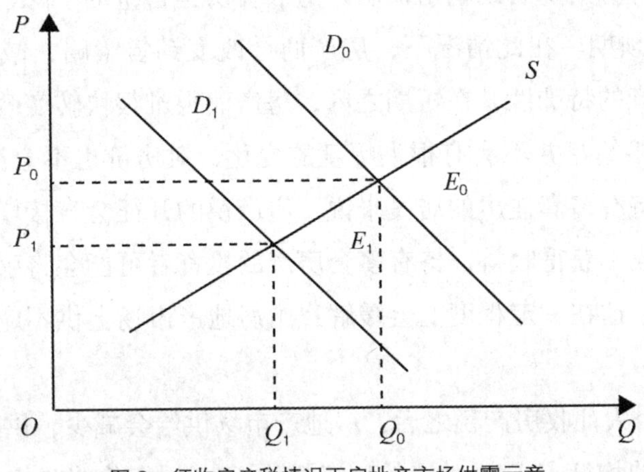

图 9　征收房产税情况下房地产市场供需示意

2. 房产税对市场供给方的传导机制分析

房产具有其区别于其他商品的不同特点，房产的开发周期较长且具有不可转移的特点，房产开发最主要的要素是：土地具有稀缺性。目前的房产税主要是针对住宅需求方进行征收，不会对供给产生直接的影响，而是通过间接作用使得住宅供给发生变化。

如图 10 所示，在未征收房产税时，房地产的供给量 S_0 和房地产的需求量 D 共同形成了房地产市场中的均衡点 E_0，均衡价格为 P_0。由于房产税是对住宅需求方征收，不会对产品的供给产生直接的影响，因此不会直接引起供给曲线 S_0 的变动。但通过征收房产税，可以间接地对房地产供给曲线产生一定的影响。

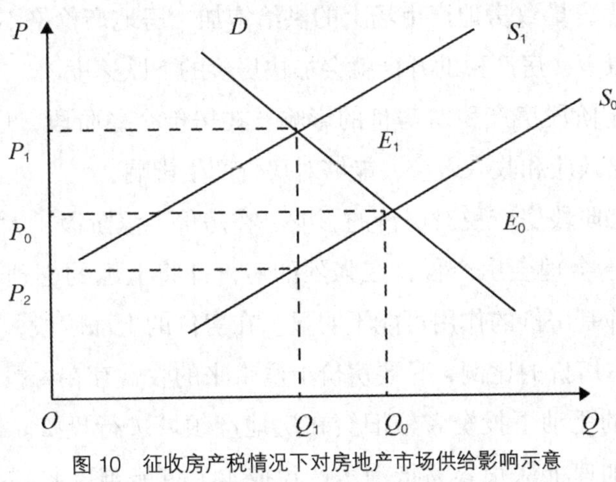

图 10　征收房产税情况下对房地产市场供给影响示意

一方面，房产税的征收并不会直接增加房产开发商的开发成本，但是由于房产税的开征会抑制部分购房者的购房需求，造成住房销售量的下降，从而降低房地产开发商对未来的预期。在此情况下，房产商会改变销售策略，减少商品住房的供给，但是由于房产的特殊性，在短期之内，房产商很难很快转变政策，因而在房地产市场上的实际供给量并不会有很大幅度的变化，对房价也不会产生太大的影响。另一方面，对于持有多套住房的居民来说，房产税的开征会直接增加其房产的持有成本，为了转嫁成本获得收益，持有多套房产的投资者可能会将手中握有的存量房进行出售或出租，这在一定程度上会缓解我国房地产市场上供不应求的现状，进而抑制房价的上涨。

所以，当对个人征收房产税之后，房地产市场供给会减少，供给曲线 S_0 向左移动到 S_1，形成新的均衡点 E_1，对应的均衡量为 Q_1，均衡价格为 P_1。但是由于房地产业的特殊性，短时间内房地产市场上的实际供应量并不会有太大变化，房地产供求市场上的供给曲线依旧是 S_0。最终将会使价格由 P_1 下降到 P_2，价格的下降幅度为 P_0P_2。

（三）不同阶段房产税的价格效应

房产税对于房价处于不同阶段的作用可能是不相同的，在房价的稳定、下跌和上涨阶段房产税分别起着不同的作用。分析房产税在房价不同阶段的作用机制，有助于我们更加清楚地认识到现阶段房产税对房价作用机理的发挥。

（1）房价下跌阶段房产税对房价的影响。在房价的下跌阶段，房产税的开征会加大房产的持有成本，在房价预期下跌的情形下，多套房产的持有者就会急于将手中握有的房屋出手，导致房地产市场上的供给增加，房地产价格不断下降，直至跌入冰点。在此背景下，房产税的开征就会加快房价的下跌速度。

（2）房价稳定阶段房产税对房价的影响。在房价企稳阶段，通过征收房产税，发挥房产税的价格效应和收入效应，能够对房价产生影响。

（3）房价上涨阶段房产税对房价的影响。在房价上涨阶段，大多数的投资者会头脑发热，根本不会理会房产税，在强烈的房价即将上涨的心理预期下，跟风追涨，房产税对于抑制房价的作用可能不明显。在房价的上涨阶段，增加的房价很容易超过房产税所占房价的比例，只要房价上涨带来的收益存在，投资者就还是有利润空间，在利益的驱动下投资者依旧会在房地产领域进行投资。因而，在房价上涨阶段，房价的加速上涨很容易抵消房产税成本，可能难以起到抑制房价上涨的作用。

通过以上对房价的决定因素、房产税对房价的作用机理，以及不同阶段房产税对房价不同作用的分析可以看出，影响房价的因素是多方面综合作用的结果，其中任何一个因素的变化都有可能造成房地产价格的波动。房价的控制需要多方面的共同配合，单独依靠房产税难以起到立竿见影的作用，因而应该理性地看待房产税的价格效应，不宜过分夸大房产税对房价的作用。①

五、参考文献

Bai, Chongen, Li, Qi & Ouyang, Min. Property taxes and home prices: A tale of two cities [J]. *Journal of Econometrics*, 2014,18（1）: 1–15.

国新办举行“努力实现全体人民住有所居”新闻发布会 [N/OL]. 国新网，2021–08–31[2021–09–06]. http://www.scio.gov.cn/xwfbh/xwbfbh/wqfbh/44687/46680/.

刘杰 . 房产税对房产市场影响的实证研究——上海模式和重庆模式的比较 [J]. 上海管理科学，2014（5）: 65–67.

刘丽旺 . 中国房产税改革模型研究——以上海、重庆为例 [D]. 长春：吉林大学，2013.

牛欢欢 . 沪渝房产税改革及其经济效应分析 [D]. 济南：山东大学，2013.

任泽平 . 中国住房存量测算报告 [N/OL]. 第一财经，2021–06–04[2021–09–06]. https://m.yicai.com/news/101072640.html.

石莹 . 我国房产税制度的完善——以沪渝房产税改革试点方案为切入点 [D]. 上海：上海交通大学，2013.

六、关键要点

（1）关键点：本案例基于 2011 年 1 月 28 日起在上海和重庆实施的房产税试点改革，对两地的房产税改革的方案进行剖析，并对两地实施细则的相同之处和不同之处进行了比较分析。在对沪、渝两地房产税改革政策解析的基础上，基于两地的现状，从纵向比较、横向比较、实证分析三个角度分析了房产税改革的价格效应。并在总结两地房产税改革的平均效应和溢出效应的基础上，提出沪、渝两地房产税试点改革对我国房产税改革发展的启发意义。为未来我国房产税改革方案的制定与完善提供有益的借鉴。

（2）关键知识点：了解沪、渝房产税改革的具体内容及两者之间的异同，了解房产税影响房价的理论机制，客观认识房产税改革对沪、渝两地房价产生的影响，

① 牛欢欢：《沪渝房产税改革及其经济效应分析》，硕士学位论文，山东大学，2013年。

了解当前的房产税试点方案暴露出的不足，为未来房产税改革方案的完善提供借鉴与启发。

（3）能力点： 分析与综合能力、批判性思维能力及解决问题的实际能力。

七、建议课堂计划

本案例可以作为专门的案例讨论课来进行，如下是按照时间进度提供的课堂计划建议，仅供参考。

整个案例课的课堂时间控制在 70 ～ 80 分钟。

（1）课前计划： 提出启发思考题，请学生完成资料阅读及初步思考。

（2）课中计划：

课堂前言（2 ～ 5 分钟）：简明扼要，明确主题。

分组讨论（20 分钟）：准备发言提纲。

小组发言（每组 5 分钟）：分 4 个组。

讨论与思考（20 ～ 25 分钟）：引导全班进一步讨论及思考，讲解房产税影响房价的主要理论机制。

（3）课后计划： 请学生利用网络及文献搜集我国房产税改革后续进程的相关资料信息，尤其是最新信息，采用报告形式给出更加具体的对我国房产税改革的优化方案，或写出案例分析报告（1500 ～ 2000 字）。

八、案例的建议答案

1. 基于上海和重庆的房产税改革方案，你认为两地的改革方案主要还存在哪些不足？

（1）主要针对增量房，征收范围较窄。

上海、重庆两地出台的房产税政策在对房产税征收上采取了一致的办法，那就是采取了较窄的征税范围。众多优惠和减免税政策决定了两地的房产税征收面对的是一个较窄的征收对象，针对目前两地的实施情况，面向的主要是高档别墅和新购二套房等增量房，对存量房“网开一面”。以上海试点为例，采取不追溯以往的政策，也就是说只对政策划定的时间节点之后购买房产的行为征税，个人之前无论拥有多少房产也无须纳税，显然有失税收的公平原则。房产税作为财产税，应该是对社会财富存量的课税，从而实现社会财富的二次分配，存量不征的房产税无法逼出握有多套住宅的炒房者，反而成为对新进入市场者的惩罚。

（2）税率总体水平不高，难以起到调控的作用。

从沪、渝两版的房产税改革方案来看，两地的房产税方案规定的征收税率总体水平不高。上海方案规定暂定税率为0.6%，交易价格低于本市上年度新建商品住房平均售价2倍的，税率暂减0.4%，结合细则的计税依据按应税住房市场交易价格的70%计算缴纳，上海的房产税实际税率为交易价格的0.28%、0.42%。

和上海的方案相比，大家普遍认为重庆征收方案更为严厉，采用差别税率，最低一档为0.5%，最高一档为1.2%。表面上来看，重庆1.2%同上海的0.28%、0.42%相比，确实比较严格。然而，其征收的前提是“房价达到平均价格的4倍以上”，以重庆当时的房价均价7,000元左右计算，征收起点为35,000元。能够购买如此高档住房的业主大多属于富裕人群，对税收并不敏感。1.2%的税率对他们来说也只不过是隔靴搔痒，重庆房产税征收主要针对的是高档房产业主和炒房客，基于当前这种情况，房产税的调控作用难以发挥。

（3）缺乏法律依据。

两个试点城市使用的都是在原来房产税政策基础上扩大征税范围的形式，并没有通过全国人大的立法或国务院的修法程序，其合法性仅仅来自国务院常务会议的决议。目前采取的是由地方政府制定的暂行办法，国务院至今没有发布相关文件。税收法治性的特征决定了任何税收的征管及其变化都应该由国家的立法机关制定相应的法律，以达到规范税收行为和调整税收关系的目的。现阶段两地试点的方案都是依据国务院第136次常务会议的精神制定，并未有一部真正有效力的、成文的法律规范加以调整与约束。即便是作为试点，也应该纳入法治中，否则在没有坚实可靠法律支撑的情况下，纳税人可能会对房产税的合法性产生怀疑，进而对税收产生排斥感，导致税收不遵从的现象发生，对今后的征收工作也会造成障碍。

2. 基于本案例中对房产税试点改革的价格效应的分析，你认为如何改进现有的改革方案才能避免其对低收入人群带来的不利影响？

避免房产税的对低收入群体的不利影响，重点在于完善优惠和免征政策。

美国的税收优惠政策涉及购买、建造及租售房屋等各个方面。另外，美国还对低收入者实行了诸多减免措施以减轻其负担。在加州，法律明文规定，残疾退伍军人可免除的房产税最高可达15万美元。美国的房产交易税一般要在过户时一次性交清，买卖双方各出一半，税率为房价的2%～4%。另外，美国还有相关规定，一个单身的纳税人，如果向外出售自己已经住满了2年的自用住宅时，售价比当初购买时的价格不高于25万美元时，对其所得的数额是免予征税的；而对于已婚家庭，售价比当初购买时的价格不高于50万美元时，也是免予征税的。

目前我国房产税收优惠主要是根据房产用途和所属经济单位的性质制定的，缺少对减少资源浪费、照顾弱势群体及降低征收成本方面的考虑。[①] 为了体现税制公平及社会公平，将来的新房产税征收中可借鉴美国的经验，对于每年缴纳个人所得税达到一定额度的个人可以减免部分房产税，对于部分虽持有一定面积的自用房产但达到一定年龄及收入有限或满足其他特定条件的弱势群体，也可考虑减免部分房产税，以减轻其生活压力。当然，减免额的设定应充分考虑当地的经济发展水平并应充分考虑具体案例的情况，过高则可能造成税源的流失，过低则不利于保护普通居民的基础用房需求和照顾社会弱势群体。总之，应当从体现社会公平和鼓励资源的充分利用角度出发，既有利于保障地方税收又减轻纳税人的经济负担，既体现国家对普通纳税人的政策照顾，同时也降低税务机关的征税成本。[②]

3. 你认为我国未来房产税发展的方向及难点是什么？

第一，以房产所有者为纳税人。房产税是典型的财产税，财产税具有受益税的属性，因此以住房的所有者为纳税人符合受益税的要求。虽然会出现实际纳税人与法定纳税人背离等税负转嫁的情况，但这种背离更多出现在交易和经营住房的环节，在保有环节，这种背离是完全可以避免的。个人所有的住房升值的最重要原因是地方政府提供的诸如改善环境、提供公共设施、促进教育等非个人因素。而政府提供这些公共产品的税收来源就是对住房所有者征收的房产税。通过房产税，政府分享增值收益是天经地义的。

第二，施行统一中有差异的比例税率。我国房产税在改革中应遵循统一税率的原则，采用比例税率而非累进税率。累进税具有收入分配功能。根据最终的目标确定税率是必需的，我国房产税改革的最终目标是为地方政府提供稳定的财政收入，而非收入分配，因此我们要采用比例税率而非累进税率。居民住房保有环节的房产税是从无到有的，居民对房产税也存在一定误解，设计成累进税率无疑会增加居民对个人住房征收房产税的理解难度，也会加剧税收的不遵从度。个人住房纳入房产税征收范围之后，根据不同的房屋用途，实行差异化的税率也是一种必然的选择。个人居住的房屋税率应当低于经营性住房征收的税率。

第三，以评估价值为计税依据。经济学常识告诉我们，商品的价值和交易价格通常是相背离的，价格围绕着价值波动。以房屋的评估价值作为计税依据，将避免

---

① 林立：《我国房产税法律制度研究》，硕士学位论文，江西财经大学，2009年。

② 罗丽：《不动产税的公平性分析》，硕士学位论文，武汉理工大学，2008年。

房产税收入随着经济的波动而发生较大的波动，从而为地方政府提供一个稳定的收入来源。同样大小的两套住房所处的位置不同，交易价格将会有很大的不同。而造成价格不同的很多因素不是居民能够切身感受得到的，采用评估价值作为计税依据，能够将这种纷争降到最低限度。只要按照统一的标准，客观公正地评估，居民是肯定会接受的。

第四，将城镇房产全部纳入征税范围。在房产税改革中，最大的争议来自征税范围的确定，有的观点认为农村的经济发展水平有了很大的提高，应该将农村的房屋也纳入房产税征税范围。但中国农村分布范围极大，确实不利于征收工作的开展，并且一户一户地评估其住房也是一件极其困难的事情，出于征管成本的考虑，对农村房屋征税，会收不抵支，无益于增加财政收入，因此农村房屋不纳入房产税征税范围，而仅将城镇房产纳入征税范围。随着城市化的不断发展，越来越多的农村地区纳入城市范围，这也能够保证房产税税收的稳定增加。

案例 14 营改增政策影响分析

——以物流企业为例[①]

方红生　何程琳

摘　要：本文描述了某物流企业营改增后其流转税税负的变化情况。首先，分析该企业收入构成，区分各种收入对应的税率；其次，通过计算其分别缴纳的增值税和营业税税额，比较两者税负大小；最后，分析营改增政策产生的不减反增效应的原因，以及从可抵扣项目成本等几个必要的因素来分析整体税负变化。重点描述该物流企业税负增加的原因，同时，为该现象提供相应的解决办法，为企业减轻税负进行税收筹划给予一定的借鉴与启示。此外，也为完善我国物流行业的营改增政策提供一定的建议。

关键词：不减反增、税收筹划、营改增

Abstract: This paper describes the changes in the turnover tax burden of a logistics company after the VAT reform. Firstly, it analyzes the income composition of the company and distinguish the tax rates corresponding to various incomes. Secondly, it calculates the value-added tax and business tax paid by the company separately, and compares the tax burden of the two. Finally, it analyzes the reasons for the non-decreasing but anti-increasing effect of the VAT reform policy, and analyzes the overall tax burden changes from several necessary factors such as deductible project costs. This paper focuses on the reasons for the increase in the tax burden of the logistics company, which provides a corresponding solution to this phenomenon, and provides certain reference and enlightenment for the enterprise to reduce the tax burden in tax planning. In addition, it also provides some suggestions for improving the VAT reform policy in China's logistics

---

① 本案例由中国专业学位税务硕士案例库授权使用，中国专业学位税务硕士案例库享有复制权、修改权、发表权、发行权、信息网络传播权、改编权、汇编权和翻译权。本案例只供课堂讨论之用，并无意暗示或说明某种税收筹划行为或税收制度是否有效。

industry.

Key words: non-decreasing but anti-increasing, tax planning, VAT reform

案例正文

一、引言

2011 年，经国务院批准，财政部、国家税务总局联合下发营业税改增值税试点方案。从 2012 年 1 月 1 日起，在上海交通运输业和部分现代服务业开展营业税改征增值税试点，货物劳务税收制度的改革拉开序幕。自 2012 年 8 月 1 日至 2012 年底，国务院将营改增试点扩大至 10 个省市。截至 2013 年 8 月 1 日，"营改增"范围已推广到全国试行。

某物流企业背景：该企业位于江苏省，企业现有注册资本 7,493 万元，总资产超 7 亿元，自有各类营运车辆近 1,500 辆，总吨位达 22,000 吨，整合外协运力超 3,000 辆。仓储面积近 20 万平方米，堆场面积达 5 万平方米，涉及运输、物流辅助等业务。该企业为增值税一般纳税人。

早在 2013 年试点初期，该企业相关人员就曾表示：营改增之前，我们的税率大概在 3%，现在却要超过 6% 了。以 2013 年 1—5 月为例，公司实际入库增值税税额是 2,200 多万元，与营改增之前相比，要多缴纳 1,000 多万元。下面用 2014 年该企业前 7 个月的财务数据，分析企业流转税税负变化的原因。

二、案例中有关的税务要点

（一）对比营改增前后税负变化

（1）该物流企业 2014 年 1—7 月的收入构成情况见表 1。

表 1　2014 年某物流企业 1—7 月的收入构成

类别	原使用税率 /%	现适用税率 /%	收入 / 万元
运输收入	3%	11%	73,083.42
物流辅助收入	5%	6%	6,736.54
合计	–	–	79,819.96

（2）该物流企业 2014 年 1—7 月增值税可抵扣项目见表 2。

表 2　某物流企业 2014 年 1—7 月增值税可抵扣项目

可抵扣项目	价税合计 / 万元	税率（扣除率）/%	进项税额 / 万元	占比 /%
运输服务	12,565.8	17	1,825.80	36.05
燃油费	7,025.4	17	1,020.78	20.15
联合运输成本	8,183.3	17	1,189.03	23.48
水电费	986.7	17	143.37	2.83
低值易耗品及包装物	3,401.0	17	494.16	9.76
维修费用	1,684.2	17	244.71	4.83
办公费用	235.62	17	34.24	0.68
劳保用品	776.0	17	112.75	2.23
合计	34,858.02	–	5,064.84	–

从表 2 可以看出，固定资产在可抵扣项目中所占比重最大，达到近 40%；其次是燃油费和联运成本，分别占比 20.15% 和 23.48%；其余的可抵扣项目占比较小，在 0.68% ～ 9.76%。

（3）该物流企业 2014 年 1—7 月增值税和营业税税负对比见表 3。

表 3　某物流企业 2014 年 1—7 月增值税和营业税税负对比

税种	项目	金额 / 万元
征收营业税	运输收入	73,083.42
	物流辅助收入	6,736.54
	营业收入合计	79,819.96
	联运抵税成本	8,183.3
	营业税	2,283.83
	营业税税负 /%	2.86
征收增值税	运输收入	73,083.42
	物流辅助收入	6,736.54
	不含税销售额	72,196.15
	销项税额	7,623.815
	进项税额	5,064.84
	应纳增值税额	2,558.98
	增值税税负 /%	3.54

从表 3 可以看出，2014 年 1—7 月，该物流企业实施营改增后，税额 2,558.98 万元，比原营业税额 2,283.83 万元多缴纳 275.15 万元，增加了 12%。

（二）“营改增”政策税负效应不减反增现象探究

“营改增”政策以增值额为征税额度，但在实务中，以销项税额减去进项税额的间接计算方法衡量，其可抵扣进项税一方面受到获取可抵扣发票难易程度的影响，另一方面，作为物流企业，其各期购进的固定资产数额不同，企业初期购入固定资产较多，可抵扣金额较大，而中后期则会大幅度减少。此外，6% 和 11% 的税率相对于原营业税税率提高不少。

可抵扣项目占总营业收入比重小。根据有关专家计算，在 11% 的增值税税率下，只有当可抵扣成本占营业收入的 73% 以上时，运输企业的税负才不会增加，而该物流企业的可抵扣项目占总营业收入比重仅为 43.7%，所以，最终增值税税负比原来的营业税税额增加了 12%。

主营业务成本中可抵扣的进项项目占比少。该物流企业主营业务成本组成见表 4 所列。

表 4　某物流企业 2014 年 1—7 月主营业务成本费用支出

项目构成	金额 / 万元	占成本比例 /%	可抵扣进项金额 / 万元
油料支出	16,171.3	22.17	7,025.4
车辆维修支出	3,681.9	5.05	1,684.2
车辆保险费	1,284.1	1.76	–
工资及社保福利	13,941.9	19.11	–
折旧	4,962.1	6.80	–
路桥费	16,525.0	22.66	–
联合运输成本	10,756.3	14.75	8,183.3
办公用品支出	269.1	0.37	235.62
其他费用支出	5,347.7	7.33	5,163.7
合计	72,939.4	100.00	22,292.22

由表 4 可知，占比较大的分别是油料支出、路桥费、工资及社保福利、联合运输成本，四者总和约占总成本的 80%。其中只有油料支出和联合运输成本可以进项税额抵扣，同时由于该物流企业运输多为跨省运输，无法足额取得增值税专用发票抵扣，燃油费只有 7,025.4 万元可抵扣，占燃油支出的 43%；联合运输成本中 8,183.3 万元可抵扣，占总联合运输成本的 76%。其余，如办公用品支出、维修费、水电费（在其他费用支出中）等虽然可以抵扣，但占总成本不超过 3%，比重较少。因此，在主营业务成本中，可抵扣项目总和占 30% 左右（$\frac{22,292.22}{72,939.4}=30.5\%$），占比低，可抵扣金额少，导致增值税税负增加。

（三）营改增税负变化进一步分析

1. 企业流转税税负变化

假设：R 为营业收入；α 为增值税税率；β 为可抵扣项目的平均增值税税率；γ 为城建税及教育费附加的税率；t 为营改增前营业税税率。

为便于表述，本文将营业税、增值税、城建税和教育费附加并称为流转税。

营业税属于价内税，按照营业税税收征管政策，营改增前企业应纳流转税额 $=R\times t\times(1+\gamma)$。

增值税属于价外税，根据增值税的征收原理和税收征管政策，增值税一般纳税人应纳增值税＝销项税额－税法准予抵扣的进项税额。则：

营改增后企业应纳流转税额 $=\left(\frac{R}{1+\alpha}\times\alpha-\text{可抵扣项目不含税成本}\times\beta\right)\times(1+\gamma)$

为方便计算，设 $A=\frac{\text{可抵扣项目成本}}{R}$。则：

营改增后企业流转税税负升降额 $=\left(R\times\frac{\alpha-t-\alpha t}{1+\alpha}-AR\times\frac{\beta}{1+\beta}\right)\times(1+\gamma)$

假设营改增后企业流转税税负不变，则：

$$R\times\frac{\alpha-t-\alpha t}{1+\alpha}-AR\times\frac{\beta}{1+\beta}=0$$

解得：$A=\frac{(\alpha-t-\alpha t)(1+\beta)}{(1+\alpha)\beta}$

以该物流企业的运输收入为例，以上计算结果表明，营改增后，A 与企业流转税税负呈负相关，$A=47.56\%$ 为营改增后企业流转税税负临界点；当 $A<47.56\%$ 时，营改增后企业的流转税税负会上升；当 $A>47.56\%$，营改增后企业的流转税税负会下降。

具体来分析，即当企业原营业税税率为 5% 时，其税负平衡的 A 的临界值点，如表 5 所示。

当企业原营业税税率为 3% 时，其税负平衡的 A 的临界值点，如表 6 所示。

可知，当 A 值超过临界点时，营改增的流转税税负将下降，而低于临界点时，则其税负将上升。若是企业作为小规模纳税人，则营改增后，无论 A 值是否高于临界点，税负都将下降。

某物流企业首先作为增值税一般纳税人，根据其主营业务收入构成，增值税税率适用 6% 和 11% 两个档次，而改革前的营业税税率为 3% 和 5% 两档。由于无法区分哪些成本为运输收入所付出的成本，以总的可抵扣项目成本除以总的收入为 A 值，则 $A=\dfrac{34,8058.02}{79,819.96}=43.6\%$。由于主营业务中大多是以 11% 的运输收入为主，对应原主营业务营业税税率为 3%，因而该 A 值对比表格中，企业现增值税税率为 11%，而营业税税率为 3%，其临界值 A 都大于 43.6%，因而，该物流企业抵扣项目金额过少，导致税负上升。

表 5　不同增值税税率下，原营业税税率为 5% 时，A 的临界值

企业原营业税税率	企业现增值税税率	企业计算进项税额对应的税率	A 的近似值
5%	11%	17%	33.79%
		11%	49.55%
		6%	86.74%
		3%	168.57%
	6%	17%	4.54%
		11%	6.67%
		6%	11.67%
		3%	22.67%
	3%	17%	不论 A 值如何，税负都下降
		11%	
		6%	
		3%	

表 6　不同增值税税率下，原营业税税率为 3% 时，A 的临界值

企业原营业税税率	企业现增值税税率	企业计算进项税额对应的税率	A 的近似值
3%	11%	17%	47.55%
		11%	69.73%
		6%	122.08%
		3%	237.24%
	6%	17%	18.31%
		11%	26.85%
		6%	47%
		3%	91.34%
	3%	17%	不论 A 值如何，税负都下降
		11%	
		6%	
		3%	

2. 企业应纳税所得额变化

假定：R 为含税营业收入，α 是增值税税率，β 是可抵扣项目平均增值税税率，γ

为城建税及教育税附加的税率，t 是营改增前营业税税率，$A=\frac{可抵扣项目成本}{营业收入}$，$B=\frac{营业成本}{营业收入}$。

营改增前企业应纳税所得额

= 含税营业收入 – 含税营业成本 – 营业税金及附加

= 含税营业收入 – 可抵扣项目成本 – 不可抵扣项目成本 – 含税营业收入 $\times t\times$（$1+\gamma$）

营改增之后，能抵扣的增值税不能在税前扣除。

营改增后企业应纳税所得额

$$=\frac{含税营业收入}{1+\alpha}-\frac{可抵扣项目成本}{1+\beta}-不可抵扣项目成本-应纳增值税\times\gamma$$

营改增前后企业应纳税所得额差异

= 营改增后企业应纳税所得额 – 营改增前企业应纳税所得额

$=\frac{含税营业收入}{1+\alpha}$ – 含税营业收入 – $\frac{可抵扣项目成本}{1+\beta}$ + 可抵扣项目成本 – 应纳增值税 $\times\gamma+$ 含税营业收入 $\times t\times$（$1+\gamma$）

$=$（含税营业收入 $\times\frac{\alpha-t-\alpha t}{1+\alpha}$ + 含税营业收入 $\times\frac{可抵扣项目成本}{含税营业收入}\times\frac{\beta}{1+\beta}$）$\times$（$1+\gamma$）

$$=\left(-R\times\frac{\alpha-t-\alpha t}{1+\alpha}+R\times A\times\frac{\beta}{1+\beta}\right)\times(1+\gamma)$$

这一计算结果表明，营改增后企业应纳税所得额升降额与营改增后企业流转税升降额呈等额反向运动，即营改增后，如企业流转税税负下降，则企业应纳税所得额等额提高；如企业流转税税负上升，则企业应纳税所得额等额下降。

假设营改增前后企业的应纳税所得额不变。则：

营改增后企业应纳税所得额升降额 =0

即 $\left(-R\times\frac{\alpha-t-\alpha t}{1+\alpha}+R\times A\times\frac{\beta}{1+\beta}\right)\times(1+\gamma)=0$

求解，得到 $A=\frac{(\alpha-t-\alpha t)(1+\beta)}{(1+\alpha)\beta}$

以该物流企业的运输收入为例，在企业盈利的情况下 [$B<1-t\times(1+\gamma)=0.967$]，营改增后企业应纳所得额、所得税税负与流转税税负升降的临界点一致，均为

A=47.56%，但变动方向相反。当 $A < 47.56\%$ 时，营改增后企业的流转税税负上升而应纳税所得额和所得税税负下降；当 $A > 47.56\%$，营改增后企业的流转税税负下降而应纳税所得额和所得税税负上升。

3. 企业总体税负变化

营改增前后企业总体税负变化

= 企业所得税税负变化 + 流转税税负变化

$$=\left(AR\times\frac{\beta}{1+\beta}-R\times\frac{\alpha-t-\alpha t}{1+\alpha}\right)\times(1+\gamma)\times 25\%-\left(AR\times\frac{\beta}{1+\beta}-R\times\frac{\alpha-t-\alpha t}{1+\alpha}\right)\times(1+\gamma)$$

$$=-75\%\times\left(R\times\frac{\beta}{1+\beta}-R\times\frac{\alpha-t-\alpha t}{1+\alpha}\right)\times(1+\gamma)$$

此计算结果表明，在企业盈利的情况下，营改增后企业所得税税负与流转税税负升降呈反方向变化，流转税税负每上升 100 元，所得税税负下降 25 元，综合计算，企业税负净增 75 元，流转税的升幅远远大于企业所得税的降幅，即营改增后企业利润下降所导致的所得税税负的下降并不能完全抵消增值税增加给企业带来的负担。

三、该案例对我国物流企业的影响和启示

（一）对我国物流企业的影响

1. 营改增后物流企业短期内的税收负担不降反升

首先，营改增前已购置的固定资产进项税额无法抵扣，在销售收入不变的情况下，企业的应纳税额增加，即物流企业税负提高。物流企业应纳增值税可抵扣的进项税额主要是车辆、自动分拣设备和自动上架设备购进时所含的增值税税款，以及燃油和接受修理劳务所对应的税额，由于车辆等设备原始购置成本高、折旧年限长，多数规模和业务量比较稳定的企业，短期内都不会大量购置新的设备，而原来购置的设备的进项，也因营改增新政不能溯及既往而抵扣，从而引起实际可抵扣固定资产进项税较少。

其次，现行增值税，物流业应纳增值税的进项税额抵扣范围窄。物流业属于劳动密集型产业，除了燃油费、接受修理费，还包括人工成本、车辆保险费、过路过桥费及场所租赁费（自由库房则为建筑物的折旧费），而后者目前均不属于可以抵扣进项税额的项目。而且即使燃油费所含的进项税额理论上可以抵扣，但现实中由于很多燃油费发生在运输途中，而运输途中的加油站又有很多无法开具符合抵扣条件的增值税专用发票，因此能抵扣的进项税额少之又少。

2. 企业管理不善和业务不精导致存在涉税风险

首先，会计核算要求提高。营改增前物流企业缴纳营业税，应纳税额为收入额（或收入差额）乘以税率，而营改增后要分别正确核算进项税额和销项税额后才能计算应纳税额（当期销项税额 – 当期进项税额）。

其次，发票使用更加严格。营改增前货运企业使用公路内河货物运输业统一发票，规定相对宽松，部分业务员以“挂靠”车辆自行联系货运业务和收取营业款项，并向劳务购买方提供货运企业开具的发票。营改增后，按照《中华人民共和国发票管理办法》和国家税务总局《增值税专用发票使用规定》要求，交通运输业专用发票仅限一般纳税人货运企业对外提供经营业务收取款项时，向付款方开具。

（二）对我国物流企业的启示

一是公司在选择供应商和服务商时，应尽量选择财务核算健全、能够开具增值税专用发票的供应商和服务商，这样公司才可以通过进项税抵扣，来降低增值税税负。

二是与客户沟通，将发票的变化及对外报价也由价内税转为价外税等变化告知客户，以电话、会议、致客户函件等各类形式对广大客户做好宣传和告知工作，在发票的开具、对方抵扣利益的增加、税负增加而导致的运价适当上调等方面做好沟通和协调工作，将国家税制改革带来的影响传递到客户，并争取客户的理解和支持，为各项业务的正常延续和拓展奠定良好的基础。

三是在财务上完善相应的机制，尤其是要加强会计核算和发票管理。在会计核算方面，提高企业从事纳税业务的财务人员的素质，重视税收风险，对于会计核算中难以把握的问题及时向税务部门反映与咨询，做到守法经营、照章纳税。在此前提下，企业也可选择资信良好的税务代理机构进行税收筹划，降低税收成本。发票管理方面，可将“挂靠”车辆收支统一纳入企业财务的核算，杜绝票款分离、违规开具发票的现象；对于暂时难以统一纳入企业财务核算的，采取只赋予“挂靠”车辆增值税普通发票开具资格的做法。

四、对我国在物流行业营改增政策的启示

（一）增加物流业增值税进项税额抵扣项目

营改增后，物流业涉及的增值税税率分别为11%和6%，都较之前涉及的营业税税率3%和5%要高，政策的初衷是考虑到增值税存在进项税额的抵扣，所以名

义税率提高，实际税率应该是相差不大的，之所以出现税负增加，就是因为可以起到平衡作用的可抵扣进项税额没有发挥作用。因此，可以从以下方面考虑增加物流业增值税可抵扣的进项税额。

首先，扩大物流业应纳增值税进项税额的范围，使其实际税负与营改增相当，如将目前不能抵扣进项税额的过路过桥费、车辆保险费、场地租赁费（自有库房为折旧费）等相对固定的支出按照物流业的行业平均水平测算出其占相应规模的物流企业成本的比例，作为减项计入进项税额；其次，针对燃油的增值税专用发票不易获得，物流企业可以采用集中购买、分散使用加油卡的方式来解决专用发票问题，对确实有需要开具增值税专用发票的，由其向税务机关申请代开，控制增值税专用发票开具的涉税风险。

（二）增加税收优惠政策

借鉴目前在其他行业的优惠政策，在所得税优惠政策方面也向物流企业倾斜，鼓励物流企业购买先进设备（设备款的一定比例可以从应纳税所得额或应纳税额中得到抵免），提升物流业装备水平，发展高端物流、综合物流，促进产业升级。

五、参考文献

刘松颖．“营改增”对交通运输企业税负的影响及对策分析——以北京某大型国有物流集团为例 [J]. 山西财经大学学报，2013（S2）: 24–25.

王冬梅，张福伟，钟乐．我国物流业营业税改征增值税政策探究 [J]．税务研究，2014（5）: 36–38.

王如燕．对交通运输行业“营改增”试点问题的思考 [J]. 税务研究，2013（4）: 21–24.

案例使用说明

江苏省某市统计局的报告显示，目前该市交通运输业企业“营改增”试点效果不够明显，短期内多数企业面临税负上升的问题。调查显示，被调查的企业总体上税负与改革前相比略有上升，其中以运输为主营业务的物流企业税负上升幅度较大；企业主营业务收入中成本由 2013 年 1—8 月的 64.5 元 / 百元上升至 67.5 元 / 百元；企业共实现利润总额 10,919 万元，同比下降 9.0%。而作为该市物流行业龙头企业之一，早在 2013 年，其相关负责人员就表示：营改增之前，我们的税率大概在 3%，现在却要超过 6% 了。以 2013 年 1—5 月为例，公司实际入库增值税额是 2,200 多万元，与营改增之前相比，要多缴纳1,000多万元。物流企业在此次营改增政策中的逆效应的内在原因不仅受到企业的关注，也对该政策存在的问题提出挑战。

一、教学目的与用途

（1）**适用课程**：营改增政策税负变化研究。

（2）**适用对象**：本案例适合有一定税法基础知识且对营改增政策具有一定掌握的学员学习，适合税务专业高年级本科生、研究生及税务专业硕士研究生学习，还适合税务机关相关制度制定者和执行者及企业财务、税务管理人员学习。

（3）**教学目的**：本案例分析了某物流企业营改增后流转税的税负变化。首先，分析该企业收入构成，区分各种收入对应的税率；其次，通过计算其分别缴纳的增值税营业税税额，比较两者税负大小；最后，分析营改增政策产生的不减反增效应的原因，以及从可抵扣项目成本等几个必要的因素来分析整体税负变化。重点描述该物流企业税负增加的原因，同时，为该现象提供相应的解决办法，为企业减轻税负进行税收筹划给予一定的借鉴与启示。此外，也为完善我国在物流行业的营改增政策给予一定的建议。

具体分为两个目标：

①从实务中探索营改增对物流企业“逆向”政策效应的原因。

②从理论上探索，推导影响企业税负的几个重要因素的配比，对营改增政策中税负影响的变化。

二、启发思考

（1）该案例用什么方法检验营改增导致企业流转税税负增加？

（2）该案例从哪几个角度分析营改增税负增加的原因？你认为还有其他原因吗？

（3）如果你是公司的财务人员，会从哪些地方入手，进行税收筹划，减轻公司企业税负？

（4）请自行推导$\frac{\text{可抵扣成本}}{\text{应税收入}}$在不同税率下，征收营业税和增值税相同时的平衡点。

三、分析思路

（1）从营改增政策入手，引入其所涉及的行业之一——交通运输业，继而引入该行业一般性企业，即某物流公司，介绍其背景及相关业务。

（2）从该物流公司的财务数据入手，分析营改增前后，该物流公司流转税税负的变化。

（3）承接（2）中的变化情况，探索其产生的原因，从进项抵扣和成本抵扣分别分析。

（4）进一步分析（2）中的变化，从影响税负的几个要素入手，综合分析；继而在此基础上更深入地分析整个企业税负在营改增中的变化情况。

四、理论依据与分析

（一）理论依据

（1）我国营改增制度及增值税发票管理制度介绍。

（2）营改增前后，税负变化的理论推导。

（二）具体分析

1. 我国营改增制度——受行业限制，抵扣链条不系统、不完整，抵扣项目较少，使得部分现代服务业试点企业出现了税负增加的情况

2012年7月31日，财政部和国家税务总局公布全国第二批“营业税改征增值税”（以下简称营改增）试点方案，印发了《财政部国家税务总局关于在北京等8省市开展交通运输业和部分现代服务业营业税改征增值税试点的通知》（财税〔2012〕71号），明确将北京市、天津市等8省市交通运输业和部分现代服务业营业税改征增值税纳入试点范围。根据营改增试点方案，此次营改增政策主要包括：①选择交通运输业和部分现代服务业开展营业税改征增值税试点。交通运输业包括陆路运输、水路运输、航空运输、管道运输；部分现代服务业包括研发和技术、信息技术、文化创意、物流辅助、有形动产租赁和鉴证咨询。②在现行增值税税率17%和13%两档税率的基础上，新增11%和6%两档低税率，交通运输业适用11%税率，部分现代服务业中的研发和技术服务、信息技术服务、文化创意服务、物流辅助服务、鉴证咨询服务适用6%税率，部分现代服务业中的有形动产租赁服务适用17%税率。③试点纳税人原享受的营业税优惠政策，将根据增值税的特点进行调整；原归属试点地区的营业税收入，改征增值税后仍归属试点地区；营业税改征的增值税，由国家税务局负责征管。

截至2013年8月1日，“营改增”范围已推广到全国试行。从2014年1月1日

起，将铁路运输和邮政服务业纳入营业税改征增值税试点，至此交通运输业已全部纳入营改增范围。

2. 增值税专用发票管理——限制可抵扣进项税，许多费用因无法获取增值税发票而无法抵扣进项税

专用发票，是增值税一般纳税人（以下简称一般纳税人）销售货物或者提供应税劳务开具的发票，是购买方支付增值税额并可按照增值税有关规定据以抵扣增值税进项税额的凭证。

如该物流企业提供装卸搬运服务业务的是松散管理的装卸队，很多装卸队不符合增值税一般纳税人的条件，无法提供增值税专用发票。

3. 增值税税法规定的抵扣范围

据统计，在货物运输业务中，燃油、修理费等可抵扣进项税的成本在总成本中所占比重不足 40%，而大量人工成本、过路过桥费、经营场地和房屋租赁费、车辆保险费等均不在抵扣范围，不能抵扣部分按 11% 缴税，企业实际要承担税负约为（1–40%）×11%=6.6%，致使实际承担的税负高于原来 5% 的营业税税率，导致从事货物运输服务的物流企业税负上升。

五、关键要点

（1）**关键点：**本案例结合具体的某企业的财务数据，分析了营改增后该企业的税负变化，再进一步分析引起该变化的原因；从理论上推导营改增引起的流转税税负变化和总体税负变化的基准点。

（2）**关键知识点：**以营改增前后税负不变为基准，推论不同营业税税率和增值税税率下，影响增值税税负的主要因素的配比。

六、后续进展

该物流企业自从得知“营改增”政策后，其高层很快与市财政局取得联系，希望能够得到相关政策扶持。

而后，市财政局多次到企业实地了解情况，并与税务等部门沟通协调，最终出台针对企业的扶持政策。政策明确以 2012 年营业税纳税额为基数，从 2013 年起，企业缴纳增值税超过 10% 以上的市区财政留成部分全部奖励企业，用于新项目建设。每半年预拨一次，年度终了结算。此外，原本是每半年预拨一次，考虑到企业实际困难，市财政局提前将缴纳增值税超基数增加的税款项 800 多万元拨付给该物

流企业，为企业发展提供资金支持。

2014年该物流企业主营业务收入超过24亿元，增幅超过预定指标50%以上；当年1月营收近3亿元，同比上升40%，跻身地税10强。

营改增的初衷是作为结构性减税的举措，它在实施过程中对物流企业的影响需辩证地分析，在解决重复征税问题、促进行业专业化分工协作的同时，也带来了部分企业短期内税收负担的大幅上升。但我们应该理性地意识到这只是政策实施的初期阶段，随着相关政策的不断完善，物流企业必将降低经营成本，切实享受到营改增带来的实际好处。

七、建议课堂计划

本案例可以作为专门的案例讨论课来进行，以下是案例讨论建议。

（1）**课前计划**：课前让学生完成案例阅读，并查找相关资料，进行初步思考。

（2）**课中计划**：

分组讨论：一方面对本案例进行评价；另一方面提出自己所要补充的，并对案例中的启发思考进行解答。

小组发言：讨论完毕，小组成员代表就讨论内容进行发言、总结。

讨论与思考：教师进行相关引导，让学生进一步了解案例所涵盖的知识要点，以及其他可拓宽的知识面。

（3）**课后计划**：通过查找营改增的政策，探索其他行业当前营改增情况下的税负情况，写一篇小案例，并与物流行业进行对比。

PART 4

第四篇

跨境业务与国际税收案例

案例15 海外代购会涉嫌走私罪吗

——“海淘”店主被判走私普通货物罪案[①]

方红生　吴　宵

摘　要：2013年5月起游某在香港通过刷卡支付方式向多家服装公司大量采购服饰并通过快递邮寄、雇请“水客”偷带及自行携带等方式走私入境后，由其设立的淘宝店在境内销售。走私进境的服饰金额达1,140万元，偷逃税额共计近301万元。法院判定游某违反国家法律、法规，走私普通货物进境后在境内销售牟利，偷逃应缴税额特别巨大，其行为构成走私普通货物罪，判处有期徒刑十年，并处罚金人民币550万元，并对移交及查获物品折价后抵作罚金。游某再上诉提出一审计税方式方法及产生的计税价格不合理、不公平、不正确，并提出原判罚金过高。法院二审后终审判决维持原判。本文对上述案情进行详细分析，为个人代购依法纳税以及海关和税务机关稽查提供启示。

关键词：个人代购、走私普通货物罪、关税

Abstract: In May 2013, You Mou purchased a lot of clothing from a large clothing company in Hong Kong by means of credit card payment and sent it by express mail. She hired a smuggler to carry the goods and sneak into the Mainland of China or carried the goods by herself. After the smuggling, she sold the goods in the Mainland of China through her Taobao store. The total amount of clothing smuggled into the borders was 11,400,558.93 yuan, and the amount of tax evasion was 300,518.73 yuan. The court ruled that You violated national laws and regulations, smuggled ordinary goods into the borders and sold them in the borders for profit. The tax evasion was particularly huge. Her behavior constituted the crime of smuggling ordinary goods, and she was sentenced to 10

① 本案例源自《广东省珠海市中级人民法院刑事判决书》［（2017）粤04刑初159号］和《广东省高级人民法院刑事判决书》［（2018）粤刑终697号］。出于保密的需要，在本案例中对有关名称、数据等做了必要的改动和掩饰性处理。本案例只供课堂讨论之用，并无意暗示或说明某种管理或实践行为是否有效。

years in prison and fined 5,500,000 yuan, and the goods handed over or seized were set off against the fine. You then appealed that the tax method and the taxable price generated in the first trial was unreasonable, unfair, and incorrect, and the fine of the original judgment was too high. After the second instance of the court, the original judgment was upheld in the final adjudication. This paper provides a detailed analysis of the above-mentioned case, and provides enlightenment for personal purchase tax payment and inspections of customs and tax authorities.

Key words: overseas purchasing, smuggling of ordinary goods, tariff

案例正文

一、基本案情

（一）案件起源

2013年，游某设立淘宝店主要销售进口高档服装，并租用公寓作为其工作室和仓库。同年5月起，游某开始在香港向包括香港名家、HI ≈ STYLE、BISBIS、FASHIONCLUB等在内的多家服装公司通过刷卡支付的方式大量采购各种服饰。其在香港所购服饰全部通过快递邮寄、雇请“水客”[①]偷带及自行携带等方式走私进境，并由其网店在境内销售牟利。经统计，游某在香港刷卡购买并走私进境的服饰金额共计11,400,558.93元。经核定，上述服饰偷逃税款共计3,005,187.33元。

一审认定被告人游某违反国家法律、法规，走私普通货物进境后在国内销售牟利，偷逃应缴税额特别巨大，其行为已构成走私普通货物罪。公诉机关指控的犯罪事实清楚，证据确实、充分，指控成立。被告人游某归案后如实供述自己的犯罪事实，依法可以从轻处罚。根据被告人游某的犯罪事实、情节和悔罪态度，依照《中华人民共和国刑法》第一百五十三条第一款第三项、第三款、第五十二条、第六十四条、第六十七条第三款的规定，判决如下：

一、被告人游某犯走私普通货物罪，判处有期徒刑十年，并处罚金人民币五百五十万元。

二、随案移交的犯罪工具手机2部（苹果牌），以及被告人游某在九洲港口岸进境时携带的服装28件、鞋子2双，在被告人游某淘宝店仓库查获的服装4,799

① 根据海关的解释，“水客”是指受走私团伙雇用，以赚取“带工费”为目的，频繁往来于粤港、粤澳之间，通过旅检等渠道，把涉税货物或禁止、限制进出境的物品化整为零，携带、运输进出境的人员。

件、鞋子368双、包33个、饰品30件、帽子11顶、皮带7条、雨伞45把、围巾81条、袜子22双等走私货物，依法予以没收。扣押的其他货物、物品，折价后作为被告人游某违法所得予以追缴。①

（二）案件发展

游某上诉提出：①一审计税方式方法及产生的计税价格不合理、不公平、不正确，其有使用自己的信用卡为杨某刷卡购物；除扣除的三个品牌外还有其他货从内地发出；信用卡刷卡记录的数量中有部分是在香港销售的或已经遗失；其有部分缴税的照片存底；其在香港的信用卡刷卡有多种用途。据此，通过信用卡消费记录来统计走私入境物品数量不符合客观实际，认定的走私金额与事实不符。②其有多个酌定从轻处罚情节，始终自愿认罪，系初犯，且关税税率目前已调低，应酌情对其从轻处罚，同时其家庭困难，原判罚金过高。综上，请求二审查明事实，给予其从轻、减轻处罚。

其辩护人提出辩护意见，认为：①一审裁判事实查明不清，公诉机关以香港商家的刷卡金额确定计税价格从而计算应缴税额存在逻辑瑕疵，应当以缉私局所查扣的货物作为认定税款的依据。②一审判决认定游某刷卡消费金额11,545,139.29元是推测，应当剔除不属于应征税货物的金额包括个人自用、在香港当地交易、破损或丢失货物；从2013年至今，游某刷卡自用的货物价值为23.67万元，部分货物直接在香港完成交易；申请通知一审提供的证人杨某出庭，证实杨某委托游某代为采购货品的事实，另外，其他散客也会通过游某的账单进行记账刷卡，因此，以游某的刷卡记录作为计算偷逃税额是明显的事实不清。③缉私部门稽查的货物税款金额已经超过法定的三年期限，海关法规定对企业的货物关税追溯期只有三年，举重以明轻，对游某的走私行为的追责也应当不超过三年期限，超出的部分金额344,493.213元应予剔除。④游某的认罪态度好，主观恶性小，请求二审充分考虑其一贯表现、认罪态度及悔罪表现，查清事实，给予上诉人游某公正合理的裁判。

经审理查明，一审认定上诉人游某自2013年5月起在香港通过刷卡支付方式向多家服装公司大量采购服饰并通过快递邮寄、雇请“水客”偷带及自行携带等方式走私入境后，由其设立的淘宝店在境内销售，走私进境的服饰金额共计11,400,558.93元，偷逃税额共计3,005,187.33元的事实清楚，并有证明对游某的随

① 《广东省珠海市中级人民法院刑事判决书》［（2017）粤04刑初159号］，2018年12月31日，http://wenshu.court.gov.cn/website/wenshu/181107ANFZ0BXSK4/index.html?docId=eaf58e20f6bb4c15b134a9c6010c8c29。

身携带物品予以扣押、对其住处进行搜查并对相关证据予以扣押的搜查笔录；证明抓获游某时查扣物品及在游某淘宝店仓库查扣物品情况的物证及现场照片；证明游某从口岸过关时携带走私货物及在淘宝店仓库查获走私货物的品名、品牌、规格、产地、数量等情况的鉴定证书；证明从游某使用的手机中提取电话簿、短信、微信等相关信息的检验报告书；香港名家等服装公司开具给游某的部分发票、游某于案发期间使用信用卡在香港名家等公司刷卡消费的明细单、顺丰及明丰公司快递单及快递入仓记录等书证；证明顺丰及明丰快递公司在收件人为游某的快递包裹中未查到海关征税记录的情况说明；证明游某走私货物、物品偷逃税款的海关核定证明书；证明游某在香港名家等店铺刷卡购买服饰并通过快递、个人偷带等方式走私入境后由游某的淘宝店在境内销售的证人池某群、温某霞等人的证言；上诉人游某关于其从香港走私服饰入境后在淘宝店销售的供述等证据予以证实，证据确实、充分，法院予以确认。

（三）案件结果

法院认为，上诉人游某违反国家法律、法规，走私普通货物进境后在国内销售牟利，偷逃应缴税额特别巨大，其行为已构成走私普通货物罪。游某归案后如实供述自己的犯罪事实，依法可以从轻处罚。原判认定的事实清楚，证据确实、充分，定罪准确，量刑适当，审判程序合法，唯对于在上诉人游某淘宝店仓库查获的其他非走私货物、物品所做处理不当，予以纠正。上诉人游某及其辩护人所提上诉及辩护意见经查均不成立，不予采纳。依照《中华人民共和国刑法》第一百五十三条第一款第三项、第三款、第六十四条、第六十七条第三款，《最高人民法院、最高人民检察院关于办理走私刑事案件适用法律若干问题的解释》第十六条，《中华人民共和国刑事诉讼法》第二百二十五条第一款第（二）项的规定，判决如下①：

一、维持广东省珠海市中级人民法院（2017）粤04刑初159号刑事判决第一项对上诉人游某的定罪量刑部分。

二、撤销广东省珠海市中级人民法院（2017）粤04刑初159号刑事判决第二项对移交及查获物品的处理部分。

三、随案移交的犯罪工具手机2部（苹果牌），以及上诉人游某在九洲港口岸进境时携带的服装28件、鞋子2双，在上诉人游某淘宝店仓库查获的服装4,799

① 《广东省高级人民法院刑事判决书》［（2018）粤刑终697号）］，2018年8月31日，http://wenshu.court.gov.cn/website/wenshu/181107ANFZ0BXSK4/index.html?docId=9daa6f68b2be43ce9d6ca94d009c00d7。

件、鞋子368双、包33个、饰品30件、帽子11顶、皮带7条、雨伞45把、围巾81条、袜子22双等走私货物，依法予以没收。扣押的其他货物、物品，折价后抵作上诉人游某的罚金，上缴国库。

本判决为终审判决。

二、案件小结

代购是指在境外购买商品，在境内销售谋利的行为，其本身并不是违法行为。但本案中游某从境外购买商品进境并通过淘宝网店进行销售，其数额显然超过免税额度，却没有缴足税款，偷逃税额数额特别巨大，远超过法律界限10万元，因此属于走私普通货物罪。游某的行为扰乱市场秩序，损害我国税收利益。案件中被告游某对偷逃应缴税额的计算依据和数额及量刑存在疑虑，本案例将针对此进行分析。

“海淘”盛行的当下，代购并不罕见，但目前对此类行为的纳税问题有明确的规定，现实中代购涉及的偷漏税现象也较为严重，那么个人代购应当如何依法纳税、海关和税务机关如何对此类行为的偷漏税行为加以规范，以及2019年《中华人民共和国电子商务法》（以下简称《电商法》）的实施对个人代购偷漏税行为能否产生有效约束等问题都有待进一步思考。

三、参考文献

广东省珠海市中级人民法院刑事判决书[（2017）粤04刑初159号][EB/OL].（2018-02-24）[2021-05-01]. http://wenshu.court.gov.cn/website/wenshu/181107ANFZ0BXSK4/index.html?docId=eaf58e20f6bb4c15b134a9c6010c8c29.

广东省高级人民法院刑事判决书[（2018）粤刑终697号][EB/OL].（2018-07-18）[2021-05-01]. http://wenshu.court.gov.cn/website/wenshu/181107ANFZ0BXSK4/index.html?docId=9daa6f68b2be43ce9d6ca94d009c00d7.

案例使用说明

一、教学目的与用途

（1）适用课程：中国税制专题、税收稽查专题、税收征管专题等。

（2）适用对象：本案例适合财政税务专业高年级本科生、财政学及税务专业硕士研究生学习，还适合税法相关律师从业者、税务机关相关制度制定者和执行者及企业财务、税务管理人员学习。

（3）教学目的：本案例详细分析了个人代购游某通过在香港刷卡购货、通过快递及水客等多种方式走私入境、在淘宝开设网店进行销售等环节进行持续三年的走私犯罪活动偷逃应缴税额300余万元，对代购涉税问题进行针对性分析，指出代购在处理涉税问题时需要注意的点，以及为税务机关反避税工作的完善提供启示与借鉴。

二、启发思考题

（1）本案中游某的行为为何属于走私？个人代购行为与走私的界限在哪里？

（2）如何合理确定本案中的计税价格？

（3）本案判处游某有期徒刑十年，并处罚金人民币550万元是否过重？该案件的刑罚一时引起网民的热议，部分网民认为该案件的偷漏税额远远小于范冰冰“阴阳合同”案件却要判刑而后者却不用，因此对该案件的量刑合理性存疑。

（4）《电商法》的实施对解决代购偷漏税问题有何帮助？

（5）海关和税务机关应该如何减少电商偷漏税问题？

三、分析思路

（1）分析代购行为的谋利途径，探讨其合法性。本案中游某在香港向多家服装公司通过刷卡支付的方式大量采购各种服饰，并将其通过快递邮寄、雇请“水客”偷带及自行携带等方式走私进境，并通过网店在境内销售牟利。经统计，游某在香港刷卡购买并走私进境的服饰金额共计人民币11,400,558.93元。经核定，上述服饰偷逃税款共计人民币3,005,187.33元。将行为与相关法律法规比对，明确其违法行为，并寻找与其量刑相对应的法条规定，探讨量刑的合理性。

（2）本案中双方对偷逃税额的计算和认定存在争议，被告一方认为应该以游某仓库中提存的货品实物计税，公诉机关的计算则是以信用卡消费记录扣除从境内发货情形及押金部分为准，客观评价双方主张的计算方法中可能存在的缺陷，并指出未来应当如何规范代购的发展。

（3）《电商法》规范的是通过互联网等信息网络销售商品或者提供服务的经营活动（电子商务），该法规定电子商务经营者应当依法办理市场主体登记，应当依法履行纳税义务并依法享受税收优惠，销售商品或者提供服务应当依法出具纸质发票或者电子发票等购货凭证或者服务单据，电子发票与纸质发票具有同等法律效力等，这些规定会对个人代购产生何种影响，能否有效减少偷漏税？

四、理论依据与分析

（一）税案存在的典型问题分析

1. 对代购行为的涉税风险及本案中游某具体的违法行为的分析

境外代购是近年兴起的一种购物方式，代购与跨境电商是有所区别的，虽然都有进行跨境的交易，但境外代购是通过快递发货或通过人直接携带商品进境，而跨境电商则是通过电子商务平台达成交易、支付结算并通过跨境物流送达商品、完成交易的一种国际商业活动。相对而言，跨境电商的发展比个人代购要更加规范，且跨境电商享受税收优惠政策，而个人代购则处于法律和税收的灰色地带。个人代购多活跃于线上平台（如淘宝网店、微信、微博等），《电商法》实施之前，不论是在淘宝上开店的代购还是微商代购等基本都没有营业执照，实际上对产品的真实性并不十分有保障，但是不少消费者仍热衷于代购。这其中的原因主要有两点：一是代购产品价格低于直接在境内购买的价格；二是该产品没有在境内销售，或者在境内供不应求，消费者没有渠道购买。境外代购行为本身并不一定违法，也不一定构成走私罪。买卖双方之间形成委托代理关系，即使收取一定的服务费也是合理的，但是如本案中游某这样的行为关键在于偷逃关税。根据《海关总署关于进境旅客所携行李物品验放标准有关事宜》（海关总署公告2010年第54号）：

> 一、进境居民旅客携带在境外获取的个人自用进境物品，总值在5,000元人民币以内（含5,000元）的；非居民旅客携带拟留在中国境内的个人自用进境物品，总值在2,000元人民币以内（含2,000元）的，海关予以免税放行，单一品种限自用、合理数量，但烟草制品、酒精制品以及国家规定应当征税的20种商品等另按有关规定办理。
>
> 二、进境居民旅客携带超出5,000元人民币的个人自用进境物品，经海关审核确属自用的；进境非居民旅客携带拟留在中国境内的个人自用进境物品，超出

人民币2,000元的，海关仅对超出部分的个人自用进境物品征税，对不可分割的单件物品，全额征税。

三、有关短期内多次来往旅客行李物品征免税规定、验放标准等事项另行规定。

根据该规定，个人代购实际上并不严格符合5,000元的规定，因为上述规定仅用于个人自用进境物品，且超出部分仍需要申报纳税。简言之，个人代购行为与违法犯罪在税收方面的界限就在于是否依法报关纳税。本案中游某很显然就违反了上述规定，其雇佣"水客"偷带的行为就是利用了上述法规的漏洞，因为没有明确标准判定个人携带的进境物品是否为自用，也没有对每个人的携带物品进行逐个检查，就使得代购圈"水客"泛滥，实际上这些"水客"应当按照货物报关并缴纳税款，因为这些货物进境是用于销售的而不是上述条文中所说的"自用物品"。

与本案相关的还有《关于调整进出境个人邮递物品管理措施有关事宜》（海关总署公告2010年第43号）中第一条和第三条。个人邮寄进境物品，海关依法征收进口税，但应征进口税税额不超过50元的，海关予以免征；个人邮寄进出境物品超出规定限值的，应办理退运手续或者按照货物规定办理通关手续。但邮包内仅有一件物品且不可分割的，虽超出规定限值，经海关审核确属个人自用的，可以按照个人物品规定办理通关手续。本案中游某的进货方式中也有通过快递从香港邮寄到珠海，且仅有极少数缴纳税款，大部分的快递都没有海关征税记录。同理，游某通过快递方式从境外获得的也是"货物"而不是"物品"，应当报关纳税。

游某违反国家法律、法规，走私普通货物进境后在国内销售牟利，偷逃应缴税额特别巨大，其行为已构成走私普通货物罪。

2. 本案中游某主张的偷逃税额的计算方法和海关采用方法的合理性比较

本案中一审计税说明：前述人民币11,545,139.29元刷卡记录，扣除押金港币140,000元（折合人民币123,830元），以及在内地发货的D*、K*及T*等三个品牌服饰的价款港币351,846元（折合人民币311,207.78元），等于人民币11,110,101.51元，为被告人游某在香港刷卡购买并走私进境服饰的金额。因无法确定服饰的具体种类及数量，根据有利于被告人的原则，均按照税率最低的女式大衣（关税税率8%、增值税税率17%）计税。经海关关税部门核定，价值人民币11,110,101.51元的货物应缴纳的税款为人民币2,928,622.76元。经最终统计，被告人游某在香港刷卡购买并走私进境的服饰金额共计人民币11,400,558.93元。经核定，上述服饰偷逃税款共计人民币3,005,187.33元。

游某上诉提出以下观点：一审计税方式方法及产生的计税价格不合理、不公平、不正确，其有使用自己的信用卡为杨某刷卡购物；除扣除的三个品牌外还有其他货从内地发出；信用卡刷卡记录的数量中有部分是在香港销售的或已经遗失；其有部分缴税的照片存底；其在香港的信用卡刷卡有多种用途。据此，通过信用卡消费记录来统计走私入境物品数量不符合客观实际，认定的走私金额与事实不符。

游某的辩护意见如下：①一审裁判事实查明不清，公诉机关以香港商家的刷卡金额确定计税价格从而计算应缴税额存在逻辑瑕疵，应当按照"疑罪从无"和"有利于被告人"的原则，以缉私局所查扣的货物作为认定税款的依据。②一审判决认定游某刷卡消费金额11,545,139.29元是推测，应当剔除不属于应征税货物的金额包括个人自用、在香港当地交易、破损或丢失货物；从2013年起，游某刷卡自用的货物价值为23.67万元，部分货物直接在香港完成交易；申请通知一审提供的证人杨某出庭，证实杨某委托游某代为采购货品的事实，另外，其他散客也会通过游某的账单进行记账刷卡，因此，将游某的刷卡记录作为计算偷逃税额是明显的事实不清。③缉私部门稽查的货物税款金额已经超过法定的三年期限，海关法规定对企业的货物关税追溯期只有三年，举重以明轻，对游某的走私行为的追责也应当不超过三年期限，超出的部分金额344,493.213元应予剔除。

法院二审认定：关于偷逃应缴税额的计核依据是否合理、计核数额是否准确的问题。经查，首先，游某的走私行为包括在香港刷卡购货、通过快递及水客等多种方式走私入境，通过网店进行销售等环节，在持续三年的走私犯罪过程中，大部分走私入境的货物已经销售，且调取的仓库入库记录及网店销售记录存在缺失，在这一状况下，海关选取了游某使用信用卡在香港店铺刷卡消费的记录并进行了相应记录扣除后作为计核依据合理。其次，根据海关出具的计核说明、涉案信用卡交易资料及刷卡记录汇总表，海关在计核时，选取了交易地点或交易对象为游某在香港购货的11家店铺的记录，不包含在其他场所的消费记录，该统计标准客观精准。最后，游某及其辩护人所提应当再对以下消费记录予以扣除的意见缺乏证据支持：①代朋友杨某及其他散客刷卡的部分。经审查，杨某对于其三年内每月请游某代为刷卡购货人民币3万～8万元并交由香港朋友直接销售但未保留任何票据的说法，一方面仅以手写签名的打印材料形式而非询问或调查笔录形式呈现，另一方面未提供任何证据佐证，且游某在侦查阶段从未供述帮他人每月代刷如此大额款项，属于孤证，不予采信；对于为其他散客刷卡的辩解，因缺乏相应证据支持，亦不予采纳。②在香港已销售及自用部分。游某在侦查阶段从未供述其有在香港购货后直接在香港销售或大量用于个人自用的情况，也未提供任何证据来印证其在二审期间所提的上述辩解。③快递已补缴税款部分。游某辩称缴过不止两次税款，并称收货人员池某群可以证明其缴过税款，另有合租人的员工代其缴过税款。经审查游某一审辩护人当庭提交的两份快递单图片，一份写明收取关税 1,451 元，但没有联系人、联系地址等具体信息；另一份收件人为游某的快递单上贴有收取关税 561 元的纸条。上述证据均为打印图片，并未以 QQ 聊天记录的原始电子媒介形式出示，证据来源的合法性及真实性存疑，尚不足以作为认定游某曾缴纳税费的依据；另外，证人池某群证实其作为仓库管理员负责接收游某的快递件，有两次快递员告知要缴纳税款，经其转告后游某去缴纳了税款，与游某在侦查阶段关于偶尔缴纳过税款的供述相印证；游某于二审期间所提另有合租人的员工为其代缴部分税款的辩解，与游某本人自侦查至一审阶段的供述及证人池某群的证言不符，亦与常理相悖，不足采信。一审依据存疑有利于被告人的原则，认定游某有极少数补缴税款的情形，但基于补缴的税款金额与涉案 300 余万元的偷逃税额不成比例，故作为酌情量刑情节考虑的判定，有事实和法律依据，二审予以认可。④香港购货在国内发货的部分。上诉人游某在侦查阶段的六次笔录中均确定、明确供述了其所购买名家的品牌中有三个从内地发货，其他均从香港发货；该供述与证人池某群关于三个品牌的货物从深圳发货、其他从香港发货的证言相互印证，足以认定。游某在二审期间提出还应扣除其他从内地发货的品牌，但没有提供相关证据，也与在案证据相矛盾，不予采纳。⑤辩护人所提对游某走私行为的追责应以三年为限的意见显然是对刑事责任追诉时效的误解，于法无据，不予采纳。

法院二审判决书中对游某及其辩护人提出的观点一一做出回应，海关在判断偷逃应缴税额的计核依据时选取了交易地点或交易对象为游某在香港购货的 11 家店铺的记录，并扣除了押金和在内地发货部分的货款。而游某认为应当是以缉私局所查扣的货物作为认定税款的依据。游某的主张显然是不合理的，偷逃的应缴税额是指进出口货物、物品应当缴纳的进出口关税和进口环节税（如增值税、消费税等）的税额，游某走私的货物大部分已经销售出去，缉私局查扣的货物对应的税款只是游某偷逃税款的一小部分，还应当加上已经销售的货物所对应的偷逃税款，由于其仓库记录和网店销售记录存在缺失，无法直接采用这些数据，因此只能从其进货的角度计算偷逃的税款，而本案中游某主要采用信用卡结算，因此海关以此为依据较为合理。该案例反映出了网店经营过程中记账的不合规，若电商平台加大监督管理力度，就能够从平台方提取较为完整的交易记录，从而较为准确地界定已经销售出的部分偷逃的应缴税额。

3. 对本案中对游某的量刑是否过重的探讨

本案与范冰冰偷逃税案虽然都涉及偷逃税，但是实际上并不可比，范冰冰的案件虽然偷逃税额特别巨大，但是《中华人民共和国刑法》第二百零一条[①]指出“有第一款行为，经税务机关依法下达追缴通知后，补缴应纳税款，缴纳滞纳金，已受行政处罚的，不予追究刑事责任；但是，五年内因逃避缴纳税款受过刑事处罚或者被税务机关给予二次以上行政处罚的除外”，范冰冰由于是首次被发现逃避缴纳税款，因此按照法律规定只需接受补税、缴纳罚款等行政处罚。而本案中游某犯走私普通货物罪，且数额特别巨大（超过250万元），根据《中华人民共和国刑法》第一百五十三条[②]，应当处十年以上有期徒刑或者无期徒刑，并处偷逃应缴税额一倍以上五倍以下罚金或者没收财产。本案量刑事实上已较轻，判处十年有期徒刑是根据上述法条的最轻判决，游某偷逃税款约300万元，判处罚金550万元，已是在一倍以上两倍以下的水平，距离法律规定的一倍以上五倍以下的上限仍有相当距离，因此本案的量刑并不存在过重的情况。

4.《电商法》的实施对个人代购有何影响？能否促进电商经营者依法纳税？

《电商法》第九条明确了其规范的对象，本法所称电子商务经营者，是指通过互联网等信息网络从事销售商品或者提供服务的经营活动的自然人、法人和非法人组织，包括电子商务平台经营者、平台内经营者以及通过自建网站、其他网络服务销售商品或者提供服务的电子商务经营者。而借助互联网进行销售的个人境外代购显然也属于《电商法》所说的电子商务经营者，行为受该法约束。《电商法》第十条[③]、

① 逃税罪：“纳税人采取欺骗、隐瞒手段进行虚假纳税申报或者不申报，逃避缴纳税款数额较大并且占应纳税额百分之十以上的，处三年以下有期徒刑或者拘役，并处罚金；数额巨大并且占应纳税额百分之三十以上的，处三年以上七年以下有期徒刑，并处罚金。扣缴义务人采取前款所列手段，不缴或者少缴已扣、已收税款，数额较大的，依照前款的规定处罚。对多次实施前两款行为，未经处理的，按照累计数额计算。 有第一款行为，经税务机关依法下达追缴通知后，补缴应纳税款，缴纳滞纳金，已受行政处罚的，不予追究刑事责任；但是，五年内因逃避缴纳税款受过刑事处罚或者被税务机关给予二次以上行政处罚的除外。”

② 走私普通货物、物品罪：“走私本法第一百五十一条、第一百五十二条、第三百四十七条规定以外的货物、物品的，根据情节轻重，分别依照下列规定处罚：（一）走私货物、物品偷逃应缴税额较大或者一年内曾因走私被给予二次行政处罚后又走私的，处三年以下有期徒刑或者拘役，并处偷逃应缴税额一倍以上五倍以下罚金。（二）走私货物、物品偷逃应缴税额巨大或者有其他严重情节的，处三年以上十年以下有期徒刑，并处偷逃应缴税额一倍以上五倍以下罚金。（三）走私货物、物品偷逃应缴税额特别巨大或者有其他特别严重情节的，处十年以上有期徒刑或者无期徒刑，并处偷逃应缴税额一倍以上五倍以下罚金或者没收财产。单位犯前款罪的，对单位判处罚金，并对其直接负责的主管人员和其他直接责任人员，处三年以下有期徒刑或者拘役；情节严重的，处三年以上十年以下有期徒刑；情节特别严重的，处十年以上有期徒刑。对多次走私未经处理的，按照累计走私货物、物品的偷逃应缴税额处罚。”

③ 电子商务经营者应当依法办理市场主体登记。但是，个人销售自产农副产品、家庭手工业产品，个人利用自己的技能从事依法无须取得许可的便民劳务活动和零星小额交易活动，以及依照法律、行政法规不需要进行登记的除外。

第十一条[①]、第十二条[②]、第十四条[③]和第二十六条[④]都对个人境外代购的行为进行了约束，要求其依法办理市场主体登记、履行纳税义务等。

原来的个人境外代购模式赚取的就是销售价格和自境外采购成本的差价，而这部分差价主要就来源于境内外税负差异，且其销售行为也通常没有缴纳税款。一旦要求其进行工商登记、税务登记、严格遵守进出口监督管理的法律法规等，其利润空间就被大大压缩。若不依法纳税，随着被查处概率的上升，其涉税风险也会大大提高。针对目前代购中存在的假冒伪劣产品的整治也有一定的益处，《电商法》要求电商平台承担连带责任及自身对应责任，有利于对消费者合法权益的保护，以及通过电商平台倒逼电商经营者规范经营，长期而言对规范代购行为具有重要意义。

《电商法》实施后个人境外代购想要合法进行买卖就要办理工商登记和税务登记，有利于解决电商平台下销售隐匿性的问题，这就为税务机关监督其纳税情况提供了便利。另外第十四条规定的销售商品或者提供服务应当依法出具纸质发票或者电子发票等购货凭证或者服务单据，这就为计税基础的确定提供了基础，且电子商务平台具有记录交易信息的义务，为检查电商经营者是否及时足额缴纳税款提供了一定的保障。《电商法》的出台给电商经营者敲响了警钟，无论何种形式的经营活动都需要依法纳税，且能够在一定程度上有利于对电商经营者的税收征管。但实际上对通过微信、微博等非专门的电子商务平台进行交易或者线下交易的这类经营者的监管仍然存在较大困难，在这些社交平台上或线上进行的交易仍然具有较强的隐匿性，税务机关要确定其交易情况所需成本较高，这一系列问题都有待进一步规范。

（二）从税案中得出的启示

1. 增强纳税人依法纳税意识

法律的更新总是具有一定的时滞性，对于代购这样的“新生”行业尚无针对性法律法规，但从业者仍应当遵纪守法地开展经营活动，在进入一个领域之前需要了解其涉税风险，不应当只考虑其盈利情况而忽视税务风险。

本案中游某的走私普通货物罪就源于其纳税意识淡薄，并通过不同的形式将货物从香港带到珠海且想方设法规避海关的税收。本案的判决能够为相关代购敲响警

① 电子商务经营者应当依法履行纳税义务，并依法享受税收优惠。依照前条规定不需要办理市场主体登记的电子商务经营者在首次纳税义务发生后，应当依照税收征收管理法律、行政法规的规定申请办理税务登记，并如实申报纳税。

② 电子商务经营者从事经营活动，依法需要取得相关行政许可的，应当依法取得行政许可。

③ 电子商务经营者销售商品或者提供服务应当依法出具纸质发票或者电子发票等购货凭证或者服务单据。电子发票与纸质发票具有同等法律效力。

④ 电子商务经营者从事跨境电子商务，应当遵守进出口监督管理的法律、行政法规和国家有关规定。

钟，违法经营所得不可有，对目前大量的境外代购有较强警示作用。

2. 强化海关监督，明确相关法律法规

境外代购涉及的偷漏税甚至犯罪都需要以不同形式经过海关，如本案中雇佣“水客”采用的“化零为整”式运输，就是利用了海关对“物品”和“货物”难以界定的漏洞逃避进口关税、消费税和增值税等。通过邮寄方式进境也存在同样的问题，另外还存在关税和行邮税选择的问题，对一些商品而言（特别是奢侈品），行邮税税率与其进口时本应当负担的关税、消费税和增值税的税负之和相比会低得多，而代购就容易在这个环节钻空子，以“物品”申报通关缴纳行邮税。因此，海关部门需要加强对“物品”和“货物”的甄别以及合理确定行邮商品价格的能力，未来还制定具体的相关法律法规减少海关工作人员的自由裁量权，参考其他国家的相关法律法规，通过确定通常个人正常跨境购买自用“物品”的次数或价款，将超过该门槛的确认为具有销售目的的“货物”。

3. 加强信息共享，优化税收环境

以互联网为媒介进行的交易与普通的交易相比具有更强的隐匿性，对其税收征管更需要大数据的支持，个人境外代购商家在电商平台的交易数据、交易往来的转账数据及用户信息若能够与海关或税务机关数据互通，一方面有利于海关对进境“物品”和“货物”的判断，另一方面有利于税务机关发现经营者可能存在的偷漏税问题，若显示销售的产品为代购的进口商品，则需要关注以其为收件人的境外邮包的纳税情况以及其进境时物品申报行邮税是否合理。

另外对出现偷漏税或其他违法行为的电子商务经营者，海关应当建立对应数据库，将有走私、偷逃税款等严重违法行为的个人资料录入数据库，计入信用系统，且电商平台应当提示消费者该经营者出现过的问题。一方面能够提高电商经营者违法成本，从而减少电商经营者的税收违法行为；另一方面也能为税务机关的监督检查提供方向。

五、参考文献

郭言言 . C2C 模式跨境代购关税征管制度研究 [D]. 西安：西北大学，2019.

胡曙元 . 海外代购走私犯罪研究 [M]. 杭州：浙江大学，2014.

林科达 . 海外代购型走私普通货物、物品罪研究 [D]. 广州：广东财经大学，2018.

裴小星 . 电子商务法使海外代购不能再任性 [N]. 经济参考报，2018-10-10（8）.

王璐 .《电子商务法》对中国跨境电商的影响分析 [J]. 法制博览，2019（26）：238，240.

叶世武 . 论我国电子商务法对代购的规制 [J]. 法制博览，2019（22）: 182，185.

六、关键要点

（1）**关键点:** 本案例对游某偷漏税方式、计税方式方法进行具体的分析，探讨现行征管模式对个人代购涉税情况检查的不足，以及《电商法》实施的影响。

（2）**关键知识点:** 分辨进出口货物与物品的区别，分析游某通过雇佣“水客”及快递等方式分散少量多次携带货物进境，明确存在的税收法律问题、偷逃应缴税额的合理确定方法、量刑的合理性。

（3）**能力点:** 培养学生阅读案例、分析案例和解决现实问题的能力。具体来说，要求学生通过阅读案例精准抓住案件争议点，并运用课程相应知识点对税务处理是否正确做出自己的分析与判断，进而提高批判性思维能力及解决问题的实际能力。

七、建议课堂计划

本案例可以作为专门的案例讨论课来进行，如下是按照时间进度提供的课堂计划建议，仅供参考。

整个案例课的课堂时间控制在 90 分钟，即 2 节课。

（1）**课前计划:** 提出启发思考题，请学生完成资料阅读及初步思考。

（2）**课中计划:**

课堂前言（7 ～ 10 分钟）: 简明扼要，明确主题。

分组讨论（25 分钟）: 准备发言提纲。

小组发言（每组 6 分钟）: 分 5 个组。

讨论与思考（20 ～ 25 分钟）: 引导全班进一步讨论及思考，讲解本案触及走私普通货物罪的关键，以及对个人代购依法纳税的启示。

（3）**课后计划:** 请学生利用网络及文献搜索对电商经营者涉税案例特别是涉及个人代购涉税的相关资料信息，尤其是最新信息，采用报告形式给出更加具体的解决方案，或写出案例分析报告（1500 ～ 2000 字）。

案例 16 境外全资子公司利润汇回的税务处理

——以 S 公司越南子公司为例[①]

钱正平　吴宵

摘　要：本文描述了 S 公司在计算其位于越南的境外全资子公司 Y 公司利润汇回时，由于该公司对税收饶让和税收抵免规则认识不清，按照税务局的意见补充申报增加结转以后年度抵免数 90 万元及退税 28 万元。税务机关认为 S 公司在计算境外子公司利润汇回的税收处理时存在两大错误：一是不了解《中越税收协定》的税收饶让条款导致可抵免税额计算错误；二是对高新技术企业认定税收优惠适用范围认识有误导致适用税率错误。本文针对该案件中出现的问题展开具体分析，为规范企业纳税申报提出合理建议。

关键词：税收饶让、税收抵免、高新技术企业税收优惠

Abstract: This paper describes that due to the unclear understanding of the tax relief and tax credit rules by company S, it had made a mistake in calculating the remittance of the profits from its wholly-owned subsidiary company Y in Vietnam, and then added the additional report according to the opinions of the taxation bureau. After the transfer, the annual credit would be 900,000 yuan and the tax refund would be 280,000 yuan. There were two major mistakes in company S's calculation of the tax treatment of the remittance of its overseas subsidiaries' profits. The first is the miscalculation of the deductible tax because of the misunderstanding of the tax relief terms of the Sino-Vietnamese Tax Agreement, and the second is due to the misunderstanding of the application scope of tax preference for new high-tech enterprises, which leads to the wrong application rate. This paper conducts a specific analysis of the problems in the case and makes reasonable suggestions for standardizing corporate tax returns.

① 本案例根据实际改编，出于企业保密的要求，在本案例中对有关名称、数据等做了必要的改动和掩饰性处理。本案例只供课堂讨论之用，并无意暗示或说明某种管理或实践行为是否有效。

Key words: tax relief, tax credit, new high-tech enterprise tax preference

案例正文

一、引言

A市税务机关针对"走出去"企业境外所得纳税申报风险事项开展风险分析时，发现S公司从境外取得的利润分红在申报2016年度企业所得税时填报错误，产生了已减免的预提所得税未视同已缴纳享受税收抵免，以及境外所得计算应纳税额和境外抵免限额时适用税率错误两项问题，税务机关依据相关法律文件对企业进行纳税辅导，最终帮助企业正确享受间接抵免和饶让抵免政策，S公司通过补充申报结转以后年度抵免数从0更正为90万元，已缴的28万元获得退税处理，维护了纳税人的合法利益。

二、案件背景

S公司主要从事汽车配件设计、开发、生产和销售，属高新技术企业。2011年10月，S公司在越南投资注册成立全资子公司Y公司，主要生产汽车配件。S公司与Y公司的基本关系如图1所示。

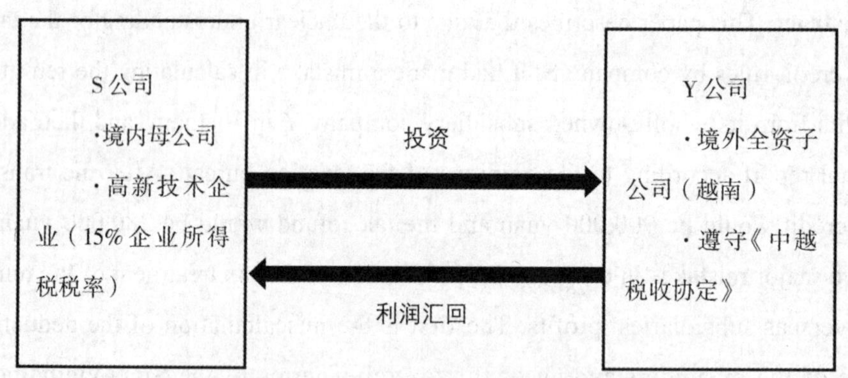

图1　S公司与Y公司的基本关系

2016年6月，Y公司董事会做出利润分配决议。2016年7月，S公司收到Y公司分回2015年度及以前年度全部利润523万元。2017年5月，S公司在2016年度企业所得税申报时将该笔利润并入本公司所得申报境外应纳税所得额661万元，按25%的税率计算应纳所得税165万元，境外已缴所得税可抵免境内所得税额137万元，另申报缴纳税款 28 万元[①]。

三、案件内容

（一）案件起源

S 公司在 2016 年度企业所得税申报时将 Y 公司汇回的 523 万元利润并入本公司所得，申报境外应纳税所得额 661 万元，按 25% 的税率计算应纳所得税 165 万元。S 公司表示根据《企业所得税法》第二十三条[②]和《国家税务总局关于发布〈企业境外所得税收抵免操作指南〉的公告》（国家税务总局公告 2010 年第 1 号）规定，Y 公司汇出的股息红利可以就其分配前已经缴纳的越南所得税 137 万元进行间接抵免。

同时，根据 2011 年财税 47 号文（《财政部、国家税务总局关于高新技术企业境外所得适用税率及税收抵免问题的通知》）规定：以境内、境外全部生产经营活动有关的研究开发费用总额、总收入、销售收入总额、高新技术产品（服务）收入等指标申请并经认定的高新技术企业，对其来源于境外所得可以按照 15% 的优惠税率缴纳企业所得税，在计算境外抵免限额时，可按照 15% 的优惠税率计算境内外应纳税总额。

S 公司认为，在评定高新时子公司的各项指标无法并入境内母公司，故从子公司处取得的股息红利在境内缴税和计算抵免时都只能适用 25% 税率，故申报境外所得应纳税额 165 万元，缴纳税款 28 万元。

（二）案件处理

税务人员经过查阅相关法律文件，认为 S 公司在申报时存在以下错误。

1. 未享受饶让抵免优惠

虽然根据越南国内法规定，Y 公司分回股息红利的预提所得税为零，但根据《中越税收协定》的税收饶让条款，在越南减免的预提所得税应视同已经缴纳享受税收抵免，饶让抵免金额为分出利润金额的 10% 计 52 万元，加上在越南间接负担的所得税额 137 万元，共计可抵免税额 189 万元。

2. 境外所得计算应纳所得税额和境外抵免限额时适用税率错误，导致多享受税收抵免

高新技术优惠是一项整体优惠，企业的所有收入均可享受高新税率优惠，与此

① 本案例对计算结果进行了四舍五入，故有所偏差。

② 居民企业来源于中国境外的应税所得已在境外缴纳的所得税税额，可以从其当期应纳税额中抵免。

相对应，企业的所有收入必须参与高新指标计算，而不能人为地将企业整体收入分割成境内部分和境外部分，境外部分不参与高新指标计算并适用 25% 税率，境内部分适用 15% 税率。根据《高新技术企业认定管理工作指引》第五条第三款的规定，对已认定的高新技术企业，每年都要审核各项指标是否符合《高新技术企业认定管理办法》第十一条、第十七条、第十八条、第十九条的条件，如不符合则要提请认定机构取消高新资格并追回优惠，如符合则可继续享受优惠。S 公司从子公司处取得的股息红利是税法意义上的收入总额的组成部分，必须并入当年总收入计算指标，看是否符合高新标准，如符合则企业整体税率均为 15%，如不符合，则取消高新资格，企业整体税率均为 25%。

（三）案件结果

经核查高新各项指标，境外收入并入境内后仍符合高新标准，故 S 公司境外收入适用税率和抵免税率均为 15%，2016 年申报抵免 137 万元，实际抵免应为 99 万元，多抵免 38 万元。

经过宣传，企业接受了税务部门的意见，并通过补充申报将可抵免的所得税额从 137 万元更正为 189 万元，境外所得应纳税额从 165 万元更正为 99 万元，税收抵免数从 137 万元更正为 189 万元，结转以后年度抵免数从 0 更正为 90 万元，已缴的 28 万元办理退税。

四、案件小结

本案例中的“走出去”企业由于对中越税收协定、间接抵免、饶让抵免、高新技术企业税收优惠适用范围及境外所得适用税率不甚了解，对利润分红在境外已享受税收优惠，是否在汇回境内后还要补缴税款的事项在处理时出现错误，导致多缴税款，影响企业利润。

涉及境外所得的税务处理较为复杂，如何加强税企之间的沟通交流，共同探讨和解决境外税收的疑点和难题，真正为“走出去”企业减负释难，为境内企业提高境外影响力、营造良好的营商环境都是我国经济发展过程中亟须回答的问题。

案例使用说明

一、教学目的与用途

（1）适用课程： 中国税制专题、税收稽查专题、税收征管专题等。

（2）适用对象：本案例适合财政税务专业高年级本科生、财政学及税务专业硕士研究生学习，还适合税法相关律师从业者、税务机关相关制度制定者和执行者及企业财务、税务管理人员学习。

（3）教学目的：本案例详细分析了A市税务机关通过检查发现S公司在计算境外子公司Y公司利润汇回的税收处理时出现的两大错误：一是不了解《中越税收协定》的税收饶让条款导致可抵免税额计算错误；二是对高新技术企业认定税收优惠适用范围认识有误导致适用税率错误。本案例针对该案件中出现的两大问题展开具体分析，从而为加强企业纳税申报规范性、涉及境外所得的企业所得税征税、管理和稽查提供启示与借鉴。

二、启发思考题

（1）如何计算从境外投资公司分回股息红利时可享受的抵免税款及应纳所得税额？在计算过程中有哪些方面企业可能出现错误或者进行逃避税？

（2）母公司被认定为高新技术企业，其获得子公司股息红利在计算企业所得税时是否适用优惠税率？子公司计算企业所得税时能否适用优惠税率？总公司被认定为高新技术企业，其分公司所得能否适用优惠税率？本案例中税务机关的主张是否合理？

（3）如何加强企业对涉及境外投资相关税务的处理能力？

三、分析思路

（1）在S公司收回Y公司股息红利的案件中，Y公司为S公司在越南设置的全资子公司，在计算相关税率时需要按照《中越税收协定》相关规定处理。涉及境外应纳税所得额的计算，首先应当将企业取得的来源于境外的税后净所得还原为税前所得，再按我国税法规定计算应纳税所得额。通常而言，容易出现问题的地方，一是境外所得项目调整扣除费用的确定，二是按税法规定可予抵扣的境外所得额的确定。因此在收到境外投资所得时可以首先考虑是否存在以上两方面的问题，另外，在涉及企业所得税适用优惠税率的企业中还需要注意在计算境外所得按我国税法计算应缴纳的所得税时应适用的税率。

（2）S公司获得认定成为高新技术企业，该公司在计算高新技术企业认定相关指标时没有将境外子公司的数据合并计算，认为与此对应，获得的15%企业所得税优惠税率也仅适用于纳入指标计算范围的境内所得。而税务机关认为高新技术优惠是一项整体优惠，企业的所有收入均可享受高新税率优惠，与此相对应，企业的所有收入必须参与高新指标计算，因此，S公司的境外投资所得也应享受15%的优惠税率。双方观点的冲突集中在高新技术企业认定政策各项要求是针对整体还是部分，显然高新技术企业认定是针对企业整体而非企业某部分，否则将导致大量滥用税收优惠的情况出现。

（3）税务机关是代表国家执行税收法律法规、组织税收收入的职能部门，但同时税法宣传和纳税咨询辅导也是重要的工作。如本案中S公司就对相关税收法律法规认识不清，出现多缴纳税款的情况，长此以往将不利于企业的发展，不利于国家"走出去"战略的实施。因此除了关注企业利用税法漏洞逃税避税，还需要定期对有需要的企业进行纳税咨询辅导，为营造良好的营商环境做出"税收贡献"。

四、理论依据与分析

（一）税案存在的典型问题分析

1. 境外所得税收抵免额

关于境外所得税税收抵免的问题需要参照本国与对方国家的税收协定处理，本案中S公司对中越税收协定相关规定认识不清，《中华人民共和国和越南社会主义共和国政府关于对所得避免双重征税和防止偷漏税的协定》中第二十三条消除双重征税方法第二、第三款指出：

二、在中国，消除双重征税如下：

（一）中国居民从越南取得的所得，按照本协定规定在越南缴纳的税额，可以在对该居民征收的中国税收中抵免。但是，抵免额不应超过对该项所得按照中国税法和规章计算的中国税收数额。

（二）从越南取得的所得是越南居民公司支付给中国居民公司的股息，同时该中国居民公司拥有支付股息公司股份不少于10%的，该项抵免应考虑支付该股息公司就该项所得缴纳的越南税收。

三、第一款和第二款中，在越南或者中国缴纳的税额，按照上下文，应视为包括假如没有按照缔约国为促进经济发展的法律给予减税、免税而本应缴纳的税额。在第十条第二款、第十一条第二款和第十二条第二款情况下，该税额应视为股息、利息和特许权使用费总额的10%。

在计算分析的过程中还需要注意税收协定中提及的两个"10%"。本案中Y公司为S公司的全资子公司，所以需要考虑支付该股息Y公司就该项所得缴纳的越南税收，而根据越南税法进行了免税处理，再结合第三款中该项税额应视为股息总额的 10%，所以 S 公司还可以抵免 52 万元。需要注意的是，这里可以抵免的仅为“股息、利息和特许权使用费总额”的 10%，而针对不同国家企业的税务处理需要参照我国与该国税收协定的具体约定条款。

值得一提的是，近年来我国在不断完善我国企业境外投资所得税收抵免问题。2017 年，财政部和税务总局将抵免层级从三层扩大到五层（原来政策下仅允许石油企业适用五层抵免的规定），以及允许企业选择“分国（地区）不分项”或“不分国（地区）不分项”（综合抵免法）方式来处理源于境外的应纳税所得额①。该政策解决了众多学者指出的由抵免层数限制导致重复征税问题无法完全解决的问题②，为企业的国际化发展提供了便利。

2. 高新技术企业境外投资所得适用税率

关于高新技术企业认定境外所得适用税率的问题，根据财政部和税务总局 2011 年发布《关于高新技术企业境外所得适用税率及税收抵免问题的通知》（财税〔2011〕47 号），以境内、境外全部生产经营活动有关的研究开发费用总额、总收入、销售收入总额、高新技术产品（服务）收入等指标申请并经认定的高新技术企业，对其来源于境外所得可以按照 15% 的优惠税率缴纳企业所得税，在计算境外抵免限额时，可按照 15% 计算境内外应纳税总额。

同时，《高新技术企业认定管理办法》（国科发火〔2008〕172 号）和《高新技术企业认定管理办法》（国科发火〔2016〕32 号）都在第三章认定条件与程序中高新技术企业认定须满足的研究开发费用总额占销售收入总额条件中特别强调“企业在中国境内发生的研究开发费用总额占全部研究开发费用总额的比例不低于 60%”。由此可以推断《高新技术企业认定管理办法》中规定的相关比例要求都是针对企业整体而言的，是综合考虑其境内和境外所得的情况，那么与此对应再结合《关于高新技术企业境外所得适用税率及税收抵免问题的通知》（财税〔2011〕47 号），就可以知道只要该企业处于被认定为高新技术企业的期间，其境内所得和境外所得都应当适用优惠税率。因此本案中 S 公司对获得的来自境外子公司 Y 的股息红利所得也应当适用 15% 的优惠税率。

---

① 《财政部、税务总局关于完善企业境外所得税收抵免政策问题的通知》（财税〔2017〕84号），2017年12月28日，http://www.chinatax.gov.cn/n810341/n810755/c3001532/content.html。

② 赵书博、胡江云：《“一带一路”战略构想下完善我国企业境外投资所得税制的思考》，《管理世界》，2016年第11期，第11–19页。

但是要注意的是，本案中S公司提出的在评定高新时子公司的各项指标不并入境内母公司的做法是没有错误的。因为S公司与Y公司是母子公司的关系，母公司和子公司都是独立的法人，而享受高新技术企业优惠是以法人为单位的，因此母公司在申请高新技术企业认定的时候不能将子公司数据合并其中，子公司若想要享受高新技术企业税收优惠须单独申请高新技术企业认定，否则不能享受高新技术企业所得税优惠。但总公司和分公司属于同一法人，也即若S公司有一分公司Q公司，则S公司在申报高新技术企业认定的时候须将Q公司数据并入其中，在获得高新技术企业认定后Q公司同样可以享受15%的企业所得税优惠税率。

（二）从税案中得出的启示

1. 提高企业税收处理能力

在税收实务中不仅存在利用税法漏洞恶意偷漏税的纳税人，也存在因为对税收法律法规认识不清而无法正确计算应纳税额的纳税人。偷漏税款是违法行为，是不可逾越的雷池；同样，多缴纳税款对企业和国家而言都并无益处。对国家而言，增加企业负担将不利于社会经济发展；对企业而言，税负也是其成本的重要组成部分。因此企业应当对此加以重视，增加对相关财务人员专业能力的培训，正确计算应纳税额、及时足额缴纳有利于企业长足的发展。

2. 税务机关助力企业发展

企业的境外投资离不开税务机关的支持，如本案中出现的情况就说明了现实中存在一部分企业急需税务机关的辅导，因此税务机关应当充分利用大数据对辖区内的企业进行分析，通过宣讲、座谈会、针对性辅导等多种方式对税务处理存在困难的企业予以帮助，帮助跨国企业了解投资国的税收政策、本国与该国的税收协定等，协助企业享受合理税收优惠，助力我国企业增加国际竞争力。

3. 梳理既有相关法律法规

随着“一带一路”倡议的实施，可以预见我国境外投资将呈现增长态势，可能出现的涉税问题也会越来越多。而目前境外投资相关的税收法规数量繁多，针对不同国家或地区的投资对象有不同的适用规则，且由于多为双边或多边协议不易修订简化。对纳税人而言，全面理解并掌握其使用方式具有一定困难，因此需要税务机关借助网络平台，提升数据信息化水平，针对不同国家或地区全面地梳理国际税收相关法律法规的信息，使纳税人更为便利地获得必要的税收信息。

五、参考文献

方芳，陈佩华 . 我国企业境外投资的涉税风险及防范 [J]. 税务研究，2017（12）: 96–98.

顾海波，王淼 . 中国企业境外所得税收抵免规则探析——以促进“走出去”战略实施为视角 [J]. 东北大学学报（社会科学版），2016，18（5）: 510–517.

霍志远，赵爱民，杨雷东 . 试析企业境外所得税收抵免政策的完善 [J]. 税务研究，2017（7）: 70–72.

魏志梅，刘建 . 中国境外所得税制的回顾、借鉴与展望 [J]. 税务研究，2011（7）: 89–95.

赵书博，胡江云 .“一带一路”战略构想下完善我国企业境外投资所得税制的思考 [J]. 管理世界，2016（11）: 11–19.

六、关键要点

（1）关键点： 探讨我国企业境外投资所得汇回时税务处理中容易出错的关键节点，具体考虑可予抵免境外所得税额的确认，以及针对母公司享受优惠税率情况下对子公司投资收益适用税率的确定。

（2）关键知识点： 根据我国法律法规寻找 S 公司税务处理中出现的差错，发现 S 公司未根据《中越税收协定》的税收饶让条款享受汇回股息部分的税额抵免、境外所得计算应纳所得税额和境外抵免限额时适用税率错误，导致最终应纳税额计算错误。

（3）能力点： 培养学生阅读案例、分析案例和解决现实问题的能力。具体来说，要求学生通过阅读案例精准抓住案件争议点，并运用课程相应知识点对税务处理是否正确做出自己的分析与判断，进而提高批判性思维能力及解决问题的实际能力。

七、建议的课堂计划

本案例可以作为专门的案例讨论课来进行，如下是按照时间进度提供的课堂计划建议，仅供参考。

整个案例课的课堂时间控制在 90 分钟，即 2 节课。

（1）课前计划： 提出启发思考题，请学生完成资料阅读及初步思考。

（2）课中计划：

课堂前言（7 ～ 10 分钟）: 简明扼要，明确主题。

分组讨论（25 分钟）：准备发言提纲。

小组发言（每组 6 分钟）：分 5 个组。

讨论与思考（20 ～ 25 分钟）：引导全班进一步讨论及思考，讲解从境外投资公司分回股息红利的税收抵免额计算及涉外税收征管的主要理论依据。

（3）**课后计划：**请学生利用网络及文献搜索对境外投资公司利润汇回企业所得税处理的相关资料信息，尤其是最新信息，采用报告形式给出更加具体的解决方案，或写出案例分析报告（1500 ～ 2000 字）。

案例 17 “关联项目”让非居民企业构成“常设机构”

——以香港公司与内地公司的三份关联合同项目为例

钱正平　许铭雪

摘　要：一家香港公司与一家内地公司就同一项目分别签订了三份技术咨询服务合同，并认为在三份合同实施过程中，均未在我国境内构成常设机构，无须缴纳企业所得税。税务机关调查后判定该香港公司根据三份合同提供的劳务应属于为“同一项目或相关联的项目”提供的劳务，在我国境内构成常设机构，应当就归属于该常设机构的所得缴纳企业所得税。本文对案件中存在的主要争议点展开具体分析，为我国税务机关深入开展反避税调查提出合理建议。

关键词：常设机构、国际避税

Abstract: A Hong Kong company respectively signed three technical consulting service contracts for the same project with a Mainland company, and they believed that since neither of them has established a permanent establishment within the borders of China, they were not required to pay enterprise income tax. After investigation, the tax authority determined that the labor services provided by the Hong Kong company according to the three contracts should belong to the labor services provided for "the same project or related projects," which constitute a permanent establishment within the borders of China, and should pay enterprise income tax on the income belonging to the permanent establishment.This paper makes a concrete analysis of the main dispute points in the case, and puts forward reasonable suggestions for the tax authorities to carry out anti-tax avoidance investigation in depth.

Key words: permanent establishment, international tax avoidance

案例正文

一、基本情况

A 公司成立于 2007 年，是一家从事汽车零部件生产的中外合资企业。为改善公司技术，以便生产更好和更为稳定的产品，A 公司与香港 B 公司在 2014 年 5 月 19 日、2014 年 6 月 5 日和 2015 年 4 月 14 日共签订了三份技术咨询服务合同，要求香港 B 公司派员至 A 公司提供改善某项技术方面的咨询服务。香港 B 公司是香港居民企业，经营范围为 ×× 生产线咨询服务，与 A 公司无关联关系。

二、主要事实

2015 年 12 月，主管税务机关在开展税收风险管理时，发现 A 公司在 2014 年 5 月至 2015 年 7 月期间基本每月均有向香港 B 公司支付外汇的记录，但香港 B 公司从未缴纳过企业所得税。

税务人员随即开展实地调查工作，要求 A 公司提供每笔付汇所对应的合同、发票、外汇支付凭证、香港 B 公司派员入境提供咨询服务的考勤报表等资料。

经核查 A 公司提供的资料，税务机关发现，该公司于 2014 年 5 月 19 日、2014 年 6 月 5 日和 2015 年 4 月 14 日与香港 B 公司共签订了三份技术咨询服务合同。其中第一份合同，名称为“关于改善 A 公司 ×× 技术的咨询服务合同”，要求香港 B 公司派员至 A 公司厂区，对该公司 Der A 级项目的 ×× 生产线进行改善，使其通过 2014 年 12 月某境外公司的 ×× 审核。同时，合同约定香港 B 公司派遣欧洲专家来中国境内提供服务的固定工资是 1,050 欧元 / 天，中国专家的固定工资是 240 欧元 / 天，合同金额根据专家提供服务的日期而定。

第二份合同名称为“关于改善 A 公司 ×× 车间 ×× 技术咨询服务合同的修订条款”，要求香港 B 公司于 2014 年 6 月 5 日至 2014 年 11 月 30 日期间派遣专家前往 A 公司厂区，对其 Der A 级项目的 ×× 生产线进行改善。香港 B 公司在 A 公司进行 ×× 车间改善服务的费用均按照第一份合同的标准支付，支付金额根据专家提供服务的日期而定。

第三份合同是后续服务合同，名称为“关于进一步改善 A 公司 ×× 车间 ×× 技术的咨询服务合同”，要求香港 B 公司于 2015 年 3 月至 2015 年 7 月期间不定期派遣专家前往 A 公司厂区，提供 ×× 车间的改善服务，确保其 ×× 生产线继续符合奔驰公司的要求。费用支付标准按照第一份合同执行，支付金额根据专家提供服务的日期而定。

A 公司表示，香港 B 公司在 2014—2015 年期间从未缴纳企业所得税是由于其在中国境内未构成常设机构，理由为：一是香港 B 公司在中国境内未设立机构场所；二是每份合同分别在不同的年份和月份签订，香港 B 公司是根据 A 公司的不同需求为不同的项目提供咨询服务，签订合同时双方并不知道会签订下一份合同。因此，每份合同相互独立，应该单独计算香港 B 公司在中国境内提供劳务的天数。按照每份合同对应的考勤报表来看，第二份合同香港 B 公司派员于 2014 年 6 月 5 日至 2014 年 11 月 30 日在中国境内停留 104 天，第三份合同派员于 2015 年 3 月至 2015 年 7 月在中国境内停留 169 天，在任何 12 个月内香港 B 公司派员来中国境内从事劳务活动的时间均未超过 183 天，所以未构成常设机构。

三、处理过程

《内地和香港特别行政区关于对所得避免双重征税和防止偷漏税的安排》及其第二议定书中第五条关于常设机构的规定中第三款第二项明确：“一方企业直接或者通过雇员或者雇用的其他人员，在另一方为同一个项目或者相关联的项目提供的劳务，包括咨询劳务，仅以在任何十二个月中连续或累计超过六个月的为限。”税务机关据此认为，香港公司存在拆分合同的嫌疑，因为仅就上述单个合同而言，香港 B 公司在中国境内提供的劳务活动不构成常设机构，但这三份合同应属于为“同一项目或相关联的项目”提供的劳务。

由于内地与香港税收安排这一条款规定的内容与中国—新加坡协定这一条款规定的内容一致，因此根据《〈中华人民共和国政府和新加坡共和国政府关于对所得避免双重征税和防止偷漏税的协定〉及议定书条文解释》，从四个方面因素综合考虑，香港 B 公司在中国境内为同一项目或相关联的项目提供劳务的天数在任何 12 个月内已超过 183 天（以 2014 年 8 月 1 日至 2015 年 7 月 31 日为计算期间，香港 B 公司派员来华工作合计天数超过 183 天），在中国境内构成常设机构。四个方面因素具体分析见表 1。

表 1　四个方面因素具体分析

考察若干个项目是否为关联项目的影响因素	税务机关的判定理由
这些若干项目是否被包含在同一个总合同里	这些项目虽未被包含在同一个总合同里，但第一个合同相当于总合同，是第二、第三个合同签订的基础

续表

考察若干个项目是否为关联项目的影响因素	税务机关的判定理由
如果这些若干项目分属于不同的合同，这些合同是否与同一人或相关联的人签订；前一项目的实施是否为后一项目实施的必要条件	1. 三个合同的签订方均为 A 公司和香港 B 公司； 2. 第一个合同的签订是第二、第三个合同实施的必要条件，第二个合同的实施是第三个合同实施的必要条件
这些项目的性质是否相同	三个合同的性质相同： 1. 从项目目标来说，三个合同的目标均是帮助 A 公司改善 ×× 生产线，使其通过 BC 公司的 ×× 审核，并继续符合 BC 公司要求； 2. 从项目内容来说，三个合同均是对 A 公司 Der A 级项目 ×× 生产线进行改善； 3. 从劳务发生地而言，均发生在 A 公司厂区
这些项目是否由相同的人员实施	三个合同由相同的人实施，三个合同所对应项目的实施人员虽不固定，但均由香港 B 公司从其公司的 ×× 生产线优化团队（3 个欧洲专家和 2 个中国专家）中选择 1 ～ 3 人来中国境内实施

税务人员及时将上述判断依据和结果通过 A 公司向香港 B 公司进行转达和解释。最终，香港 B 公司同意税务机关的观点。根据《企业所得税法》第三十八条的规定，“对非居民企业在中国境内取得工程作业和劳务所得应缴纳的所得税，税务机关可以指定工程价款或者劳务费的支付人为扣缴义务人”，税务人员指定支付方 A 公司为扣缴义务人，扣缴香港 B 公司企业所得税 20 万元。

四、案例启示

（1）需警惕境外公司“化整为零”人为规避在中国境内构成常设机构的情况。税务机关应警惕可能存在部分非居民纳税人为了不缴或少缴税款，通过筹划人为将一个在中国境内构成常设机构的“大合同”拆分为几个不构成常设机构的“小合同”。为此，税务机关应对非居民纳税人在中国境内提供的劳务活动进行电子台账管理，每发生一笔对外支付业务，都要进行登记和比对，查询非居民纳税人是否在之前发生过相同或者关联的业务，若存在明显疑点，可进一步开展核查，防止非居民纳税人拆分合同，人为规避在中国境内构成常设机构，从而达到不缴或少缴税款的目的。

（2）应加强非居民企业税源管理与居民企业税源管理的结合。做好居民企业税源管理工作，充分了解居民企业的经营业务、关联方支付等重要税源信息，将为发现并掌握非居民企业税源提供有力的信息支持。本案就是在对居民企业 A 公司进行风险管理时，发现该公司存在对外支付款项的情况，经过深入了解款项的来龙去脉，才查清香港 B 公司在中国境内提供劳务活动取得收入的事实。

（3）为应对合同拆分，BEPS（税基侵蚀和利润转移）第 7 项行动计划“防止人为规避构成常设机构”建议在判断活动是否相互关联应基于每个案例的事实与情况。与上述判断相关的主要因素包括：第一，涵盖不同活动的合同是否由同一人或相互关联的多方签订；第二，与一个人签订的后续合同和之前与该人或相互关联的多方签订的合同之间是否存在因果关系；第三，如果不进行税收筹划，是否会由单一合同涵盖所有活动；第四，不同合同下的工作内容是否性质相同或相似；第五，是否通过相同的雇员进行不同合同中的活动。对照上述五点进行分析，香港 B 公司在中国境内为实施三份合同所进行的活动仍然构成常设机构。因此，如果存在多个合同的，税务机关要特别关注是否满足相关性因素而合并为一个整体进行判定。

案例使用说明

一、教学目的与用途

（1）**适用课程：**国际税收。

（2）**适用对象：**本案例适合税务专业硕士国际税收课程的学习，适合税务专业高年级本科生及税务专业硕士研究生学习，还适合税务机关相关制度制定者和执行者及企业财务、税务管理人员学习。

（3）**教学目的：**使学生了解和掌握我国关于非居民企业提供同一或相关联劳务项目构成常设机构情况的处理原则，引导学生深入体会各方在本案例中不同的观点，并从税务机关的处理过程中得到启示。

二、涉及知识点

法人居民身份的判定标准、常设机构的认定、所得来源地的判定标准。

三、配套教材

（1）杨志清：《国际税收》，北京大学出版社 2018 年第 2 版。

（2）朱青：《国际税收》，中国人民大学出版社 2018 年第 9 版。

（3）中国注册会计师协会编：《税法——2022 年注册会计师全国统一考试辅导教材》，中国财政经济出版社 2022 年版。

四、启发思考题

（1）香港 B 公司由于没有在内地设立管理机构而不进行企业所得税申报和缴纳的做法是否正确？

（2）三份技术咨询服务合同产生所得税缴纳义务的原因是什么？

（3）居民企业的认定原则包括哪些内容？

（4）请简述非居民企业在我国承担的纳税义务。

五、案例分析思路

（1）引导学生找出相关公司与税务机关之间关于税收问题存在争议的原因。

（2）要求学生在案例已有资料的基础上，围绕案例内容搜集案例所涉及的法律法规资料，讨论不同假设条件下有关公司所得税的问题。

（3）可以采取外部咨询公司对本公司进行咨询诊断的形式，分组对公司涉税问题进行分析，也可以模拟公司高层领导的角色，从公司角度对有关问题进行分析。

六、理论依据

（一）法人居民的认定条件

法人是一种与自然人相对的民事法律关系主体，是指依照有关法律和程序设立的，有必要财产和组织机构，能够独立享有民事权利、承担民事义务的社会组织。类似于自然人纳税，法人也有纳税的义务，目前各国法律判定居民身份的标准主要包括注册地标准、管理机构所在地标准、总机构所在地标准及选举权控制标准等，常见的主要是注册地标准及实际管理机构所在地标准。

1. 注册地标准

凡是按照该国法律在该国境内注册成立的法人，不论其管理机构或业务活动是否在该国境内，都是该国的法人居民。这种标准十分明显的一个优点就是容易操作，因为公司的注册地点一般是唯一的，很容易识别。而且在注册地标准下，公司法人也不便于甚至不可能通过简单的移居行为进行逃税避税。如果公司一定要改变其注册地，必须进行公司清算，那其资产增值的部分还是需要在清算的过程中缴纳所得税，充分保障国家的税收利益。

2. 实际管理机构所在地标准

凡是法人有实际管理机构（如董事会等）设在该国，无论其注册地在哪里，都是该国的法人居民，需要承担相应的纳税义务。但是这种判断标准很容易被公司法人利用以进行逃税避税，因为公司的管理机构很容易迁移，且迁移管理机构并不会引发资产增值的纳税义务。管理机构又分为管理和控制的中心机构和实际管理机构两种。一般来说，管理和控制的中心机构是指公司的最高权力机构，主要负责公司政策的制定和对公司经营活动的控制。而相对来说，实际管理机构就是个比较复杂的问题，在有些国家，它是指公司日常业务的管理机构，也有的国家认为它是指公司的决策机构。

我国根据企业的设立地和实际管理机构所在地将企业分为居民企业和非居民企业两大类。其中，居民企业是指依法在中国境内成立，或者依照外国（地区）法律成立但实际管理机构在中国境内的企业；非居民企业是指依照外国（地区）法律成立且实际管理机构不在中国境内，但在中国境内设立机构、场所的，或者在中国境内未设立机构、场所，但有来源于中国境内所得的企业。居民企业就其全部所得缴纳企业所得税，非居民企业就其在我国境内所得缴纳企业所得税。我国只对非居民企业来源于我国境内的所得征税。非居民企业在中国境内未设立机构、场所的，或者虽设立机构、场所但取得的所得与其所设机构、场所没有实际联系的，应当只就其来源于中国境内的所得缴纳企业所得税。

（二）企业所得来源地的判定标准

在对非居民企业征税的过程中，关键环节就在于判断其所得是否为来源于本国，即判断其所得的来源地，在实践中，各国判定所得来源地的标准也不尽相同，且不同所得项目类型的规定也有所不同。

1. 经营所得

判断一笔所得是否为纳税人经营所得，主要是看取得这项收入的经营活动是否为纳税主要的经济活动。《企业所得税法》第三条第二款规定，“非居民企业在中国境内设立机构、场所的，应当就其所设机构、场所取得的来源于中国境内的所得，缴纳企业所得税”；第三条第三款规定，“非居民企业在中国境内未设立机构、场所的，或者虽设立机构、场所但取得的所得与其所设机构、场所没有实际联系的，应当就其来源于中国境内的所得缴纳企业所得税”。上述法规表明我国在判断经营所得来源地时主要采用常设机构的标准，即如果一个非居民企业在我国有常设机构，并通过该常设机构取得了经营所得，就可以判定该项收入来源于我国，可以对其征税。

2. 劳务所得

我国在判定劳务所得来源地时一般是以劳务行为的发生地判定劳务所得的来源地。《个人所得税法实施条例》第三条规定，凡因任职、受雇、履约等在中国境内提供劳务取得的所得，不论支付地点是否在中国境内，均为来源于中国境内的所得，都应当按照税法规定纳税。《企业所得税法实施条例》第七条也规定，提供劳务所得按照劳务发生地确定来源地。

七、参考文献

饶友玲 . 国际税收 [M]. 4 版 . 北京：首都经济贸易大学出版社，2018.

杨志清 . 国际税收 [M]. 2 版 . 北京：北京大学出版社，2018.

朱青 . 国际税收 [M]. 9 版 . 北京：中国人民大学出版社，2018.

八、关键要点

（1）**关键点：**本案例结合理论对香港公司与内地公司就同一项目分别签订三份技术咨询服务合同，并认为由于未在我国境内构成常设机构，所以无须缴纳企业所得税的行为展开分析。对案件中存在的主要争议点展开具体分析，为我国税务机关深入开展反避税调查提出合理建议。

（2）**关键知识点：**我国关于居民企业的认定标准、非居民企业在我国境内的纳税义务、我国劳务所得等所得种类来源地的认定方法、对反避税工作提出的借鉴和启示。

（3）**能力点：**培养学生阅读案例并结合材料综合分析的能力、批判性思维能力、多角度思考问题的能力，以及将所学与现实结合的实际能力。

九、建议课堂计划

本案例可以作为专门的案例讨论课来进行，教师可按照自己对案例的理解和授课需要自行安排具体授课计划，以下课堂计划时间进度安排仅供参考。

整个案例课的课堂时间控制在 40 ～ 60 分钟。

（1）**课前计划：**提出启发思考题，请学生完成资料阅读及初步思考。

（2）**课中计划：**

课堂前言（2 ～ 5 分钟）：简洁扼要，点明主题，引出案例。

理论介绍（5 ～ 10 分钟）：介绍课程相关知识点和基础理论。

分组讨论（20分钟）：让学生结合相关理论分析、讨论、总结香港B公司签订技术咨询服务的行为及纳税义务。

小组发言（每组5分钟左右）。

讨论与思考（20～25分钟）：总结各组发言情况，并引导学生从税务机关角度出发，进一步思考如何应对此类非居民企业的避税行为。

（3）课后计划：请各小组以上课讨论结果为基础，形成书面形式的报告（2000字左右）。

十、思考题参考答案

1. 香港B公司由于没有在内地设立管理机构而不进行企业所得税申报和缴纳的做法是否正确？

不正确。根据《企业所得税法》中的规定，在中国境内未设立机构、场所，但有来源于中国境内所得的企业属于非居民企业；在中国境内未设立机构、场所的非居民企业，应当就其来源于中国境内的所得缴纳企业所得税。

2. 三份技术咨询服务合同产生所得税缴纳义务的根据是什么？

A公司和B公司先后签订的三份合同中，虽未被包含在同一个总合同里，但第一个合同相当于总合同，是第二、第三个合同签订的基础。且三个合同的性质相同：①从项目目标而言，三个合同的目标均是帮助A公司改善××生产线，使其通过奔驰公司的××审核，并继续符合奔驰公司的要求；②从项目内容而言，三个合同均是对A公司Der A级项目××生产线进行改善；③从劳务发生地而言，均发生在A公司厂区。仅就单个合同而言，香港B公司在中国境内提供的劳务活动不构成常设机构，但这三份合同应属于为"同一项目或相关联的项目"提供的劳务。

《内地和香港特别行政区关于对所得避免双重征税和防止偷漏税的安排》及其第二议定书中第五条关于常设机构的规定中第三款第二项明确："一方企业直接或者通过雇员或者雇用的其他人员，在另一方为同一个项目或者相关联的项目提供的劳务，包括咨询劳务，仅以在任何十二个月中连续或累计超过六个月的为限。"

3. 居民企业的认定原则包括哪些内容？

我国在判断企业是否为居民企业时采取的是注册地标准或实际管理机构所在地标准，即一成立就认定为居民企业的做法。根据《企业所得税法》中的规定，居民企业是指依法在中国境内成立，或者依照外国（地区）法律成立但实际管理机构在中国境内的企业。

4. 请简述非居民企业在我国承担的纳税义务。

根据《企业所得税法》的规定，非居民企业包括在中国境内设立机构、场所的和未在中国境内设立机构、场所的两类。其中，在中国境内设立机构、场所的非居民企业，应当就其所设机构、场所取得的来源于中国境内的所得，以及发生在中国境外但与其所设机构、场所有实际联系的所得，缴纳企业所得税；未在中国境内设立机构、场所的非居民企业，或者虽设立机构、场所但取得的所得与其所设机构、场所没有实际联系的，应当就其来源于中国境内的所得缴纳企业所得税。

案例 18 “BEPS 行动计划”下的跨国集团税务风险

——以宜家集团为例 ①

周夏飞　王　俊　涂皓翔

摘　要：随着我国开放进程的不断推进，如何应对跨国公司的国际避税行为日趋重要。2012 年 6 月，G20（二十国集团）财长和央行行长会议决定通过国际合作应对 BEPS（税基侵蚀与利润转移）问题。本文分析了宜家的国际避税行为及 BEPS 行动计划下其避税行为存在的合规性问题。宜家通过复杂的公司结构及一系列避税手段，如利用荷兰税收管道公司、内部贷款工具等方式，规避了大量税收，而这些避税安排违背了 BEPS 行动计划有关无形资产转让定价、利息扣除等方面的规则。本文的结论有助于我国政策制定者与执行者在国际反避税新形势下采取更为合适的策略，也有助于我国跨国公司在“走出去”的过程中更有效地应对可能的税收风险。

关键词：跨国公司、国际避税、BEPS 行动计划、反避税、税收风险

Abstract: With the advancement of China's opening-up process, how to deal with the international tax avoidance behavior of MNEs (multi-national enterprises) has become increasingly important. In June 2012, the G20 Finance Ministers and Central Bank Governors decided to tackle BEPS through international cooperation. This paper discusses the international tax avoidance behavior of IKEA and the compliance of its tax avoidance behavior under the BEPS Action Plan. IKEA avoided a large number of taxes through its complex corporate structure and a series of tax avoidance methods, such as the use of the Dutch tax tunnel companies and internal loan instruments, which violated the rules of the BEPS Action Plan on intangible asset transfer pricing and interest deduction. The conclusion of this paper is helpful for Chinese policy makers and implementers to adopt

① 本案例源自公开资料的整理分析，只用于教学目的，不对企业的经营管理做任何评判，并无意暗示或说明某种税收筹划行为或税收制度是否有效。

more appropriate strategies facing the new situation of international anti-tax avoidance, and it is also helpful for Chinese MNEs to deal with possible tax risks more effectively in the process of "going out."

Key words: MNEs, international tax avoidance, BEPS Action Plan, anti-tax avoidance, tax risk

案例正文

一、引言

随着经济全球化和全球市场一体化进程的不断推进，国际税收治理体系重构的重要性日益凸显。为应对日益严重的 BEPS（税基侵蚀和利润转移）问题，G20 财长和央行行长会议于 2012 年 6 月召开，会议决定加强国际合作，并委托经济合作与发展组织 OECD 开展相关研究。2013 年 6 月，OECD 发布《税基侵蚀和利润转移行动计划》（以下简称 BEPS 行动计划），该计划于当年 9 月在 G20 圣彼得堡峰会上得到各国领导人背书。2015 年 10 月，OECD 发布了 BEPS 行动计划全部 15 项产出成果，旨在通过协调各国税制、修订税收协定和转让定价国际规则，提高税收透明度和确定性，确保跨国企业就利润向经济活动发生地和价值创造地申报纳税。该 15 项成果均在发布当年得到了 G20 领导人峰会背书。

作为全球经济的重要参与者，欧盟近年在 BEPS 行动计划下开展了一系列反避税活动。欧盟委员会援引欧盟竞争法中的禁止国家援助条款，对 Apple（苹果）、亚马逊、星巴克及菲亚特等大型跨国公司发起了税务调查。2015 年 10 月，欧盟委员会裁定星巴克需向荷兰政府补缴 2,000 万～ 3,000 万欧元的税款；2016 年 8 月，欧盟委员会裁定 Apple 公司与爱尔兰税务机关之间的预约定价安排（APA）违反了其禁止国家援助条款的规定，责令 Apple 公司向爱尔兰政府补缴 130 亿欧元的税款。以上一系列基于 BEPS 计划的反避税调查引起了全球学术界与实务界的关注。

2017 年 12 月 18 日，欧盟委员会正式发布公告称，将对宜家涉嫌巨额逃税问题进行深入调查。欧盟的公告称，初步调查结果显示，宜家集团一直利用设在荷兰的子公司来大幅降低其在全球各地实体商店的缴税额。欧盟怀疑，宜家与荷兰政府的两项税收协定违反欧盟竞争法“禁止国家援助”条款：成员国不能允许特定公司通过人为地将利润转移到别处来达到逃税的目的。除荷兰外，欧盟还重点关注了宜家在卢森堡、列支敦士登等国开展的避税活动。2016 年，欧洲绿党（European Greens）

向欧洲议会提交的一份报告称，通过蓄意向荷兰、卢森堡等低税率国家转移利润，宜家 2009—2014 年至少避税 10 亿欧元（约合 78 亿元人民币）。

本案例详细地分析了宜家的国际避税行为，以及 BEPS 计划的实行对其避税行为的影响。宜家通过复杂的全球公司结构及一系列避税手段，如利用荷兰税收管道公司、集团内部贷款工具等方式，规避了大量税款。BEPS 行动计划中有关利息扣除、有害税收实践、税收协定滥用和无形资产转让定价等规则对于宜家的避税行为将产生重大的影响。

据商务部、外汇管理局统计，2020 年我国全行业对外直接投资达 1,329.40 亿美元，同比增长 3.3%。值得注意的是，我国内地对外投资大部分流向避税港，比如中国香港、英属维尔京群岛、开曼群岛等地。这其中包括大量的利润转移行为，严重侵蚀了我国的税基。在 BEPS 行动计划下，中国要想参与并主导国际税收治理体系的建设就必须先厘清跨国公司开展全球避税的特征与渠道。因此，选取跨国公司国际避税的案例进行研究，具有重要的现实意义和借鉴意义。

本案例的结论对于我国国际税收政策制定者与执行者可能有如下启示：①加强对跨国集团公司关联交易的监管；②出台相关法律对国际避税行为加以规范；③深入参与 BEPS 计划，加强国际税收征管与反避税的交流协作。本案例的结论对于我国跨国公司可能有如下启示：①加强集团内部控制制度建设以规避税务风险；②充分利用第三方专业服务机构（如会计师事务所等）的专业优势进行适当的税务安排。

二、宜家的组织结构分析

（一）宜家的全球组织结构概览

宜家家居创立于 1943 年，是以瑞典为基地的跨国居家用品零售企业，分支机构遍布全球。宜家销售平整式包装的家具、配件、浴室和厨房用品。宜家家居是开创以平价销售自行组装家具的领导品牌，目前是全球最大的家具零售企业。

宜家的全球框架结构如图 1 所示。

整个宜家体系由其创始人坎普拉德的家族控制。1982 年，坎普拉德把原本的宜家分为两个法律实体：宜家国际集团（Inter IKEA Group）和宜家集团（IKEA Group）。宜家国际集团由设立在卢森堡的宜家国际控股有限公司（Inter IKEA Holding S.A.）控制，由设在列支敦士登的英特罗格基金会（Interogo Foundation）运作。宜家集团由设立在荷兰的英格卡控股有限公司（Ingka Holding B.V.）控制，并由同样设在荷兰的斯地廷·英格卡基金会（Stichting Ingka Foundation）运作。出于财务与税收上的目的，两大集团公司声明其为独立的法人主体，但他们都被坎普拉德家族实际控制。坎普拉德曾承认，其将宜家拆分并转移至不同基金会名下的原因之一即为规避瑞典高昂的遗产税。德勤会计师事务所也曾指出，由于列支敦士登没有遗产税，当地的私人基金会可以作为有效规避税收的工具。下文也将详细说明，把原本的宜家分为两个单独运作的公司有利于其最大限度地转移利润，从而达到其全球避税的目的。

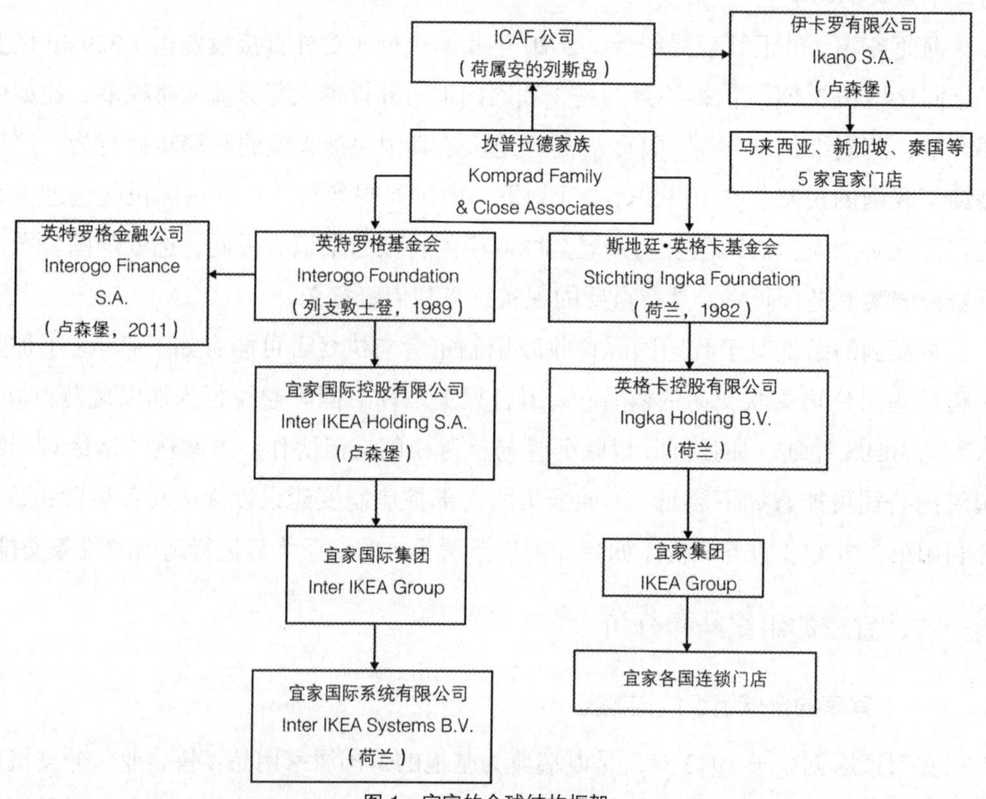

图 1　宜家的全球结构框架

宜家国际集团拥有宜家的供应链、销售系统及其商标权。宜家国际集团是宜家品牌的特许权拥有者，全球的每一家宜家商店都必须向其缴纳营业额 3% 的特许权使用费。这笔特许权使用费正是宜家达到全球避税目的的有力工具。

宜家集团负责经营全球 445 家门店[①]，这些门店都与宜家国际集团签署了协议，拥有宜家品牌的经营权。

坎普拉德家族于 1988 年建立了伊卡罗有限公司（Ikano S.A.），伊卡罗公司目前

① 宜家国际2020财年经营数据显示，截至2020年8月末，宜家在全球共有445家门店。

由设立在荷属安的列斯岛（库拉索）的ICAF公司控制。伊卡罗公司的主营业务为金融和房地产，但其同样和宜家保持了经营上的密切联系，其在马来西亚、新加坡和泰国拥有5家宜家门店的经营权。

（二）宜家集团（IKEA Group）的组织结构分析

1982年，坎普拉德将宜家集团（IKEA Group）的母公司英格卡控股有限公司（Ingka Holding B.V.）的控制权转移到了设在荷兰的斯地廷·英格卡基金会（Stichting Ingka Foundation）的名下。截至目前，宜家集团的组织结构如图2所示。

斯地廷·英格卡基金会（Stichting Ingka Foundation）的章程规定该基金会的设立不以获取利润为目的而仅出于慈善及支持宜家集团运作的目的。2014年，该基金会的净利润达到了33亿欧元，资产规模达到了446亿欧元[①]，相比之下，其慈善支出仅为1.04亿欧元。虽然近年该基金会的慈善支出不断增长，但该部分支出也仅占其利润的一小部分，因此该基金会并不像其章程规定的那般以慈善为主要目的。

该基金会目前仍由坎普拉德家族控制。基金会章程规定其由5人组成的董事会进行管理，其中的2名来自坎普拉德家族，均为坎普拉德的儿子，剩余3人均与坎普拉德家族保持密切关系。因此，虽然宜家集团的法定控制人为该基金会，其实际控制人依然为坎普拉德家族。

（三）宜家国际集团（Inter IKEA Group）的组织结构分析

宜家国际集团（Inter IKEA Group）的实际控制人为设立在列支敦士登的英特罗格基金会（Interogo Foundation）。坎普拉德于1989年将宜家国际集团的所有权转移至该基金会名下。截至目前，宜家国际集团的组织结构如图3所示。

该基金会的设立同样与慈善无关。早在2011年，即有记者提出宜家通过该基金会的运作达到其避税的目的。随后，瑞典和德国的税务专家指出了其避税的可能途径。下文将对此进行详细的说明。

坎普拉德家族并不能直接影响该基金会的运作，也不能从中直接受益。坎普拉德家族通过控制该基金会的监事机构（顾问委员会）间接控制其运作，其中机制如图4所示。

① Auerbach, M. IKEA: Flat Pack Tax Avoidance. Brussels: Greens/EFA Group in the European Parliament, 2016.

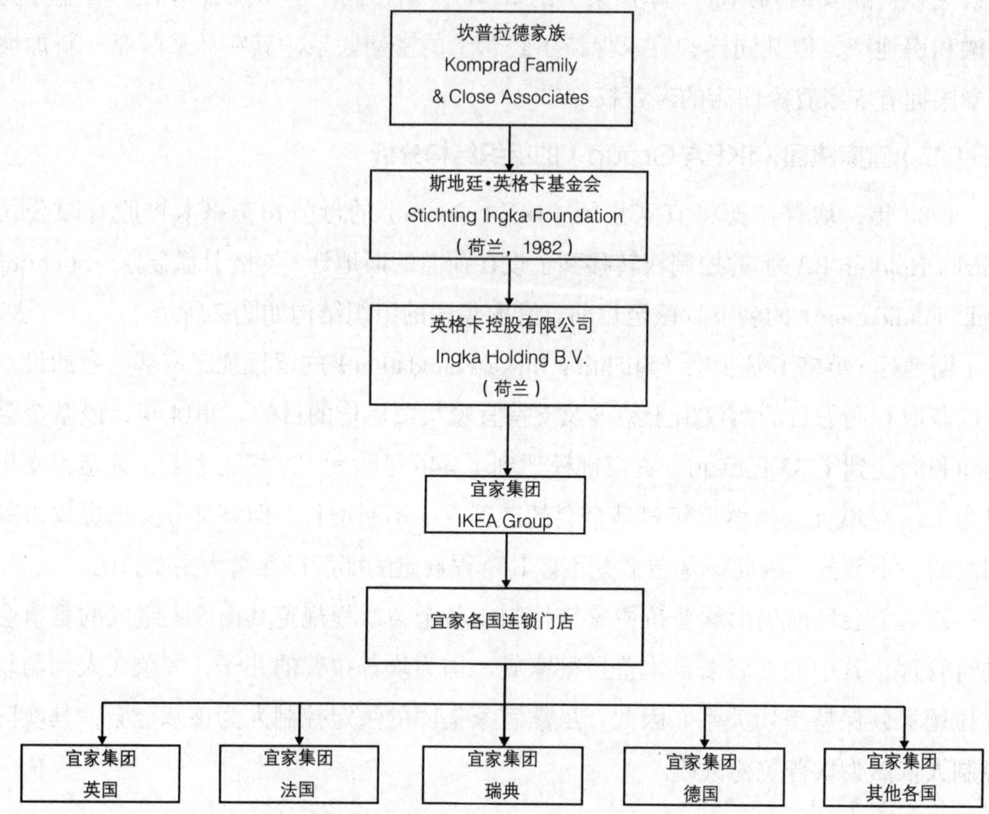

图 2　宜家集团（IKEA Group）的组织结构

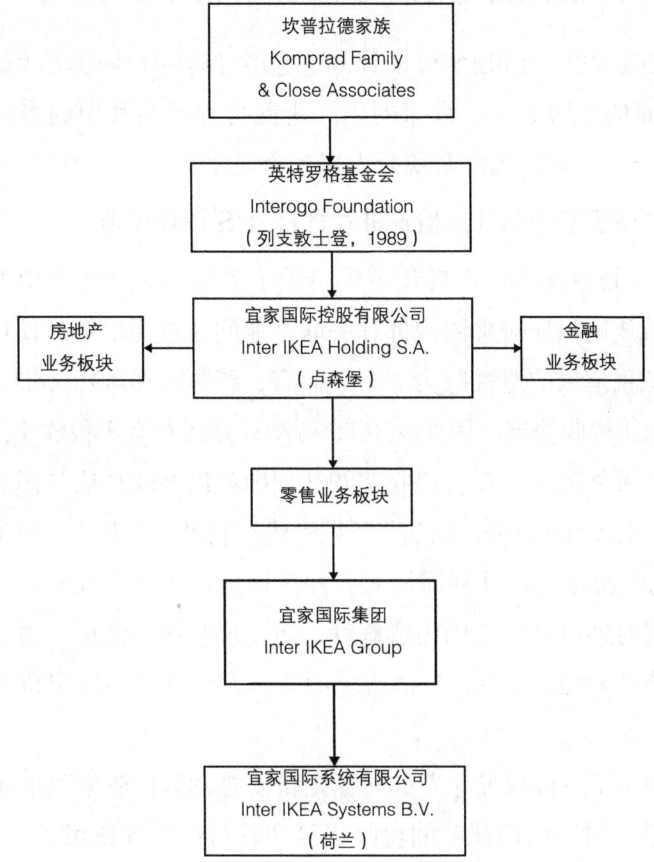

图 3　宜家国际集团（Inter IKEA Group）的组织结构

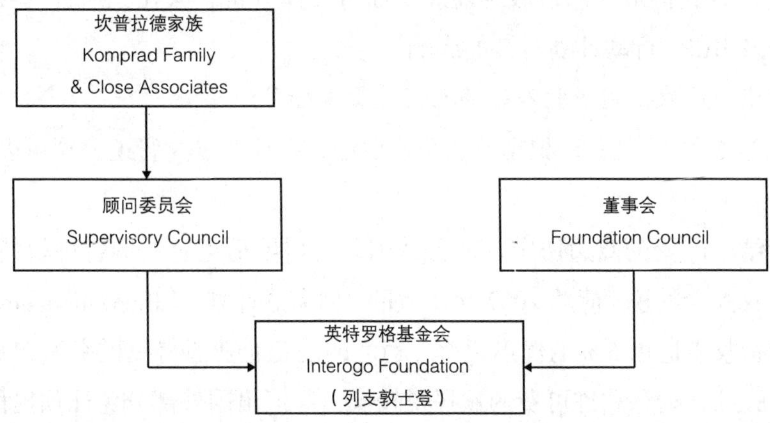

图 4　英特罗格基金会（Interogo Foundation）的组织结构

三、BEPS行动计划下宜家国际避税行为的合规性分析

2013年OECD发布的BEPS行动计划共包含15项具体行动计划，涉及跨国避税行为多个方面的应对措施。宜家的国际避税行为涉及其中的多项具体规则。在BEPS行动计划下，宜家的国际避税行为存在合规性风险。

（一）宜家的无形资产转让定价安排违背BEPS计划规则

BEPS行动计划对无形资产转让定价给予了关注，无形资产相关的行动计划旨在推动制定有效规则以应对集团内部和关联企业间通过无形资产使用费的人为分配将利润转移至低税地区的避税行为。一般而言，跨国公司利用无形资产转让定价进行避税必然要利用税收协定。因此，BEPS行动计划还对有害税收实践、税收协定滥用等现象进行了额外关注。有害税收实践计划即审议OECD成员国和非成员国的优惠税制，推动各国改变或废除"有害"所得税优惠制度[①]，并提出解决有害税收竞争问题的建议；税收协定滥用计划即针对各种滥用协定待遇的现象，对税收协定进行修补和明确，同时辅以必要的国内法修订，防止税收协定滥用。通过对上述不当税收安排做出联合应对机制，OECD给传统的基于无形资产转让定价的避税手段施加了极大限制。

宜家正是利用了特许权使用费的转让定价安排达到国际避税的效果。宜家通过在荷兰设立管道公司，利用荷兰的税收优惠和其与荷兰税务机关达成的税收协议，将全球各地宜家门店的特许权使用费汇入荷兰管道公司，再通过该公司将该笔收入转移至其母公司，以获得最大的税收利益。下面将具体分析宜家在无形资产转让定价上的避税安排及BEPS行动计划对其的影响。

1. 宜家将全球特许权使用费收入转移至荷兰管道公司

荷兰素有"税收天堂"之称，根据荷兰公司税法，在荷兰设立管道公司可以获得如下优势。

（1）荷兰缔结了广泛的双边协定，使得从国外支付给荷兰企业的特许权使用费和利息不征或征收极少的税；荷兰2007年生效的"创新盒计划"（Innovation Box）规定对特许权使用费收入适用5%的优惠税率（荷兰的法定企业所得税税率为25%）。

（2）荷兰对股息、利息和许可费的预提税较低，对汇出国外部分免征预提税。

---

① OECD针对有害税收实践的工作始于1998年发布的《有害税收竞争：一个正在出现的全球性问题》。该报告详尽地列举了判断一国税收优惠措施潜在有害和实际有害的标准，这些标准可以归为以下几类：免税或实际税率很低；缺乏透明度；鼓励纯粹以税收为目的且没有任何实质性活动的经营或安排；等等。

（3）荷兰公司遵守欧盟的"母子公司指令"（Parent-Subsidiary Directive），该指令第五条规定子公司所在的成员国不得就该子公司向母公司分配的利润征收预提税，第六条规定母公司所在的成员国不得对该母公司从子公司收到的利润征收所得税。简而言之，该指令消除了欧盟内部母子公司之间的预提所得税。

（4）荷兰税务机关还往往通过与企业达成的特殊税收协议对跨国企业规定更为优惠的税率。

基于以上优势及荷兰大量的税收优惠政策，宜家在荷兰设立了一个管道公司，即宜家国际系统有限公司（Inter IKEA Systems B.V.）。全球各地的宜家门店均需通过该公司向宜家国际集团缴纳其营业额3%的宜家品牌特许权使用费。由于荷兰现行公司税法对于特许权使用费的汇入与汇出均有优惠政策，因此，该管道公司的特许权使用费实际税率将很低。

根据欧洲绿党的调查报告，1991—2014年，宜家特许经销商向宜家国际集团支付可抵税的特许权使用费约136亿欧元，其中，2009—2014年宜家国际集团的特许权使用费收入累计约为61亿欧元。详细情况如表1所示。

表1 2009—2014年宜家在世界范围内的特许权使用费金额　　单位：亿欧元

项目	2014年	2013年	2012年	2011年	2010年	2009年	合计
所有经销商的预计净利润	38	38	37	34	31	29	207
支付的特许权使用费	11	10	11	10	10	9	61
对应纳税所得额的影响	-22%	-22%	-22%	-23%	-24%	-24%	-22%

近些年，宜家经销商每年支付的特许权使用费就超过10亿欧元，2017年和2018年，宜家国际收到的特许权使用费收入分别为11.56亿和12.00亿欧元[①]，这无疑给宜家带来了一大笔免税收入。

虽然宜家国际集团CEO声明称宜家国际系统有限公司（Inter IKEA Systems B.V.）的设立有商业实质，该公司有实际经营业务并拥有1000多名全职员工，但欧盟依旧认为该公司的设立促进了宜家的避税。

2. 宜家将特许权使用费收入自荷兰转移至列支敦士登

在荷兰管道公司宜家国际系统有限公司（Inter IKEA Systems B.V.）收到全球汇入的特许权使用费收入后，宜家国际集团又通过直接或间接的方式将该笔收入转移

① Inter IKEA Group. Financial Summary FY18, https://preview.thenewsmarket.com/Previews/IKEA/DocumentAssets/525318.pdf.

至英特罗格基金会（Interogo Foundation）的所在国列支敦士登。宜家采用这种方式出于以下考虑：第一，该笔特许权使用费收入从荷兰汇出不征税；第二，荷兰的公司遵守欧盟的“母子公司指令”，使得欧盟内部母子公司间的预提所得税消除；第三，该笔特许权使用费的转入地列支敦士登对于此类收入免税且不征收预提税。

由于在2012年1月1日，英特罗格基金会以90亿欧元的对价将IKEA商标出售给了宜家国际系统公司，因此，下文将以2012年为界，分别介绍两种不同的特许权使用费利润转移方案。

（1）2012年之前的特许权使用费利润转移方案。

根据欧洲绿党的调查报告，1991—2011年，宜家国际集团每年发生大量的“其他费用”[①]合计105亿欧元，相当于同期特许权使用费收入的95%。即怀疑宜家国际集团通过“其他费用”这一名目向英特罗格基金会转移了其收到的特许权使用费收入（2012年英特罗格基金会出售IKEA商标后，该笔“其他费用”的金额迅速减少，2012年以前三年平均达到8.646亿欧元，2012年以后三年平均仅为1.937亿欧元，这为上述怀疑提供了佐证）。该转移方案如图5所示。

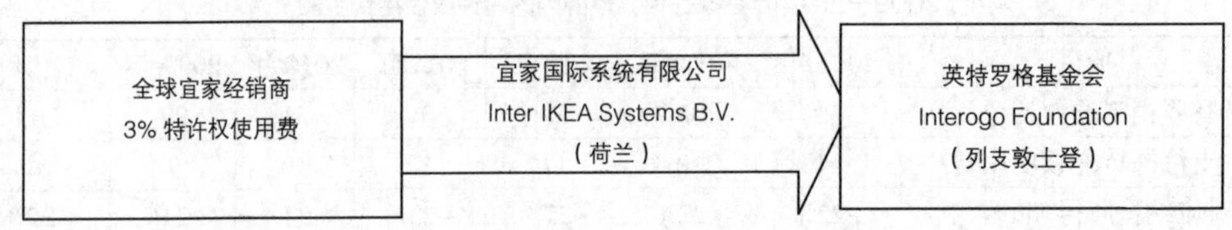

图5　2012年以前宜家特许权使用费收入转移方式

（2）2012年之后的特许权使用费利润转移方案。

2012年1月1日，英特罗格基金会作价90亿欧元，将原本由其持有的IKEA商标卖给了荷兰管道公司宜家国际系统公司，价款的54亿欧元由英特罗格基金会提供给宜家国际系统公司的贷款支付，剩余的36亿欧元由宜家国际系统公司向英特罗格金会以定向增发的方式支付[②]。这一商标转移交易使得宜家国际系统公司产生了54亿欧元的负债。这一新增负债使得其可将利润通过可税前列支的利息转移至英特罗格基金会。

2012—2014年，宜家国际系统公司向位于卢森堡的英特罗格金融公司（Interogo

---

① 该笔“其他费用”的相关信息未予披露。

② Inter IKEA Holding S.A. Annual Accounts for FY2012.

Finance S.A.）支付了9.72亿欧元利息。由于卢森堡税务当局给予的税收优惠政策，该笔利息在卢森堡仅需以0.06%的税率纳税，远低于卢森堡企业所得税的法定税率。英特罗格金融公司在卢森堡纳税后，将税后利润向英特罗格基金会分红，金额达8.078亿欧元，由于欧盟"母子公司指令"的存在，该笔分红无论是在卢森堡还是在列支敦士登均无须纳税。与此同时，宜家国际集团继续通过"其他费用"项目向英特罗格基金会转移其利润。该转移方案如图6所示。

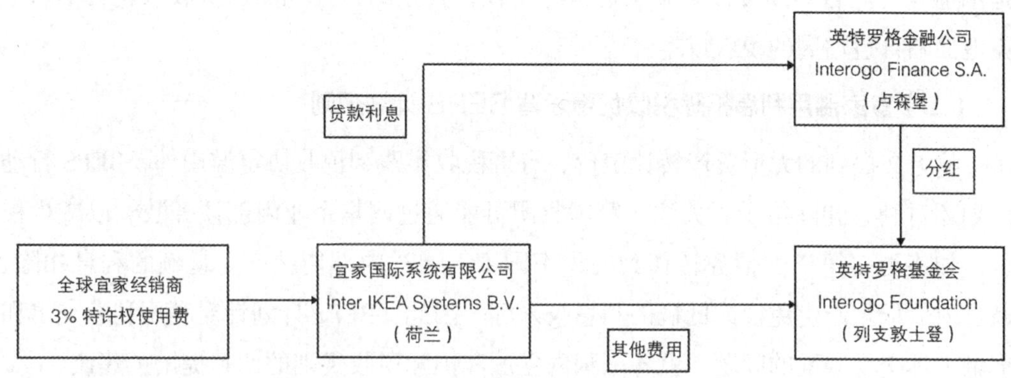

图6　2012年以后宜家特许权使用费收入转移方式

3. BEPS行动计划对特许权使用费的归集方式提出新要求

BEPS行动计划对于传统的特许权使用费的归集方式提出了新的要求，其具体体现在第5项和第8～10项行动计划中。

第5项行动计划《考虑透明度和实质性因素，有效打击有害税收实践》倡导对现行国内和国际税收法规加以修改以使收入的分配和产生这些收入的经济活动更为一致，以打击跨国企业通过设立避税港分公司和管道公司进行集团内资金输送的有害税收行为。相应地，荷兰、意大利、西班牙、英国等国家已经对本国的"专利盒"制度（知识产权所得税收减免制度）进行了修订，使其更符合OECD提出的"关联法"原则。关联法用"支出"作为衡量实质性活动的指标，要求知识产权税收优惠制度的受益人必须真实从事相关活动，且发生真实的符合比例要求的财务费用支出。

第8～10项行动计划《确保转让定价结果与价值创造相匹配》中关于无形资产转让定价的部分主要针对无形资产的转移和使用以及成本分摊协议安排提出了要求。无形资产方面，报告明确指出，法律所有权并不能确保企业享有无形资产收益，经济所有权更加重要。无形资产收益分配应该更多重视经济风险由谁承担和资产价值贡献由谁做出，承担更大风险和做出更大贡献的企业应当享有更多回报。简而言之，传统的基于"无形资产持有公司"类型的避税模式在目前BEPS项下已经很难实施了。

宜家国际集团在2012之前通过荷兰管道公司收取特许权使用费并向列支敦士登转移的安排已被叫停，且该专利权在2012年之后已经被出售给了荷兰公司。但即便如此，宜家国际集团依然面临着“专利盒”所得税减免政策被修订，以及按照“受益人原则”对特许权使用费归集方式进行重新认定的双重税务风险。因此可以认为宜家2012年之后通过无形资产转让定价安排获取的税收利益在BEPS行动计划下依然是不适当的。若继续按传统方法运营专利权，宜家的特许权使用费收入将会不可避免地面临日益增高的税收成本。

（二）宜家滥用利息扣除税收优惠违背BEPS计划规则

除上文提到的无形资产转让定价、有害税收实践和税收协定滥用外，BEPS行动计划还对利息扣除给予了关注。跨国集团可能通过调整企业内部债务数额以减少税负，如将更多第三方债务转移到高税率国家、通过内部贷款产生超额的利息扣除、通过内部贷款产生免税或低税的利息收入等。因此，BEPS计划针对利用利息支出和金融工具交易避税的问题，就各国国内立法和国际税收规则的调整提出了建议。

宜家采用的第二种主要避税途径正是此项计划所关注的内容。宜家集团和宜家国际集团分别设立了内部融资子公司以为集团内成员企业提供内部融资，并利用比利时独有的协调中心制度和虚拟利息抵扣制度，以获取最大的税收利益。

1. 宜家国际集团利用集团内部协调中心避税

比利时有其特殊的“协调中心”制度，这一制度可追溯至1984年。在这一制度下，如果一跨国公司的某一子公司其主要业务是为其他子公司提供金融、会计等方面的服务，则该公司可以享受税收优惠政策。适用税率为该公司的运营成本的一个固定比例，实务中，这一比例是很低的。协调中心也可以获得其他税收优惠，包括对支付给其他集团公司的股息红利、利息和特许权使用费免收预提所得税。由于这些项目本身在来源国就得到了税收减免，跨国公司就可以利用该规定，将这些收入转移至低税率或免税国家。

在2010年以前，宜家在比利时设立了一家名为“宜家财资有限公司”（IKEA Treasury S.A.）的公司，旨在为宜家国际集团提供金融服务。这家公司从宜家国际集团内部的集团公司借款，并将借款转贷给集团内的其他公司，此种运营模式相当于充当了集团内部融资工具的角色。这家公司满足比利时政府对于“协调中心”的要求，因此可以享受一系列的税收优惠政策。欧洲绿党的调查报告显示，在2009年，宜家国际集团通过该公司的贷款达 12 亿欧元，其实际税率仅为 1.98%。

自 2003 年起，欧盟对于比利时政府的“协调中心”制度就已表示不满，欧盟认为该制度为企业提供了非法的竞争援助，违反了欧洲竞争法。2011 年，欧盟委员会迫使比利时政府取消了“协调中心”制度。为应对这一税收优惠制度取消带来的影响，宜家国际集团于 2010 年将原设于比利时的内部融资企业重设于卢森堡和瑞士。

调整后的内部融资体系如图 7 所示。

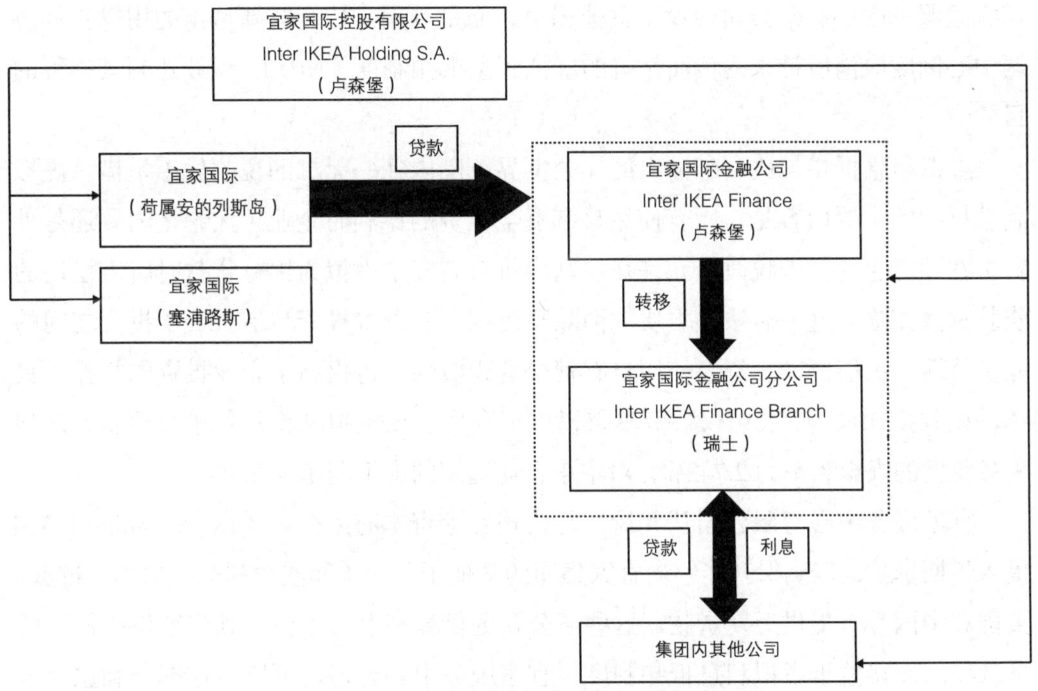

图 7　2010 年后宜家国际集团的内部融资体系

设于卢森堡的内部融资公司宜家国际金融公司（Inter IKEA Finance）从集团内部其他公司获得贷款，并将该贷款转移至其设于瑞士的分公司，由该分公司将该笔贷款转贷给集团内其他需要融资的公司。

瑞士对于符合有关条件的非居民金融公司的利息收入只征收较低的所得税。因此，集团内其他公司将利息支付给瑞士分公司时，该分公司只需就这笔利息收入缴纳较低的税收。由于分公司不具有独立法人地位，该笔利息收入最终要汇回卢森堡母公司计算纳税。卢森堡对境外营业收入采用免税法消除重复征税，因此该笔收入在卢森堡免税；而卢森堡对于从境内汇出的利息免征预提所得税，因此该笔利息收入汇出卢森堡时也免于纳税。

2. 宜家集团利用虚拟利息抵扣制度避税

与宜家国际集团相似，宜家集团也采取了同样的操作模式，其在比利时设立了一家名为“宜家服务中心有限公司”（IKEA Service Centre N.V.）的“协调中心”，同样作为集团内部的融资工具。根据欧洲绿党的调查报告，2005—2009 年，该公司的实际税率平均仅为 0.04%，相比法定税率 33% 节税达 6.47 亿欧元。

协调中心制度被取消之后，宜家集团并未像宜家国际集团那样将其内部融资公司宜家服务中心有限公司转设于其他国家，而是利用了比利时新推出的用以弥补协调中心制度取消所带来的负面影响的虚拟利息抵扣制度（NID），继续达到其避税的目的。

虚拟利息抵扣是比利时推出的在全世界范围内独一无二的税收优惠举措。虚拟利息抵扣的主要内容是，所有使用自有资金投资的比利时企业（无论是内资还是外资）在计算企业所得税时，允许在税基中将自有资本虚拟为银行贷款时所需偿还的贷款利息扣除。这一做法从本质上消除了使用自有资本投资与借贷资本投资之间的差别待遇，更能调动投资者使用自有资金的积极性，也提高了企业投资的收益。具体的税收抵扣额为：公司权益资本乘以虚拟利率。该虚拟利率每年进行调整，2014 税务年度的虚拟利率为 2.742%，对中小企业适用的虚拟利率为 3.5%。

宜家服务中心有限公司从其荷兰母公司宜家资本有限公司（IKEA Capital B.V.）借入长期贷款，以确保其能够向宜家集团的其他子公司（如澳大利亚、法国、挪威、美国和中国等）提供短期贷款。这些子公司的借款利息可以作为其应纳税所得额的抵减项。而得益于虚拟利息抵扣制度，宜家服务中心公司也可以将这部分利息收入抵扣从而少纳税或不纳税。

根据欧洲绿党的调查报告，2010—2014 年，宜家服务中心公司共申报了 12 亿欧元的虚拟利息减免，对 16 亿欧元的净收入仅支付了税款 3,750 万欧元，实际税率约 2.4%。与比利时法定税率 33.3% 相比，节省了约 4.88 亿欧元的税款。

宜家服务中心公司利用虚拟利息抵扣制度的避税策略如图 8 所示。

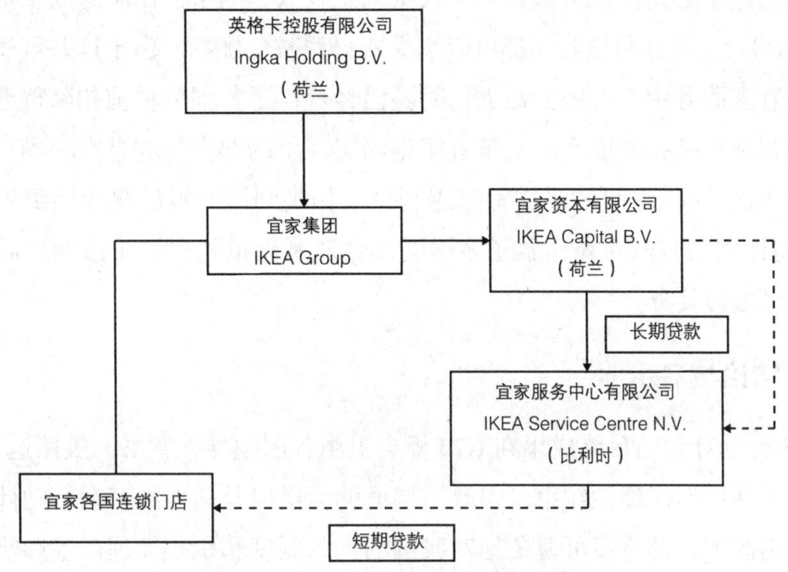

图 8　宜家集团利用虚拟利息抵扣制度的内部融资体系

（三）BEPS 行动计划下利息"多重免税"优惠空间正在消失

BEPS 行动计划对类似宜家这种滥用利息抵扣规则而开展的混合错配安排同样提出了严格限制。

例如，第 2 项行动计划《消除混合错配安排的影响》旨在针对纳税人通过不同国家税法对同一金融工具、资产交易及实体认定的不同规定所进行的税收筹划。对此，OECD 的报告提出了一些有关国内立法和制定税收协定的建议，以应对同一支出多重扣除、一国扣除而另一国不计收入、同一税收多国抵免等现象。混合错配行动计划并不是单独开展，而是与第 3 项行动计划《制定有效的受控外国公司规则》、第 4 项行动计划《对用利息扣除和其他款项支付实现的税基侵蚀予以限制》等工作协调进行。

目前，许多国家都已经制定了国内的利息限额扣除规定，以遏制跨国公司通过混合错配安排实现多重扣除或多重不征税的意图。例如，葡萄牙规定，财务费用最高扣除限额为 100 万欧元，或者息税折旧摊销前利润的 30%（2017 年及以后）；西班牙也做出了类似规定；美国 2014 年税改将超额利息费用的临界值由应纳税所得的 50% 下调为 40%，超过该临界值的净利息费用不得在税前扣除；澳大利亚、智利、奥地利、墨西哥、瑞典、阿根廷也纷纷对利息扣除做出了限制性规定。

宜家集团在比利时设立的宜家服务中心有限公司作为集团内部金融服务提供方，

因向集团其他子公司提供贷款获得了大量利息收入，但由于比利时的虚拟利息抵扣制度（NID），大部分利息收入都可以享受所得税减免优惠。由于这些利息在集团其他实体向宜家服务中心有限公司支付时就已经获得了各国的税前扣除待遇，因而比利时的虚拟利息抵扣制度实际上帮宜家集团实现了内部借贷利息在一国扣除而另一国不计收入的“双免”目的。这种滥用利息抵扣规则而开展的混合错配安排显然是BEPS 行动计划的打击对象，鉴于各国陆续针对利息抵扣出台了限制性政策，比利时恐怕难以独善其身。

四、结论与启示

BEPS 行动计划的最终成果在 G20 峰会上由各国领导人背书，虽然这 15 项成果在法律层面并不形成硬性约束，但政治层面的承诺以及其他国家在行动计划框架下开展的税制改革，都将不可避免地对我国的税收制度和税收管理产生影响。不论行动计划的最终结果如何，我国都将面临接受新规则和履行义务的压力。在这样的背景下，我国的税收政策制定者与执行者应该审时度势，不断总结开放的经验、深入参与国际合作以制定适合当下的税收政策；我国的跨国企业也应该在法律法规红线内做出适当的税收安排，合法合规经营，以规避可能的税收风险。

（一）对税收政策制定者与执行者的启示

第一是要加强对集团公司关联交易的监管力度。从上述宜家避税案例中，我们可以认识到，跨国企业通过在低税区设立公司并通过集团内部的关联交易转移利润规避税收已经成为非常成熟的手段。无论是内部转移定价还是内部融资工具的利用，都有赖于复杂的组织结构下进行的关联方交易。因此，监管当局对于集团内部的关联交易必须加以监管，主要是判断一项关联交易是否合法，进而判断该关联交易的定价是否合理。税务机关要加强对跨国公司的税务稽查力度，提高查明后的处罚力度。

第二是要出台相关法律对国际避税行为加以规范。目前，我国税法体系并不完善，缺乏专门针对国际避税的反避税法律，且各部税法之间也缺乏必要的衔接。在BEPS 行动计划下，世界各国纷纷修订完善国内的税法。相较于在现有税制中解决跨国公司的国际避税问题，不如制定一部专门的国际反避税法。在反避税法中可以加强对跨国公司国际避税行为的解释说明，明确限制与禁止的行为，扫清灰色区域。

第三是要深入参与 BEPS 计划，加强国际税收执法的交流与协作。跨国公司的避税行为往往涉及多个国家和地区，仅凭一国之力无法对此进行干预，加强国际交流与协作是打击国际避税的必由之路。在国际税收协定中，可以注重以下几个方面：首先，要加强双方的信息沟通，信息不对称往往造成双方更为严重的损失；其次，双方应保证对同一行为的处理一致性；最后，与低税率国家的税收协定应当进行更为积极谨慎的谈判。

（二）对跨国公司国际经营的启示

第一，要加强集团内控制度的建设以规避潜在的税务风险。BEPS 行动计划是各国联合起来打击国际避税行为所形成的共识。在这一计划下，各国跨国公司的国际避税行为必然受到极大的影响。跨国公司应当认真了解该计划对于各国税法变动的影响，分析该变动是否会对公司现有的避税行为产生影响。如若现有的避税方式已不再合规合法，应当做及时的调整。

第二，充分利用第三方专业服务机构（如会计师事务所）的专业优势进行适当的税务安排。税务中介在国际避税与反避税中起着举足轻重的作用。税务中介拥有专业的资源，对各国税制的变化有着更敏锐的嗅觉。跨国公司可以委托税务中介对自身的税务风险进行全面的评估，对不合规的避税方式进行调整；同时，也可以根据各国最新的税制制定迎合自身需求的税务安排。

五、参考文献

Auerbach, M. IKEA: Flat Pack Tax Avoidance [R]. Brussels: Greens/EFA Group in the European Parliament, 2016.

OECD. Action Plan on Base Erosion and Profit Shifting [R/OL].（2013-07-10）[2021-06-01]. https://www.oecd.org/ctp/BEPSActionPlan.pdf.

杜莉 . 国际税收 [M]. 上海：复旦大学出版社，2019.

郭宏宝 .《BEPS 行动计划》背景下跨国公司的避税行为与应对策略研究 [J]. 国际经贸探索，2018，34（6）：67-77.

国家税务总局科研所课题组 . BEPS 行动计划：世界主要国家采取的措施和中国立场 [J]. 税务研究，2016（12）：58-62.

案例使用说明

一、教学目的与用途

（1）适用课程：国际税收、中级财务管理。

（2）适用对象：本案例适合有一定税法和国际税收基础的研究生学习，也适合税务专业硕士研究生及对财务与税收感兴趣的高年级本科生学习，还适合税务机关工作人员及企业财税管理人员学习。

（3）教学目的：本案例描述了宜家开展跨国避税活动的方法和步骤，围绕其复杂的公司结构和主要使用的避税工具展开介绍，并从BEPS行动计划视角分析了宜家这种税收安排主要面临的税务风险，进而为全球反避税工作和我国的反避税工作提出了一些建议。本案例可用于典型跨国企业避税方法的学习与研讨，也可为反避税工作的开展提供经验借鉴。

二、涉及知识点

（1）税法课程的企业所得税、国际税收等章节的相关知识点，中级财务管理课程的企业投融资活动设计，以及国际税收课程的国际避税、所得税税收管辖权、反避税法规等。

（2）OECD发布的15项BEPS具体行动计划（课外知识点）。

三、配套教材

（1）中国注册会计师协会编：《税法——2022年注册会计师全国统一考试辅导教材》，中国财政经济出版社2022年版。

（2）中国注册会计师协会编：《财务成本管理——2022年注册会计师全国统一考试辅导教材》，中国财政经济出版社2022年版。

（3）杜莉：《国际税收》，复旦大学出版社2019年版。

四、启发思考题

（1）跨国避税产生的原因有哪些？

（2）除了本案例中提到的利用特许权使用费、协调中心制度和虚拟利息抵扣制度进行避税之外，大型跨国公司还有哪些典型的避税手段？

（3）根据BEPS行动计划，如何有效应对宜家的避税安排？

五、分析思路

（1）分析宜家的企业架构，思考其背后的避税动机。

（2）分析宜家集团和宜家国际集团的两大主要避税手段，以及其在2010年或

2012年前后的变化。

（3）从有关国家的税收制度出发，分析宜家的做法利用了哪些税务漏洞。

（4）基于BEPS行动计划，考虑宜家的避税安排存在哪些税务风险。

（5）该案例的后续进展如何？该案例对国际反避税有何借鉴意义？

六、理论依据与分析

（一）荷兰相关税收制度介绍与分析

1. 荷兰实行带有预收预缴制度的企业所得税

所得税是荷兰政府向企业征收的主要税种，占荷兰企业税赋比重60%以上。根据荷兰税法，无论公共有限责任公司（N.V.）还是私营有限责任公司（B.V.），均须向政府一次性缴纳营业利润所得税，应税利润不超过20,000欧元的部分税率为20%，超过20,000欧元部分税率为25%。荷兰企业所得税税率在欧盟28个成员国中位居中游，高于全球24.08%和欧盟22.85%的平均水平，低于欧元区25.83%和OECD 25.32%的平均水平，与我国企业所得税税率持平。

根据荷兰税法，企业所得税实行预收预缴制度，税务机关在每个营业年份开始前向企业预收所得税，各营业年度结束后三个月内企业根据实际应税情况与税务机关汇算清缴。其中，对非免税部分的股息收入，荷兰税务机关需预收15%固定税率的税款，对企业的股息、利息和许可费预收5%～7%的税款，对汇出国外部分所得税不预收所得税。此外，荷兰税务机关向企业预收一定比例的工资税，税率参照荷兰个人所得税税率，共分为三档：17,319欧元以下税率为33.1%；17,319～56,491欧元税率为42%；56,492欧元以上为52%。

2. 荷兰的企业所得税优惠政策

（1）企业所得税税率仅为25%，在欧洲处于较低水平。

（2）企业所得税可扣除项目相对较多，除折旧费、债务、资本损失、利息、养老金支出等，奖金、佣金、礼品和食品支出，以及会议和娱乐支出等均可从所得税税基中扣除。

（3）对符合条件的现金股息、红利、隐形利润和资本所得免征企业所得税，对公司资本投入和股本增加不征收资本税，研发和创新企业工资税可以减免，企业在荷兰研发所得利润仅需缴纳5%所得税。

（4）荷兰与许多国家签署了避免双重征税协议，使跨国企业免于重复缴税。

（5）对股息、利息和许可费的预提税较低，对汇出国外部分免征预提税。

（6）外资企业派出人员工资收入的30%不计入应税所得，在荷兰设立的控股公司收入可以免税汇回本国。

（7）对于节能和环保企业，在核定税基时可从投资总额中扣除一定比例，航运公司可享受“特殊吨位税制”。

（8）企业应税额度在各营业年度开始前基本已确定，有利于企业提前做好资金安排及投资计划，大型纳税企业可就未来税收待遇与税务机关提前商谈并获得一定优惠。

（9）在荷兰设立的企业可利用荷兰与许多国家签署的税务协定对第三国投资并享受相关优惠待遇。

3. 宜家在荷兰设立管道公司的税收利益

荷兰素有“税收天堂”之称，根据上文所述荷兰公司税法，在荷兰设立管道公司可以获得如下优势。

（1）荷兰缔结了广泛的双边协定，使得从国外支付给荷兰企业的特许权使用费和利息不征或征收极少的税。

（2）荷兰对股息、利息和许可费的预提税较低，对汇出国外部分免征预提税。

（3）2007年生效的“创新盒计划”（Innovation Box）规定对特许权使用费收入适用5%的优惠税率。

（4）荷兰公司遵守欧盟的“母子公司指令”（Parent-Subsidiary Directive），消除了欧盟内部母子公司之间的预提所得税。

本案例中，宜家在荷兰设立了一个管道公司，即宜家国际系统有限公司（Inter IKEA Systems B.V.）。全球各地的宜家门店均需通过该公司向宜家国际集团缴纳3%的宜家品牌特许权使用费。由于荷兰现行公司税法对于特许权使用费的汇入与汇出均有优惠政策，因此，该管道公司的特许权使用费在荷兰实际需要承担的税负很轻，而该笔特许权使用费从荷兰汇到列支敦士登的母公司也有效避免了向荷兰政府缴纳预提税。通过这一安排，宜家就将大量全球各地门店所实现利润从高税地转移到了低税地，大大减轻了集团整体的税负水平。

（二）比利时相关税收制度介绍与分析

1. 比利时的税收优惠政策

比利时是一个高税收的国家，但其为了鼓励本地企业发展并吸引更多的外商投资，比利时政府制定了如下一系列税收优惠政策。

（1）红利预提税免征。比利时的预提税包括动产税、利息税、股息税和专利税4种，其中动产税、利息税和专利税税率均为15%，股息税税率为25%。比利时政府规定，从2007年1月1日开始，比利时公司汇向建立在与比利时签订税务协定的国家（含中国）的非居民母公司（前提是该母公司持有比利时公司至少15%的股份至少1年，从2009年1月1日开始，该持股比例调整到10%）的股息，在比利时免征预提税。

（2）“协调中心”制度。比利时有其特殊的“协调中心”制度，这一制度可追溯至1984年。在这一制度下，如果一跨国公司的某一子公司其主要业务是为其他子公司提供金融、会计等方面的服务，则该公司可以享受税收优惠政策。适用税率为该公司运营成本的一个固定比例。实务中，这一比例是很低的。协调中心也可以获得其他税收优惠，包括对支付给其他集团公司的股息红利、利息和特许权使用费免收预提所得税。2011年，比利时的“协调中心”制度被欧盟委员会叫停。

（3）虚拟利息抵扣。虚拟利息抵扣是比利时推出的在全世界范围内独一无二的税收优惠举措。虚拟利息抵扣的主要内容是，所有使用自有资金投资的比利时企业（无论是内资还是外资）在计算企业所得税时，允许在税基中将自有资本虚拟为银行贷款时所需偿还的贷款利息扣除。这一做法从本质上消除了使用自有资本投资与借贷资本投资之间的差别待遇，更能调动投资者使用自有资金的积极性，也提高了企业投资的收益。具体的税收抵扣额为：公司权益资本乘以虚拟利率。该虚拟利率每年进行调整，2014税务年度的虚拟利率为2.742%，对中小企业适用的虚拟利率为3.5%。

（4）专利收入税收扣减。企业所得税纳税人有权把专利收入的80%从税基里扣除。这项扣除使得最高实际税率达6.8%。这项扣减政策适用于企业纯粹自行研发的专利或者是企业通过收购并进行进一步开发的专利。为了避免双重抵扣，符合资格的专利权收益的税收扣减依情况受到一定限制：第一，企业开发专利，可扣除收入仅限于在比利时取得的应税收入部分；第二，企业收购专利，可扣除收入不包括已从比利时应税收入中扣除的专利折旧。

2. 宜家通过比利时“协调中心”和虚拟利息抵扣获得的税收利益

在2010年以前，宜家在比利时设立了宜家财资有限公司（IKEA Treasury S.A.）。这家公司从宜家国际集团内部的集团公司借款，并将借款转贷给集团内的其他公司，此种运营模式相当于充当了集团内部融资工具的角色。这家公司满足比利时政府对于“协调中心”的要求，因此可以享受所得税税率的优惠，以及对外支付红利、利息和特许权使用费免征预提税的优惠。欧洲绿党的调查报告显示，在 2009 年，宜家国际集团通过该公司的贷款达 12 亿欧元，而其实际税率仅为 1.98%。

宜家集团也采取了同样的操作模式，在比利时设立了宜家服务中心有限公司（IKEA Service Centre N.V.），同样作为集团内部的融资工具。2005—2009 年，该公司的实际税率平均仅为 0.04%，相比法定税率 33% 节税达 6.47 亿欧元。

虽然 2011 年“协调中心”被欧盟委员会叫停，但宜家国际集团在 2010 年就已经将原设于比利时的内部融资企业重设于卢森堡和瑞士。此外，比利时政府于 2007 年开始实施的“虚拟利息抵扣”制度，也继续为宜家集团设立在比利时的金融服务机构提供了大量税收上的利益。根据欧洲绿党的调查报告，2010—2014 年，宜家服务中心有限公司共申报了 12 亿欧元的虚拟利息减免，对 16 亿欧元的净收入仅支付了税款 3,750 万欧元，实际税率约 2.4%。与比利时法定税率 33.3% 相比，节省了约 4.88 亿欧元的税款。

（三）BEPS 行动计划

1. BEPS 行动计划提出的背景

税基侵蚀和利润转移（Base Erosion and Profit Shifting，BEPS），是指跨国公司利用所在国家和地区的不同税制安排、税收水平及税收优惠等所进行的跨国逃避税活动。

BEPS 问题的出现是跨国公司供应链高度整合的全球化经营模式与跨国经营活动集成化程度较低背景下的税务规则不相适应的结果。2008 年全球金融危机爆发引致经济剧烈波动后，滞后的税务规则与跨国经营活动不相适应的矛盾开始凸显出来。伴随着全球化的推进，以及跨国公司活动的不断扩展，国际社会对 BEPS 问题给予了越来越广泛的关注。基于此，2012 年 6 月，G20 财长和央行行长会议同意通过国际合作应对 BEPS 问题，并委托 OECD 开展研究。2013 年 6 月，OECD 发布 BEPS 行动计划，该计划于当年 9 月在 G20 圣彼得堡峰会上得到各国领导人背书。

2. BEPS 行动计划的主要内容

OECD 发布的 BEPS 行动计划共包含 15 项具体行动计划，涉及跨国避税行为多个方面的应对措施：

第 1 项行动计划:《应对数字经济的挑战》

第 2 项行动计划:《消除混合错配安排的影响》

第 3 项行动计划:《制定有效的受控外国公司规则》

第 4 项行动计划:《对用利息扣除和其他款项支付实现的税基侵蚀予以限制》
第 5 项行动计划:《考虑透明度和实质性因素，有效打击有害税收实践》
第 6 项行动计划:《防止税收协定优惠的不当授予》
第 7 项行动计划:《防止人为规避构成常设机构》
第 8 ～ 10 项行动计划:《确保转让定价结果与价值创造相匹配》
第 11 项行动计划:《衡量和监控 BEPS》
第 12 项行动计划:《强制披露规则》
第 13 项行动计划:《转让定价文档与国别报告》
第 14 项行动计划:《使争议解决机制更有效》
第 15 项行动计划:《制定用于修订双边税收协定的多边协议》

七、参考文献

OECD. Action Plan on Base Erosion and Profit Shifting [R/OL].（2013-07-10）[2021-06-01]. https://www.oecd.org/ctp/BEPSActionPlan.pdf.

国家税务总局科研所课题组 . BEPS 行动计划：世界主要国家采取的措施和中国立场 [J]. 税务研究，2016（12）: 58-62.

郭宏宝 .《BEPS 行动计划》背景下跨国公司的避税行为与应对策略研究 [J]. 国际经贸探索，2018（6）: 67-77.

八、背景信息

（1）教师应当及时关注案例的最新进展，比如欧盟或 OECD 对宜家避税行为做出的最新裁定和判决情况、对宜家采取的限制性措施等；应格外关注宜家的国际避税手段在近些年是否仍在使用、是否发生了改变；还应关注 BEPS 行动计划在世界各国的本地化进程，以及 OECD 关于 BEPS 行动计划最新推出的文件和报告。

（2）应当关注的资料有：欧盟官网税收版块新闻；OECD 官网税收版块新闻、BEPS 版块新闻和报告、BEPS 具体行动计划相关报告和意见征求稿；宜家最新年报；欧洲绿党的相关跟进报告。

九、关键要点

（1）关键知识点：了解荷兰、比利时和列支敦士登等国的主要税收优惠政策；了解 BEPS 行动计划内容；掌握宜家开展跨国避税活动的主要方法及其背后的利润转移途径；了解本案例对反避税工作的借鉴和启示。

（2）**能力点：**分析与综合能力、批判性思维能力及解决实际问题的能力。

十、建议课堂计划

（1）**课前计划：**课前阅读相关新闻报道和有关资料，了解案例背景。

（2）**课中计划：**课堂引导 1 课时；分组讨论 1 课时；小组发言与问答 1 课时。

（3）**课后计划：**课后要求进一步搜集资料，了解其他跨国公司的避税方法和各界观点，总结思考不同跨国公司国际避税行为的异同点。

十一、思考题参考答案

（1）世界各国税收制度差异、各国避免国际双重征税办法的差异、各国征管水平及其他非税因素的差异，都为跨国公司避税筹划提供了广阔的空间。

（2）典型的避税手段还有转让定价、成本分摊协议等。

转让定价，就是公司集团内部关联企业之间进行交易时的定价。由于跨国企业母子公司所在地税率情况不一，因此跨国企业便可在进行关联交易时通过价格操纵把利润从高税率国家转移至低税率国家。通常在销售货物、提供劳务时，高税率国家公司会压低价格而低税率国家会抬高价格；相反，在购进货物与劳务时，高税率国家会报出高价，而低税率国家会报出低价。例如，星巴克就通过向关联企业支付不合理的采购费用，将利润集中转移至低税率国家。

成本分摊协议，是指参与方共同签署的对开发、受让的无形资产或参与的劳务活动享有受益权并承担相应的活动成本的协议。跨国公司往往会利用处于不同税负国家的实体签订无形资产研发与受益的成本分摊协议，并在协议中约定将大部分研发成本确认在高税国企业，而将因研发成果取得的收入主要确认在低税国企业，实现有利于节约税费的利润分配格局。

（3）①针对集团内借贷产生的巨额可扣除利息支出和可减免利息收入，OECD要求加强国内立法和双边协定，减少有害税收竞争行为，同时给出了三条具体的利息抵扣规则建议：一是以“固定扣除率”作为标准，单个实体可税前扣除的利息费用不应超过 $\frac{\text{基准净利息}}{\text{息税折旧摊销前利润}}$ 的一定比例，基准“固定扣除率”可以定在10% ~ 30%；二是可选择高于“固定扣除率”一定水平的“集团扣除率”，允许实体扣除不超过其所在集团的$\frac{\text{净利息}}{\text{息税折旧摊销前利润}}$比例；三是用以支持一般利息扣除限额规则并解决特殊风险的针对性规则，这些规则适用除银行与保险业以及公共事业以外的所有行业。

②针对特许权使用费避税问题，OECD 报告指出，无形资产收益分配应该更多重视经济风险由谁承担和资产价值贡献由谁做出，而非仅关注谁拥有该无形资产的所有权。对于特许权使用费的归集方式，应当根据无形资产"受益原则"和"关联原则"进行合理认定。

案例 19 跨国公司转让定价的税务风险

——跨国公司关联交易利润转移案[①]

方红生　钱正平　吴　宵

摘　要：A 公司的成本加成率与其生产销售规模不匹配引起税务机关注意，经过调查取证，税务机关发现 A 公司进货价与销售价均受境外母公司控制且以压低货物出口售价方式“支付”境外母公司提供的固定资产使用费和部分特许技术使用费，A 公司通过不合理关联交易定价、“抵消交易”和不当使用预约定价安排（APA）这三个手段恶意降低 A 公司利润水平，将大部分的利润转移到境外，规避境内税收，损害国家利益。最终，税务机关根据市场情况调整 A 公司成本加成率，责令 A 公司补缴预提所得税。本文针对该案件中出现的企业避税手段进行具体分析，为提高企业税收遵从和税务机关的反避税提出合理建议。

关键词：关联交易、转让定价、预约定价安排

Abstract: This case describes that the cost-plus rate of company A did not match its production and sales scale, which aroused the tax authorities' attention. After investigation and evidence collection, the tax authorities found that the purchase price and sales price of company A were both controlled by the overseas parent company and paid the fixed asset usage fee and partial license technology usage fee provided by the overseas parent company by lowering the export price of the goods. Company A maliciously reduced its profit level through the unreasonable related party transaction pricing, “offsetting transactions” and improper use of the APA (advance price arrangement) to transfer most of the profits beyond the borders, evade taxation within the boundaries, and damage national interests. In the end, the tax authorities adjusted the cost-plus rate of company A according to market conditions and ordered company A to pay the withholding tax. This paper

① 本案例根据实际改编，出于企业保密的要求，在本案例中对有关名称、数据等做了必要的改动与掩饰性处理。本案例只供课堂讨论之用，并无意暗示或说明某种管理或实践行为是否有效。

provides a detailed analysis of the corporate tax avoidance methods that appear in the case, and provides reasonable suggestions for improving corporate tax compliance and the tax authorities' auditing capabilities.

Key words: related party transactions, transfer pricing, APA

案例正文

一、引言

本案例分为前后两个紧密联系的案件。第一个案件发生在A公司起步阶段。在1994—2003年间生产规模和销售收入都位居Q市前列但利润率水平远低于行业平均水平，且关联购销比例达到95%以上，实际上A公司利用了关联企业之间抵消交易及不合理关联定价等方式转移利润、规避税收，税务机关使用“抵消交易还原法”对其实施了特别纳税调整。第二个案件发生在A公司发展成熟阶段。A公司再次出现经营规模大但利润率远低于行业平均水平的情况，经调查发现A公司与其境外关联公司对发展势头迅猛的C产品按照原B产品的预约定价安排（APA）执行，构成转让定价不符合独立交易原则，税务机关在全面了解行业与产品信息的基础上对A公司2009—2013年关联交易实施了第二次特别纳税调整，完善了APA的执行。本案例将针对该案件中出现的避税方式加以具体分析，为税务机关提高反避税能力和为企业减少涉税风险提出合理建议。

二、案件背景

A公司成立于1993年，为中外合资企业，主要从事B元器件的制造，注册资本300万美元，其中中方占股40%，外方占股60%。A公司自获利年度（1994年）起享受外商投资企业所得税“二免三减半”优惠[①]。1999年开始享受产品出口企业所得税减半优惠[②]。A公司1994—2003年累计实现销售收入达到20亿元，已缴企业所得税600万元。

A公司于2008年由中外合资经营企业变更为外商独资企业。经过增资，2012年公司注册资本达4,000多万美元。A公司在境外母公司安排下新增C产品生产，

① 即享受自取得第一笔生产经营收入所属纳税年度起2年免征、3年减半征收企业所得税的待遇。

② 外商投资举办的产品出口企业，在依照税法规定免征、减征企业所得税期满后，凡当年出口产品产值达到当年企业产品产值70%以上的，可按税法规定的税率享受减半征收企业所得税的待遇。

经营规模从 2 亿元跃升至 10 亿元级别且稳步增长，2009—2013 年年均销售 10 亿元，缴纳企业所得税 5,000 万元。新项目投产后，交易模式和生产方式未发生改变。

三、案件内容

（一）案件起源

A 公司自成立以来生产规模不断扩大，销售收入已稳居某市元器件制造行业前三，但该公司缴纳的税负水平与其生产经营收入水平不匹配。同时该公司属于大量购销都在境外的“两头在外”公司，关联购销比例达到 95% 以上，1994—2003 年期间 A 公司的完全成本加成率大致在 2% ～ 5% 范围内，远低于同期可比企业利润率平均水平，存在转让定价嫌疑，于是税务机关进行了详细调查。

2009 年，A 公司在母公司安排下新增 C 产品的生产。新项目上马后，A 公司经营规模跃升至 10 亿元级别且稳步增长。2009—2013 年期间，A 公司的新产品全部销往境外母公司，随着经营规模的扩大其整体经营利润率却仍远低于同行业平均利润水平，也低于针对 B 产品所达成的预约定价安排的约定区间，存在转让定价嫌疑，于是税务机关进行了详细调查。

（二）案件疑点

1. 案件一

在元器件行业中，制造业务是重要组成部分，其技术水平和生产能力直接影响整个行业的发展，但由于终端电子产品更新速度快，电子元件制造商受客户订单需求及核心原材料部件技术水平影响较大。A 公司在生产经营中存在的问题主要如下。

（1）“两头在外”，价格受控——低成本加成率。

A 公司的原材料购买及产成品销售均受其母公司控制，是典型的“两头在外”的生产型企业（见图 1）。A 公司 95% 以上的产品销售至其境外母公司，90% 以上的原材料由该母公司提供。国外客户下订单、结算货款都先与境外母公司进行，再由母公司给 A 公司下订单、结算货款；而少部分境内客户则直接下订单给 A 公司并结算货款。

这种经营模式在很大程度上规避了市场需求波动影响及技术限制，因此 A 公司仅承担部分功能，面临风险较小，应保留一定的利润水平，但事实上 A 公司的利润水平明显低于同行业公司。此外，A 公司定价权完全由母公司控制，首先根据不同型号产品制定标准成本费用，再制定与不同型号产品相对应 3% ～ 5% 的成本费用加成率（每年做 1 ～ 2 次微调），最终制定外销产品销售价格。经可比分析，税务机关认为远低于同行业正常水平的完全成本费用加成率是导致 A 公司账面利润率远低于同行业公司的一个重要原因。

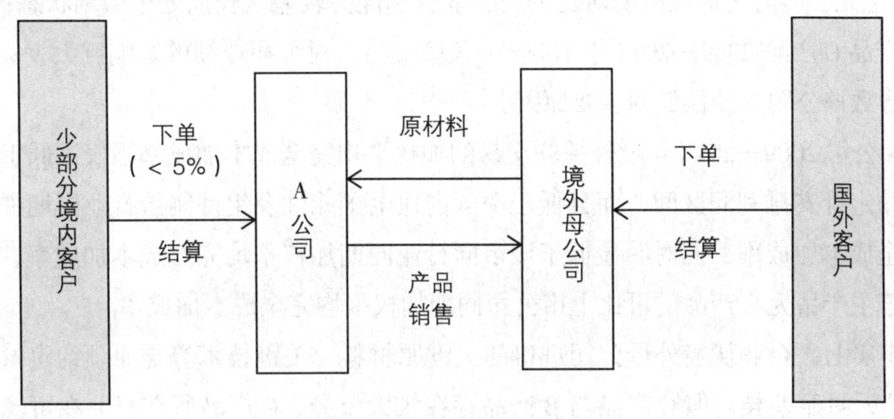

图 1　A 公司关联购销交易流程

（2）无形资产“做对抵”，有形资产“无偿用”——降低售价。

由于元器件制造环节提供的中间产品技术含量高，一般增值率高，但我国元器件产品的贸易逆差现象表明，国产元器件不适应高端产品市场日益增长的矛盾越来越突出，技术水平低下，以大量低附加值产品换取境外高附加值技术现象依旧存在。本案中，在与境外母公司的交易中，A 公司无核心研发技术成果，因此经双方合同约定，A 公司支付母公司与特许技术有关的指导费并获取相关技术许可。该费用包括两部分：一是母公司直接派员来境内指导并收取费用；二是 A 公司派员赴母公司接受培训。对于后者，双方不通过货币结算，而是以压低货物出口售价的方式来补偿技术指导费。这样一来，境外企业不仅将应为 A 公司的留存利润转移至境外，而且规避了其应付的相关预提所得税。

此外，为适应终端产品的更新换代，元器件制造行业生产流水线等固定资产需要不断更新，但是 A 公司的固定资产账面价值变化微小。经调查得知，A 公司的主要生产设备由境外母公司提供，但双方并不通过货币结算，而是以压低货物出口售价的形式来补偿设备租金。税务机关通过调取固定资产海关进口报关数据发现，企业名义上进行了“无偿使用”，实则转移利润，规避企业所得税，导致国家税收的流失。

综上所述，A 公司及其母公司通过这两方面的操纵使 A 公司利润水平长期维持在较低水平。一方面，制定明显低于可比企业平均水平的成本费用加成率，降低关联交易转让价格，从而降低利润水平；另一方面，通过对抵交易形式，人为缩小成本费用基础、降低销售价格，从而进一步降低关联交易转让价格。

2. 案件二

A 公司经营状况良好，且逐年扩充产能，2009—2013 年间 A 公司出口销售总额达 49 亿元，但与之形成鲜明对比的是企业获利能力较差，长期处于微利状态；企业主要产品 C 产品 2009—2013 年 100% 为关联交易，对公司业绩的影响巨大，关联交易是导致该公司业绩偏低的主要原因。

A 公司 2009—2013 年境外关联交易的加权平均完全成本加成率不仅远低于 B 产品预约定价安排利润区间，而且低于中国内地电子元件及组件制造行业同期加权平均完全成本加成率，同时明显低于该市同行业同期加权平均完全成本加成率，更显著低于主产品为 C 产品的可比上市公司同期加权平均完全成本加成率。

事实上，企业从境外母公司进口的关键原材料、关键技术等与原预约定价安排 B 产品无明显差异，但 C 产品与 B 产品存在较大差异，C 产品所在行业在可比时期的整体市场需求增势迅猛、市场环境良好，C 产品出货量连年增长，而企业利润率呈长期微利状态，税务机关认为 A 公司存在转移利润规避税收的不当安排。

3. 案件结果

针对案件一，税务机关要求 A 公司进行以下处理：首先，对不动产租金、技术指导费及无偿使用机器设备应计租金补缴预提所得税；其次，对无偿使用固定资产应计租金，无偿接受技术指导应支付特许权使用费，以上两项调增 A 公司的成本费用基础；最后，根据确定的正常交易利润区间，并按照中位数水平对 A 公司调查年度期间成本费用加成率进行调整。

针对案件二，税务机关深入企业生产一线，通过查阅账册，从合同、订单、物流等环节入手，获取大量一手资料，初步认定 A 公司主要承担 C 产品的生产制造功能，不承担对核心技术的研发，也不承担市场推广、销售与分销功能及其相应风险，是一家单一功能生产制造型企业，应保持相对稳定的利润回报。此外，税务机关与 A 公司及其税务代理进行了多次谈判，对亏损原因、功能风险定位、转让定价合理性等问题进行了相互举证和论述，在此过程中，双方先后交换和提出了多种方案，最终在可比数据选用年份、可比公司选择标准、功能风险、财务指标设定、费用分摊口径等重大分歧上达成一致。

税务机关对案件二采用交易净利润法进行转让定价调整，调整年度为 2009—2013 年，从 BVD Osiris 数据库中选取了与 A 公司产品、功能风险相类似的可比企业，并按照各年度完全成本加成率中位值对其进行调整。

四、案件小结

A 公司屡次出现的经营水平与利润水平不匹配的情况引起了税务机关的注意，尽管 A 公司没有直接的数据造假或拖欠税款行为，但其通过看似合法的与境外母公司的交易安排，在其发展的不同阶段都存在通过规定过低的成本加成率、无形资产和固定的抵消交易及转移定价等方式进行不合理的跨国“税收筹划”的行为，规避税款，损害国家税收利益。

长期以规避税收为发展动力的企业能否健康发展？这类企业的存在是否有利于国家经济发展？税务机关如何在工作中找出这类藏在合法外衣下的税收规避行为？通过何种措施能减少这种税收规避行为？这些问题有待进一步思考。

案例使用说明

一、教学目的与用途

（1）适用课程：中国税制专题、税收稽查专题、税收征管专题、税收筹划专题等。

（2）适用对象：本案例适合财政税务专业高年级本科生、财政学及税务专业硕士研究生学习，还适合税法相关律师从业者、税务机关相关制度制定者和执行者及企业财务、税务管理人员学习。

（3）教学目的：本案例详细分析了 A 公司利用与境外关联抵消交易、设置不合理关联定价和不当使用预约定价安排（APA）等手段将境内利润转移到境外、规避国内税收的案件，对该公司使用的避税手段进行针对性分析，指出企业在处理涉税问题时需要注意的事项，以及为税务机关反避税工作的完善提供启示与借鉴。

二、启发思考题

（1）本案中 A 公司通过何种手段隐藏其在价格方面的避税行为？作为“两头受控”公司为何不采用传统的“高进价、低售价”模式？

（2）本案中 A 公司在关联交易中存在哪些税务风险？外资企业应当如何应对关联交易税务风险？

（3）哪些企业适用 APA，APA 中常用的转移定价方法有哪些，APA 有何优势，本案中 A 公司在对 APA 的运用中存在哪些问题？

（4）税务机关应当如何加强税收征管，较为精准地发现可能存在问题的公司，完善反避税工作？

三、分析思路

（1）本案中A公司的生产规模在不断扩大，但是其完全成本加成率远低于同期可比企业利润率水平，从结果上看明显存在人为操纵降低利润率的情况，而对跨国公司而言，传统的更为常见的利用降低高税地区子公司利润率的避税安排应当是提高该子公司的成本、降低其收入，而对于A公司这样原材料购买及产成品销售均受境外母公司控制的企业实施这样的策略更为容易。但A公司在与境外母公司交易的过程中无论是无形资产还是固定资产在账面上的交易价格都极低甚至是无偿使用，即“低成本、低收入”的模式，如何理解企业进行这样的安排？

（2）与境外公司有生产经营往来的外资公司在生产经营过程中难以避免关联交易及转移定价问题，本案中A公司的成本费用加成率完全受境外母公司控制，而母公司制定成本加成率远低于同行业正常水平，由此产生了税务风险。外资公司应当如何在合理范围内降低税负水平是值得进一步思考的问题。

（3）预约定价安排是指企业就其未来年度关联交易的定价原则和计算方法，向税务机关提出申请，与税务机关按照独立交易原则协商、确认后达成的协议①。我国的预约定价安排自20世纪90年代末开始，2002年《税收征收管理法实施细则》和2008年《企业所得税法》正式规定了预约定价制度。国税发〔2009〕2号文（《国家税务总局关于印发〈特别纳税调整实施办法（试行）〉的通知》）对预约定价制度及执行程序进行了细化，国家税务总局公告2016年第64号（《国家税务总局关于完善预约定价安排管理有关事项的公告》）进一步对预约定价安排管理进行完善。为了落实BEPS成果转化，国家税务总局于2017年3月出台了国税发〔2017〕6号文(《国家税务总局关于发布〈特别纳税调查调整及相互协商程序管理办法〉的公告》)，6号文与2016年10月出台的64号公告共同为预约定价安排事项提供了法律依据和过程指导。

企业对预约定价安排的应用要严格遵守相关法律法规的要求。本案中A公司签订了2008—2012年五年双边预约定价安排，但在执行的过程中出现了对不在该预约定价安排中的C产品的转让不符合独立交易原则的情况。

① 朱长胜：《关联企业跨国资产重组中的转让定价反避税研究》，博士学位论文，苏州大学，2012年。

（4）本案中税务机关观察到A公司在生产规模不断扩大的同时其完全成本加成率却远低于同行业企业，故而认为其存在转让定价嫌疑，再对其进行详细调查进而发现其存在的避税行为，最终参照同行业企业的正常交易利润区间要求调整完全成本加成率。如何提高税务机关甄别企业不合理避税的能力、加强反避税工作是目前面临的一大难点问题。

四、理论依据与分析

（一）税案存在的典型问题分析

1. A公司的“低成本、低收入”模式安排是否合理？该公司为何采用这样的模式？

根据《企业所得税法》第四十一条规定，企业与其关联方之间的业务往来，不符合独立交易原则而减少企业或者其关联方应纳税收入或者所得额的，税务机关有权按照合理方法调整。

企业与其关联方共同开发、受让无形资产，或者共同提供、接受劳务发生的成本，在计算应纳税所得额时应当按照独立交易原则进行分摊。所谓独立交易原则，是指无关联关系的企业或个人，依据市场条件所采用的计价标准来处理其相互之间的收入和费用分配。

结合A公司的真实情况，该公司从事元器件制造业务，主要生产B产品，其业务模式是“95%以上的产品销售至其境外母公司，90%以上的原材料由该母公司提供。国外客户下订单、结算货款都先与境外母公司进行，再由母公司给A公司下订单、结算货款；而少部分境内客户则直接下订单给A公司并结算货款”。即A公司主要的交易都是关联交易，但是其B产品的完全成本加成率仅为2%～5%，远低于同期可比企业利润率的平均水平，假设其成本确认是合理的，那么A企业也有降低售价的问题，也就是通过A公司以低价出售给境外母公司，境外母公司再高价出售给客户，将利润留在境外母公司所在地，若该地区是低税地区则完成了避税链条。该行为中存在的问题就在于企业与关联方之间的业务往来违背了独立交易原则，制定了不合理的、非市场化的交易价格。

A公司的定价方式是“首先根据不同型号产品制定标准成本费用，再制定与不同型号产品相对应3%～5%的成本费用加成率，最终制定外销产品销售价格”①，因

① 产品价格 $=\dfrac{\text{单位制造成本}+\text{单位销售利润}}{1-\text{期间费用率}-\text{销售税率}}=\dfrac{\text{单位制造成本}\times(1+\text{成本利润率})}{1-\text{期间费用率}-\text{销售税率}}$

此其收入与其成本息息相关，当企业通过调低其成本也就同时调低了其产品售价，所以在这一模式下出现“低成本、低售价”也就不足为奇。因此，普通生产类企业更常用的转移利润的方式“高成本、低收入”也就不适合A公司。

2. A公司与境外母公司之间对固定资产和无形资产使用费的处理方式是否合理？A公司为何进行这样的安排？

A公司实际上并不拥有元器件制造的关键技术，而是通过支付其境外母公司与特许技术有关的指导费获取相关技术许可。该费用包括两部分：一是母公司直接派员来境内指导并收取费用；二是A公司派员赴母公司接受培训。对后者，双方不通过货币结算，而是以压低货物出口售价的方式来补偿技术指导费。另外，A公司的主要生产设备由境外母公司提供，但双方也不通过货币结算，而是以压低货物出口售价形式来补偿设备租金。即A公司对于母公司提供的特许技术使用费和固定资产都不通过货币结算，而都采用了压低货物出口价格方式。

显然这样的安排能够降低企业的账面成本，结合上文可知，一方面，A公司在其定价模式下有理由设置较低的售价，从而达到降低整体应纳税所得税的目的，并利用该定价方式隐蔽其避税目的，降低被税务机关稽查的风险；另一方面，对母公司而言，这样的安排隐藏了其在我国境内的收入，规避缴纳预提所得税①。根据《企业所得税法》第四十一条及第四十七条②的规定，税务机关应当调增该境外母公司在我国境内的所得，并要求其缴纳预提所得税。

A公司的固定资产实际上有进行更新，但是其账面价值没有明显变化，这说明其很可能存在没有对境外母公司提供的固定资产进行会计处理的情况，按照《企业会计准则第4号——固定资产》第十一条的规定③，本案中企业名义上进行了无偿使用，但是仍需要按照公允价值进行入账及相应的税务处理。

3. 预约定价安排有何优势？A公司的C产品仍按照针对B产品达成的预约定案安排执行是否合理？

预约定价安排是税务机关和企业通过合作的方式处理企业转让定价问题及潜在转让定价争议的有效手段。具有如下优势：

（1）为企业未来年度的转让定价问题提供确定性，从而带来企业经营及税收的

---

① 根据我国《企业所得税法》第三条和《企业所得税法实施条例》第九十一条规定，外国企业在中国境内未设立机构、场所，而有取得的来源于中国境内的利润（股息、红利）、利息、租金、特许权使用费和其他所得，或者虽设立机构、场所，但上述所得与其机构、场所没有实际联系的，都应当缴纳百分之十的所得税。

② 企业实施其他不具有合理商业目的的安排而减少其应纳税收入或者所得额的，税务机关有权按照合理方法调整。

③ 投资者投入固定资产的成本，应当按照投资合同或协议约定的价值确定，但合同或协议约定价值不公允的除外。

确定性，也为税务机关带来稳定的收入预期；

（2）降低税务机关转让定价管理及调查的成本，有效避免企业被税务机关转让定价调查的风险，降低企业的税收遵从成本；

（3）有助于提高税务机关的纳税服务水平，促进税收管理与服务的均衡发展，保障纳税人相关权益的实现。①

此外，双边或者多边预约定价安排还特别具备以下优势：

（1）促进各国税务主管当局之间的交流与合作；②

（2）使企业可以在两个或两个以上国家（地区）避免被转让定价调整的风险，并有效避免或消除国际重复征税。③

本案中关于针对B产品达成的预约定价安排是否适用于C产品，A公司认为主要产品项目虽然发生了变化，但核心技术和中国公司功能定位并未改变，因此，应当就调查年度新的产品项目推广适用原预约定价安排执行的利润区间。但是税务机关认为企业以前年度预约定价安排仅涉及B产品，而自2009年产品C投产以来，B产品占总销售额比例急剧缩小，从整体看企业主产品工艺特性发生显著变化，整体利润区间已不满足原有产品预约定价安排中所假定的关键假设条件，不能将原预约定价安排确定的定价原则和计算方法简单地适用于申请以前年度关联交易的评估和调整。

根据国家税务总局2016年64号文的规定，预约定价安排执行期间，主管税务机关应当每年监控企业执行预约定价安排的情况；若企业发生影响预约定价安排的实质性变化，应当在发生变化之日起30日内书面报告主管税务机关，详细说明该变化对执行预约定价安排的影响，并附送相关资料。④

税务机关应当在收到企业书面报告后，分析企业实质性变化情况，根据实质性变化对预约定价安排的影响程度，修订或者终止预约定价安排。⑤根据案情描述，A公司新增C产品生产后，企业经营规模从2亿元跃升到10亿元级别，足以证明发

---

① 王洋：《非居民企业股权转让税收法律制度研究》，硕士学位论文，广东外语外贸大学，2013年。

② 国家税务总局：《中国预约定价安排年度报告（2019）》，2020年10月29日，http://www.chinatax.gov.cn/n810214/n810606/c4244610/5080963/files/509aeb13ae944318a7b75d3761e13cbc.pdf

③ 国家税务总局：《中国预约定价安排年度报告（2019）》，2020年10月29日，http://www.chinatax.gov.cn/n810214/n810606/c4244610/5080963/files/509aeb13ae944318a7b75d3761e13cbc.pdf

④ 国家税务总局：《国家税务总局关于完善预约定价安排管理有关事项的公告》，《税收征纳》2016年第11期，第37-40页。

⑤ 国家税务总局：《国家税务总局关于完善预约定价安排管理有关事项的公告》，《税收征纳》2016年第11期，第37-40页。

生了影响预约定价安排的实质性变化，A 公司就应当按照规定向主管税务机关报告，并由税务机关确定是否需要修订或终止预约定价安排，因此，A 公司针对 B 产品达成的预约定价安排不应直接适用于 C 产品。

此外，企业自 C 产品投产以来一直执行快速推进战略，产能逐年扩张，销售规模更是成倍增长，显示了产品良好的市场竞争力和认可度，而综观同期的行业发展状况及主要下游市场，均处于成长期和较高利润阶段，因此税务机关认为作为功能有限的生产制造企业应当保持合理的利润水平。由此可以判断 A 公司与其境外母公司之间关于 C 产品的定价也是不合理的，根据《企业所得税法》第四十一条，税务机关有权按照合理方法对其进行调整。

（二）从税案中得出的启示

1. 企业规范关联交易，降低涉税风险

（1）关注涉税风险。企业不应以逃避税方式增加税收净利润为发展方向，而应当在税法规定的范围内筹划活动，制定合理的转让定价策略，健全企业组织架构，设立风险管理部门。企业在进行税收筹划时也应当全面考虑市场情况，重视潜在的税收风险。本案中 A 公司的转移定价策略就出现较大问题，定价时没有考虑同期同行业企业的情况。

（2）正常的利润安排。在安排关联交易时企业不应当极端地把所有的利润都转移到低税率地区，当一个企业出现生产、销售能力都十分突出但是利润水平非常低的异常情况时就会引起税务机关的关注，所以跨国公司进行利润转移时其动作幅度也不宜过大，需要在避税收益和稽查风险中进行权衡，总而言之，避税并不是企业健康发展的主要动力，企业仍应当致力于提升产品或服务的品质，提高自身竞争力。

（3）恰当利用预约定价安排（APA）。目前我国对 APA 的适用对象有较为严格的规定，一般适用于主管税务机关向企业送达接收其谈签意向的《税务事项通知书》之日所属纳税年度前 3 个年度每年度发生的关联交易金额 4,000 万元人民币以上的企业。预约定价安排相当于将事后调整的环节调整为事前谈判，能够有效避免企业被税务机关转让定价调查的风险，且双边或多边的预约定价安排还能够有效避免或消除国际重复征税。

2. 税务机关加强反避税能力

在选择税务检查对象时，可以集中有限的时间和资源，从经营、纳税规模较大企业较为集中的行业入手，有利于发现大案，且能够在选案过程中实现对重点行业的全面排查；同时也能充分利用已调查结案行业的反避税经验和行业知识，快速渗透，直抓要害。

在寻找企业避税渠道时，税务机关应当分析其整体生产、经营链条，研究其行业特色，全面把握其成本费用核算基础、利润来源。因为跨国公司在战略布局时必然综合考虑其产业链的分配再形成其全球避税安排机制，站在企业角度思考问题更容易发现存在的漏洞。

大数据取证需多部门联动机制配合，税企双方信息的不一致使调查难度加大，税务机关对于企业信息的不完全掌握加大了反避税管理的成本。本案中，关于企业进口设备不作价、对外支付应付未付等信息调查也是需要海关、外经贸、银行等多部门的配合才能顺利推进。因此，建立全省（区、市）乃至全国信息共享的反避税信息库不仅有助于处理反避税案件，对于反避税管理关口前移更是大有裨益。

事后加强跟踪管理，当对一个企业进行税收检查、协助其进行调整后，仍应当对其保持关注。外资企业通常在我国境内设立单一或有限功能的组织架构，这就决定了境内企业往往不具有战略经营决策权，在不同时期内可能会根据母国集团公司的意图转产转型，实践中可能重新形成一家“全新”的境内受控公司，导致其避税行为更加隐蔽、手法更加多样。因此，对于已完成反避税调查的企业，税务机关必须在后续管理过程中敏锐地关注到其职能定位、产品结构、购销对象等重大因素的变化，重新评估其关联定价的合理性及经营行为的避税风险。

合理确定转让定价调整价格。转让定价调整应遵守独立交易原则，根据《企业所得税法实施条例》，常用的调整的方法有：可比非受控价格法、再销售价格法、成本加成法、交易净利润法、利润分割法等。恰当选择转让定价调整方法取决于对可比性的合理确定，还应当合理考虑追溯调整期间的行业状况。本案对企业转让定价的调整追溯年限已达到《企业所得税法》规定的追溯期上限，因此，在转让定价调整时，税务机关也充分考虑了调整期间企业所处行业的市场竞争情况、议价能力变化等各种可能影响企业盈利的因素。

3. 优化税收环境

近年来，我国在国际税收和反避税等方面都做出了较大的成绩。根据国家税务总局公布的信息，截至“十三五”末，我国已正式签署110个避免双重征税协定（含安排、协议），[①] 为我国企业“走出去”及“一带一路”倡议的推行提供了更好的税收

① 国家税务总局国际税务司：《回首“十三五”展望“十四五”国际税收工作奋进正当时》，《国际税收》2021年第6期，第11-19页。

环境。

完善预约定价制度。如前所述，我国目前 APA 的门槛较高且程序复杂，许多中小企业没有能力应用这一制度。根据国家税务总局 2020 年 10 月公布的《中国预约定价安排报告（2019）》，2005—2019 年共签署单边 APA 101 例，双边 APA 76 例，其中 65.79% 为与亚洲国家（地区）签订，且主要涉及交易类型为有形资产使用权或所有权转让，未来 APA 的影响力还应当进一步扩大，税务机关应加强宣导。

当前国际经济形势较为复杂，对国际税收治理能力提出了新的挑战和要求，税务机关更应当致力于维护国家税收安全，进一步优化国际税收营商环境。

五、参考文献

柴明杰．外资企业关联交易税务风险及对策研究 [D]. 长春：吉林大学，2018.

樊勇，侯京玉．无形资产跨境贸易的反避税问题研究 [J]. 税务研究，2017（1）：66–70.

国家税务总局．国家税务总局关于完善预约定价安排管理有关事项的公告 [J]. 税收征纳，2016（11）：37–40.

国家税务总局．中国预约定价安排报告（2019）[R/OL].（2020–10–29）[2020–12–21]. http://www.chinatax.gov.cn/chinatax/n810214/n810606/c5157990/content.html.

国家税务总局国际税务司．回首“十三五”展望“十四五”国际税收工作奋进正当时 [J]. 国际税收，2021（6）：11–19.

洪晓婷．我国转让定价反避税管理研究 [D]. 苏州：苏州大学，2015.

王洋．非居民企业股权转让税收法律制度研究 [D]. 广州：广东外语外贸大学，2013.

谢敏．无形资产转让定价税收研究 [D]. 北京：中国财政科学研究所，2014.

朱长胜．关联企业跨国资产重组中的转让定价反避税研究 [D]. 苏州：苏州大学，2012.

六、关键要点

（1）关键点：识别企业避税渠道，分别从企业角度分析税收筹划中应注意的事项，以及从税务机关角度分析反避税检查中应关注的事项。判断关联交易定价的合理性，探讨转移定价调整方法。

（2）关键知识点：企业与其关联方之间的业务往来，独立交易原则是关键。以此为基础识别不合理关联交易定价、“抵消交易”和不当使用预约定价安排。

（3）能力点：培养学生阅读案例、分析案例和解决现实问题的能力。具体来说，要求学生通过阅读案例精准抓住案件争议点，并运用课程相应知识点对税务处理是否正确做出自己的分析与判断，进而提高批判性思维能力及解决问题的实际能力。

七、建议课堂计划

本案例可以作为专门的案例讨论课来进行，如下是按照时间进度提供的课堂计划建议，仅供参考。

整个案例课的课堂时间控制在 90 分钟，即 2 节课。

（1）课前计划：提出启发思考题，请学生完成资料阅读及初步思考。

（2）课中计划：

课堂前言（7 ～ 10 分钟）：简明扼要，明确主题。

分组讨论（25 分钟）：准备发言提纲。

小组发言（每组 6 分钟）：分 5 个组。

讨论与思考（20 ～ 25 分钟）：引导全班进一步讨论及思考，讲解从境外投资公司分回股息红利的税收抵免额计算及涉外税收征管的主要理论依据。

（3）课后计划：请学生利用网络及文献搜索对跨国公司避税的相关资料信息，尤其是最新信息，采用报告形式给出更加具体的解决方案，或写出案例分析报告（1500 ～ 2000 字）。

案例 20 如何界定“受控外国企业”
——以 A 公司萨摩亚全资子公司为例

钱正平　汪明洁

摘　要：A 公司在萨摩亚成立的全资子公司 G 公司存在受控外国企业嫌疑，税务机关经过调查取证发现，G 公司取得贸易所得和佣金所得后，既未将其利润分回其母公司，也未进行其他处理。税务机关判定，G 公司构成并非出于合理经营需要而不作利润分配的外国企业，补缴税款 77 万元，加收利息 1 万元，劳务上的转让定价嫌疑由 A 公司按照公允价格自行调整。本文针对该案件中存在的受控企业管理、非居民企业积极所得和消极所得划分、受控外国企业不作利润分配或者减少分配是否具有合理经营需要，以及关联企业劳务转让定价等展开分析，为增强对“走出去”企业风险管理提供启示与借鉴。

关键词：受控外国企业、消极经营所得、合理经营需要

Abstract: Company G, a wholly-owned subsidiary of company A established in Samoa, was suspected of being a controlled foreign enterprise. After investigation and evidence collection by the tax authorities, it was found that company G had neither distributed its profits back to its parent company nor conducted other treatment after obtaining trade income and commission income. According to the judgment of the tax authorities, company G constituted a foreign enterprise that did not make profit distribution due to reasonable business needs, with a supplementary tax of 770,000 yuan and an additional interest of 10,000 yuan. The suspected transfer pricing of labor services was asked to be adjusted by company A according to the fair price. This paper analyzes the management of controlled enterprises, the division of positive and negative income of non-resident enterprises, whether there is a reasonable business need for controlled foreign enterprises not to make profit distribution or reduce distribution, and the labor transfer pricing of affiliated enterprises, so as to provide enlightenment and reference for strengthening the risk management of “going global” enterprises.

Key words: controlled foreign enterprises, passive business income, reasonable business needs

案例正文

一、案件背景

A公司主要从事某产品的开发、生产及相关技术服务，属高新技术企业。2015年10月，A公司在萨摩亚投资10万美元注册成立全资子公司G公司。G公司成立的目的有两个：一是在境外推广A公司产品；二是帮助A公司培育境外新客户。G公司2015年度所得4.3万美元均为佣金所得，2016年度所得83万美元则由佣金所得和贸易所得两部分组成，其中佣金所得为78万美元，贸易所得为5万美元。G公司取得贸易和佣金所得后，既未将其利润分回其母公司，也未进行其他处理。

二、案件内容

（一）案件调查结果

税务机关根据《税收征收管理办法》及其实施条例、《企业所得税法》及其实施条例等相关规定，对G公司成立时的章程、组织架构、成立动机、经营场所、执行的功能、承担的风险和使用的资产、人员、主要经营业务、收入构成等相关情况进行调查取证，调查结果如下。

（1）控制关系确认。G公司由A公司100%控股，符合《企业所得税法实施条例》第一百一十七条关于受控外国企业的控制标准。

（2）被投资地实际税负为零。G公司注册地为萨摩亚，实际税负为零。

（3）主要为消极所得。G公司2015年度所得4.3万美元均为佣金所得，2016年度所得83万美元则由78万美元佣金所得和5万美元贸易所得组成，其中佣金所得属于消极所得。

（4）年度利润总额大于500万元。萨摩亚对企业采取的会计制度并无强制性规定，G公司为方便编制合并报表，采用企业会计准则进行会计核算。2015年度G公司营业总收入4.5万美元，利润总额4.3万美元，没有达到年度利润总额500万元人民币的标准；2016年营业总收入102.8万美元，利润总额83万美元，按照2016年12月31日的人民币对美元汇率中间价6.9370计算，年度利润总额为576.3万元人民币，达到年度利润总额500万人民币元的标准。

（5）对其利润不作分配不具有合理经营需要。G公司取得贸易和佣金所得后，既未将其利润分回其母公司，也未进行其他处理。从G公司的所得取得方式来看，G公司为获取所得仅凭注册资金10万美元足够流转，不需要额外资金，故不分配利润不具有合理经营需要。

根据《特别纳税调整实施办法（试行）》（国税发〔2009〕2号）第八十四条，“中国居民企业股东能够提供资料证明其控制的外国企业满足以下条件之一的，可免于将外国企业不作分配或减少分配的利润视同股息分配额，计入中国居民企业股东的当期所得：（一）设立在国家税务总局指定的非低税率国家（地区）；（二）主要取得积极经营活动所得；（三）年度利润总额低于500万元人民币”。综合上述分析可知，G公司并不满足上述条件。

（二）案件争议处理

G公司对控制关系、被投资地实际税负、年度利润总额、是否为合理经营需要的判定表示认可，但对佣金所得属于消极所得的判定提出疑问。该公司认为，按照国际惯例，股息、利息、租金、特许权使用费、资本利得是消极所得，除此以外都是积极所得，所以佣金所得应属积极所得。

税务机关认为，不能简单地以形式断定所得性质，而应以企业是否实质参与了获取该所得的经营管理行为作为判断的依据。通过查阅G公司章程、合同和年度财务报表可知：

（1）G公司只有两名员工，其中员工A是中国公民，在A公司任职，同时为G公司的法人代表，但从来没有去过萨摩亚。员工B是某国公民，也是一家某国公司的员工，B利用空余时间帮助G公司处理日常业务，但从来没有去过萨摩亚。

（2）G公司资产以银行存款为主，占资产总额的80%以上，没有固定资产和无形资产，也没有对外投资，在萨摩亚没有办公场所。

（3）G公司没有工资支出，所有工资和费用均在A公司列支，实际管理机构在境内，会计核算由A公司处理，没有研发、采购、生产、存货管理、物流、仓储、会计功能，也不承担相应的风险。

（4）G公司贸易所得系员工B利用个人在某国的关系寻找某国客户，再委托A公司在中国境内寻找供货商，合同和相关货款收取由A公司代为处理，境内的供货商通过G公司将产品出口给某国客户，某国客户将货款全部打给G公司，G公司在收到货款后再支付给境内供货商并从中赚取差价。

（5）G公司佣金所得系A公司将原有境内外客户资源无偿转移给G公司使用，仍由A公司负责业务介绍，G公司只负责收钱，为获取佣金需要的所有支出均在A公司列支。

税务机关判断，贸易所得因为有员工B确实付出相应的努力，可以确认G公司实质参与了获取该所得的经营管理行为，属于积极所得。但员工B的工资均在A公司列支，明显有劳务上的转让定价嫌疑。佣金所得因为G公司没有付出任何努力，可以确认G公司没有在实质上参与获取该所得的经营管理行为，属于消极所得，且A公司的员工为佣金所得付出了努力却没有从G公司处取得任何劳务报酬，也存在劳务上的转让定价嫌疑。

综上所述，税务机关判定G公司构成由A公司控制的设在萨摩亚，并非出于合理经营需要而不作利润分配的外国企业，企业对上述调查结论表示认可。

三、案件处理结果

根据《国家税务总局关于发布〈特别纳税调查调整及相互协商程序管理办法〉的公告》的规定，由企业进行特别纳税调整自行调整，将2015年10月至2016年12月期间形成的累计未分配利润中的佣金所得部分514.2万元视同股息分配并计入A公司当期应纳税所得予以征税（因A公司属于高新技术企业，故适用企业所得税税率为15%），补缴税款77万元，加收利息1万元，针对贸易所得和佣金所得上存在的劳务上的转让定价嫌疑由A公司按照公允价格自行调整。

案例使用说明

一、教学目的与用途

（1）**适用课程：**国际税收。

（2）**适用专业：**本案例适合财政税务专业高年级本科生、财政学及税务专业硕士研究生学习，还适合税法相关律师从业者、税务机关相关制度制定者和执行者及企业财务、税务管理人员学习。

（3）**教学目的：**详细分析了A公司在萨摩亚成立的全资子公司G公司存在受控外国企业嫌疑一案，通过对案件调查过程、争议解决和处理结果展开论述，旨在引导学生深入学习、研讨“走出去”企业风险管理问题，并从税务机关的处理过程中得到启示。

二、涉及知识点

（1）国际税收：受控外国企业管理。

（2）国际税收：非居民企业消极所得和积极所得的划分。

（3）国际税收：受控企业免于将外国企业不作分配或减少分配的利润视同股息分配额计入中国居民企业股东的当期所得的条件。

（4）国际税收：关联企业劳务的转让定价管理。

三、配套教材

朱青：《国际税收》，中国人民大学出版社 2018 年第 9 版。

四、启发思考题

（1）构成受控外国企业的标准是什么？

（2）非居民企业的积极所得和消极所得是如何划分的？本案例中税务机关认为，不能简单地以形式判定所得的性质，而应以企业是否实质参与了获取该所得的经营管理行为作为判断依据，你是否认可这个观点？

（3）受控外国企业满足何种条件时，可以免于将外国企业不作分配或减少分配的利润视同股息分配额计入中国居民企业股东的当期所得？

（4）你认为税务机关判 A 公司和 G 公司之间存在劳务上的转让定价嫌疑是否合理？

五、分析思路

（1）分析 G 公司与 A 公司的关系，判断其是否属于受控外国企业。

（2）从 G 公司所在地实际税负、G 公司年度所得的性质、G 公司年度利润总额是否达到 500 万元人民币的角度，讨论 G 公司是否满足"可免于将外国企业不作分配或减少分配的利润视同股息分配额，计入中国居民企业股东的当期所得"的条件。

（3）分析 G 公司对其利润不作分配是否具有合理的经营需要。

（4）进一步探讨，G 公司员工 B 的工资均在 A 公司列支，是否存在劳务上的转让定价嫌疑？同样，A 公司的员工为 G 公司佣金所得付出了努力却没有从 G 公司处取得任何劳务报酬，是否也存在劳务上的转让定价嫌疑？

六、理论依据与分析

（一）理论依据

1. 受控外国企业控制关系的界定

根据《企业所得税法实施条例》第一百一十七条规定，“《企业所得税法》第四十五条所称控制，包括：（一）居民企业或者中国居民直接或者间接单一持有外国企业10%以上有表决权股份，且由其共同持有该外国企业50%以上股份；（二）居民企业，或者居民企业和中国居民持股比例没有达到第（一）项规定的标准，但在股份、资金、经营、购销等方面对该外国企业构成实质控制”。

2. 非居民企业积极所得和消极所得的区分

通常而言，受控外国企业取得的归属于中国居民股东当期收入的所得大多为消极所得。消极所得多以股息、利息、租金、特许权使用费、资本利得等形式存在，但也不能断定满足以上所得形式的就都是消极所得。应当以企业是否实质参与了获取该所得的经营管理行为作为判断的依据。受控外国企业也会取得主动经营所得，但是否构成免除条款中所规定的积极经营活动所得，还应当分析中国居民股东和受控外国企业在日常经营活动中分别承担的资产、功能及风险等。受控外国企业的设立动机、人员构成、收入构成、行业特性等各方面因素也可作为考虑依据。①

3. 受控企业免于将外国企业不作分配或减少分配的利润视同股息分配额计入中国居民企业股东的当期所得的条件

根据《特别纳税调整实施办法（试行）》（国税发〔2009〕2号）第八十四条规定，“中国居民股东能够提供资料证明其控制的外国满足以下条件之一的，可免于将外国不作分配或减少分配的利润视同股息分配额，计入中国居民股东的当期所得：（一）设立在国家税务总局指定的非低税率国家（地区）；（二）主要取得积极经营活动所得；（三）年度利润总额低于500万元人民币”。

（二）从案例中得到的启示

1. 完善的基础资料是做好“走出去”企业风险管理的基石

本案中税务机关通过企业填报的“走出去”清册，发现A公司在避税港设立全资控股子公司，且年度会计利润较大，从而发现受控外国企业风险并加以应对。

① 王周飞：《保护税基，加强对受控外国企业税收监管》，《中国税务报》，2013年4月17日第6版。

2. 及时全面的境外税收政策宣传是推进风险管理工作的前提

在本案推进过程中税务机关发现企业财务人员对我国受控外国企业管理制度缺乏基本的了解，通过税法宣传，企业发现自身在境外投资时税收准备严重不足，以及股权结构和经营模式的不完善导致了不必要的税收风险，从而积极配合税务部门消除风险。

3. 正确的工作方法是做好风险管理工作的保障

本案成功的关键在于税务机关不拘泥于国际惯例，而是本着实事求是的原则，寻求可靠的资料和证据，从境外公司的实质性经营管理行为入手，分析所得性质，从而达到防范税收流失和维护国家税收权益的目的。

4. 关注集团内劳务转让定价问题

集团内劳务转让定价是继有形资产转让定价和无形资产转让定价之后，国际反避税领域的第三次浪潮。应当要求纳税人对内部劳务提供进行妥善而详细的记录；同时积极参加国际合作，以保护我国税基为出发点，尽可能地与主流观点和规则相符，减少税务争议，增强跨国纳税人的税务确定性。[①]

七、参考文献

王周飞．保护税基，加强对受控外国企业税收监管 [N]. 中国税务报，2013-04-17（6）.

郑燕，毛杰，宋雁，等．集团内劳务转让定价问题初探——以 OECD 指南与美国法规定为例 [J]. 国际税收，2015（12）: 26-31.

八、关键要点

（1）知识点：消极所得与积极所得的划分。探究 G 公司的佣金所得是否为消极所得，不能简单地根据形式判断，而应当将企业是否实质参与了获取该所得的经营管理行为作为判断的依据。

（2）能力点：要求学生通过阅读案例，抓住案件关键点，并运用相应知识点做出自己的分析与判断，培养阅读、理解、思考和分析能力，进而提高解决现实问题的能力。

① 郑燕、毛杰、宋雁，等：《集团内劳务转让定价问题初探——以OECD指南与美国法规定为例》，《国际税收》2015年第12期，第26-31页。

九、建议课堂计划

本案例可以作为专门的案例讨论课来进行，如下是按照时间进度提供的课堂计划建议，仅供参考。

整个案例课的课堂时间控制在 2 节课。

（1）**课前计划:** 请学生完成资料阅读及初步思考。

（2）**课中计划:**

课堂前言（15 分钟）: 简明扼要，明确主题。

分组讨论（30 分钟）。

小组发言（每组 5 分钟，分 5 组）。

授课教师总结、讲解、答疑（20 分钟）。

（3）**课后计划:** 每位同学提交一份案例分析报告（1500 ～ 2000 字）。

图书在版编目（CIP）数据

税务案例／方红生等主编．-- 杭州：浙江大学出版社，2022.4

ISBN 978-7-308-22442-0

Ⅰ．①税… Ⅱ．①方… Ⅲ．①税务－案例－中国－教材 Ⅳ．①F812.42

中国版本图书馆 CIP 数据核字（2022）第 047791 号

税务案例

方红生　周夏飞　徐　志　钱正平　主编

策划编辑　朱　玲
责任编辑　陈丽勋
责任校对　朱　辉　黄炜彬
封面设计　春天书装
出版发行　浙江大学出版社
（杭州市天目山路148号　邮政编码　310007）
（网址：http://www.zjupress.com）
排　　版　杭州林智广告有限公司
印　　刷　杭州宏雅印刷有限公司
开　　本　787mm×1092mm　1/16
印　　张　21.5
字　　数　410千
版 印 次　2022年4月第1版　2022年4月第1次印刷
书　　号　ISBN 978-7-308-22442-0
定　　价　65.00元